地域自治組織は住民自治を実現するか

イギリスのパリッシュとコミュニティとの比較から
日本の地域自治組織の民主化の可能性を探る

山田光矢

22世紀アート

目次

はじめに

私が日本大学に入学したのは一九六八（昭和四三）年四月で、入学直後に日本大学紛争がおこり、一年半休講状態が続いた。また日本大学法学部の教授を退任したのは二〇二〇（令和二）年三月であり、コロナ禍が国際的な問題となった時期で、別れの言葉を交わす時間もなく研究室を閉鎖し大学を去ることになった。この日本大学法学部で杉山逸男先生に行政学・地方自治論を学んだことが、私の学問研究の始まりであり、日本大学大学院法学研究科で、青森県の広域市町村圏の実態調査をしたのが、現地調査の始まりであった。

私が初めてイギリスに留学したのが一九七八（昭和五三）年四月であり、英国病といわれる中、景気の悪化によって労働党政権が批判を受けていた。同年のイギリス総選挙が間近な時に、もう少しイギリスにいて新しい保守党政権誕生をみていくべきだといわれたが、当初からの予定もあり、残念な思いでドイツに移動せざるを得なかった。

サッチャー政権が誕生し、新自由主義の下でのマネタリズムを前提とした改革でイギリスが復活していたことは、一九九〇（平成二）年のイギリス留学で確認できた。しかしコミュニティチャージを導入したことで、サッチャー政権は大きな批判を受け、保守党の党首交代でメージャー政権となった。サッチャー政権誕生直前のイギリスと、退陣の年のイギリスを体験できたことは幸せであった。

二度目の留学の年には、イギリス国内では狂牛病が大きな社会問題となっていた。同年一〇月三日に統一ドイツが誕生し、国際平和が実感できるようになった年でもあり、ベルリンまで行って、残っていた壁を削って平和の象徴として持ち帰ることができたことも喜びであった。そうした中で、ロンドンの首相官邸近くの建物で講義を受けている最中に、大雪の中で首相官邸に向けたＩＲＡの爆弾テロがあり、爆発音と地響きでアイルランド紛争の厳しさを実感した。

その後のイギリスでは、労働党政権、保守党と自由民主党の連立政権、保守党の単独政権と政権交代が続いている。労働党政権の時に地域議会が復活し、スコットランドやウェールズの独立問題もその後の訪問で実感できた。最近では、ＥＵ脱退問題と北アイルランド国境問題等が表面化し、ヨーロッパの複雑さも実感できた。そうした経験を踏まえて、日本の地方自治制度のありかたを、イギリスと比較して論じてみたいと思いこの本にまとめた。

イギリスでの一度目の留学の時には、ケンブリッジ大学での講義の中でイギリス不文憲法を再考する機会を得ることができ、二回目の留学の時にはロンドン大学教授のレクチャーを受けてイギリス不文憲法の問題点を再確認できた。その時の経験を踏まえて、日本の二つの憲法と地方自治法の関係から、日本の地方自治制度をイギリス、特にイングランドの地方自治制度を中心に再考してみたのが第一部である。

そうした初期の体験をもとに、第一部・第一章では二度の留学で学んだイギリスの不文憲法と地方自治制度の関係、イギリスにおける地方自治制度改革の手法の変化などを中心に分析してみた。イギリスと日本では地方公共団体の広域化は共通していたが、イギリスでは住民の身近な行政の主体となる、民主的な制度で運営されている準自治体（地域自治組織・パリッシュやコミュニティ等）が置かれていることを強調した。

立憲主義の多様性、成文憲法と不文憲法の相違、英米法系の地方自治制度と大陸法系の地方自治制度の相違、連邦国家であるアメリカの州政府のもとに設置される地方自治制度等から、日本国憲法第八章の規定の規律密度の低さがもたらす問題を強調した。地方自治の本旨、法律の定めるその他の吏員、地方公共団体の明確な役割等の不明確さを批判してみた。

第二章ではイギリスと日本の地方自治制度の相違と改革の手段や方向性の相違を比較分析した。特に前期の行政国家におけるビクトリア時代と大日本帝国憲法の時代、第一次世界大戦後のイギリスと第二次世界大戦後の日本国憲法の時代の日本、それぞれの地方自治制度改革の手段や方向性の共通性や相違点などを分析してみた。

第三章では、サッチャー政権後のイギリスと、バブル崩壊後の日本の、地方自治制度改革の方向性や内容を分析した。特にネオ・コーポラティズムといわれる「委員会」や「審議会」等を活用した参加型民主政治の地方自治改革の特徴と問題点を強調するとともに、パリッシュやコミュニティに類似した、日本の「地域運営組織」や「小さな拠点」などの活用の必要性と、民主的な運営の必要性等について論じた。

第二部はイングランドのパリッシュを中心とした地方自治制度の実態や改革の歴史を分析したが、現状や改革の方向性等については、イギリス留学中にＣＬＡＩＲのご厚意で現地調査に参加した経験から得たものを中心に論じた。歴史等は書籍等を中心に分析した。

イギリスではブレア政権発足後に、大ロンドン議会（グレーター・ロンドン・オーソリティ）、ウェールズ議会、スコットランド議会、北アイルランド議会といったいわゆる広域議会が復活した。労働党政府は復活した広域議会を軸に、日本の道州制に類似したような形で地方分権推進策を展開しようとしているように思われた。ブレア以前の保守党政権下でも、日本の市町村に相当するディストリクトを合併して「市」に統合し、広域化による地方分権を実践した。その際、日本の都道府県に相当するカウンティは従来の区域のままとされたが、大規模な市に合併された旧来の小規模な町村（一部は市も含まれる）は、第三層の準自治体（最近日本で使われる言葉を借りれば「地域自治組織」あるいは「近隣自治政府」）として、一定の権限を行使することが認められた。こうした一連のイギリスの地方自治制度改革は、日本の地方自治制度改革のモデルの一つとして考察すべきものである。

第二部は市町村合併後の新しい基礎自治体の一部となる、それまで地域コミュニティあるいは地域政府として活動してきた市町村のありかたのモデルとなる、イングランドのいわゆる第三層の「準自治体」すなわち「地域自治組織」であるパリッシュを中心に、イギリス各地域における地域自治組織（イングランドではパリッシュと呼ばれているが、ウェールズやスコットランドではコミュニティと呼ばれている）の、歴史や自治体としての位置づけやその権能あるいは実態などを論じたものである。地域自治組織は、基礎自治体の広域化による地方政府と住民との緊密性の希薄化を是正する手段の一つとして、近年の日本でも関心が高まっているものである。

基礎自治体の広域化は、地域政府と住民の距離を拡大し、本来基礎自治体に求められている草の根民主主義の役割を弱める。それゆえ住民の意思を吸収するシステムとして、地域自治組織が大きな意義を持つことになる。基礎自治体の広域化の進展と身近な自治の保障をバランスよく推進しているモデルとして、イングランドの地方自治制度改革におけるパリッシュの位置づけや権能などの法的枠組みや実態を中心に、それらの活動強化の手段として設立されているパリッシュの全国連合協議会や地域連合協議会の役割などを含めて、これまでの研究を集大成する形で、あらためて研究し整理した。

第二次世界大戦後のイギリス地方自治制度改革の特徴は基礎自治体の広域化にある。基礎自治体の平均人口がほぼ四万人を越える国は先進諸国の中では日本とイギリスだけである。ただしイギリスの平均人口は一二万人を越えており、日本の平均人口の三倍強となっている。日本が市町村合併を進め、一〇〇〇程度の基礎自治体になれば、平均人口は同じ程度になる。また社会保障に関しても、北欧諸国が税中心の、アメリカが民間保険中心のシステムを採用しているのに対し、日本とイギリスとドイツは公的保険中心のシステムを採用している。このように日本とイギリスの地方自治制度などにはある種の共通性が認められるのである。

第一章ではイングランドの地方自治制度改革の歴史を通じて、パリッシュがどのような経過を経て、地域自治組織となったのかを論じた。中世のイギリスでは、教区を意味したパリッシュが救貧活動などを行っていた。このパリッシュは近世には国による救貧行政の推進の主体となったことから、地方公共団体としての性格を強めた。しかし近代に入ると人々の活動範囲の拡大が、地方公共団体の広域化をもたらし、基礎自治体の内部組織となったパリッシュは単なる地域団体となった。しかし第二次世界大戦後の平均人口一二万人を越える基礎自治体の広域化の推進は、田園地域を中心に、パリッシュに対して地域自治組織としての役割を果たすことを求めた。この結果パリッシュが地域自治組織としての役割を果たすようになった事実を、イングランドにおける地方自治制度改革の歴史を軸に論じた。

第二章と第三章では、イングランドのパリッシュとウェールズのコミュニティの発展と変革の歴史および権限や機能という、歴史と法的な内容の変遷を論じた。両地域を取り上げたのは、イギリスの地方自治法がサッチャー内閣までは、イングランドとウェールズを対象としたイングランド地方自治法と、スコットランド自治法と北アイルランド自治法という三つの法律によって運営されていたという歴史による。それゆえイングランドとウェールズの地域自治組織は、一九七四年まではともにパリッシュと呼ばれていた。その後イギリス国教会の影響を嫌うウェールズがコミュニティへ地域自治組織の呼称を変更したことから二つの名称が用いられるようになった。イングランドの地方自治は、本来ウルトラ・ヴァイレス（ultra vires doctrine. 権限踰越の法理）により、法律において設立された団体は法律によって認められた権限しか行使できないという原則に従い、パリッシュやコミュニティに付与されている法的な権限の内容などを中心に分析した。

実際のイングランドの地域自治組織は、パリッシュだけではなくタウンやヴィレッジという呼称も用いられている。それゆえ第四章においては現実にイングランドでパリッシュやタウンあるいはヴィレッジを総称してローカルと呼んでいることから、いわゆるパリッシュではなくローカルを用いた。そのローカル・カウンシルのなかで、私が自治体国際化協会ロンドン事務所の現地調査に参加したイースト・グリンスティッド・タウン・カウンシルとリングメア・パリッシュ・カウンシルの実態を報告した。全国ローカル・カウンシル連合協議会によれば、ローカルの予定規模は人口五〇〇〇人程度であったが、現実には数百名から五万人未満ほどとなっており、規模的な相違がみられることから、大規模地域自治組織と中小規模地域自治組織の調査をおこなった結果を整理した。

第五章は、ウルトラ・ヴァイレスの法理の制限を越えた権限行使やサービス提供の手段として、ウェストミンスター（英国議会）による地方法や私法律と呼ばれる法律制定がある。法律の制定などを目的としてローカル・カウンシルは地域のローカル・カウンシル連合協議会や全国ローカル・カウンシル連合協議会を設置して活動している。そのため第四章の実態調査に先立って、全国ローカル・カウンシル連合協議会と、サセックス・ローカル・カウンシル連合協議会で聞き取り調査を実施したことから、両組織の実態や活動内容を通して、ローカル・カウンシルが求めている地域自治組織の姿を明らかにしてみた。

第三部は、平成の大合併以降の日本の広域行政改革の変遷と、広域行政の推進の陰で充実化が図られた「地域自治組織」「地域自治区」「地域運営組織」「小さな拠点」といったものの特色や今後のありかたについて、現地調査を中心に整理した。毎年日本の各地域をめぐり、論文等を作成したが、その中でも特徴的なものを選んで掲載した。

かつて身近な行政の主体の一つとして設定された「モデル・コミュニティ」は小学校区を中心としていた。現在の「地域自治区」「地域運営組織」「小さな拠点」といったものは、「旧小学校区」「小学校区」「旧中学校区」「中学校区」といったものが多くなってる。特に「旧」という文字がつくのは、「過密・過疎問題」や「少子高齢化問題」といった問題を受けて、日本各地で小中学校が廃校になった影響が大きいためといえる。

明治の大合併が小学校の義務教育が前提の一つになっており、昭和の大合併は中学校の義務教育が前提の一つになっている。それに合わせて基礎的地方公共団体の広域化が図られた。また交通・通信網の拡充と介護保険制度等を中心とした幅広い福祉行政の必要性は、平成の大合併という広域行政化につながったといえる。

基礎的地方公共団体の区域の拡充は、行政と住民の距離を拡大することから、身近な行政の主体として「地域自治組織」「地域自治区」「地域運営組織」「小さな拠点」といったものが設定されるようになってきている。その対象となる区域の中心は「旧小学校区」「小学校区」「旧中学校区」「中学校区」といったものとなっているが、「限界集落」が問題とされているように、明治の大合併前の村の単位となっていた「集落」等が対象となることもある。

それゆえ第一章では広域行政と身近な行政の関係を、平成の大合併を軸に、「定住自立圏」や「連携中枢都市圏」といった広域行政と、「地域自治組織」、「地域自治区」、「地域運営組織」、「小さな拠点」などを比較し、身近な行政の必要性を強調した。また第二章では東京都を、第三章では長崎県を、第四章では長野県を選択し、それぞれの地域の広域行政と身近な行政の多様性を分析してみた。

さらに小さな拠点や総合型地域スポーツクラブを対象として、地域行政制度の整備が進んでいる長野県の例を第五章で紹介した。長野県は山間部が多く集落が点在しており、昭和の大合併も平成の大合併もあまり進展せず、多くの過疎地域を抱えている。そのなかで地域おこしや地方創生の波が押し寄せている長野県の、様々な視点からの施策をそれぞれの地域的な特徴から分析してみた。長野県のいわゆるコミュニティの復活や再建のための活動が、日本の多くの地域に影響を与えてくれることを期待して分析した。

第六章では、日本における「地域自治組織」の実情と、その民主的な制度設計と民主的な地域政府の運営の望ましい在り方を、イギリス、ドイツ、アメリカの地域自治組織の制度と運営の形態との対比を通じて強調してみた。特に地域住民の日常生活圏に寄り添う地域サービスなどは、イギリスでは、準自治体であるパリッシュやコミュニティを、ドイツでは居住区（区）に区長と区評議会（議会）を、アメリカでは特別目的の地方政府やネイバーフッド・カウンシルを通じて、住民の直接選挙で選ばれた執行機関を通じて地域に対応する行政サービスが提供されている。それゆえ日本では、慣例的な地縁組織として存続している町内会などを、「地域自治組織」や「地域運営組織」などと併合させることで、法的な存在として民主的な地域運営を可能とする組織や機構の整備の必要性を強調した。

なお、本書においては「地方自治体」と「地方公共団体」という二つの用語が混在している。それは日本で、憲法や地方自治法を中心とする法令では「地方公共団体」との表記を用い、行政機関や行政や地方自治に関連する出版物あるいはマスコミなどでは「地方自治体」という表記を多く用いているためである。それゆえ法令等を中心としている場合には「地方公共団体」という表記を多く用い、実態や役割や活動等を中心としている場合には「地方自治体」という表記を多く用いた。

また本書においては、それぞれの論文や出版物の発行時期が重なり合っており、それぞれのものを独立したものとして書いてきたことから、かなり内容的には重複している部分も多くなっている。特に第二部も複数の論文を集約してかつて一冊の本にしたことから、章の中にも重複している部分がある。また数字については、本書が縦書きであることから、可能な限り漢数字に転換して表記した。特に年代に関しては西暦を中心としながら、日本に関する部分については元号も併記した。

第一部　日本とイギリスの地方自治制度改革の歴史

第一章　地方自治制度改革の理論と憲法

1　国家の変遷と立憲主義

行政国家は、「産業革命を経た一九世紀を起点とし、第一次世界大戦前後の過程で形成されたものであり、世界大恐慌と第二次世界大戦を経過して成熟した現代行政を担当する国家」(1)である。それゆえ行政国家は、産業革命後から第二次世界大戦までの初期の行政国家と、第二次世界大戦後の現代行政国家に大別できる。初期の行政国家は、産業革命後の産業化と都市化がつくり出した行政需要への対応を模索する中でうまれてきた国家であり、現代行政国家は、初期の行政国家間の格差がもたらした第一次世界大戦、世界大恐慌、第二次世界大戦と続いた大混乱後の、平和と安定を求めた人々の期待に応える役割を担った国家といえる。こうした発展と混乱と変革をもたらしたものが近代市民革命であり、それが生み出した立法国家を土台として発展してきた国家が初期の行政国家であり、福祉国家の確立を目指して発展してきたものが現代行政国家といえる。

この立法国家における初期の行政国家から現代行政国家への発展を支えたものの一つが立憲主義である。近代市民革命は自由主義を前提としたものであり、民主政治の確立もその大きな目的の一つであった。この民主政治を支えた理論の一つが立憲主義である。「固有の意味の憲法」論は、憲法をどのような自然人の意思が国家の意思と見なされるべきかを定めた基本法と考えるものであり、国家意思を形成し執行していく権力すなわち統治権が誰に帰属し行使されるべきかを定めているものとみなすものである。この考え方に従えば、憲法はあらゆる国家に存在するものであり、憲法なくしては国家は存在しえないということになる。すなわち国家には憲法が必ず存在するものと考えているのである。また「立憲的意味の憲法」論は、憲法を人権保障を謳い、国民主権や権力分立を定めたものと考えるものである。この背景には、絶対王政末期のイギリスに存在した、国王権力も拘束する「高次の法」(higher law)の存在を是認する考え方と、ロック的な社会契約論の影響のもとに社会構成員の合意書としての憲法典を制定しようとする考えを前提としたものである(2)。前者は不文憲法の前提、後者は成文憲法の前提となる理論といえる。

最初の立憲的憲法(成文憲法)は、一七七六年七月の自然権思想を基礎に母国イギリスからの独立の正当性を主張した「アメリカ独立宣言」を母体として一七八七年に制定された「アメリカ合衆国憲法」である。それに続いたのが、一七八九年に国民主権、人権保障、権力分立が国家の基本原則となるべきことを宣言した「人及び市民の権利宣言」すなわち「フランス人権宣言」に基づいて、一七九一年に制定された「フランス憲法」である。これら二つの憲法典はいずれも人権保障と権力分立原理を採用しており、権力を制限して自由を実現するという立憲主義の思想を基礎としたものである。それゆえフランス人権宣言第一六条の「権利保障が確保されず、権力分立が定められていない社会は、すべて憲法を持つものではない」との規定は、立憲主義の典型的な宣言とされているのであり(3)、それには「ひろく憲法史を見わたして、一七八九年宣言ほど、後世に近代立憲主義のシンボルとしての影響をもちつづけてきているものはないといってよかろう。実際、この宣言は、それに適合的な統治機構を定めた一七九一年憲法とともに、近代憲法の基礎的な諸観念、諸定式を提供するものであった。」という評価がみられるのである(4)。

産業革命後の社会と経済の発展は、政治の民主化をもたらし、人々の自由権的基本権保障のために、国家からの自由すなわち公的部門の民事不介入を制度化させた一方、貧富の差や地域間格差を生み出し、社会を自給自足や自己責任などを前提としたものから、社会福祉・社会保障、公衆衛生などを公的に確保することを目的としたものに変化させ、結果的には規制行政を拡大させてきた。それらは夜警国家から福祉国家へ、小さな政府から大きな政府へと大きく性格を変えた現代行政国家の前身となった初期の行政国家を確立したもととなったものである。しかし改革が効果的なものになり得なかった背景の一つには、第二次世界大戦前の成文憲法の多くの人権は、自由権的基本権中心にしたものであり、生存権を前提とした社会権的基本権はあまり認識されてはいなかったことをあげることができる。また主権国家中心の国際社会では、国家間の格差への対応といった国際協調への視点も弱かった。その結果、世界は第一次世界大戦、世界大恐慌、第二次世界大戦といった混乱を迎えることになったのである。

第二次世界大戦後、多くの国の憲法に社会権的基本権が盛り込まれた。その具体的な内容を示したものの一つが、イギリスの政治の戦後コンセンサスである。第二次世界大戦中のイギリスでは、「大戦初期の段階から保守党・労働党・自由党からなるチャーチル連合政権の下で戦後再建の検討に着手(5)」していた。それは「第二次世界大戦のような総力戦を遂行するうえでは、労働勢力の全面的な協力を得ることができるかどうかが決定的に重要となる」ためであった。その結果連立政権は、社会保障、完全雇用、混合経済、労働政策の四つの領域とする福祉国家的コンセンサスをつくりだしたのである。このイギリス政治の戦後コンセンサスには、「ケインズやベヴァリッジといった自由主義的知識人が果たした役割」が大きかったといわれている(6)。しかし戦後の現代福祉国家がもたらした行政需要の拡大は、行政機構の肥大化や財政赤字の増大を生み出し、一九七〇年代以降の行財政改革をすなわち新自由主義に基づく改革の必要性を各国に認識させることになっていったのである。

２　イギリス不文憲法とイングランドの地方自治制度改革の特徴

成文憲法と不文憲法を比較した場合、一般には「イギリスのように統一的な成文憲法ではなく、憲法的事項を内容とする部分的な成文法でも、法律で定められる場合には典型的な軟性憲法である(7)」との指摘が示すように、一般的には成文憲法の多くは硬性憲法であり、イギリスの不文憲法は軟性憲法の典型的なものと考えられている。しかし一九七八年夏のケンブリッジ大学セント・キャサリーン・カレッジのサマー・コースにおける憲法の講座の担当教員は、「イギリス憲法が不文憲法であるがために軟性憲法であるといわれているがそれは大きな誤りである。不文憲法であるがゆえにわれわれは、憲法の意義や内容あるいは目的といったものを熟慮し、憲法の改正となるような実定法の改正には慎重に対応しているのであって、イギリス憲法は最も厳しい硬性憲法なのである(8)」ことを強調された。

これは憲法が法の支配を前提とした存在であり、各種の法令にも法の支配の原理に従うことが要求されることから、憲法の改正には法の支配の原理が強い圧力となり、憲法が硬性憲法としての性格を内在していることを強調したものといえる(9)。

こうした発言を裏づけるように、イギリスにおいては、政治上の大きな改革を行うには、各種の王立委員会が設置され、社会の多様な意見の収集や慎重な調査研究等を通じた答申を媒介として、法令等の制定や改廃が行われることによって実際の改革がなされてきているのである。これが現代の参加民主政治の手段の一つとして重視されているネオ・コーポラティズムの原形となったものであり、憲法と法の支配を裏面より支えている制度でもある。それゆえ二〇世紀の地方自治制度に関する改革においても、代表的な王立委員会として一九二五年の地方行政に関するオンスロー委員会、一九五七年のグレーター・ロンドンの地方行政に関するハーバート委員会、一九五七年のイングランドの地方行政に関するハンコック委員会とウェールズの地方行政に関するミルデンエバンス委員会、一九六七年のイングランドの地方行政に関するレドクリフ・モード委員会などが設置されてきたのである。こうした委員会においてイギリス地方制度の改革に関する内容や方向性などが検討され答申がなされていたのであり、イギリス不文憲法が硬性憲法であるとする理論を支えてきた一面があることが認められるのである。

反面、若干時期は異なるが、ロンドン大学ＬＳＥ (London School of Economics and Political Science) において行政学と地方行政を担当しているＧ・ジョーンズ教授は、王立行政学会で開催された「日本の地方自治体職員のための研修会」における「イギリスの地方自治制度の特徴」と題する講演の冒頭において、「イギリスにおいて地方制度が頻繁に改革されるのは、他のヨーロッパ諸国や日本のように成文憲法をもたないためである。フランスやドイツそして日本などのように成文憲法によって地方自治制度が保護されているのであれば、急激な改革や頻繁な改革はおこなわれないことは自明のことである。すなわちこれらの諸国の地方自治制度は、まさに憲法によって保護されているといえるのである。これに対してイギリスの地方自治制度は、憲法における保護を受けていないところから、このように頻繁に政府による改革にさらされることになるのである(10)」と述べられた。ジョーンズ教授のこの言葉は、不文憲法であるイギリス憲法が軟性憲法としての性格を有し、日本などの成文憲法の多くは硬性憲法としての性格を有するとする、一般的な憲法観がイギリス憲法の前提になっていることを示したものといえる。

ケンブリッジ大学の講義は一九七八年夏のものであり、ジョーンズ教授の講座は一九九〇年一〇月に行われたものである。この二つのレクチャーの間に大きな相違が生じた主たる理由として、一人の政治家の存在をあげることができる。それは一九七九年二月に保守党党首に就任し、五月の総選挙で保守党が勝利したことによって首相に就任し、一九九〇年一一月まで、約一一年六ケ月に渡って首相の座にあったマーガレット・サッチャーである。ケンブリッジ大学での講義は、サッチャー政権誕生直前までの、イギリスにおける伝統的な地方自治制度改革の特徴を紹介してくれたものであるのに対して、ジョーンズ教授の講演は、伝統的手法を軽視したサッチャー政権のやや強権的とも見える地方自治制度改革のやりかたを、批判的な視点で我々日本人に紹介してくれたものといえる。まさにジョーンズ教授の言葉が示すように、サッチャー政権誕生後のイギリスの地方自治制度に関する大きな改革は、王立委員会を通じたネオ・コーポラティズムの手法によるものではなく、内閣特に首相の強いリーダーシップを通じて改革が行われてきたのである。

サッチャーは、総選挙での勝利がマニュフェストへの信任を示すものであるとして、伝統的な王立委員会の設置なしに実定法の制定を通じて地方自治制度の改革を実施した。これは不文憲法が軟性憲法であること示した実例といえる。すなわち、時の政権の意思によってイギリス憲法は硬性憲法的側面を強めたり、軟性憲法的側面を強めたりするという問題を内在しているのである。二つの講義の間には一〇年余の違いが見られるとはいえ、憲法と地方制度の関係に対する講義の内容に正反対の評価が生じるようになった背景には、憲法学者と行政や地方行政に関する実務研究者との間の視点の違いもみられるが、不文憲法が抱える矛盾した性格が内在していたことをあげることができる。

他方、第二次世界大戦後のイギリス政治には、「コンセンサス政治」と呼ばれる特徴が存在したためとする見方もある。それはイギリスの福祉国家的コンセンサスである。その第一の柱が社会保障であり、その原型は一九四二年のベヴァリッジ報告である。第二の柱は完全雇用目標であり、それはケインズ革命を基に一九四四年に公表された『雇用政策白書』である。第三の柱が混合経済であり、基幹産業の国有化を背景とした資本主義経済である。最後の柱が労働政策であり、労働運動に一定の政治的発言権を認めるものであった(11)。

そこには、二大政党間の政策論争の激しさと、地方自治制度の改革に関する性格の違いも見られるのである。戦後の地方自治制度の改革の多くは保守党政権の下で実施されており、特に新保守主義を標榜するサッチャー内閣の制定法を通じた急激な地方自治制度の改革が、G・ジョーンズ教授にこのような意見を述べさせたといえるのである(12)。

こうした従来の手法と異なったやり方で地方自治制度に改革が加えられたとはいえ、イングランドの地方自治の起源はサクソン時代に遡ることができる。若干の変化はあるものの、現代のカウンティに相当するシャイアーや、ディストリクトに相当するバラ、さらにパリッシュに相当するハンドレッドなどが存在し自治を担っていたのである(13)。こうしたものが現代に影響を与えている自治制度に転換したのはノルマンの征服以後のことであるが、そこでも伝統的な三層制の地方自治制度が保持されていたのである(14)。それぞれの地域単位は、「一六世紀にパリッシュはカウンティの中で独立したバラの外に位置する地方行政の中心単位となったのである。それゆえイングランドにおいては広域的な地方行政の単位としてのカウンティ、日常社会生活圏行政の単位としてのディストリクト、さらには日常生活圏行政の単位としてのパリッシュがおかれ、法律によって認められた権限を行使していた(15)」のであるとの説明は、そうした事実を明確に示したものといえる。

3 パリッシュに見るイギリス不文憲法とイングランド地方自治制度の改革

イギリス憲法についてP.M・バネットは、「いかなる基準からみても古いものであり、それゆえ現行システムの起源が少なくともノルマンの征服以後の時代にさかのぼることが可能である。政治制度がゆるやかに進化してきているように、憲法的な要素の発展も本当に緩やかになされてきているのである。しかしながら、イギリスにおける現在の政治システムに関する諸制度の多くのものが、中世に起源をおいているにもかかわらず、それらの制度が演ずる役割が、憲法の発展内容に沿ってコンスタントに変化し続けていることを強調することは重要なことである[16]」と論じている。このことはイギリス憲法が不文憲法であることから、ノルマンの征服以後の制度を政治制度や地方自治制度の根底に置きながら、時代に対応する形で憲法の内容を発展的に変化させ、政治制度や地方自治制度も憲法の変遷にしたがって変質してきていることを示している。こうした憲法の変遷が見られてはいるものの、イングランドの地方自治制度の基本的な部分は大きく変更されていないのである。

第二次世界大戦後のイギリスでは、戦後復興期から高度経済成長期における生活空間の拡大化と、福祉国家の進展に伴うスケールメリットにともなうリージョナリズムの要求に直面することとなり、イングランドでは、カウンティ、ディストリクト、パリッシュという三層の全ての地方公共団体の広域化が推進されていった。イングランドの地方公共団体は、地方行政の目的や内容に応じて、広域的な社会経済圏の行政主体であるカウンティと、日常社会生活圏の行政主体であるディストリクトと、日常生活圏の行政主体であるパリッシュに区別されており、それぞれ一定の事務を遂行するための自治権が付与されているのである。

パリッシュの起源はローマ・カトリックにおける「教会の司祭区であり、一つの教会と一人の聖職者とによって奉仕される区域[17]」であり、「教会行政と世俗の行政という二つの目的を持った行政上の単位[18]」であった。そしてイングランドにおいて「パリッシュは、八世紀以来、いくつかの社会的な目的のために用いられた[19]」ものなのであり、徐々に「住民のためのパリッシュと教会のためのパリッシュは同一であることを中断していくこと[20]」によって行政機構としての性格を強めていったのである。そしてパリッシュは、「一六世紀の交通路と一六〇一年の貧困者の世話を手始めとして、非教会的な機能を獲得していき[21]」、「人々の生活に大きな役割を果たすようになっていったことから、行政に関する地方的な単位としては最も重要なもの[22]」として、チューダー朝においては、他の地方行政単位が発するプリセプトによって、唯一の地方税の徴収権を有する基礎的な自治体となったのである。

その後の社会の発達は、イングランドの地方自治制度の広域行政化を促進するとともに、地方行政の中心的な自治団体をパリッシュからディストリクトへと移行させたのである。現代のイングランドにおける地方行政の起源となった一八九四年の地方自治法は、カウンティの下にパリッシュを統合した形でアーバン・ディストリクトとルーラル・ディストリクトを配置し、ルーラル・ディストリクトの下にルーラル・パリッシュを配置したのである。そして第二次世界大戦後のより強い広域行政への要望を受けて、一九七二年にイングランドの地方自治法は改正され、ロンドンを除く各地域は、六つのカウンティからなるメトロポリタン・エリアと、三九のカウンティからなるノン・メトロポリタン・エリアに区分され、その下にディストリクトとパリッシュが配置されることになったのである。ただしメトロポリタン・エリアにおけるパリッシュの設置は任意となっていたのである。

パリッシュの実態を見ると、一九八一年（これが一九九二年に環境省が公表した最も新しいパリッシュに関する報告書の基本的な総合数字となっている）現在で、パリッシュはイングランド全体で八一五九存在し、その人口は総計一四〇〇万人で、イングランドの総人口の約三〇%を占めている。パリッシュの約四〇%のものが人口五〇〇人未満の小規模なものであり、約八%が人口五〇〇〇人以上のパリッシュとなっており、それがパリッシュの総人口の約五〇%を代表しているのである。そして大規模パリッシュの多くのものが自らをタウン・カウンシルと称し、小規模パリッシュの一部は自らをヴィレッジ・カウンシルと呼んでいる[23]。

このことからも理解できるように、カウンティは日本の県に相当し、グレーター・ロンドンを含めて四六存在し、平均すると日本の県のほぼ半分の面積となっている。半面ディストリクトは四〇二存在しており[24]、日本の市町村の面積の約九倍であって、ほぼ日本の広域市町村圏の規模に相当しているということができる。そしてパリッシュは、原則として日本における小学校区（日本の日常生活圏に相当）を標準として一部地域に設置されているモデル・コミュニティと同じような規模ということができる。

ノン・メトロポリタン・エリアの場合、カウンティの主たる権限は、消費者保護、教育および生涯教育、消防、図書館、体系的な計画、警察、廃棄物の処理、公益事業、交通などであり、ディストリクトの主たる権限は、環境保護、住宅、小売店、地域計画の申請、廃棄物の収集などであって[25]、パリッシュの主たる権限には、市民菜園の提供や維持、趣味やレクリエーションの実施、埋葬地や教会墓地関係のサービス、環境保護、遊歩道や道路および交通関係、公共の時計の提供や維持、戦争記念碑の維持、郵便ポストや公衆電話の施設の提供などがある[26]。こうした点からもイングランドの地方自治制度は、三層制をたくみに利用し、行政サービスの種類や性格に基づいて区域と権限を各種の法令によって配分していることが理解できる。

ただしイングランドの三層の地方公共団体の権限は、原則として不文憲法のために各種の法令によって認められたものだけに限定されている。この制限列挙方式には「ウルトラ・ヴァイレス（権限踰越の法則）」が内在されており、地方公共団体の行き過ぎを牽制するのに役立っているのであるが、法令の存在が前提となっていることから、イングランドには個々の地方公団体が地域で必要と判断した事務サービスを提供することを容認する「地方法」や「私法律」が数多く制定されているのである。

各種の法令による地方公共団体に対する権限の配分は、複雑な法関係や多くの法律の存在といった問題をもたらすとともに、急速な発展を遂げる社会情勢がもたらす行政需要に対する迅速な対応としての、地方公共団体による行政サービスの提供を制限することになりやすい。それゆえイングランドにおいては、一九六三年の地方行政（財政支出）法により、カウンティ・バラを除く各地方公共団体に「彼らの現在の法定事務以外のなにごとによらず、彼らの地域議会連合協議会または住民の利益になることに、一ポンドにつき一ペンスの率で自由に支出することを認めた」(27)のである。この制度はその後一九七二年の地方自治法によって「自由な二ペンス」に拡大され、地域自治組織の役割の拡大を支えているのである。

4　日本国憲法と日本の地方自治制度改革の特徴

日本国憲法は、「形式上は、旧憲法の改正として、大日本帝国憲法に定められた大日本帝国憲法の改正手続きに則って改正され、枢密顧問への諮詢、帝国議会への付議後及び特別議決を経た後に、天皇の裁可を得て、一九四六年一一月三日公布された(28)」ものであるが、その実態は、「憲法改正案の内容は、旧憲法とは全く異なるもので、実質的には新しい憲法の制定であった(29)」といえるものであった。大日本帝国憲法の日本側の改正草案は、一〇月一七日に設置された憲法問題調査会が作成し、一九四六(昭和二一年)二月一日に政府が総司令部に提出したが、この改正草案を総司令部は拒否した。総司令部は総司令部憲法改正案を日本政府に示し、日本政府はそれを総司令部と調整して閣議決定し、憲法改革草案として公表した。改革草案は枢密院本会議での可決後、第九〇帝国議会での衆議院と貴族院と枢密院の可決を受けて一一月三日に「日本国憲法」として公布された[30]。

日本国憲法第八章「地方自治」は、第九二条から九五条までのわずか四ヶ条のみである。それは総司令部が日本政府に示した総司令部憲法改正案が「第八六条　府県知事、市長、町長、徴税権を有するその他の一切の下級自治体及び法人の行政長、府県議会及び地方議会の議員並びに国会の定むるその他の府県及び地方役人はそれぞれその社会内において直接普通選挙により選挙せられるべし」、「第八七条　首都地方、市及び町の住民は、彼等の財産、事務及び政治を処理し並びに国会の制定する法律の範囲内において彼等自身の憲章を作成する権利を奪われることなかるべし」、「第八八条　国会は一般法律の適用せられ得る首都地方、市又は町に適用せらるべき地方的又は特別の法律を通過すべからず。但し、右社会の選挙民の大多数の受託を条件とするときはこの限りにあらず」の三ヶ条のみであったことに由来する[31]。それらは日本側起草第一稿、第二稿、日本側提出案、憲法改正草案要綱を経て草案要綱の条文化がなされ、日本国憲法第八章となったのである[32]。

各国憲法の地方自治関係規定の例を見ると、厳格な連邦制を取っているアメリカ合衆国では、アメリカ合衆国憲法の地方自治に関する具体的な規定として、修正第一〇条「この憲法が合衆国に委任していない権限または州に対して禁止していない権限は、各々の州または国民に留保される」（［州と国民に留保された権限］―［一七九一年成立］）だけであるのに対して、フランス、イタリア、スペイン、ドイツ連邦共和国ではかなり詳細な規定を置いている[33]。それゆえ日本国憲法第八章に関しては、地方自治に関する憲法の規定が、以上のわずか四ヶ条のみであることについて、「硬性憲法や立憲主義の観点から問題を指摘するものや、憲法規定を充実して地方自治を強化すべき[34]」という批判論と、「抽象的でシンプルであるからこそ、自由で柔軟な発想で考えることのできる領域がある[35]」という支持論が存在するのである。

批判論の代表的なものは、「憲法規定が漠然としていることは、結果的には法令による束縛を許容することであり、自治親和的ではない。もちろん、詳細な憲法規定によって、地方自治を否定することも可能であるから、憲法制定時の政治力学状況によっては、詳細な憲法が自治親和的とは限らない。しかし、自治体の側からあるべき憲法を論ずるのであれば、自治親和的な憲法規定の案を検討しておくことが必要であろう[36]」とするものである。また支持論の代表的なものは、「憲法には地方自治に関して九二～九五条というきわめて少ない数の条文しかなく、かつその文言も抽象的な段階にとどまるので、その他の中央政府に関する規定に比べてみると、明快でないところが多いといえる。しかし、明快でないからこそ、いろいろ自由に定めることができる領域がある、という発想も、今後の地方自治の展望を考えると大事なのではないか[37]」とするものである。

総司令部憲法改正案は、イギリスの住民自治の伝統を継受したアメリカの地方自治制度を前提としたものといえる。そのことは総司令部憲法改正案第八七条の「国会の制定する法律の範囲内において彼等自身の憲章を作成する権利を奪われることなし」からも理解できる。それは、イギリスの近代的地方自治制度の「最大の特徴は、地方自治を運営する地方団体は、はじめから一定の権能を与えられた存在ではないということです。必要な事務を処理するために、その都度国会に権限を要求し、特別の法律をつくってもらいながら、結果として多くの権能をモザイク的に積み上げていったのです[38]」との説明からも理解できる。

イギリスの住民自治は制限列挙方式を前提としていることから、地方公共団体の権能は法律によって定められるのである。それゆえ地方自治法が容認する権能を超えた事項を行うためには、それらの権能を容認する法律の制定が必要なのであり、「法律の範囲内において」は、まさにその前提を示したものといえる。さらに厳格な連邦制のアメリカ合衆国では、地方自治制度は各州の憲法に委ねられていることから、日本の地方公共団体に対しては、法律の範囲内でどのような政策を実践していくかは、それぞれの地方公共団体が制定する憲章によるとしているのである。総司令部憲法改正案の地方自治に関する規定が単純なのは、アメリカの住民自治を前提とする地方分権型の自治制度を前提としたためであり、細部は当該地方公共団体の住民の意思によるものと考えているためであると考えられる。

それゆえ憲法第九二条「地方公共団体の組織及び運営に関する事項は、地方自治の本旨に基いて、法律でこれを定める。」の「地方自治の本旨」については、「一般的には『住民自治』と『団体自治』の二つを意味するとされている。…略…しかし、なぜ『地方自治の本旨』がこの二つを意味するかについては必ずしもあきらかではない[39]」、『地方自治の本旨』の観念を概念的に定義することはきわめて困難であり、また、一義的に定義することは危険でもある[40]」、『地方自治の本旨に基いて』法律で定めるという規定は地方自治政策の要を成すが、抽象にすぎる面がある。地方自治の本旨の具体化として、国と地方で適切に役割分担し、住民に身近な行政はできる限り自治体に委ねるという規定を設けてはどうか[41]」といった批判がある。

また、第九三条第二項「地方公共団体の長、その議会の議員及び法律の定めるその他の吏員は、その地方公共団体の住民が、直接これを選挙する。」は、総司令部憲法改正案第八六条「府県知事、市長、町長、徴税権を有するその他の一切の下級自治体及び法人の行政長、府県議会及び地方議会の議員並びに国会の定むるその他の府県及び地方役人はそれぞれその社会内において直接普通選挙により選挙せらるべし」との規定を受けたもので、多くの役職者を住民の直接選挙にゆだねる住民自治の伝統に沿ったものといえる。それゆえ「法律の定めるその他の吏員」の範囲が問題となる。その背景にあるものはイギリスやアメリカの特別職公務員等の選挙である。両国では可能な限り多くの特別職公務員等の住民の直接選挙での選任を前提としている。しかし実際に日本の地方公共団体での、長と議員以外に住民の直接公選とされたものは、一九五〇（昭和二五）年の公職選挙法に記載された「地方公共団体の議会の議員及び長並びに教育委員会の委員」だけであった。

教育委員が公選の対象となったのは、一九四六（昭和二一）年米国教育使節団の、「新たに公選制の教育委員による教育委員会を都道府県及び市町村に設け地方分権的な制度にするように[42]」との勧告を受けたことによる。具体的には「第三章　初等及び中等学校の教育行政」の中の、都道府県庁の権限「公立の初等及び中等教育の管理に対する責任は都道府県および地方的下部行政区画（すなわち市町村等）に委せらるべきである。各都道府県に教育委員会または機関が設立され、そしてそれは政治的に独立し、一般民衆の投票の結果選出された代議的公民によって構成されるよう勧告する」と、地方的下部行政区画（市町村）の権限「各都市またはその他の地方的下部行政区画においては、国民の選んだ一般人によって教育機関が構成されてこの機関が法令に従って、その地方にあるすべての公立の初等及び中等学校の管理をつかさどるようわれわれはすすめる[43]」との勧告に従って、教育刷新委員会を設置して審議をしたのち、一九四八（昭和二三）年に「教育委員会法」が定められ、一部の委員の住民による公選が実施されたのである。しかし一九五六（昭和三一）年の「地方教育行政の組織及び運営に関する法律」の制定にともない「教育員会法」は廃止され、委員の公選も廃止となったのである。

日本では戦後復興期に目まぐるしい地方自治制度の改革がなされ、「憲法がまったく変わらないのに、従来の憲法解説書の使用に堪えないほど統治構造が変わってしまうことは、成文憲法をもつ統治体制にとって本来望ましいことではない。せっかく憲法改正が容易でない硬性憲法があるのに、実質的な統治内容を法律で容易に変更できてしまうからである。このことは、権力の制限を重視する立憲主義の観点からも問題である[44]」という批判もみられる。こうした点から見た場合、日本国憲法は成文憲法で硬性憲法であり地方自治の章も有しているという点で、形式的にはドイツ、フランス、イタリア、スペインと同様に、憲法で地方自治制度をプロテクトしたものといえるが、その実態は住民自治を前提とした法律の上に、戦前からの団体自治的な制度が存在しており、解釈の仕方によっては地方自治制度も否定されかねないという問題を内在している憲法典といえるのである。

註

（1）　阿利莫二著「現代行政の展開と行政国家の形成」、東京大学出版会『行政学講座2　行政の歴史』、一九七六年四月、一頁。

（2）　高橋和之著『立憲主義と日本国憲法（第三版）』、有斐閣、二〇一三年、八-三七頁。衆議院憲法審査会事務局編「『立憲主義、憲法改正の限界、違憲立法審査の在り方』に関する資料」衆憲資第九一号、平成二八年一一月、衆議院憲法審査会事務局（https://www.shugiin.go.jp ＞ kenpou ＞ shukenshi091.pdf ＞ shukenshi091）参照。

（3）　高橋・前掲書および衆議院憲法審査会事務局・前掲資料参照。

（4）　樋口陽一著『比較憲法（第三版）』、青林書院、一九九二年、五七頁。

（5）　長谷川淳一著「戦後再建期のイギリスにおける社会政策の意義—福祉国家の成立・定着とコンセンサス論をめぐって」『三田学会雑誌』九九巻第一号、二〇

〇六年、七五頁（—https://koara.lib.keio.ac.jp > modules > xoonips > download.php）

（6） 二宮元著『福祉国家と新自由主義　イギリス現代国家の構造とその再編』旬報社、二〇一四年、一八-二三頁参照。

（7） 水木惣太郎著『憲法講義（改訂版）』有信堂、一九七二年、二頁。

（8） Cambridge University St. Catharine's College, 1978's Summer Couse Lecture. における講義録。

（9） H. W. Wade, "Administrative Law", (6th ed.) Oxford University Press, 1989. p.23. 参照。

（10） George W. Jones, 9th October 1990's Lecture.

この講義はＣＬＡＩＲ(Council of Local Authorities for International Relations, 自治体国際化協会)のロンドンＪＬＧＣ(Japan Local Government Center in London, 自治体国際化協会ロンドン事務所)が主催者となり、ＲＩＰＡ(Royal Institution of Public Administration, 王立行政学会)の協力を得て一九九〇年一〇月八日から三週間にわたって実施された「イギリス地方自治制度に関する総合識習と実態調査」に関する研修会における識義録の抜粋である。

（11） 二宮・前掲書・二五-三八頁参照。

（12） 第二次世界大戦後のイギリスにおける大規模な地方制度の改革は保守党政権の下で実施されている。一九六三年のロンドン自治法と地方自治（財政支出法）は、マクミランからヒュームへと引き継がれた保守党政権下で制定されたものであり、戦後の地方自治制度における特に大きな改革である一九七二年の地方自治法の制定はヒース内閣の下で制定され、それに続いた一九八五年の地方自治法および一九八八年の地方自治（財政支出）法はサッチャー内閣によって制定されたものである。一九七二年の地方自治法以降の改革は全て王立委員会を設置することなく、保守党の選挙公約によって改革案が国民に示されただけで制定きれたものであり、不文憲法ゆえに改革には慎重をきし、主要な改革にはコーポラティズムを利用するという伝統は軽視されることになったのである。まさにこれは不文憲法が軟性憲法であることを明確に示した例であるといえる。

（13） David M. Walker, "The Oxford Companion to Law", Clarendon Press, 1980. P.595, p1266, p.229, p144 等参照。

（14） 一般的にはイングランドにおける地方自治制度はカウンティとディストリクトの二層制として説明されているが、そうした点を強調しているワードは、地方政府として「カウンティとディストリクとおよびパリッシュ」をあげており（H. W. R. Wade op. cit.）竹下譲氏は「パリッシュは、現在、県やディストリクトと同じように、コミュニティ・チャージ（地方税）を住民に課す権限を付与されているという点からも、正式な地方団体と見なすべきである」（竹下譲著「英国の地方税制改革と地方自治1」「都市問題」（東京市政調査会）第八二巻三号一九九一年三月七一－七二頁）と述べている。

（15）　P. M. Punnett, "British Government & Politics", (5th ed.) 1987, p412.

（16）　P. M. Punnett, op. cit., pp. 175–176.

（17）　David M. Walker, op. cit., p. 918.

（18）　W. B. Stephens, "Source for English Local History", Cambridge University Press, 1980. p. 74.

（19）　National Association of Local Councils, "Powers and Constitution of Local Councils", 1987. p. 1.

（20）　National Association of Local Councils, op. cit., p. 1.

（21）　Peter J. Richards, "The Local Government System", The Local Government Series 5. George Allen & Unwin, 1983. P. 12.

（22）　Peter J. Richards, op. cit., p. 12.

（23）　Department of the Environment, "Parish and Town Councils in England: A Survey", HMSO, 1992. 参照。

（24）　Colin Mellors and Nigel Copperthwaite, "Local Government in the Community", ICSA. 1987, p150. 参照。

（25）　Colin Mellors and Nigel Copperthwaite, op. cit., p. 155. 参照。

（26）　Department of the Environment, op. cit., p. 39. 参照。

（27）　Bryan Keith-Lucas & Peter G. Richars, "A History of Local Government in the Twenty Century", George Allen & Unw in Ltd., 1978. p. 55.

（28）　松藤保孝著『第5期　戦後地方自治制度の創設期（一九四六－一九五一年）』（我が国の地方自治の成立・発展　第5期）自治体国際化協会、平成二二年二月、七頁

（29）　松藤・前掲書・七頁。

（30）　松藤・前掲書・五－七頁。

(31) 松藤・前掲書・六頁。
(32) 第27次地方制度調査会専門小委員会資料2「日本国憲法第8章制定過程」平成一五年八月(https://www.soumu.go.jp/main_sosiki/kenkyu/shuchou/pdf/070427_si2.pdf9)。
(33) 衆議院憲法調査会事務局編「国と地方のありかた(地方自治等)」に関する資料」衆憲資第九三号、平成二九年九月、四九-六一頁、「アメリカ合衆国憲法に追加されまたはこれを修正する条項」(https://www.ajinternational.jp/struct/wp-content/uploads/USconstitution-amendment.pdf)を参照されたい。
(34) 衆憲資第九三号、三三頁。
(35) 衆憲資第九三号、三三頁。
(36) 金井利之著「憲法・地方自治法の在り方」『ガバナンス』一〇六号、ぎょうせい、二〇一〇年、八二-八三頁(衆憲資第九三号、三三頁)。
(37) 渋谷秀樹著「憲法上の『地方公共団体』とは何か」、『自治総研』四三二号、地方自治総合研究所、二〇一四年、七頁(衆憲資第九三号、三四頁)。
(38) 妹尾克敏著『最新解説　地方自治法』二〇一九年版、ぎょうせい、二〇一九年、一五頁。
(39) 今井良幸著「広域自治体における『住民自治』を考える ―都道府県の現状と道州制の議論から―」中京大学総合政策学部『総合政策論叢』第一一号二〇二〇年三月、三六頁。
(40) 成田頼明「地方自治の保障」田中二郎ほか編『宮沢俊義先生還暦記念　日本国憲法体系第五巻』(有斐閣、一九六四年、二八八-二八九頁(今井・前掲論文・三六頁参照)。
(41) 斎藤誠「立法に関れる条項を」中国新聞朝刊、二〇〇九年四月二九日(衆憲資第九三号、三四頁参照)。
(42) 松藤・前掲書・一七頁。
(43) 文部科学省「教育委員会制度について」「1．制度の概要(1)教育委員会制度が導入された経緯、米国教育使節団報告書(昭和二一年三月三一日)第三章　初等及び中等学校の教育行政」(https://www.kantei.go.jp/jp/singi/kyouikusaisei/dai3/　siryou2.pdf)。それゆえ教育委員会法第七条には「都道府県委員会は七人の委員で、地方委員会は五人の委員で、これを組織する。2第三項に規定する委員を除く委員は、日本国民たる都道府県又は市町村の住民が、これを選挙する。３委員のうち一人は、当該地方公共団体の議会の議員のうちから、議会において、これを選挙する。」との規定が置かれたのである。なお当時の公職選挙法（一九五〇(昭和二五)年法律第百号）には、第一条「この法律は、日本国憲法の精神に則り、衆議院議員、参議院議員、地方公共団体の議会の議員及び長並びに教育委員会の委員を公選する選挙制度を確立し、その選挙が選挙人の自由に表明せる意思によつて公明且つ適正に行われることを確保し、もつて民主政治の健全な発達を期することを目的とする。」、第二条「この法律は、衆議院議員、参議院議員、地方公共団体の議会の議員及び長並びに教育委員会の委員（地方公共団体の議会において選挙する委員を除く。以下同じ。）の選挙について、適用する。」、第三条「この法律において「公職」とは、衆議院議員、参議院議員、地方公共団体の議会の議員及び長並びに教育委員会の委員の職をいう。」との規定が置かれていた。

第二章　日本とイギリスの行政国家における地方自治制度改革の歴史

1　イギリスの初期の行政国家と地方自治制度の改革

イギリスでは統一国家が形成されるかなり前から、村落では住民総会によって事実上の地方自治が営まれていたことから、このような歴史的背景を持つ地方自治制度は住民自治と呼ばれている。それゆえ一八三〇年代に生まれて現在まで続いているイギリスの民主的地方自治制度（初期の行政国家における地方自治制度）は、この歴史的な住民自治の伝統を受け継ぎながら、時代にあわせて変革されてきているものである(1)。それゆえイギリスの初期の行政国家における地方自治制度は、広い視点からいえばヴィクトリア朝に形成されたものといえる。このビクトリア女王の下で確立された、民主的で近代的な地方自治制度確立のもととなったものは、ヴィクトリア女王即位五年前の一八三二年六月に行われた第一次選挙法改正、一八三四年の救貧行政の主体をパリッシュからパリッシュの連合組織である救貧委員会へ移行した救貧修正法の制定、一八三五年のバラを都市自治体とした市町村法の制定の三つの改革であった。

第一次選挙法改正は、「貴族階級に代わって、国民の新しい社会階層が拾頭してきた。ブルジョワジーがアリストクラシー社会の伝統的支配慣行と支配権益を解体していくこの全ヨーロッパ的展開の中で、一八三二年の選挙法改革は、イギリスにとっては政治的に決定的な出来事(2)」であった。この「ブルジョワ中間層に国家への政治的関与を承認することは、選挙権の拡大によってよりも、むしろ議席の再配分と選挙区の再分割によって達成された。ここに選挙法改革の重点がある。一八三一年の人口調査によると、住民が二〇〇〇人に満たなくて総計一一一名の代議士を輩出していた五六の「腐敗」選挙区は議席を剥奪された。住民が二〇〇〇人から四〇〇〇人までの三〇の小さな選挙区は、代議士の議席数をそれぞれ二議席から一議席へと削減された。さらに二議席が議席の合併によって消滅した。〔こうして余った〕この一四三議席は、これまでは全く代表されないか、あるいは不十分にしか代表されなかった人口の多いカウンティ（Grafschaft）と大都市に振り分けられた（3）」のである。

たしかに、「歴史的で有機的な選挙法の主要な欠陥、つまり工業的に大きな発展をしていた北部を犠牲にして農業的な南部と西部を優遇するという欠陥は、これによっては解消されなかった。この時代の末期頃には、北部イングランドに一段と大きな人口増加が生じていたことから、この欠陥は特に痛感されていたのである。しかしながら選挙区は依然として不均衡であった（4）」といわれている。しかし選挙区の再分割と議席の再配分は、人口変動に合わせて地方公共団体の区域を変革させる要素を含んだものであった。そうした変更の流れを受けて、人口減で行財政能力が弱くなってきていたパリッシュには、連合形式による広域行政の推進が容認された。また、人口増加で行財政能力が強くなってきていたバラには、都市自治体に移行することが認められることになったのである。このように第一次選挙法改正後の二つの地方自治制度の改革は、地方公共団体の広域化と、都市部を中心とした自治権の拡大といった、社会の変化に対応した改革であった。

これらは、産業革命の影響を受けて進展した、工業化と都市化に対応した政治・行政・地方行政などの改革であった。そうした改革が行われた後の一八三七年にビクトリア女王は即位し、一九〇一年までの六四年間女王の座にあったのである。このビクトリア時代は混乱と改革が混在した時代でもあった。ビクトリア女王就任二年後の一八三九年二月には第一回チャーチスト集会が、一八四八年にはフランス二月革命の影響を受けたチャーチスト大集会が開かれ、民主政治の拡充に向けた運動が展開されたこともあり、一八六七年八月には第二回選挙法改正が、一八八四年一二月には第三次選挙法改正が行われた。地方行政に関しては、一八八八年地方自治法が、カウンティ・カウンシル、カウンティ・バラ・カウンシル、ロンドン・カウンティ・カウンシルといった、大都市部を中心にした広域自治制度を、また一八九四年地方自治法が、ノン・カウンティ・バラ、アーバン・ディストリクト、ルーラル・ディストリクト、ルーラル・パリッシュといった、ルーラルエリアを中心にした広域自治制度を整備していったのである。

この時代の改革は王立委員会を活用したものが多い。それは「Royal Commission（王立委員会）すなわち『国王の命令書によって任命された委員たちにより構成される立法委員会』は、特定の事項について調査し、必要と考えられる法の変更等を勧告するものである。

しかしそれは一八三〇年以前はほとんど使われず、その役割は主として庶民院の Select Committees（特別委員会）が担っていたが、一八三〇年以降は頻繁に使われるようになった。他の委員会のように省庁の事情に制約されたり、予算にしばられたりすることはなく、高い立場から勧告しており、またその前提として詳細な事実調査がなされその結果が記されているので、その報告書はきわめて重要である。最近のもので比較的よく知られているものとして、Constitution や Legal Service に関する王立委員会がある(5)」との説明からも理解できる。ビクトリア女王即位直前のイギリスは、産業革命の進展がもたらす問題への対応と、統治機構としての民主政治制度の拡充が求められていた時代であり、そのための手段として王立委員会が活用されたのである。

「一八五九年には、年間少なくとも一三の王立委員会が任命されており、この時期は『王立委員会の黄金時代』といわれるほどであった(6)」との説明は、ビクトリア女王の統治下において、改革の前提として王立委員会が大きな役割を担ったことを伝えている。この時期に王立委員会が復活してきた要因の一つとして、「産業革命の到来によって発生した社会経済的な問題も、王立委員会による調査・審問に委ねることが適切であると考えられたことである(7)」との説明は、新しい時代に応じた改革にとって王立委員会が重視されるようになってきたことを示している。また「王立委員会の衰退理由であった王室から議会への権限委譲が、大きな意味を持たなくなってきたことである。つまり王立委員会はもはや王室がその権限のもとに創設するものではなく、事実上国民によって選任された代表者によって任命されるものであるとの認識が進んできたのである(8)」との説明は、イギリスの民主化の進展が、王立委員会活用の妥当性を認識させてきたことを示している。

D・M・ヒルは、「民主的政府は必ずしも地方的な選挙された議会を伴うものではない。しかしながらイギリスにおいては、この理論は他の確立された価値によって無視されている。議会は人々が満される可能性を実行するための存在である。民主政治の堅苦しい定義は人民の支配であるが、実際に代表制度は政治的に活動するものに権力を付与する。権力は理論上すべてに通じるものであるが、人々はそれらを自分自身で活発に利用しなければならない。つまりそれは地方レベルにおいてより簡易でより広く達成される(9)」と述べ、議会制度を中心とした民主的な地方行政の遂行が、民主政治の価値論によって是認されたものであることを認めている。その根底にあったものは、「ビクトリア時代の階級的自由主義から発したところの民主政治の理論は、自由・平等・友愛の目的を履行するための代表政府を中心としている。代表制度の根本的な教義は、自由投票・多数決の原理・多数の最終的意見に服従する少数者の保護、そして行政は広くいきわたった討論の基礎の上で作用し、知らされた世論へ反応して作用するという仮説[10]」であったとも論じている。

この仮説に沿ってヒルは、「地方自治における一九世紀の遺産は、自発的な公共サービスの観念によって高められた良き行政の拡大である。ビクトリア時代における改革は、一方では行財政の効率そして他方では民衆の民主的統制の拡大という明確な目的を有していた。その第一のものは特別なサービスのために特別な団体を創設する傾向があったことである。第二のものは一九世紀が経過するにつれて、時の趨勢が権限を小規模単位から大規模単位へと移行させたことである。第三のものは民衆統制をいかにして実施すべきかという主たる影響がバラの優位と改革された自治体の原理となったことである[11]」と論じ、イギリスの民主的な地方行政改革がビクトリア時代に確立されたことを示した。その後、「行政は一九三〇年代からほとんどの先進国において、組織や活動に関して大きくなってきている[12]」という言葉が示すように、ヴィクトリア時代後のイングランドの地方自治制度に対する主たる改革は第一次世界大戦後まで行われなかったのである。

第一次世界大戦後のイングランドでは、一九二一年には教育法が制定され、ルーラル・パリッシュの学校委員会が廃止された。また一九二五年には税評価および資産評価法が制定され、ルーラル・パリッシュの民生委員制度が廃止された。一九二九年地方自治法はパリッシュの連合体が設立していた救貧委員会制度を廃止し、一九三〇年救貧法、一九三二年都市及び地方計画法を制定した[13]。同時に一九二三年から二九年にかけて地方自治委員会（オンスロー委員会）が設置され、その答申を受けて一九二九年地方自治法と一九三三年地方自治法が制定された。これが一九七二年地方自治法までイギリスの近代地方自治制度の柱となっていたのである[14]。

2　日本の初期の行政国家と地方自治制度の改革

大日本帝国憲法制定前の日本の近代的地方制度は、明治維新後の近代的な統一国家形成過程において確立された。それゆえ明治政府の喫緊の課題は、藩を中心とした地域独立型の封建国家（後期封建制）を、天皇を頂点とする近代的な統一国家へ転換することであった。それゆえ一八六七（慶応三）年の大政奉還、一八六八（明治元）年一月の王政復古の大号令の後、四月の政体書において全国の八〇国・六三一郡による旧国郡制を改革し、地方制度として府藩県三治制を定めた。府と県は、京都および旧幕府領や戊辰戦争で敵対した諸藩の没収した領地に置き、その他の地域は藩のままとした。府は、函館、江戸、神奈川、越後、・甲斐・京都、大阪、渡会、長崎に九府が置かれ、残りは二二県・二七四藩となった。一八六九（明治二）年の版籍奉還により三府・四五県・二六一藩となり、藩籍を奉還した旧藩主をそのまま旧領地の知藩事に任命して天皇と知藩事の主従関係を確立した。六三一郡の下には平均人口五五五人程度の約八万の町村が存在していた。明治維新をはさんだヤマト（倭・大和）政権以降の地方自治制度や地方公共団体の変遷史は表1の通りである。

一八七一（明治四）年四月の戸籍法（太政官布告第一七〇号）の制定とともに、戸籍事務の行政単位として行政村である区（単一区制）を設置し、七月の廃藩置県で三府三〇六県を設置し、同年一一月の改正で三府七二県とすることにより、府県と区の二層制の地方制度の原型が確立された。府県には官吏（国家公務員）を府知事や県令（後の県知事）として派遣し、旧藩主は東京に移住させ、単一区には官選の戸長と副戸長をおき、官治集権型の地方制度を確立した。一八七二（明治五）年の学制で、全国に七大学区・二五六中学区・五万三七六〇小学区が置かれ、大蔵省達一四六号によって単一区制は大区・小区制となった。しかし人々が暮らしてきた自然村を区分する形で、戸籍法に依拠した行政村を設定したことから、自然村と行政村の間に摩擦が生じ、大区・小区制は短命に終わった。それは「日本の地方自治制度の起点は、一八七一年に戸籍法の制定にともなって創設された大区と小区であった。これは歴史的に形成されてきた自然村秩序を無視して行政村としての地方行政区画を設けるものであった。そこには国の役人として戸長が配された。彼らの多くは地方の名望家であった。しかし、この自然村を無視した大区・小区の制度は、まさにそれゆえに機能しなかった[15]」との言葉が明確に示している。

一八七八（明治一一）年七月、政府は「フランスの地方制度にならって、郡区町村編制法、府県会規則、地方税規則のいわゆる『三新法』を公布[16]」した。郡区町村編成法第一条「地方ヲ画シテ府県ノ下郡区町村トス」によって、日本の地方は府県と郡区町村の二層制となった。戸籍法に基づく区は廃止され、新たに区は第四条「三府五港其他人民輻輳ノ地ハ別ニ一区ト為シ、其広濶ナル者ハ区分シテ数区トナス」の規定に基づいて新たに設置されたものであり、三府である東京府に一五、京都府に二、大阪府に四の合計二一区、五港には函館区・横浜区・新潟区・神戸区・長崎区の五区、人民輻輳の地には札幌区・仙台区・金沢区・名古屋区・伏見区（後廃止）・堺区・和歌山区・岡山区・広島区・赤間関区・福岡区・熊本区の一二区の合計三八区が置かれた。人民輻輳の地は、開拓使である札幌を除くと、城下町が八区、港町が二区であった[17]。また七一七郡の下には平均人口約五〇五人の七万一六六四町村が置かれた。また、府県会規則によって、府県には「府県会は地方税を以て支弁すべき経費の予算及びその徴収方法を議定する」（第一条）機関として、権限は著しく制限されてはいたものの、公選の議員からなる府県会が創設され、この府県会の役割を明確に示したものが「府縣税及民費ノ名ヲ以テ徴収セル府縣費区費ヲ地方税ト改メ規則ヲ定ム」（通称地方税規則）であった。また一八八〇（明治一三）年の区町村会法によって、区町村にも公選の議員による区町村会が創設された。

一八八八（明治二一）年に明治の大合併が遂行された。その目的の一つが明治五年の学制によって初等普通教育の学校として設置された小学校の義務教育化を目指したものであった。それゆえ合併の単位は三〇〇―五〇〇戸とされ、市町村は三九市・一万五八二〇町村で平均人口は二三七四人となり、三新法時代から見て市町村数は五倍弱に減少し人口は五倍弱まで増加している。市制・町村制が一八八九（明治二二）年四月に公布され、一八九〇（明治二三）年四月に施行された。また一八九〇（明治二三）年五月に公布された府県制・郡制は、各地の状況に合わせて随時施行された。他方、大日本帝国憲法は明治二二年に発布され、翌年一一月二九日に施行された。大日本帝国憲法の施行の日に帝国議会が開会されたことから、この明治時代の新しい地方自治制度は、大日本帝国憲法施行と帝国議会

日本の地方自治制度の変遷史および近代以降の地方公共団体の変遷史　　表１

4世紀頃 ヤマト(倭・大和)政権	国（国造：有力地方豪族 ⇔ 屯倉：大和政権直轄地）・県（県主：国の直轄地の長）
645年　大化の改新	京師(京)　⇔ 国(国司)・郡(評)（郡司）　班田制：戸籍・計帳 → 里(1里=50戸)　：里長
701年　大宝律令	五畿七道(京畿内七道諸国)　：国郡里(郷)制…国(国司)・郡(郡司)・里(里長) → 郷(郷長) 五畿：左京職・右京職・摂津職(難波)＝国司相当 ⇔ 七道：大宰府(筑前・西海道) 令制国：畿内5国 ⇔ 東海道7国・東山道8国・北陸道7国・山陰道8国・山陽道8国・南海道6・西海道11国…68国 荘園の誕生　初期荘園：国郡制に依拠した支配 → 寄進地系荘園(不輸・不入)　⇔ 公領(国衙領：国司が支配)
1185年　鎌倉時代	京都守護 → 六波羅探題　鎮西奉行　奥州総奉行　守護(各国1人)　地頭(荘園・公領)…荘園公領制
1338年　室町時代	鎌倉府・関東管領　九州探題　奥州探題　羽州探題　　守護　地頭
1603年　江戸時代	京都所司代・京都守護職　大阪城代　代官(代官所・陣屋) ⇔ 藩(国：大名・264藩…1830年)
1868年　明治維新	9府　22県　274藩　631郡　約8万の町村（9府：函館・江戸・神奈川・越後・甲斐・京都・大阪・渡会・長崎）
1871年　廃藩置県	直前：3府・45県・261藩 → 3府・306県 → 3府・72県 → 知事：官選‥官治集権型　78,280町村(平均555人)
1872年　学制 大区・小区制	大学区(8→7：官立師範学校併設…32中学区が単位)　中学区(256…210小学区が単位)　小学区(53,760) 3府　306県　631郡　　大区・小区(行政村：数は不詳)：大区=郡が単位…区長　小区…戸長
1878年　三新法制定 郡区町村編成法 府県会規則 地方税規則	3府　72県　717郡　　　71,664町村 3府　72県　811郡　　38区　　71,664町村 区：三府・五港：東京府(15)・京都府(2)・大阪府(4)・函館区・横浜区・新潟区・神戸区・長崎区 人員輻輳の地：札幌区・仙台区・金沢区・名古屋区・伏見区(後廃止)・堺区・和歌山区・岡山区・ 広島区・赤間関区・福岡区・熊本区 3府　72県　631郡　　19市(伏見区を除いた府と区)　12,194町　59,284村(71,497市町村)
1888-9年　明治の大合併	3府　72県　613郡　　39市　　15,820町村(町村区分は不詳)
1890年 府県制・郡制	3府　43県　716郡　　40市　　722町　12,797村(13,559市町村)
1921年「郡制ノ廃止ニ関スル法律」	(1道)　3府　43県(郡廃止)　91市　　1,242町　10,982村(12,315市町村)＋716郡(地理上の郡)
1940年「部落会町内会等整備要項」	3府　43県　　154市　　1,725町　9,397村(11,276市町村)＋626郡　部落会・町内会
1943年　東京都制	1都　2府　43県　　205市　35区　1,787町　8,518村(10,520市町村＋35区)＋624郡
1947年憲法・地方自治法	1都　1道　2府　42県　　210市　23区　1,784町　8,511村(10,505市町村＋23区)＋624郡
1953-61年　昭和の大合併	1都　1道　2府　42県　　556市　23区　1,935町　981村(3,472市町村+23区)＋617郡→594郡 町内会・自治会・地区会等の再組織化 → 地縁団体
1999-2010年 平成の大合併	1都　1道　2府　43県　　786市　23区　　754町　190村(1,730市町村＋23区)＋566郡→391郡
2004年　改正地方自治法	1都　1道　2府　43県　　681市　23区　1,942町　553村(3,176市町村＋23区)＋561郡 地域自治組織(地域審議会・地域自治区[一般]・地域自治区[合併]・合併特例区)・地縁団体
2014年「まち・ひと・しごと創生『総合戦略』」	1都　1道　2府　43県　　790市　23区　　746町　　189村(1,725市町村＋23区)＋386郡 地域自治組織・地縁団体＋地域運営組織
現　　在	1都　1道　2府　43県　　792市　23区　　743町　　183村(1,718市町村＋23区)＋385郡 地域自治組織・地域運営組織・小さな拠点・地縁団体(非営利活動法人等)

馬場弘臣著「江戸時代の藩はいくつあったか？ 館山市立博物館の講演」（www.ihmlab.net/wp/?p=3582）
八幡和郎著『消えた江戸300藩の謎　明治維新まで残れなかった「ふるさとの城下町」』(イースト新書Q)［新書］イースト・プレス
全国の市区町村数の推移（市区町村変遷情報）(uub.jp/upd/transition.html)

開会前に確立されたものであり、大日本帝国憲法には地方自治の規定はなかったことからもわかるように、日本の地方自治制度は法令によって創設されたものなのである。地方自治制度に関する法令が府県制・郡制と市制・町村制に分けられ、府県と郡は官吏が統括する国に帰属する行政機関、市と町村にはある程度自治組織的な性格が付与された機関とされた(18)。

一八九九(明治三二)年に府県制・郡制が全文改正され、府県は法人となり法令の範囲内で公共事務と委任事務が処理できるようになった。一九〇一(明治三四)年には北海道会法が制定された。一九一一(明治四四)年には市制・町村制が全文改正され、「市制」と「町村制」の二つの法律に分離されるとともに、市町村組合制度の設置により事務の共同処理を通じた広域行政化も進められた。一九二一(大正一〇)年に市制、町村制が改正され公民権の範囲が拡大されるとともに、郡制の廃止に関する法律が制定され、府県制・郡制が府県制となり、郡は純然たる国の行政区画となった。一九二三(大正一二)年に府県制が改正され議員の選挙権と被選挙権が拡大された。一九二六（大正一五）年には選挙制度が改正され、府県会と市町村会議員の男子普通選挙が実現し、郡制の改革によって国の行政機関としての郡長及び郡役所が廃止され、郡は単なる地理上の名称となった。郡を中心に見た日本の地方公共団体の変遷は表2の通りである。

一九四〇（昭和一五）年の部落会町内会等整備要領が制定され、市町村内に部落会や町内会等の設置によって、旧来の日常生活の単位を基礎とした身近な行政の主体が復活することになった。その後、第二次世界大戦中の一九四三（昭和一八）年六月、府県制、市制、町村制が改正され、府県には法令による新たな委任自事務の遂行が認められ、市長は市会の推薦を受けて内務大臣が任命することに、町村長は町村会で選挙し府県知事が認可することになった。市町村長には市町村内の団体等に対する指揮権が付与され、町内会や部落会が市町村長の支配下に置かれたことで、市町村長の住民に対する統制権が強まった。また東京都制と東京都官制が制定され、東京府と東京市と区が廃止されて単一地方制度である東京都と法人格を有する区が設置され、戦時行政を遂行するためにより官治集権的な性格の強い地方自治制度が確立された(19)。第二次世界大戦前の日本の地方自治制度改革の歴史は表3の通りである。

日本の地方公共団体の変遷　表2

項目	年代	北海道	東北	関東	中部	近畿	中国	四国	九州	合計	備考
国郡制	1869(明治2)年		9国	9国	19国	14国	12国	5国	12国	80国	江戸は68国
			64郡	95郡(3)	118郡	115郡	99郡	45郡	98郡(8)	631郡	3郡が重複
廃藩置県	1871(明治4)年末 第一次府県統合			1府		2府				3府	73国存在
			11県	11県	19県(4)	10県(6)	8県	5県	12県(9)	72県	郡は631郡
郡区町村編成法	1879(明治12)年			1府		2府					北海道と沖縄を除くと713郡(8郡が重複)
			7県(1)	6県	10県(5)	4県	4県	3県(7)	6県(10)	40県	
		11国								11国	
		2区	2区(2)	16区	3区	8区	3区		3区	37区	
		90郡	85郡	105郡	144郡	118郡	99郡	47郡	123郡	811郡	
府県制・郡制	1900(明治33)年			1府		2府				3府	北海道と沖縄を含めると629郡(郡の再編が完了した年)
			6県	6県	10県	4県	5県	4県	8県	43県	
		19支庁								19支庁	
			7市	6市	9市	8市	5市	5市	7市	47市	
			74郡	73郡	124郡	78郡	68郡	36郡	85郡	541郡	
				3島庁						3島庁	
地方自治法施行	1947(昭和22)年			23区						23区	東京の区は1943年の35区を戦後22区に統合し練馬区の誕生で23区に
		11市	18市	31市	44市	29市	26市	11市	35市	205市	
										607郡	
		14支庁		3支庁						17支庁	
現在	2020(令和2)年3月			23区							町は743.村は183存在している
		35市	77市	180市	178市	111市	54市	38市	119市	792市	
		64郡	47郡	40郡	70郡	35郡	29郡	26郡	52郡	371郡	
		14支庁		4支庁						18支庁	

表は「郡の変遷」(2017.4.22.現在 http://www.tt.rim.or.jp/`ishato/tiri/gun/gun.htm)と都道府県と市町村(https://uub.jp/)を参照して整理した。

北海道の戦前の数字は発哺領土を含む。戦後の数字は含んではいない。

(1)区域外の新潟県の一部(東・南・西・北・中の各蒲原郡)が入っている。(2)仙台区と新潟区(新潟区は区域外)が入っている。

(3)伊豆七島は郡不設置、小笠原は国制外。3島庁は大島(三宅を含む)・八丈・小笠原。3支庁には小笠原は含まれない。

(4)区域外の福島県と足柄県の一部を含む。三重県を含んだ。(5)区域外の福島県と滋賀県の一部を含む。三重県を含んだ。

(6)区域外の敦賀県と名東県を含む。(7)安房郡が兵庫県に属していた。(8)琉球国に軍は存在せず。(9)琉球藩(明5～)。

(10)1972(明治5)年に琉球藩となって鹿児島藩の官下に入った琉球国は、1979(明治12)年に沖縄県となった。

支庁は各県にも存在する。ただし北海道は全域に(道制)、東京都では伊豆七島と小笠原に置かれているので特に記した。

日本の国郡区域と新しい広域行政の展望 – J-Stage(https://www.jstage.jst.go.jp/article/jjca/52/2/52_2_1/_pdf)

大日本帝国憲法下の地方制度改革史　表3

慶応 3年	大政奉還	慶応3年10月14日（1867年11月9日）→ 諸藩への軍事指揮権は保有	10月24日（1867年11月19日）：征夷大将軍辞職申し出
明治元年	王政復古の大号令	慶応3年12月9日（1868年1月3日）明治政府成立 → 徳川幕府崩壊	征夷大将軍辞任の勅許 → 三職制（総裁・議定・参与）
	政体書：府藩県三治制	郡国制（80国・613郡）→ 9府・22県・274藩	
明治 2年	版籍奉還	旧藩主を旧領地の知藩事に任命	
明治 4年	廃藩置県	全国を地方行政区画としての府県に区分：3府302県 → 3府72県	国の官吏である府知事・県令を派遣
(1871年)	戸籍法制定	行政区画としての「区」を画した	区ごとに官選の戸長及び副戸長をおいた
明治11年	郡区町村編成法	戸籍法の区を廃し、郡および区を配し、郡の下に町村を置いた	区町村：国の行政区画＋地方公共団体
(三新法)	府県会規則	府県に公選の議員からなる府県会を創設	府県会の権限：著しく制限
(1878年)	地方税規則	地方税徴収規則・府県に一定の地方公共団体としての性格付与	
明治13年	区町村会法	区町村に公選議員からなる区町村会を創設	
明治14年	国会開設の勅諭	明治23年を期して国会を開設することを告知	立憲国家の近代的地方自治制度整備が必要
明治21年	市制町村制制定	明治22年施行：先立って明治の大合併実施…市町村の基盤強化	
明治23年	府県制及び郡制制定	府県及び郡：国の行政区画・同時に地方公共団体の区域に	
明治32年	府県制、郡制全文改正	府県：法人…法令の範囲内で公共事務・委任事務を処理	府県会議員:直接選挙制、府県会:常会は年1回
明治34年	北海道会法制定	府県と異なる扱いを規定 → 府県会規則の大部分を準用	同時に北海道地方費法を制定
明治44年	市制、町村制全文改正	「市制」と「町村制」の二つの法律に分離	市長：独任制の執行機関として位置付け
大正10年	市制、町村制改正	市町村議員の選挙:公民権の範囲拡大	
(1921年)	郡制廃止	地方公共団体としての郡の廃止 → 大正12年実施	郡:純然たる国の行政区画となる
大正12年	府県制改正	府県会議員の選挙権、被選挙権の拡大	府県内の直接税納税者に拡大
大正15年	選挙制度の改革	市町村会議員及び府県会議員選挙:普通選挙が実現	市長:市議会で選挙…府県知事の認可廃止他
(1926年)	郡制の改革	国の行政機関としての郡長及び郡役所制度:廃止	郡:単なる地理的な名称となった
昭和 4年	府県制改正	道府県に条例・規則制定権付与	議員に発案権及び議会招集請求権付与
(1929年)	市制、町村制改正	市町村会議員に発案権付与	市町村会・市参事会の意見提出権拡大
昭和13年	国民健康保険法	世界大恐慌・大凶作・不況 → 失業者の大量帰農 → 農村の困窮	
昭和18年 (1943年)	府県制改正	法律命令による新たな事務委任を認める	
	市制・町村制改正	市長：市会の推薦を受けて内務大臣が選任	町村長：町村会において選挙し府県知事が認可
		市町村長：市町村内の団体等に対する指示権付与	町内会・部落会：市町村長の支配下に置く
	東京都制、東京都官制	東京府・東京市・区を廃止 → 東京都と法人格を有する区設置	東京都長官：都の長

3　イギリスの現代行政国家と地方自治制度の改革

イングランドの地方自治制度の抜本的な改革は一九七〇年までなされなかった。とはいえ、戦後の立法が多くの地方的サービスの領域と性格や、地方公務員と地方議員の関係を徐々に変えてきていた。専門的な意見の必要性の増大と、委員会の仕事の苛酷さは、中央政府の影響力と統制を通じた地方公共団体の仕事の標準化によって地方公共団体の内部に影響を与え、財政制度のバランスの変化は、地方公共団体の収入を、地方税より中央政府の補助金が多くなるように変えたのである。この結果、組織・公務員と議員の役割・中央と地方の関係といったすべての領域において改革の要求が高まることになったのである[20]。

一九七二年地方自治法と一九七四年地方自治法は、イングランドにおける地方自治制度を大幅に変革した。イングランドの地方自治制度改革に関しては、一九六六年にレッドクリフ・モード委員会が創設されている。委員会には、「第一に関連しているサービスを一つに結びつける、第二に関連を有する大臣や専門委員の間で約二五万人が特別なサービスをうける最低限（最適）のサイズであるとする実質上の合意があった[21]。」ことから、委員会は「都市と地方は相互依存関係にあるということを一般原則とし、目的を担う自治体がサービスにおいて連係すべきであり、また自治体は十分な専門職員や財源を統括するため最低限の広さでなければならないこと、そして自治体は最大限の大きさ（約百万人）をこえるものであってはならない[22]」といった内容の答申をした。この委員会答申に対応した地方自治法制定を通じて、イングランドの地方自治体は合併を通じて数が減少するとともに、地域自治組織であったパリッシュは準自治体となった[23]。

新しい地方自治制度は、一九七一年のニクソン・ショック（ドル・ショック）、一九七三年のオイル・ショック等による困難に直面した。「行政活動の維持や拡大のための財源は、経済成長が減退するにつれて獲得することが困難になってきている。行政収入が逼迫しつつあるまさにその時期に、行政活動をより金のかかるものにしている失業者と高齢者の人口の増加は、行政財源の上に非常に重い要求を形成する[24]」ことになった。それゆえイギリスでは「一九七〇年代までにイギリスで拡大してきた、特に教育や社会保障のような、当時の地方自治体の行動と発展とつながっていたところの、行政の二つの福祉国家領域に対する縮小を伴い、すべての領域における削減は、行政上のそして専門的なカギを握る者によって発展させられた必要というつかみどころのない概念との格闘を伴う[25]」こととなり、「一九七六年の公的支出の量的統制に取ってかわる支出制限」の部分的導入で具体化した。これは「部分的・専門的な問題に対する大蔵委員会の反応であった。しかしより重要なことは、支出制限が通貨供給量の増加に対応する、より高まる協調の一部として、より密接な政府借入統制の一手段となった[26]」のである。

行政国家の増加する行政需要に公的部門が対応できたのは、GNP（GDP）の増加によるものであった。低成長期に入ることによって、財政健全化にための財政支出削減が求められた。特にイギリスにおいては、地方公共団体の財政が自主財源（地方税）から国庫補助金へとウエートを移していけば、国の財政支出の程度に応じて地方公共団体の財政に変動が生じるのはしかたのないことであった。例えば国の補助金と地方税の割合は、一九六五年度は五一・二対四八・八であったものが、一九七二年度には五七・七対四二・三に、一九七六年には六六・四対三三・六へと変化していた[27]。

「サッチャー政府の削減政策として通貨量の制限を拡張したのは、地方公共団体や他の公共団体の問題に対して、中央省庁が高次の調停者として現われるためであった[28]」といわれているが、経済環境の急変に地方公共団体が対応し得ない場合、国が先頭に立って改革に着手するのはしかたのない面を有していたのである。こうしたイギリスの一九八〇年の行政改革において「政府機構に関する討論および専門的機会に対する最も大きな衝激をなした政策や、サッチャー政府の初期における公務上の士気は、多くの主要な公営企業を民間部門へ復帰させることに払われていた[29]」のである。高度経済成長の終焉は新自由主義や新保守主義を呼び起こしたのである。

4　日本の現代行政国家と地方自治制度の改革

戦後日本の自治分権型の地方自治制度は、日本国憲法の制定と地方自治関連法規の改正を通じて整備されてきた。その具体的な整備は、イギリス型の委員会（審議会）制度を軸に行われてきた。ただし、戦後最初の改革は憲法改正調査会や地方制度調査会でおこなわれることになったが、この二つの審議会の答申は伝統的な制度を重視したことから総司令部で拒否され、総司令部案に沿った日本国憲法と地方自治法が帝国議会で制定され公布されることで実現したのであり、日本の主体的な改革ではなかった。とはいえ、一九四七年五月三日に施行された日本国憲法第八章「地方自治」と地方自治法によって確立された、日本の現代行政国家に対応する民主的な地方自治制度は、地方公共団体は地方自治法第一条の三の規定により、都道府県と市町村からなる普通地方公共団体と、特別区と地方公共団体の組合（現在は一部事務組合と広域連合）と財産区と地方開発事業団（二〇一二年三月三一日の青森県新産業事業団の解散で廃止された）からなる特別地方公共団体によって運営されることになった。

こうした地方自治の単位の妥当性については当初から、「まず第一の問題は、地方自治の単位をどうするかの問題である。現行地方自治制度は、原則として、都道府県と市町村の二重構造をとっているが、自治体としての都道府県と市町村の二重構造は、将来においても維持すべきものであるかどうか、仮にこれを維持するとして、両者の性格を、現行地方自治法が認めているように、原則的に、同様のものとしておくべきかどうかが問題である。これに関連して、道州制、大都市制、都の特別区制等をどうするかが問題となるし、市町村内の部落組織をどうするかも問題である(30)」と指摘されていたのである。加えて、戦後復興期の厳しいインフレーションの影響を受けた財政問題も重くのしかかってきていたのである。その背景で顕在化してきたものが冷戦の激化であった。

冷戦の激化の中で日本経済を立て直したい米国政府は、一九四九（昭和二四）年二月にドッジを日本に派遣し、「インフレの収束と経済の体質改善を急務とし、インフレの鎮静を第一とし、歳出を徹底して削減し、増税により購買力を吸収しようとするデフレ政策[31]」を日本に迫ったのである。続いて五月にシャウプ博士が来日し、八月と翌年九月に「シャウプ使節団日本税制報告書（シャウプ勧告）」を提示し、日本に国と地方の行財政改革を迫ったのである。「シャウプ勧告は、行政事務配分の基準として、①国、府県、市町村の三段階の行政機関の事務は、明確に区別して、それぞれ特定の事務を割り当てること（行政責任明確化の原則）、②能率的に遂行するため、その規模、能力、財源によって準備の整っている段階の行政機関に割り当てること（能率主義の原則）、③市町村には第一の優先権が与えられる（市町村優先の原則）の三点[32]」を挙げ、改革を求めたのである。しかし、結論から言えば、「シャウプ勧告は、関係省庁の反対などにより不徹底な実施に終わった[33]」と評価されているのである。

政府はシャウプ勧告の具体化を目的に、一九四九年一二月に「地方行政調査委員会議（神戸委員会）」を設置した。委員会はシャウプ三原則を指針とした勧告を提示し、地方自治制度の改革を求めたが、「シャウプ勧告で示された第一の原則を実施するために提案された第一次勧告の『各論』は、実現されないままに終わった。それは、個別事務を所管する中央省庁の抵抗や反対が強く、結局、中央政府によって棚上げにされてしまったから[34]」であり、「冷戦の激化により総司令部においても地方分権より集権を重視する意見が強くなっており、総司令部は、神戸勧告の推進役にはならなかった。政府の各省庁は完全に無視し、地方公共団体側でも、これを受け入れる体制が整っていなかったなどの理由から、あまり評価されなかった[35]」ためである。

こうした流れの中で、日本の地方自治制度の大きな転換を迫った出来事の一つが、一九五〇（昭和二五）年に勃発した朝鮮戦争である。連合国と日本は一九五一（昭和二六）年九月八日にサンフランシスコ講和条約を締結した。主権を回復した日本は、一九五二（昭和二七）～一九五六（昭和三一）年の間を、『占領中に制定された制度の再改革』の時期」として「占領中に制定された諸制度を再検討し、講和条約後の自立体制に即応した制度に整備するための改革[34]」を進めたのである。そのために一九五二（昭和二七）年に地方制度調査会が設置され、具体的な改革はその第一次答申に基づいて実施された。

財政面の改革は地方税制と地方財政調整制度改革が中心であり、シャウプ税制改革で廃止された府県民税の復活と地方譲与税制度の創設であった。またシャウプ勧告で創設された地方財政平衡交付金制度は廃止され、地方交付税制度が設けられた。行政面の制度改革は、中央政府、府県、市町村の異なった政府レベルの間、または府県、市町村の自治体レベルにおける首長と議会、行政委員会などの機関相互の間を相互のレベルの間で調整のとれる仕組みに再編成するものであった。府県と市町村の関係では、府県中心の体制が確立された。その第一が一九五四（昭和二九）年の府県警察制度の創設と、一九五六（昭和三一）年の教育委員の公選制の廃止である。また中央政府と自治体の関係は、一九五二（昭和二七）年と一九五六（昭和三一）年の地方自治法改正で、中央政府の自治体に対する一般的な関与の方式が整備された(36)。

その後、一九七三（昭和四八）年の第四次中東戦争によるオイルショックの影響で、戦後の高度経済成長期は終焉し、低成長期における新しい形での地方自治制度のありかたが模索されてきた。一九七四（昭和四九）年の地方自治法の改正によって都区制度の改革が行われ、特別区の区長公選が復活し、都と特別区の事務配分もなされた。また複合一部事務組合制度も創設された。一九七七（昭和五二）年には「豊かな環境の創造」を目標とする第三次全国総合開発計画が閣議決定され、広域市町村圏、地方生活圏、大都市周辺地域広域行政圏といった広域生活圏構想が具体化されることとなった。一九八一（昭和五六）年には第二次臨時行政調査会が設置され、「増税なき財政再建」や「選択と負担」による行財政改革が求められた。その後も第一次臨時行政改革推進審議会、第二次臨時行政推進審議会、行政改革会議なども設置され、多くの答申が出され改革がおこなわれている。また地方制度調査会も、現在第三三次委員会となっており、多くの勧告とそれを基にした数々の改革が実行されてきている(41)。こうした第二次世界大戦後の、行政委員会などを中心とした、日本の地方自治制度改革の歴史は表4の通りである。また市区町村と郡の数は表5の通りである。

戦後の広域行政を中心とした地方自治制度改革史　　表

昭和20年（1945年）	ポツダム宣言受諾…8月15日	8月30日：マッカーサー厚木上陸 → 9月2日：降伏文書調印…東久邇宮内閣	10月幣原内閣 → 昭和46年4月総選挙 → 吉田内閣
	マッカーサー指令（10月）	五大改革：選挙権付与による婦人解放、労働組合の結成奨励、教育の自由主義化、秘密警察の廃止、経済機構の民主化	
		その他の指令：財閥解体、農地改革、神道と国家の分離、皇室財産の凍結、天皇の神格化の禁止、修身・歴史・地理の教科書改訂	
		憲法改正の指示 → 憲法問題調査会設置	総司令部：地方自治の保障に強い関心
昭和21年（1946年）	教育使節団来日	3月：6.3.3.制提案・6.3.義務教育・男女共学制・公選制の教育委員会の設置	昭和22年3月：教育基本法・学校教育法公布 → 4月施行
	都制・府県制改正	9月：都道長官・府県知事（S22年選挙実施）、長に議会解散権を付与	選挙管理委員会・監査委員制度・直接請求制度等の創設
	市制・町村制改正	9月：市町村長の公選（S22年選挙実施）、議会の権限強化	市町村に対する許認可事項の大幅整理
	地方制度調査会設置	12月：内務大臣に答申	政府：昭和22年3月：地方自治法案を帝国議会に提出
	日本国憲法公布	11月 → 昭和22年5月3日施行：地方自治法等も施行	第8章「地方自治」が置かれる
	フーバー来日	11月：人事行政顧問団＝国家公務員制度改革についての調査研究	昭和27年8月：国家公務員法成立
昭和22年（1947年）	隣組、町内会、部落会廃止	1月：閣議＝廃止決定 → 4月実施 → 5月：片山内閣	町内会・部落会：3か月以内に80%が再組織
	地方自治法	4月17日公布→5月3日施行（憲法と同時）：東京都制・道府県制・市制・町村制を統合	知事以下の都道府県職員の身分：官吏 → 吏員（地方公務員）
	地方自治法改正	12月：行政事務追加、条例制定権の拡大と罰則、首長への職務執行命令訴訟制度採用	翌年1月1日施行
	内務省解体	昭和23年1月：内事局・建設院発足、全国選挙管理委員会・地方財政委員会設置	昭和23年3月：内事局廃止 → 総理庁官房に自治課設置 → 昭和24年6月総理府に地方自治庁設置
昭和23年（1948年）	警察法施行	3月…昭和22制定：自治体警察制度：国家地方警察と自治体警察設置	自治体警察：市及び人口5000人以上の町村
	消防組織法施行	3月…昭和22制定：自治体消防制度	3月：芦田内閣 → 10月：第二次吉田内閣
	地方自治法改正	普通地方公共団体の事務の例示、議会の議決事項の追加、住民監査請求制度創設	地方財政法制定、食料確保臨時措置法制定
	教育委員会法	都道府県・市町村に教育委員会（公選）を設置	都道府県・9大市・一部市町村で教育委員選挙実施
	国民健康保険法改正	市町村（特別区を含む）が行うことが原則・加入は強制加入 → S28年改正	市町村が行わない場合：国民健康保険組合または営利を目的としない社団法人が運営
昭和24年（1949年）	1.ドッジ来日	2月 → ドッジ・ライン：インフレ抑制策 → 歳出削減＋増税による購買力吸収	地方配布税：33.14% → 16.29%＋地方債を1/3に削減＋その他の削減
	シャウプ使節団来日	シャウプ勧告：地方公共団体の財政力強化：地方財政平衡交付金制度創設を勧告	昭和25年5月：地方財政平衡交付金法案施行
		行政事務の再配分：「行政責任明確化の原則」「能率化の原則」「地方自治尊重の原則（地方公共団体優先の原則）及び市町村優先の原則」	
	地方行政調査委員会議（神戸委員会）設置	シャウプ勧告の具体化の調査研究 ＋ 勧告	勧告：連合国の日本管理政策のより多く棚上げ…冷戦の激化・朝鮮戦争勃発
		昭和25年10月「国庫補助金等の改正に関する勧告」12月「行政事務再配分に関する勧告」	昭和26年：9月「行政事務再配分に関する第二次勧告」
昭和25年（1950年）	国土総合開発法	S25北海道開発法、S32東北開発促進法、S39九州開発促進法、S35四国・北陸・中国開発促進法	S31首都圏整備法、S38近畿圏整備法、S41中部圏開発整備法制定 → H17：国土形成計画法へ
	地方自治法改正	直接請求の手続き整備	公職選挙法、地方公務員法、地方財政法、地方税法等制定
	朝鮮戦争勃発	6月：占領政策の変更 → 8月：警察予備隊令	旧軍人の公職追放開示
	地方税法	7月：地方交付税平衡交付金制度創設	
	地方公務員法	12月：地方自治制度の根幹法整備終了	地方自治法、地方財政法、地方税法、地方公務員法
昭和26年	政令諮問委員会発足	吉田総理の私的諮問機関	
昭和27年（1952年）	対日講和条約発効	4月：地方自治制度改革：日本の実情に即したものにするため	
	地方自治法改正	地方公共団体等に対する事務委任の根拠の法定と別表の創設	議会及び執行機関の組織及び運営の簡素化・能率化
		協議会、事務の委託、機関等の共同設置といった共同処理方式の創設	特別区の区長の公選制の廃止、地方公営企業法制定
	自治庁発足	7月：総理府の外局	
	地方制度調査会設置	8月：地方制度調査会設置法制定	総理府（内閣府）の付属機関
	教育委員選挙	10月：全国一斉選挙	
昭和28年（1953年）	町村合併促進法	昭和の大合併開始 → 3年間の時限法	
	新国民健康保険法	市町村に昭和31年までの実施義務を賦課 → 昭和36年4月：国民皆保険達成	
昭和29年（1954年）	地方自治法改正	市の人口基準の引き上げ：3万人 → 5万人、財産区の規定整備	
	警察法全部改正	市町村自治体警察制度＋国家地方警察制度 → 都道府県警察制度	
	地方財政制度整備	地方財政平衡交付金法一部改正	地方財政平衡交付金制度 → 地方交付税制度
	地方税制大改正	シャウプ税制の大幅改革 → 道府県民税創設…市町村民税の一部移譲	12月：鳩山内閣

昭和30年	自治省発足	自治庁と国家消防本部を統合して発足	
(1955年)	地方財政再建促進特別措置法	18府県、180市、400町村の合計598の地方公共団体が財政再建推進	
昭和31年	地方自治法改正	都道府県の事務と都道府県と市町村の地位・機能の明確化	特別市制度廃止 → 指定都市制度創設
(1956年)	教育委員公選制廃止	「地方教育行政の組織及び運営に関する法律」制定	市町村立小中学校の教職員に係る人権権 → 都道府県教育委員会に移管
	新市町村建設促進法	昭和の大合併促進	12月：石橋内閣 → 昭和32年2月：岸内閣
昭和34年	国民年金法	全国民が公的年金の対象となった	年金給付：老齢、障害、母子、遺児、寡婦の5種
昭和35年	高度経済成長政策	7月：池田内閣	統計上の高度経済成長：昭和35年 → 昭和50年
昭和36年	地方自治法改正	地方公共団体の協議会に関する制度の合理化	
(1961年)	昭和の大合併終了	566市・1,935町・981村の合計3,472市町村	昭和20年：210市・1,784町・8,511村の合計10,505市町村
昭和37年(	地方自治法改正	選挙管理委員会の組織体制の整備	
	第1次臨時行政調査会	1962年-1964年	
	全国総合開発計画閣議決定	目標：「地域間の均衡ある発展」…拠点開発方式 → 国土総合開発法制定12年後	
	新産業都市建設促進法	15の新産業都市を指定 → 市の合併の特例に関する法律	昭和39年：工業整備特別地域整備促進法 → 6の都市を指定
昭和38年	地方自治法改正	財務会計制度の抜本的改革、地方開発事業団制度創設	
昭和39年	地方自治法改正	都の事務の移譲、都区協議会制度の設置等の特別区制度の整備　11月：佐藤内閣	昭和37年：第8次地方制度調査会「首都制度の当面の改革に関する答申」
昭和40年	市町村合併特例法	「市町村の合併の特例に関する法律」(10年間の時限法：市町村合併特例法)	
(1965年)	議会解散の特例法	「地方公共団体の議会の解散に関する特例法」	
昭和44年	地方自治法改正	市町村の基本構想に関する規定の整備	
(1969年)	新全国総合開発計画閣議決定	目標：「豊かな環境の創造」…大型プロジェクト構想、広域生活圏構想	広域市町村圏・地方生活圏・大都市周辺地域広域行政圏：日本列島改造計画・遷都論他
	国民生活審議会調査部会報告	「コミュニティ―生活の場における人間性の回復―」…新しいコミュニティの想像を提起	伝統型地域共同体：高度成長や都市化により崩壊 → 市民型住民層の支持を受けたコミュニティの創造
昭和46年	自治省	「コミュニティ(近隣社会)に関する対策要綱」制定	モデル・コミュニティ：1971年度40地区・1972年度13地区・　1973年度30地区＝都市的地域46・農村地域37
(1971年)	ニクソン・ショック	金とドルの交換停止 → ブレトンウッズ体制の崩壊	昭和47年7月：田中内閣…福祉元年
昭和49年	地方自治法改正	特別区制度の整備：区長公選制の採用等	複合一部事務組合制度の創設　12月：三木内閣
昭和50年	市町村合併特例法改正	有効期限：10年間延長	昭和51年12月：福田内閣
昭和52年	第3次全国総合開発計画	基本目標：「人間居住の総合的環境」　＋　「定住圏構想」	モデル定住圏構想・テクノポリス構想・頭脳立地による集積促進計画
昭和53年	田園都市構想	大平内閣：12月成立 → 昭和55年7月：鈴木内閣 → 昭和57年11月：中曽根内閣	
昭和56年	第2次臨時行政調査会	昭和56年-58年：土光臨調＝増税なき財政再建 ＋ 「選択と負担」	国と地方の合理的な機能分担と地方行財政のあり方を提言：第3次答申
昭和58年	第1次臨時行革推進審議会	昭和58年-61年：会長土光敏夫：第2次臨時行政調査会解散後 → 行政改革推進体制整備	機関委任事務の整理合理化、執務執行命令訴訟制度の簡素化、内閣官房の総合調整機能等を答申
(1983年)	機関委任事務等の整理	「行政事務の簡素合理化及び整理に関する法律」成立	機関委任事務：廃止縮小30、団体委任事務化11、権限移譲4件　許認可権限：整理合理化39件26法
	自治省	「コミュニティ推進地区設定要項」策定…モデル・コミュニティ指定終了から10年後	コミュニティ推進地区指定：3年で147地区指定…モデル・コミュニティ地区以外の地区 → 1989年終了
昭和60年	第4次全国総合開発計画	基本目標：「多極分散型国土」の形成＋「交流ネットワーク構想」　全国総合開発計画の終了を明記	バブル経済の絶頂期 → 東京一極集中の進展
(1985年)	規制緩和実施	「地方公共団体に関する係る国の関与等の整理合理化等に関する法律」成立	地方行政推進小委員会答申を受けたもの → S61年国会提出
	市町村合併特例法改正	適用対象を指定都市にまで拡大、有効期限を10年間延長	
昭和62年	ふるさと創生	竹下内閣：「ふるさと創生事業」支援…地方交付税不交付団体以外の市町村に一律1億円交付	「ふるさと市町村圏」…多極分散型国土形成促進・「地域総合整備財団」(ふるさと財団)支援
(1987年)	第2次臨時行革推進審議会	昭和62-平成2年：会長大槻文平＝好景気と地価高騰	地価・土地政策に関する答申，公的規制の緩和に関する答申，　国と地方の関係に関する答申
平成元年	第2次行革審答申	「国と地方の関係に関する答申」6月：宇野内閣→8月：海部内閣→平成3年11月：宮沢内閣	地方中核都市・都道府県連合制度・市町村連合制度の創設を提言

平成 2年(1990年)	第3次臨時行革推進審議会	平成2年–平成5年：会長鈴木永二＝豊かな暮し部会、世界のなかの日本部会、公正・透明な行政手続部会	最終答申：中央省庁の再編、地方分権推進基本法の制定、行革推進本部の内閣への設置
	自治省通知	「コミュニティ活動の活性化について」通知：コミュニティ活動活性化地区設定政策遂行	モデル・コミュニティ地区、コミュニティ推進地区以外の地区：3年で141地区
平成 3年	地方自治法改正	機関委任事務制度の見直し → 職務執行命令訴訟制度：長の罷免の廃止　11月：宮沢内閣	機関委任事務に対する議会や監査委員の権限拡充
平成 5年(1993年)	地方自治法改正	地方六団体の意見具申権の法定化 → 地方分権の推進に関する決議：衆参両議院	平成6年：地方6団体＝「地方分権の推進に関する意見書」提出
	8党会派の連立政権	8月：細川内閣 → 平成6年4月28日：羽田内閣	
平成 6年(1994年)	自・社・さ連立政権	6月30日：村山内閣 → 平成8年1月：橋本内閣	
	地方自治法改正	中核市制度・広域連合制度創設	第23次地方制度調査会答申「広域連合及び中核市に関する答申」に準拠
平成 7年(1995年)	阪神・淡路大震災	1月17日	
	地方分権推進法制定	5年間の時限法(平成13年…1年延長) → 地方分権推進委員会設置…5次にわたる勧告	閣議決定：平成10年地方分権推進計画、平成11年第二次地方分権推進計画
	市町村合併特例法改正	自主的な市町村合併推進の趣旨を明示、住民の合併協議会設置の直接請求制度創設	有効期限：10年延長
平成 8年	地方分権推進委員会勧告	12月：第一次勧告、平成9年7月：第二次、9月：第三次、10月：第四次 → 10年5月：地方分権推進計画(閣議決定)＝橋本内閣 → 7月：小渕内閣誕生	
平成 9年(1997年)	地方自治法改正	外部監査制度の創設　＋　監査委員制度の充実	
	財政構造改革法	「財政構造改革の推進に関する特別措置法」・財政構造改革5原則提示	平成10年：小渕内閣，財政構造改革法執行停止 → 景気改革優先―地域振興券交付事業他
	消費税率引き上げ	国税分：4%　＋　地方税分：1%	
平成10年(1998年)	(第五次全国総合開発計画)	「21世紀の国土のグランドデザイン」目標：「多軸型国土構造の形成」「参加と連携」 → 全総の代替…実質は五全総	3月：地域連携軸構想、首都機能移転論　→ 後に第五次全国総合開発計画に位置付け
	地方自治法改正	特別区制度改革：「基礎的な地方公共団体」と位置付け	特別区の自主性・自律性の強化　＋　都から特別区への事務の移譲
	市町村合併特例法改正	市の要件の特例設定：4万人特例	11月：第五次勧告 → 平成11年3月：第二次地方分権推進計画＝小渕内閣
平成11年(1999年)	地方分権一括法制定	「地方分権の推進を図るための関係法律の整備等に関する法律」(地方分権一括法:H12施行)：475本の法律を一括して改正…本則475ヶ条・附則252ヶ条	
		機関委任事務の廃止 → 自治事務及び法定受託事務の創設	地方公共団体に対する国又は都道府県の関与のルール
	地方自治法改正	国・都道府県の関与についての紛争処理制度の創設	都道府県と市町村の新しい関係
		地方行政体制の整備 → 中核市の要件緩和　＋　特例市制度の創設	
	市町村合併特例法改正	平成の大合併開始：住民発議制度の拡充、合併特例債の創設	市となる要件の特例：関係市町村に市が含まれる場合、人口要件にかかわらず市とする
平成12年(2000年)	地方自治法改正	政務調査費の交付の法定化、人口段階に応じた常任委員会数の上限の廃止	4月：森内閣 → 5月：地方分権推進法1年延長
	市町村合併特例法改正	市の要件の特例設定：3万人特例	
平成13年(2001年)	地方分権推進委員会最終報告	「地方財政秩序の再構築」「地方公共団体の事務に対する義務付け・枠付け等の緩和」「新たな地方自治の仕組みに関する検討」「事務事業の移譲」「制度規制の緩和と住民自治の拡充方策」等	
	地方分権改革推進会議	4月：小泉内閣＝7月：発足 → 平成16年まで：諸井会長 → 平成15年：三位一体の改革の意見答申	第27次地方制度調査会発足
平成14年(2002年)	三位一体の改革提示	経済財政諮問会議：片山総務大臣提示	国庫補助負担金改革、税源移譲、地方交付税改革
	地方自治法改正	直接請求の要件緩和、監査手続等の改善	中核市の要件緩和
	市町村合併特例法改正	合併協議会に係る住民発議制度の拡充と住民投票制度の導入	一部事務組合等に関する特例、流域下水道に関する特例
平成15年(2003年)	地方自治法改正	指定管理者制度の導入	地方制度調査会：「三位一体の改革についての意見」提出・賛否が対立
	27地方制度調査会答申	1. 基礎自治体のありかた、2. 大都市のあり方、3. 広域自治体のあり方	基礎自治体優先の原則、大都市への権限強化、道州制の導入検討
平成16年(2004年)	地方自治法改正	27次地方制度調査会答申の制度化	地域自治区の創設
	新市町村合併特例法制定	合併特例区制度創設(新法にも規定 →市町村合併特例法廃止(平成17年)＋新法制定：5年間の時限法	「市町村合併の特例等に関する法律(新市町村合併特例法)」制定…合併特例区制度創設(旧法と同)
平成17年(2005年)	三位一体改革合意	政府・与党合意 → 平成18年までの三位一体改革が実現	総務省：「自主的な市町村合併を推進するための基本的な指針」告示
	第28次地方制度調査会答申	「地方の自主性自立性の拡大」答申 → 平成18年「道州制」答申	
平成18年(2006年)	地方分権改革推進法制定	9月：第一次安倍内閣 → 12月：法制定 → 平成19年：地方分権改革推進委員会発足	地方分権担当の特命担当大臣配置
	地方自治法改正	出納長・収入役制度の廃止：市町村の助役 → 副市町村長へ＋吏員の廃止	9月：安倍内閣発足

平成19年(2007年)	地方分権改革推進法施行	5月：地方分権改革推進本部設置 → 9月：福田内閣	第29次地方制度調査会発足
	財政健全化法成立	「地方公共団体の財政の健全化に関する法律」	11月：地方分権改革推進委員会・中間的なとりまとめを実施
平成20年(2008年)	第6次全国総合開発計画	「国土形成計画」（第六次全国総合開発計画）・目標：「多様な地域ブロックの構築」「広域ブロック構想」	定住自立圏構想、8ブロック ⇔ 北海道総合開発計画＋沖縄開発計画
	地方分権改革推進委員会勧告	第一次勧告 → 9月：麻生内閣 → 第二次勧告	
平成21年(2009年)	第29次地方制度調査会答申	「今後の基礎自治体及び監査・議会制度のあり方に関する答申」	
	民主党政権：地域主権改革	9月：鳩山内閣 → 地域主権担当大臣を配置	地方分権改革推進委員会第三次勧告「自治立法権の拡大による『地方政府』の実現へ」、第四次勧告「地方財政権の強化による『地方政府』の実現へ」
	国民年金法		
平成22年(2010年)	平成の大合併終了	3月：平成の大合併終了 → 6月：菅内閣 → 地域主権戦略大綱閣議決定	
	新市町村合併特例法改正	市町村の合併の特例等に関する法律 → 市町村の合併の特例に関する法律：10年間延長	自主的な市町村合併を円滑にする措置を中心とした内容に改正
平成23年(2011年)	東日本大震災発生	3月11日 → 6月：東日本大震災基本法成立	
	第1次改革推進一括法	5月「地域の自主性及び自立性を高めるための改革の推進を図るための関係法律の整備に関する法律」	（令和元年まで：9次にわたる同名の法律を制定…地方の声を反映させる地方分権改革を継続中）
		地方分権推進計画（H21.12.15閣議決定）を踏まえ、関連法律を整備（42法律）	「国と地方の協議の場に関する法律」他が成立：地域主権は用いず
	第2次改革推進一括法	8月地域主権戦略大綱(H22.6.22 閣議決定)を踏まえ、関係法律の整備(188法律)	基礎自治体への権限移譲(47法律) → 都道府県の権限の市町村への移譲
	義務付け・枠付けの見直し	8月：第30次地方制度調査会発足 → 「地方自治法改正案に関する意見書」提出 → 9月：野田内閣	11月：義務付け・枠付けの見直し（第３次見直し）の閣議決定
平成24年(2012年)	大都市地域特別区設置法	人口200万人以上の指定都市または指定都市および隣接市町村地域の関係市町村廃止 → 特別区創設	議員提案（議員提出立法）
	自公連立政権	12月：第二次安倍内閣	第30次地方制度調査会：「大都市制度についての専門小委員会中間報告」
平成25年(2013年)	内閣府機構改革	内閣府地域主権戦略室 → 内閣府地方分権改革推進室	政府：地方分権改革推進本部設置
	第3次改革推進一括法	義務付け・枠付けの見直し → 74法律を一括改正	都道府県から指定都市又は中核市への権限移譲
	第30次地方制度調査会答申	「大都市制度の改革及び基礎自治体の行政サービス提供体制に対する答申」	都道府県からの指定都市への権限移譲、中核市と特例市の統合、特別区制度の創設他を答申
平成26年(2014年)	第4次改革推進一括法	国から地方公共団体への事務・権限の移譲等・都道府県から指定都市への事務・権限の移譲等	指定都市制度の見直し：区の分掌事務に係る条例制定、総合区制度の創設
		指定都市都道府県調整会議の設置、教育委員会制度改革	中核市制度と特例市制度の統合、新たな広域連携制度の創設
平成27年(2015年)	第7次全国総合開発計画	「第二次国土形成計画(第七次全国総合開発計画：国土交通省)」・目標：「対流促進型国土形成」	基礎：H26「国土のグランドデザイン2050」：国土交通省作成
	第5次改革推進一括法	国から地方公共団体又は都道府県から指定都市への事務・権限の移譲等 → 19法律を一括改正	国から地方公共団体・都道府県から政令指定都市等への事務・権限の移譲及び義務付・枠付見直し
平成28年(2016年)	選挙年齢の改正	国から地方公共団体又は都道府県から指定都市への事務・権限	
	第6次改革推進一括法	地方公共団体への事務・権限の移譲等について、関係法律の整備を行う → 15法律を一括改正	国から地方公共団体又は都道府県から市町村への事務・権限の移譲及び義務付け・枠付けの見直し
	31次地方制度調査会答申	人口減少社会に的確に対応する地方行政体制及びガバナンスのあり方に関する答申	広域連携等による行政サービスの提供、外部資源の活用による行政サービスの提供等を答申
平成29年	第7次改革推進一括法	都道府県から指定都市等への事務・権限の移譲や地方公共団体に対する義務付・枠付の見直等	都道府県から指定都市等への事務・権限移譲(4法)・地方公共団体の義務付・枠付の見直等(6法)
平成30年	第8次改革推進一括法	都道府県から指定都市等への事務・権限の移譲：地方公共団体に対する義務付・枠付見直等法整備	地方公共団体への事務・権限の移譲(3法)：地方公共団体に対する義務付・枠付の見直等（６法）
令和元年(2019年)	第9次改革推進一括法	都道府県から中核市への事務・権限の移譲や地方公共団体に対する義務付・枠付の見直等法整備	都道府県から中核市への事務・権限移譲(1法)：地方公共団体に対する義務付・枠付見直等(12法)
	第32次地方制度調査会答申	市町村合併についての今後の対応方策に関する答申	令和2年3月31日期限の新市町村合併特例法の再延長等を答申

参考資料：地方分権アーカイブ ： 地方分権改革 － 内閣府（www.cao.go.jp/bunken.../archive/archive-index.html）、横道清隆著「日本における最近のコミュニティ政策」CLAIR(平成21年)

日本の市町村と郡　　表5

都道府県	市	町	村	計	郡	備　考
北 海 道	35	129	15	179	64	北方領土6村を除く
青 森 県	10	22	8	40	8	
岩 手 県	14	15	4	33	10	
宮 城 県	14	20	1	35	10	
秋 田 県	13	9	3	25	6	
山 形 県	13	19	3	35	8	
福 島 県	13	31	15	59	13	
茨 城 県	32	10	2	44	7	
栃 木 県	14	11	0	25	5	
群 馬 県	12	15	8	35	7	
埼 玉 県	40	22	1	63	8	
千 葉 県	37	16	1	54	6	
東 京 都	26	5	8	39	1	特別区23を除く
神奈川県	19	13	1	33	6	
新 潟 県	20	6	4	30	9	
富 山 県	10	4	1	15	2	
石 川 県	11	8	0	19	5	
福 井 県	9	8	0	17	7	
山 梨 県	13	8	6	27	5	
長 野 県	19	23	35	77	14	
岐 阜 県	21	19	2	42	9	
静 岡 県	23	12	0	35	5	
愛 知 県	38	14	2	54	7	
三 重 県	14	15	0	29	7	
滋 賀 県	13	6	0	19	3	
京 都 府	15	10	1	26	6	
大 阪 府	33	9	1	43	5	
兵 庫 県	29	12	0	41	8	
奈 良 県	12	15	12	39	7	
和歌山県	9	20	1	30	6	
鳥 取 県	4	14	1	19	5	
島 根 県	8	10	1	19	5	
岡 山 県	15	10	2	27	10	
広 島 県	14	9	0	23	5	
山 口 県	13	6	0	19	4	
徳 島 県	8	15	1	24	8	
香 川 県	8	9	0	17	5	
愛 媛 県	11	9	0	20	7	
高 知 県	11	17	6	34	6	
福 岡 県	29	29	2	60	11	
佐 賀 県	10	10	0	20	6	
長 崎 県	13	8	0	21	4	
熊 本 県	14	23	8	45	9	
大 分 県	14	3	1	18	3	
宮 崎 県	9	14	3	26	6	
鹿児島県	19	20	4	43	8	
沖 縄 県	11	11	19	41	5	
合　計	792	743	183	1,718	371	

註：市数は政令指定都市を含み、特別区を含まない。

北方領土6村を含めると1,724、23区を含めると1,741となる

都道府県市町村(https://uub.jp/cty/hokkaido.html)を参照して整理した。

註

（1） 妹尾克敏著『最新解説　地方自治法　二〇一九年版』ぎょうせい、一五頁。

（2） Karl Loewenstein, “Zur Soziologie der Parlamentarischen Repräsentation in England nsch der GrossenReform: Das Zeitalter der Parlamentssouveränität (1932-1867)”, 渡辺中、小山廣和、浜田豊共訳、カール・レーヴェンシュタイン箸「第一次選挙法改革以降のイギリスにおける議会代表の社会学的研究―議会主権の時代（1832年〜1867年）―』国士舘大学比較法制研究所『比較法研究』第一二号、一九八九年、六六頁。

（3） 渡辺中、小山廣和、浜田豊共訳、カール・レーヴェンシュタイン箸「第一次選挙法改革以降のイギリスにおける議会代表の社会学的研究―議会主権の時代（1832年〜1867年）―』(2)、国士舘大学比較法制研究所『比較法研究』第一三号、一九九〇年、七三頁。

（4） 渡辺他訳、前掲論文(2)、七三頁。

（5） 「Royal Commission（王立委員会）」、田中英夫編集『英米法辞典』」、東京大学出版会、一九九一年。（品田充儀著「イギリスとカナダの王立委員会制度」『神戸外大論叢』神戸市外国語大学研究会第四九巻第三号 (kobe-cufs.repo.nii.ac.jp)、四七頁註(1)参照。

（6） 品田、前掲論文、三一頁。

（7） 品田、前掲論文、三一頁。

（8） 品田、前掲論文、三一頁。

（9） Dilys M. Hill, “Democratic Government”, 1974. pp21-22.

（10） D. M. Hill, op. cit. p. 20.

（11） Ibid. p. 186.

（12）　C. Hood and M. Wright, 〝Big Government in Hard Times〞, 1981. p. vii.

（13）　K. B. Smellie, 〝A History of Local Government〞, 1968. P. 88.

（14）　D. M. Hill, op. cit. p. 187

（15）　新藤宗幸・安倍斉著『概説日本の地方自治　第二巻』東京大学出版会、二〇〇六年、三頁。

（16）　井戸庄三著「明治初期の大区小区制の地域性について」、『歴史地理学会』第一二三号、一九八三年、一二-一三頁参照。

（17）　井戸庄三著「明治前期の市町村制度にみられる「統治」の論理，「行政」の論理，「自治」の論理」歴史地理学会編『歴史地理学紀要』第三〇巻、一九八八年、二〇二-二〇三頁。

（18）　明治憲法に地方自治に関する規定が設けらなかった理由としては、「起草過程においては、地方制度に関する規定が構想されていたが、結局それは削除されてしまった」（野中俊彦ほか『憲法II〔第五版〕』（有斐閣、二〇一二年）三五九頁〔中村睦男執筆部分〕）こと、「地方制度関係規定が……憲政不可欠の内容事項と考えられなかったこと」、「府県のあるべき姿について政府部内に意見不一致があった」（小嶋和司『明治典憲体制の成立』（木鐸社、一九八八年）三八七-三八九頁）こともその理由としてあげられている（「日本国憲法の制定過程」に関する資料 - 衆議院 www.shugiin.go.jp > html > kenpou > shukenshi090.pdf > shukenshi090）。

（19）　歴史については、亀卦川浩『明治地方自治制度の形成過程』東京市政調査会、一九五五年、亀卦川浩『明治地方制度成立史』柏書房、一九六七年、現代地方自治全集〈第一巻〉地方自治制度の沿革、一九九七年、現代地方自治全集編集委員会編『地方自治総合年表』ぎょうせい、一九七九年、現代地方自治全集第二五巻、永原慶二監修『岩波日本史辞典』岩波書店、一九九九年等を参照して整理した。

（20）　D. M. Hill, op. cit. pp. 187-188.

（21）　Ibid. op. cit. pp. 187-188.

（22）　Ibid. pp. 190-191.

（23）　Peter G. Richards, 〝The Local Government Act 1972: Problems of Implementation〞, 1975. pp. 11-15. Bruce Wood, 〝The Process of local

Government Reform 1966-74.〃, 1976. p.191.

（24） C Hood and M. Wight, op. cit. p. vii.

（25） Ibid. p. vii

（26） Ibid. p. 11.

（27） Pay Walker and Roy Darke, 〃Local Government and the Public〃, 1977. P. 18.

（28） C. Hood. And M. Wright, op. cit. p. 50.

（29） Ibid. p. 50.

（30） 田中二郎著『地方制度改革の諸問題』有信堂、昭和三〇年、一〇頁。

（31） 松藤保孝著『第五期　戦後地方自治制度の創設期（一九四六―一九五一年）』（我が国の地方自治の成立・発展　第五期）自治体国際化協会、一九頁。

（32） 松藤・前掲書・二二頁。

（33） 松藤・前掲書・二〇頁。

（34） 神奈川県自治総合研究センター編『自治制度に関する研究―府県制度―』昭和六二年三月、五頁
(https://www.pref.kanagawa.jp/documents/22484/776357.pdf)。

（35） 松藤・前掲書・二三頁。

（36） 神奈川県自治総合研究センター編・前掲書・六―八頁参照。

（37） 拙著「6行政改革の歴史と手法」吉野篤編『政治学』第二版、弘文堂、二〇一二二頁、資料「戦後の広域行政を中心とした地方自治制度改革史」を参照されたい。

第三章　日本とイギリスの一九九〇年代以降の地方自治制度改革の歴史と現状

一九八〇年は、「石油危機後の調整期間を経て、世界の経済活動の枠組みが大きく転換した分水嶺をなす年(1)」であり、「それまでの二〇年ほどの間の政治的・社会的民主化傾向への『揺りもどし』として、ニューライト、ポピュリスト・コンサーバティブと呼ばれる社会運動が世界的に顕著になった(2)」時期であった。それゆえ一九八〇年代は、新自由主義あるいは新保守主義を前提とした改革が行われた時期でもあった。こうした改革は、一九七九年から九〇年までイギリス首相であったサッチャー、一九八一年から八九年までのアメリカ大統領であったレーガン、一九八二年から八七年までの日本の首相であった中曽根康弘らによって、大きな政府から小さな政府への転換を軸として実践されたものである(3)。この時代の改革の共通点として、国と地方公共団体等における民営化や民間活力の活用、国と地方公共団体間における分権改革や権限移譲といったものをあげることができる。

一九八九年は国際社会に激震が起こり、戦後の東西冷戦も終焉を迎えた年であった。二月にソ連がアフガニスタンから撤兵し、五月には中ソ関係が三〇年ぶりに正常化し、六月には中国で天安門事件が起こり、イランではホメイニ氏が逝去した。その後、一一月六日に開催され七日に共同声明を発表したＡＰＥＣ（アジア太平洋経済協力会議）(4)の閣僚会議は、参加一二ヶ国がアジア太平洋地域経済協力に向けて活動する必要性を内外に表明し(5)、そのわずか二日後の一一月九日、東ドイツ政府による「旅行及び国外移住の大幅な規制緩和の政令」の発表を受け、ベルリンの壁に殺到したベルリン市民の圧力によって国境検問所が開放され、翌一一月一〇日にベルリンの壁の撤去が始まり、実質的な東西冷戦の終結が内外に示された。こうした地球規模の大転換である冷戦の終焉とグローバル化の進展は、一二月二日―三日に地中海のマルタ島で行われた米ソ首脳会談で確認された。それゆえ、一九八九年は一九八〇年に次ぐ世界史におけるもう一つの転換の年であったといえる。

日本の一九八九年は、一月の天皇の崩御に伴い昭和が六四年で終焉し平成となった年であった。平成元年四月に三％の税率での消費税を導入した竹下内閣は、六月のリクルート事件で崩壊し宇野内閣が誕生したが、参議院議員選挙での自民党の敗北を受け、八月には海部内閣へと政権交代が続いた。イギリスでは、一九八七年の総選挙でレイトの廃止とコミュニティ・チャージの導入を選挙綱領にかかげた保守党が大勝利をおさめ、サッチャー内閣は一九八八年地方財政法を成立させ、一九八九年にスコットランドに、一九九〇年にその他の地域にコミュニティ・チャージを導入した。これがサッチャー内閣への批判を強め、同年一一月二サッチャー内閣は退陣した。一九八九年は、日本とイギリスにおいても大きな政治的な変革が起こった年であった。その後の日本とイギリスの内閣と地方自治制度改革の歴史は表1のようになる。表1に見られる日本とイギリスの国と地方の役割の見直し、地方分権の推進に対応するための広域自治体や基礎自治体の改革や事務の共同処理制度の拡充、住民の身近な行政を担当する準自治体や地域運営組織等の在り方を巡っての改革を中心に、地方自治制度の目的や方向性を、日英両国の改革の共通性と特殊性を対比することで明らかにしていきたい。

1　サッチャー退陣後のイギリスの政権交代と地方自治制度改革

イギリスでは、一九九〇年一一月の保守党の党首交代により、サッチャー政権からメージャー政権に移行した。サッチャー政権は一一年六か月にも及ぶ長期政権であったが、地方制度改革に着手したのは、政権四年目の一九八三年の総選挙の後であった。サッチャー改革以前のイギリスは、原則としてはカウンティとディストリクトの二層制の地方自治制度が採用されていた。イギリスには共通した地方自治法は制定されなかったことから、イングランドとウェールズはイングランド地方自治法、スコットランドはスコットランド地方自治法、北アイルランドは北アイルランド地方自治法に基づいて、法律の適用地域を単位として若干異なった地方自治制度がとられていた。特にイングランドは、イングランド地方自治法により、地域がロンドンエリア、アーバンエリア、ルーラルエリアに区分され、それぞれのエリアで若干異なった地方自治制度が導入されていた。また、ロンドンを除くイギリスの各地域には、準自治体であるパリッシュやコミュニティの設置も認められていた(6)。

1990年以降の日本とイギリスの地方自治制度改革の歴史　表1

年代	イギリスの首相と政権与党	地方自治制度改革	日本の首相と政権与党	地方自治制度改革
1989	サッチャー(保守党) 1979.5.～1990.11.	1985年地方自治法：メトロポリタン・エリアを一層制に移行 1988年地方財政法：コミュニティ・チャージを導入	竹下登(自) → 6月：宇野宗助(自) → 8月：海部俊樹(自)	昭和 → 平成 竹下内閣：ふるさと創生　4月：消費税3%導入
1990	↓ 11月：メージャー(保守党)		↓	1月：首都機能移転問題に関する懇談会設置 12月：首都機能移転問題を考える有識者会議設置
1991	↓		↓ 11月：宮澤喜一(自由民主党)	機関委任事務制度改革他
1992	↓	PFI導入 1992年地方財政法：コミュニティ・チャージ廃止を規定	↓	12月：国会等の移転に関する法律制定
1993	↓	コミュニティ・チャージ廃止	↓ 8月：細川護熙(8会派)	地方六団体の意見具申権容認
1994	↓	イングランドを8地域に区分：Government Officesを設置 1994年ウェールズ地方自治法制定：22のUA設置 1994年スコットランド法：32のUA設置	↓ 4月：羽田　孜(9会派) 6月：村山富市(自・社・さ)	中核市制度及び広域連合制度の創設
1995	↓		↓	1月17日：阪神淡路大震災　地方分権推進法制定
1996	↓		↓ 1月橋本龍太郎(自・社・さ)	
1997	↓ 5月：ブレア(労働党)	1997年地方自治法：PFI導入 → PPP(PFIを含む概念)重視	↓(自民)(社・さ閣外協力)	外部監査制度の導入
1998	↓	1998年地域開発公社法：地域開発公社、地域会議設置 1998年ットランド法制定：7月スコットランド議会正式発足	↓ 7月小渕恵三(自由民主党)	特別区を「基礎的な地方公共団体」に位置付け他
1999	↓	1999年地方自治法：ベスト・バリュー制度整備 1999年GLA法(Greater London Authority Act)制定	↓(自民・自由)	地方分権の推進を図るための関係法律の整備等に関する法律(地方分権一括法)制定　平成の大合併開始(2020年まで)
2000	↓	5月4日：市長と議員(25名)の選挙 → GLA発足 2000年地方自治法：地域政府改革、自治範囲・倫理規定等拡大	↓(自・保・公) 4月：森喜朗(自・保・公)	特例市制度創設 → 2015年に廃止：施行時特例市に移行
2001	↓		↓ 4月小泉純一郎(自・保・公)	
2002	↓	2002年北アイルランド地方自治法：ベスト・バリュー制度法制化	↓	直接請求制度の要件緩和等、中核市の指定要件の緩和他
2003	↓	2003年スコットランド地方自治法：ベスト・バリュー制度導入	↓	指定管理者制度の導入他
2004	↓		↓	地域自治区の創設他
2005	↓		↓	三位一体の改革(2006年まで)
2006	↓	2006年ウェールズ政府法：翌年ウェールズ議会政府設立 2006年北アイルランド法：翌年から北アイルランドの自治復活	↓ 9月：安倍晋三(自民・公明)	出納長・収入役制度等の廃止、市町村助役の副市町村長移行 吏員の廃止、中核市要件の緩和他
2007	↓ 6月：ブラウン(労働党)	10月：2007年地方自治法…ロンドンのパリッシュ設置容認 →イングランド13サブリージョン創設構想　2007年GLC改正法	↓ 9月：福田康夫(自民・公明)	地方分権改革推進本部設置 財政健全化法制定
2008	↓		↓ 9月：麻生太郎(自民・公明)	国土形成計画　定住自立圏構想
2009	↓	2009年地域の民主化と経済の発展と建設に関する法	↓ 9月：鳩山由紀夫(民・社・国)	地域主権担当大臣任命
2010	↓ 5月：キャメロン(保)連立政権	合意プログラム：大きな社会、地域主義	↓ 6月：菅　直人(民・国新)	平成の大合併終了
2011	↓ グレッグ(自民)と連立	2011年地域主義法：地域コミュニティへ権限移譲…包括的権限付与 2011年公的団体法：地域開発公社廃止、自治体リーダー委員会廃止	↓ 9月：野田佳彦(民・国新)	3月11日：東日本大震災発生 議員定数の法定上限の撤廃、全部事務組合等の廃止他
2012	↓	2012年地方財政法：ノン・ドメスティック・レイトの50%地方保持	↓ 12月：安倍晋三(自民・公明)	大都市地域特別区設置法制定　消費税8%へ 条例による通年会期選択制度導入、議会と長の関係見直し他
2013	↓		↓	地方分権改革推進室設置
2014	↓	9月：スコットランドの独立を問う住民投票実施 → 否決	↓	指定都市制度の見直し、中核市制度と特例市制度の統合他
2015	↓ 5月：キャメロン(保守党)		↓	第二次国土形成計画
2016	↓ 7月：メイ(保守党)	1月：2016年都市・地方分権法成立　3月：スコットランド法制定 5月：北アイルランド法　6月：EU残留を問う国民投票→否決→辞任	↓	選挙年齢の18歳への引下げ(公職選挙法改正)
2017	↓ (民主統一閣外協力)	1月：ウェールズ法制定…国の保留権限の明記・他は地方の権限 3月29日EUに脱退通告	↓	内部統制に関する方針の作成他
2018	↓	EU脱退を巡り混乱	↓	
2019	↓ 7月：ジョンソン(保守党)	7月：メイ首相退任 → 7月24日：ジョンソン内閣成立 12月：総選挙・保守党圧勝	↓	
2020	↓	10月31日：EU離脱	↓	

表は拙著『パリッシュ』北樹出版・2004年、『英国の地方自治』自治体国際化協会ロンドン事務所(www.jlgc.org.uk/jp/information/img/pdf/UKtihoujichi.pdf)、内貴滋著『英国地方自治の素顔と日ぎょうせい・平成28年を参照し作成した。

サッチャー内閣は、これまでの王立委員会の答申に基づく地方制度改革の伝統には従わず、与党の総選挙での勝利は国民の選挙公約（マニフェスト）への支持の表れと主張し、一九八五年地方自治法を通じて、イングランドにおいてはグレーター・ロンドン・カウンシル（ＧＬＣ）と六つのメトロポリタン・カウンティ・カウンシルを廃止するとともに、首都ロンドンとメトロポリタン地域（イングランドの大都市圏域）の地方政府を一層制に移行させた。サッチャー改革によりイングランドの地方政府は、ロンドンがシティ・オブ・ロンドンと三二のバラの一層制に、メトロポリタンエリアは三六のディストリクトの一層制に、ノンメトロポリタンエリアは四七のカウンティと三三三のディストリクトの二層制になった(7)。サッチャーの地方制度改革の柱の一つである地方政府の一層制化への移行は、イングランド各地で現在も継続されてはいるものの、あまり進捗してはいない。

新自由主義・新保守主義に立脚した政策を推進したサッチャーは、地方自治制度の改革と並行して、地方財政制度の効率化にも取り組んだ。住民の納税者意識の覚醒、エージェンシー（独立行政法人）化、民間活力の活用等による経費削減に取り組んだ。そのサッチャーの地方財政制度改革の柱が、一九八七年にスコットランドで導入され、その他の地域に順次導入されたコミュニティ・チャージであった。コミュニティ・チャージはその名の通り、住民への地方自治体による実際的な行政サービスに対して、受益者がその費用を受益者負担として支払うことを求めたものである。それは全ての住民に、収入や居住地域にかかわらず、均等な比率(同額)の負担を求めるものであった。給付と負担の平等を前提としたこの税制改革はポール・タックス（人頭税）との批判を受け、一九九〇年の暴動につながり、結果的にはサッチャー退陣の大きな理由となった。それゆえサッチャーの後を継いだメージャー内閣はコミュニティ・チャージの廃止に向かったのである(8)。

メージャー首相は、効率化を前提とするサッチャー改革の方向性を重視しながら、地方行財政改革に取り組み、「一九九二年地方財政法」によって翌年のコミュニティ・チャージ廃止に道筋をつけた。また「一九九二年地方自治法」ではイングランドのルーラル・エリアの一層制を可能としたことから、四六のユニタリー・オーソリティ(単一自治体)が誕生し、カウンティは三九が三四に、ディストリクトは二九六が二三八へ減少した(9)。同年には効率性と民間の資金と活力の活用を目的とするＰＦＩ制度の導入にも踏み切った。また一九九四年にはイングランドのロンドン以外の地区が八地域に区分され、それぞれに国の出先機関である地域事務所（Government Offices）が設置された。

「一九九四年ウェールズ地方自治法」は、ウェールズのイングランド地方自治法からの分離を法制度上からも保証したものであり、イギリスの四地域はそれぞれ独自の地方自治法を有することになった。その結果、ウェールズは一九九六年に八カウンティと三七ディストリクトの二層制から、二二のユニタリー・オーソリティによる一層制へ、スコットランドは「一九九四年スコットランド自治法」制定を受けて、一九九六年に九リージョンと五三のディストリクトの二層制から、三二のユニタリー・オーソリティによる一層制へ移行し[10]、一九七三年から二六のディストリクトの一層制であった北アイルランドとともに一層制となった。それゆえ、イギリスで二層制を保持しているのは、イングランドのノン・メトロポリタン・カウンシルとディストリクトで構成されている地域だけとなった。ただし、その地域の人口はイギリスの全人口の約三八%、面積はイギリス全土の約三七%を占めており、イギリスのほぼ三分の一の面積と人口を占める地域では、現在も二層制が継続されているのである。

一九九七年に政権の座についた労働党のブレア内閣は「第三の道」を提唱し、地方分権の拡充、財政の効率化と民間活力の活用策を同時に進め、一九九七年地方自治法ではＰＦＩを含んだＰＰＰの導入による民間活力活用の拡充に努めた。一九九八年地域開発公社法では、メージャーの設置した地域事務所の管轄区域に地域開発公社を設立し、当該区域に公選議員で構成する地域議会を置き、その下にはユニタリー・オーソリティのみを配置し一層制の実現に向かった。表2からもわかるように、イングランドの九地域とスコットランド、ウェールズ、北アイルランドの合計一二の広域行政地域は、平均人口五三〇万人・平均面積二万平方キロメートルとなっている。この広域行政区域の規模は、平均人口五百十五万人・平均面積二・二万平方キロメートルのドイツのラントに類似している。ブレア政権の地方制度改革は、広域的な地域に国の権限を委譲し、広域化して誕生したユニタリー・オーソリティに自治権を拡大しようとするものであった[11]。

さらにブレア内閣は「一九九八年スコットランド自治法」を制定し、スコットランド議会を正式に発足させた。さらに「一九九八年

英国の広域行政地域（リージョン：12regions）　表２

地　域　名	人　口	順位	面積(k㎡)	順位	中心都市
South East	8, 634, 750	1	19, 095	5	Portsmouth
London	8, 173, 941	2	1, 572	12	London
North West	7, 052, 177	3	14, 165	8	Manchester
East of England	5, 846, 965	4	19, 120	4	Norwich
West Midlands	5, 601, 847	5	13, 000	10	Birmingham
South West	5, 288, 935	7	23, 829	2	Bristol
Yorkshire and the Humber	5, 283, 733	8	15, 420	7	Leeds
East Midlands	4, 533, 222	9	15, 627	6	Leicester
North East	2, 596, 886	11	8, 592	11	Newcastle upon Tyne
イングランド：計	53, 012, 456		130, 420		London
イングランド：平均	5, 890, 273		14, 491		
スコットランド	5, 424, 900	6	78, 759	1	Edinburgh
ウェールズ	2, 979, 900	10	20, 777	3	Cardiff
北アイルランド	1, 870, 800	12	13, 588	9	Belfast
UK(12リージョン)の総計	63, 288, 055		243, 544		
UK(12リージョン)の平均	5, 274, 005	0	20, 295		

グレーター・ロンドン・オーソリティ（以下ＧＬＡと記す）住民投票法」に基づいて住民投票を実施し、投票の結果ＧＬＡ設置が受け入れられたことから「一九九九年ＧＬＡ法」を制定し、二〇〇〇年五月四日の選挙で市長と二五人の議員が選出されることによってＧＬＡを正式に発足させた[12]。二〇〇六年には「二〇〇六年ウェールズ政府法」と「二〇〇六年北アイルランド法」が制定され、翌年にウェールズ議会を設置し、ウェールズと北アイルランドの自治を復活させた。ブレアは一二の広域行政地域に議会を設置し、国からの権限移譲を通じた地方分権化策を推進してきてはいたが、イングランドにおける地域議会の設置はＧＬＡのみにとどまった。それゆえＧＬＡの管轄区域は、イングランドの中心的な地域であるロンドン地域を単位とする、特別な広域行政地域といえる。

ブレア労働党政権を継承したブラウン政権は、「二〇〇七年地方自治法」によってロンドンに地域開発公社を創設するとともに、ロンドンでのパリッシュの創設も容認した[13]。またＧＬＡを除く八リージョンに「現在の行政区域を超えるものの大都市圏都市よりは小規模な地方圏（Sub-Region）を置く提案[14]」を明らかにした。それらは①タイン・アンド・ウェア圏、②ティーズ・バレー圏、③リーズ大都市圏都市圏、④ハル・アンド・ハンバーポート圏、⑤サウスヨークシャー圏、⑥グレーター・マンチェスター圏、⑦リバプール大都市圏都市圏、⑧ファイルド・コースト圏、⑨ベニー・ランカスター圏、⑩バーミンガム・コベントリー・アンド・ブラックカントリー圏、⑪アーバン・サウスハンプシャー圏、⑫ボンマス・プール・アンド・ドーセット圏、⑬ウェスト・イングランド圏の一三の広域圏である[15]。加えて「二〇〇九年地域政治の民主化、経済発展、地域建設法」を通じて、イングランドの広域行政推進の一環として、八リージョンの地域審議会を「自治体リーダー委員会」に改編した[16]。

二〇一〇年総選挙の結果、政権はキャメロンを首班とする保守党と自由民主党の連立政権となった。連立政権は大きな社会と地域主義を柱とする合意プログラムを作成し、新しい地方自治制度改革に取り組んだ。「二〇一一年地域主義法」は、イングランドの地方自治体および地域コミュニティの権限強化を規定し、ロンドン開発公社と自治体リーダー委員会を廃止するとともに、地方自治体に対し包括的権限（general power of competence）を付与した。また「二〇一一年公的団体法」によってロンドン以外の地域開発公社を廃止した[17]。さらに連立政権は、議会で承認を受けたグレーター・マンチェスター設置令を受けて、グレーター・マンチェスター合同行政機構を設置した。その後、二〇一四年にシェフィールド・シティ・リージョン合同行政機構、ノースイースト合同行政機構、リバプール・シティ・リージョン合同行政機構、ウェスト・ヨークシャー合同行政機構の四合同行政機構を設置した。このように連立政権は、労働党内閣の表2のような一二リージョン単位の地方分権化策に対して、ロンドン以外の八リージョン内の地方自治体の自主性を重んじた、別の形の広域自治の推進を容認する政策に転換したのである。また同年にはスコットランドの独立を問う住民投票も実施されたが、スコットランド独立の提案は承認されなかった[18]。

二〇一五年に発足したキャメロン保守党政権は、二〇一六年一月に「二〇一六年都市・地方分権法」を制定し、合同行政機構の公選首長設置を通じた権限の拡充政策遂行が、政権の主要目的であることを明確にした。こうした流れの中で、同年にはティーズ・バレー合同行政機構とウェストミッドランズ合同行政機構の二つの地域合同組織が設置された。また同年三月には、前年の総選挙でスコットランド民族党が六議席から五六議席へと大幅に議席を増加させたことから、選挙後に行われたスコットランドへの権限移譲の交渉結果の保証を目的としてスコットランド法が制定され、五月には北アイルランド法も制定された。しかしキャメロン政権は六月に実施したEU残留に関する国民投票で提案が否決され辞任した。四月には二つの合同行政機構が成立し、二〇一六年七月に成立したメイ政権の下、一月にウェールズ法が成立し、四地域に関する分権法が揃うことになった。四月には二つの合同行政機構が成立し、イングランドの広域分権化がさらに進んだ。しかしメイ政権はEU離脱をめぐる混乱の中で辞任し、二〇一九年七月二四日にジョンソン保守党内閣が誕生し現在にいたっている[19]。

このように、この期間のイギリス政府は、サッチャー保守党内閣から、翌年にはメージャー保守党内閣に代わり、ブレア労働党内閣、ブラウン労働党内閣、キャメロン保守・自由連立内閣、キャメロン保守党内閣、メイ保守党内閣、ジョンソン保守党内閣と八回の政権交代があった。その内訳は、保守党内閣が五回、労働党内閣が二回、保守党と自由党の連立内閣が一回となっている。二期の保守党内閣から二期の労働党内閣に政権交代した時から、再度保守党内閣へ移行する間に保守党と自由民主党の連立内閣が存在し、その後はイギリスのEU離脱を巡って、保守党内の政権争いが生じ、保守党内での党首交代に伴う政権交代が続いた。この間のイギリスの内閣の平均在位期間は四年超であった。

2　平成以降の日本の政権交代と地方自治制度改革

一九八九（平成元）年、日本の元号は新天皇の即位により平成となり、自民党政権は竹下内閣、宇野内閣、海部内閣と三回交代した。その後も内閣は、自民党宮沢内閣、非自民八党派連立の細川内閣と羽田内閣、自社さ連立の村山内閣と橋本内閣、自民党と自由党連立の小渕内閣、自保公連立の森内閣と小泉内閣、自公連立の第一期安倍内閣と福田内閣と麻生内閣、民主党・社会民主党（社民党）・国民新党連立の鳩山内閣、民主党と国民新党連立の菅内閣と野田内閣、自公連立の第二期安倍内閣と菅内閣と岸田内閣とめまぐるしく交代した。平均在職期間は一年九か月であり、小泉内閣と第二次安倍内閣以外は短期での政権交代が見られた。

平成時代はバブルの絶頂期の中で幕を開け、竹下内閣が前年から取り組んでいた「ふるさと創生事業」が遂行された。「ふるさと創生事業」は、一九八七(昭和六二)年六月に中曽根内閣によって閣議決定された「第四次全国総合開発計画（四全総）」に基づく政策であった。一九六二(昭和三七)年に閣議決定された「全国総合開発計画(一全総)」が「地域間の均衡ある発展」をスローガンに、大都市とその他の地域における過密・過疎現象がもたらす地域格差の是正を主たる目標とする、地域政策の展開を目的としたものであったが、その後も過密・過疎現象がおさまらなかったことから、全国総合開発計画が四次にわたって展開されてきたのである。しかし四次にわたる全国総合開発計画は、目標とは逆に、四大工業地帯の発展から三大都市圏の発展へと変化し、その後は東京一極集中を招いたのである。

一九八二（昭和五七）年に首相に就任した中曽根康弘は、一九七九年にイギリス首相に就任したサッチャーや、一九八一年にアメリカ大統領に就任したレーガンとともに、新自由主義・新保守主義の理念に基づく行財政改革に取り組んだ。中曽根内閣を象徴する政策としては、「第二次臨時行政調査会答申」を受けた「増税なき財政再建」、「選択と負担」、「三公社の民営化」、「第四次全国総合開発計画

（四全総）」にもとづく「多極分散型国土の形成」を挙げることができる。

一一月に成立した竹下内閣は、一九八七年六月に策定された第四次全国総合開発計画（四全総）の「多極分散型国土の形成」をふまえて、地域の主体性と創意工夫を基軸としつつ地域特性を生かした個性豊かな地域づくりを積極的に進める政策として「ふるさと創生事業」を立ち上げたのである。具体的には、地方交付税交付団体を対象に、一市町村当たり一律に一億円（昭和六三〔一九八八〕年度補正で二千万円、平成元〔一九八九〕年度当初で八千万円）を地方交付税の基準財政需要額に加算する形で交付したのである(20)。竹下内閣は、福祉関連予算等の拡充と安定成長期における税収確保を通じた財政再建の視点から、税率三％の国税としての消費税を導入した。消費税はその後、税率アップと一部地方税化がすすめられている。

一九八九年は、竹下内閣から宇野内閣（約二か月）、そして海部内閣へと自民党政権が頻繁に交代した時期でもあった。また一九九〇（平成二）年にはバブルが崩壊し、政府は福祉八法の改正を通じて低成長下の福祉政策の在り方を模索せざるを得なかった。そこで問題となったものの一つが地域間格差の象徴である東京一極集中であった。首都機能移転が政治課題となり、同年一月に「首都機能移転問題に関する懇談会」が設置され、一一月には「国会等の移転に関する決議」が衆参両院でなされ、一二月には「首都機能移転問題を考える有識者会議」も設置された。一九九一（平成三）年八月には「国会等の移転に関する特別委員会」が両院に設置された。同年一一月には宮澤内閣が成立し、一九九二（平成四）年一二月には「国会等の移転に関する法律」が制定され、三地域を中心とした首都機能移転計画が提示されたが、首都機能移転論は今では立ち消えといえるような状態に置かれている(21)。

一九九三（平成五）年に細川八会派連合内閣が誕生したが、八か月後の一九九四（平成六）年四月に羽田内閣に交代した。六月には自民・さきがけ・社民の連立による村山内閣が誕生し、同年六月の地方自治法改正で中核市制度と広域連合制度が創設された。この新しい広域行政制度は、宮澤内閣、細川内閣、羽田内閣を経て村山内閣に引き継がれる形で実現したものである。その元となったものは一九八九（平成元）年の第二次臨時行政審議会の「国と地方の関係に関する答申」であった。この答申では地方中核都市、都道府県連合制度、市町村連合制度等の創設が提案された。この改革は日本型コーポラティズムの一例といえる(22)。

平成日本の地方自治制度の改革は一九九九（平成一一）年に始まった。この年は「地方分権の推進を図るための関係法律の整備等に関する法律（地方分権一括法）」が制定され、「1．機関委任事務制度の廃止と自治事務及び法定受託事務の創設」、「2．地方公共団体に対する国又は都道府県の関与のルールの確立」、「3．国・都道府県の関与についての係争処理制度の創設や、中核市の要件緩和と特例市の創設等」が推進された年でもあり(23)、二〇一〇（平成二二）年まで続いた明治の大合併と昭和の大合併に続く平成の大合併が開始された年でもあった。明治の大合併の後には市町村の広域行政制度として地方公共団体の組合制度が創設された。昭和の大合併の後には広域市町村圏や大都市周辺地域広域行政圏などの広域行政組織が創設された。合併後に新たな広域行政制度を導入するというこれまでの市町村の大合併と同様、二〇一〇年三月の平成の大合併終了に合わせて、二〇〇九（平成二一）年には定住自立圏が創設されたのである(24)。

平成の大合併の間に登場した小泉内閣は、二〇〇三（平成一五）年に指定管理者制度を、二〇〇五（平成一七）年には三位一体の改革など、地方財政の健全化に向けた対策を実施した。また合併した市や町における旧町村や集落の自治や地域創生等の主体の一つとして地域自治区を創設した。福田内閣は二〇〇八（平成二〇）年に第五次全国総合開発計画に相当する国土形成計画を閣議決定し、平成の大合併後の広域行政施策として定住自立圏構想を提示した。そうした流れのなかで定住自立圏は麻生内閣で創設された。

こうした中で小泉内閣は、二〇〇六（平成一八）年二月二八日に、第二八次地方制度調査会(以下「調査会」という)から「道州制のあり方に関する答申」を受け取っている。調査会は答申においてまず都道府県制度に、「現在の都道府県制度のままで、社会経済情勢の変化に対応できるか」、「一層の地方分権改革の担い手たり得るか」といった疑問を投げかけ、「広域自治体改革と道州制」をテーマに、「広域自治体改革は、都道府県制度に関する問題への対応にとどまらず、国のかたちの見直しにかかわる改革として位置づける」ことができるとし、「こうした見地に立つならば、その具体策としては道州制の導入が適当と考えられる」と結論づけている。そして広域自治体として都道府県に代えて道州を置く、道州及び市町村の二層制が望ましいとの答申を行ったのである(25)。これを受けて小泉内閣と安倍内閣は道州制への理解を示したが、第一期安倍内閣が短命に終わったこともあって道州制は日の目を見なかった。

鳩山・菅・野田と続く、民主党中心の連立政権が動き始めた二〇一〇（平成二二）年三月末で平成の大合併は終了した。「地域主権改革」を前提として誕生した民主党政権は、結局毎年総理が交代する混乱の中で退陣することになり、あまり目立った地方自治制度の改革はなされなかった。二〇一二（平成二四）年一二月に総理の座についた安倍晋三自由民主党総裁は、二〇一四（平成二六）年の地方自治法改正を通じて、指定都市制度改革の一環として総合区制度を創設し、中核市と特例市制度を統合して、中核市の人口要件を三〇万人以上を特例市の要件であった二〇万人以上に改め、それまでの特例市は中核市に移行するか、施行時特例市に留まるかの選択を求めた。加えて指定都市や中核市が核となって、連携して広域的な圏域を設定して事務の共同処理行うことを可能とする、連携中枢都市圏制度も創設している。広域行政圏を中心とした自治分権化が継続して実践されてきたのである(25)。

3　日本とイギリスの地方自治制度改革の共通性

日本とイギリスの地方制度改革の共通性として、第一に挙げることができるものは、地域圏（広域行政圏）の創設すなわち広域行政化の流れである。イギリスでは労働党政権時代に一二リージョン化が、日本では小泉内閣から第一期安倍内閣で一三道州案に代表される道州制への移行が議論された。表3からもわかるように、日本とイギリスの地域圏（道州とリージョン）の面積は、日本がほぼイギリスの一・五倍であり、人口もイギリスの二倍弱である。フランスのレジオン、ドイツのラント、スウェーデンのランスティングの面積と人口は、ほぼイギリスのリージョンと類似しているのであり、単純な比較はできないとしても、日本の道州案の面積は少し広すぎるといえる(27)。

基礎自治体を比較した場合、日本の基礎自治体は一七四一市区町村であり、平均面積は二一七・〇二平方キロメートルで平均人口は七万三四六九人であり、イギリスの基礎自治体は表3の通り三八二ユニタリー等となっており、平均面積は七三七・〇五平方キロメー

道州制を前提とした日本とヨーロッパ諸国の自治制度の相違　表3

	日　本	イギリス	フランス	ドイツ	スウェーデン	オランダ
面積(km²)	377,829	241,752	551,695	357,111	450,295	41,864
人口(万人)	12,791	6,180	6,699	8,177	959	1,738
地 域 圏	道　州	リージョン	レジオン	ラント(州)		プロビンス(州)
数	13	12	26	16		12
平均面積(km²)	29,064	20,146	21,212	22,319		3,489
平均人口(万人)	983	515	250	511		145
広域自治体	都道府県	(カウンティ)	デパルトマン	クライス(郡)	ランスティング	
数	47	[26]	96	412	20	
平均面積(km²)	8,039		5,515	867	22,498	
平均人口(万人)	272		67.74	19.85	45.4	
基礎自治体	市区町村	ユニタリー等	コミューン	ゲマインデ	コミューン	ゲメンテ
数	1,718+23	382	36,673	11,933	290	393
平均面積(km²)	217.02	737.05	15.04	29.78	1,552.74	106.52
平均人口	73,469	161,780	1,827	6,818	33,069	44,234
準自治体	地域自治組織	パリッシュ等			パリッシュ	
数	226	約12,000				
平均面積(km²)	72.8	約11.0				
平均人口	11,805	約1,500				

註　フランスのコミューンは規模としてはイギリスのパリッシュに類似している

ドイツのゲマインデはイギリスのパリッシュやフランスのコミューンの数倍程度の規模である

ドイツのクライスは301であるが、3自治州の4市と111の郡独立州を加えたものである

イギリス：二層制はカウンティとディストリクトで、一層制はシティ、ロンドン・バラ、大都市ディストリクト、ユニタリィ・オーソリティ、北アイルランドのディストリクトで構成されている

日本の地域自治組織は、地域審議会(29団体・79審議会)、地域自治区(一般制度：13団体・128自治区)、地域自治区(合併特例：10団体・19自治区)の合計3種52団体226となっている。なおここでの平均面積と平均人口は地域自治区(一般組織)を対象として計算した数字である。

トルで平均人口は一六万一七八〇人である。イギリスのユニタリー等の面積は日本の約三・四倍で人口は約二・二倍となっている。ただし他の国々と比較した場合、スウェーデンのコミューンの平均人口は約三万三千人で、日本の四五％程度でイギリスの二〇％程度に過ぎない。フランスのコミューンは面積が一五・〇四平方キロメートルで人口は一八二七人にすぎず、イギリスと比較すれば面積が二％で人口が一％程度、日本と比較すれば人口が七％程度で面積が二％程度となっている。ドイツのゲマインデは面積二九・七八平方キロメートルで人口は六八一八人であり、イギリスと比べてそれぞれともに四％程度であり、日本とは面積が一四％程度で人口が九％程度となっている。特にフランスのコミューンは、イギリスの準自治体であるパリッシュやコミュニティの面積一一平方キロメートルと人口一五〇〇人に類似した規模となっている。

こうしてみると日本とイギリスの基礎自治体の面積と人口は大きく異なっているようにみえるが、その他の国家と比較すればあまり大きな差はないともいえる。大別すれば世界各国の基礎自治体は、七万人を超える（これでもスウェーデンの倍以上である）日本と一六万人強のイギリスのような大規模型と、スェーデンやオランダのように三万人前後の中規模型と、フランス、ドイツ、イタリアのような一万人未満の小規模型に類型化できるのである。

日本では政令市制度を改正し、人口七〇万人以上で指定都市に、三〇万人以上で（旧）中核市（現在は二〇万人以上に改正）に、二〇万人で（旧）特例市（現在は廃止したが一部は施行時特例市として残存している）になることによって、人口数に応じて事務権限を委譲させ地方公共団体の自治能力を拡充させる政策を導入した。表4にあるように、イングランドのユニタリー・オーソリティの平均人口は二二万人強であり、（旧）特例市（現在の中核市）に類似しているといえる。また表5にあるように、イングランドのメトロポリタン・ディストリクトは平均人口三〇万人強であり（旧）中核市に類似している。加えて表6の平均人口一〇〇万人強のノン・メトロポリタン・カウンティと、平均人口一四万人程度のノン・メトロポリタン・ディストリクトは、日本の都道府県と市町村の関係に類似したものとみなすことができる。表7にあるように平均人口二七万人強のロンドン・バラは（旧）中核市と（旧）特例市の中間といえるような類似性を見せている。

イングランドのユニタリー・オーソリティ（単一自治体：56）　表4

ユニタリー・オーソリティ	設立	人口	順位	面積(km²)	順位	ユニタリー・オーソリティ	設立	人口	順位	面積(km²)	順位
Bath and North East Somerset	1996	188,700	32	346.00	18	North Somerset	1996	212,800	25	374.68	17
Bedford	2009	169,900	37	476.40	14	Northumberland	2009	319,000	10	5014.00	1
Blackburn with Darwen	1998	148,800	44	137.00	33	Nottingham	1998	329,200	9	74.61	42
Blackpool	1998	139,720	48	34.85	54	Peterborough	1998	198,900	28	343.38	19
Bournemouth, Christchurch and Poole	2019	194,800	30	46.00	49	Plymouth	1998	263,100	17	79.83	39
Bracknell Forest	1998	120,400	52	109.38	35	Portsmouth	1997	214,700	23	40.25	52
Brighton and Hove	1997	288,200	12	82.79	38	Reading	1998	163,100	39	40.00	53
Bristol	1996	459,300	4	110.00	33	Redcar and Cleveland	1996	136,000	49	244.80	23
Central Bedfordshire	2009	280,000	13	715.70	11	Rutland	1997	39,500	55	381.80	15
Cheshire East	2009	378,800	5	1166.00	8	Shropshire	2009	317,500	11	3197.00	4
Cheshire West and Chester	2009	338,000	8	916.70	9	Slough	1998	148,800	45	32.54	55
Cornwall	2009	561,300	1	3546.00	2	Southampton	1997	252,400	21	50.00	48
County Durham	2009	523,700	2	2226.00	6	Southend-on-Sea	1998	181,800	33	41.76	51
Darlington	1997	106,300	53	197.50	26	South Gloucestershire	1996	279,000	14	496.94	13
Derby	1997	257,000	19	78.03	41	Stockton-on-Tees	1996	196,500	29	205.00	25
Dorset	2019	151,300	42	65.00	45	Stoke-on-Trent	1998	255,400	20	93.45	37
East Riding of Yorkshire	1996	338,100	7	2479.00	5	Swindon	1998	220,400	22	230.10	24
Halton	1998	127,600	51	79.08	40	Telford and Wrekin	1998	175,800	34	290.31	21
Hartlepool	1996	93,000	54	93.56	36	Thurrock	1998	170,400	36	163.38	32
Herefordshire	1998	191,000	31	2180.00	7	Torbay	1998	135,200	50	62.87	46
Isle of Wight	1995	141,000	46	384.00	16	Warrington	1998	209,700	26	180.60	30
Kingston upon Hull	1996	260,700	18	71.00	44	West Berkshire	1998	158,500	41	704.17	12
Leicester	1997	353,500	6	73.30	43	Wiltshire	2009	496,000	3	3255.00	3
Luton	1997	214,700	24	43.35	50	Windsor and Maidenhead	1998	150,100	43	198.43	27
Medway	1998	277,600	15	192.03	28	Wokingham	1998	165,000	38	178.98	31
Middlesbrough	1996	140,600	47	53.88	47	York	1996	208,200	27	271.94	22
Milton Keynes	1997	267,500	16	309.00	20	Isles of Scilly		2,300	56	16.37	56
North East Lincolnshire	1996	159,800	40	191.90	29	合　計		12,641,920		33529.94	
North Lincolnshire	1996	171,300	35	864.30	10	平　均		225,749		598.75	

ダーリントン、ハートリプール、ミドルスブラ、レッドカー・アンド・クリーブランド、ストックトン・オン・ティーズでティーズ・バレー合同行政機構を2016年に創設

バース・アンド・ノースイースト・サマーセットとブリストルとサウス・グロスターシャーでウェスト・オブ・イングランド合同機構を2017年に創設

註　表は"Local government structure and elections - GOV.UK"（www.gov.uk/guidance/local-government-structure-and-elections）と"Local government structure - politics.co.uk"（www.politics.co.uk）を中心に、それぞれのUnitary AuthorityのHPを参照し整理して作成した。

表5

イングランドのメトロポリタン・カウンティ（6）とメトロポリタン・ディストリクト（36）

メトロポリタン・カウンティ(6)	カウンティ人口(2017)	面積(㎢)	メトロポリタン・ディストリクト(36)	ディストリクト数と平均人口	平均面積(㎢)	合同行政機構
Greater Manchester	2,798,800	1,276	Manchester, Bolton, Bury, Oldham, Rochdale, Salford, Stockport, Tameside, Trafford, Wigan	10：279,880	127.6	グレーター・マンチェスター合同行政機構 2011年創設
Merseyside	1,416,800	645	Liverpool, Knowsley, St Helens, Sefton, Wirral	5：283,300	129.0	リバプール・シティ・リージョン合同行政機構(2014)　ハルトン(UA)が追加加盟
South Yorkshire	1,393,400	1,552	Sheffield, Barnsley, Doncaster, Rotherham	4：348,350	388.0	シェフィールド・シティ・リージョン行政機構(2014)
Tyne and Wear	1,129,500	538	Newcastle upon Tyne, Gateshead, South Tyneside, North Tyneside, Sunderland	5：225,900	107.6	ノースイースト合同行政機構：2014年創設 カウンティ・ダーラム（UA)が追加加盟
West Midlands	2,897,300	902	Birmingham, Coventry, Dudley, Sandwell, Solihull, Walsall, Wolverhampton	7：413,900	128.9	ウェスト・ミッドランド合同行政機構(2016) 準構成自治体：テルフォード・アンド・レキン（UA)とカノックチェース、ヌートン・アンド・ヘッドワース他2のディストリクト
West Yorkshire	2,307,000	2,029	Leeds, Bradford, Calderdale, Kirklees, Wakefield	5：461,400	405.8	ウェスト・ヨークシャー合同行政機構(2014)
合　計	11,942,800	6,942				
平　均	1,845,017	1,157		307,503	192.8	

註　表は"Local government structure and elections - GOV.UK"（www.gov.uk/guidance/locai-government-structure-and-elections）と"Local government structure-politics.co.uk"（www.politics.co.uk）を中心に、それぞれのメトロポリタン・カウンティのHPを参照し整理して作成した。

イングランドのノンメトロポリタンカウンティ(26)とノンメトロポリタンディストリクト(192)　表6

ノン・メトロポリタンカウンティ	人　口	面積(㎢)	ユニタリー・オーソリティを除くノン・メトロポリタンディストリクト	数	平均人口	平均面積(㎢)
Buckinghamshire	803,400	1,874	South Bucks - Chiltern - Wycombe - Aylesbury Vale	4	200,850	468.5
Cambridgeshire	847,200	3,389	Cambridge - South Cambridgeshire - Huntingdonshire - Fenland - East Cambridgeshire この領域でケンブリッジシャー・アンド・ピーターバラ合同行政機構を2017年に創設	5	169,440	677.8
Cumbria	498,400	6,768	Barrow-in-Furness - South Lakeland - Copeland - Allerdale - Eden - Carlisle	6	83,067	1128.0
Derbyshire	1,049,000	2,625	High Peak - Derbyshire Dales - South Derbyshire - Erewash - Amber Valley - North East Derbyshire - Chesterfield - Bolsover	8	131,125	328.1
Devon	1,185,500	6,707	Exeter - East Devon - Mid Devon - North Devon - Torridge - West Devon - South Hams - Teignbridge	8	148,188	838.4
East Sussex	840,400	1,792	Hastings - Rother - Wealden - Eastbourne - Lewes	5	168,080	358.4
Essex	1,820,400	3,670	Harlow - Epping Forest - Brentwood - Basildon - Castle Point - Rochford - Maldon -Chelmsford - Uttlesford - Braintree - Colchester - Tendring	12	151,700	305.8
Gloucestershire	907,200	3,150	Gloucester - Tewkesbury - Cheltenham - Cotswold - Stroud - Forest of Dean	6	151,200	525.0
Hampshire	1,837,800	3,769	Gosport - Fareham - Winchester - Havant - East Hampshire - Hart - Rushmoor - Basingstoke and Deane - Test Valley - Eastleigh - New Forest	11	167,073	342.6
Hertfordshire	1,180,900	1,643	Three Rivers - Watford - Hertsmere - Welwyn Hatfield - Broxbourne - East Hertfordshire -Stevenage - North Hertfordshire - St Albans - Dacorum	10	118,090	164.3
Kent	1,832,300	3,736	Dartford - Gravesham - Sevenoaks - Tonbridge and Malling - Tunbridge Wells - Maidstone - Swale - Ashford - Folkestone and Hythe - Canterbury -Dover - Thanet	12	152,692	311.3
Lancashire	1,490,500	3,079	West Lancashire - Chorley - South Ribble - Fylde - Preston - Wyre - Lancaster - Ribble Valley - Pendle - Burnley - Rossendale - Hyndburn	12	124,208	256.6
Leicestershire	1,043,800	2,156	Charnwood - Melton - Harborough - Oadby and Wigston - Blaby - Hinckley and Bosworth -North West Leicestershire	7	149,114	308.0
Lincolnshire	1,082,300	6,959	Lincoln - North Kesteven - South Kesteven - South Holland - Boston - East Lindsey -West Lindsey	7	154,614	944.1
Norfolk	898,400	5,372	Norwich - South Norfolk - Great Yarmouth - Broadland - North Norfolk - King's Lynn and West Norfolk - Breckland	7	128,343	767.4
Northamptonshire	741,200	2,364	South Northamptonshire - Northampton - Daventry - Wellingborough - Kettering - Corby -East Northamptonshire	7	105,886	377.7
North Yorkshire	1,153,400	8,608	Selby - Harrogate - Craven - Richmondshire - Hambleton - Ryedale - Scarborough	7	164,771	1152.6
Nottinghamshire	1,147,100	2,160	Rushcliffe - Broxtowe - Ashfield - Gedling - Newark and Sherwood - Mansfield - assetlaw	7	163,871	308.6
Oxfordshire	682,400	2,605	Oxford - Cherwell - South Oxfordshire - Vale of White Horse - West Oxfordshire	5	136,480	521.0
Somerset	956,700	4,171	South Somerset - Somerset West and Taunton - Sedgemoor - Mendip	4	239,175	1042.8
Staffordshire	1,126,200	2,713	Tamworth - Lichfield - Cannock Chase - South Staffordshire - Stafford - Newcastle-under-Lyme - Staffordshire Moorlands - East Staffordshire	8	140,775	339.1
Suffolk	757,000	3,798	Ipswich - Babergh - East Suffolk - Mid Suffolk - West Suffolk	5	151,400	759.6
Surrey	1,185,300	1,663	Spelthorne - Runnymede - Surrey Heath - Woking - Elmbridge - Guildford - Waverley - Mole Valley - Epsom and Ewell - Reigate and Banstead - Tandridge	11	107,755	151.2
Warwickshire	564,600	1,975	North Warwickshire - Nuneaton and Bedworth - Rugby - Stratford-on-Avon - Warwick	5	112,920	395.0
West Sussex	852,400	1,991	Worthing - Arun - Chichester - Horsham - Crawley - Mid Sussex - Adur	7	121,771	284.4
Worcestershire	588,400	1,741	Worcester - Malvern Hills - Wyre Forest - Bromsgrove - Redditch - Wychavon	6	98,067	290.2
合　　計	27,072,200	90,478		192		
平　　均	1,041,238	3,479.9		7.4	141,001	471.2

註　表は" Local government structure and elections - GOV.UK" (www.gov.uk/guidance/locai-government-structure-and-elections) と" Local government structure - politics.co.uk" (www.politics.co.uk) を中心に、各CountyとDistrictのHPを参照し整理して作成した。

ロンドン・バラ(32)とシティ・オブ・ロンドンの人口（2017.6.30.）と面積　表7

呼　　称	位 置	人　口	順位	面積(㎢)	順位	呼　　称	位 置	人　口	順位	面積(㎢)	順位
Barking and Dagenham	Outer	210,711	26	36.09	20	Hounslow	Outer	269,100	19	55.98	10
Barnet	Outer	387,803	1	86.74	5	Islington	Inner	235,000	25	14.86	31
Bexley	Outer	246,124	23	60.56	7	Kensington and Chelsea	Inner	155,741	32	12.13	32
Brent	Outer	329,102	7	43.24	15	Kingston upon Thames	Outer	174,609	31	37.25	18
Bromley	Outer	329,391	6	150.15	1	Lambeth	Inner	324,048	8	26.82	25
Camden	Inner	253,361	21	21.80	26	Lewisham	Inner	301,307	14	35.15	21
City of Westminster	Inner	244,796	24	21.48	27	Merton	Outer	206,052	27	37.61	17
Croydon	Outer	384,837	2	87.00	4	Newham	Outer	347,996	3	36.22	19
Ealing	Outer	342,736	4	55.53	11	Redbridge	Outer	301,785	13	56.41	9
Enfield	Outer	332,705	5	82.20	6	Richmond upon Thames	Outer	195,680	29	57.41	8
Greenwich	Inner	282,849	15	47.35	13	Southwark	Inner	314,232	10	28.85	24
Hackney	Outer	275,929	16	19.06	29	Sutton	Outer	203,243	28	43.85	14
Hammersmith and Fulham	Inner	182,998	30	16.40	30	Tower Hamlets	Inner	307,964	11	19.77	28
Haringey	Outer	271,224	18	29.59	23	Waltham Forest	Outer	275,505	17	38.82	16
Harrow	Outer	248,880	22	50.47	12	Wandsworth	Inner	323,257	9	34.26	22
Havering	Outer	256,039	20	112.27	3	合　計		8,817,347		1455.32	
Hillingdon	Outer	302,343	12	115.70	2	平　均		275,542		45.48	
City of London		7,654		2.90	❶	Greater London		8,825,001		1458.22	

註：表はGreater London (United Kingdom): Boroughs - Population Statistics,Charts and Map(www.citypopulation.de/php/uk-greaterlondon.phpと各バラのHPを参照して作成した。

日本では、一部事務組合や広域連合が、地方自治体の事務の共同処理を可能なものにしている。特に近年では、広域連合を活用した定住自立圏や連携中枢都市圏といった、大規模な広域行政を展開する自治体が増えてきている。特に長野県は県内全域を対象に一〇の広域市町村圏を設定し、広域圏を単位に広域行政を展開してきた。長野県の平成の大合併の進捗率は、四二市町村減の三五％で全国三六位であり、村も三五村残存した。第二位の沖縄県の一九村から見ても村の多さが際立っており、小規模町村が多く残った県なのである。それゆえ長野県では、県内一〇の広域行政圏に広域連合を設置し、平成の大合併の代替としたといえるような形態が認められるのである。しかし構成各市町村が対等な立場で活動する広域連合には限界が見られ、広域行政圏が廃止されたこともあって、定住自立圏が五地域、連携中枢都市圏が一地域、連携自立圏が一地域、広域自立圏が一地域と、連携中枢都市圏移行を意図している圏域が一地域、合併含みで未定が一地域となっており、地域に応じた広域行政が展開されているのである(28)。

こうした日本と類似した傾向は、規模はかなり異なるものの、リージョン行政が確立できなかった、イングランドの八つのリージョン予定区域内に創設された九つの合同行政機構に見い出すことができる。その前触れとなったものが、労働党政権時代に提案された一三のサブ・リージョン案であった。労働党政権の提案は実現しなかったものの、その一部は二〇一〇年地域主義法をベースに設立された九つの合同行政機構となった。その中の六つの合同行政機構は表5のメトロポリタン・カウンティをベースにしたものである。そのなかで最初に設置されたものが、マンチェスター、サルフォード、ボルトン、バリー、オールダム、ロッチデール、ストックポート、テームサイド、トラフォード、ウィガンの一〇のディストリクトで二〇一一年に設置されたグレーター・マンチェスター合同行政機構である(29)。

次いで二〇一四年に設置されたものが、シェフィールド・シティ・リージョン合同行政機構、ノースイースト合同行政機構、リバプール・シティ・リージョン合同行政機構、ウェスト・ヨークシャー合同行政機構の四つである。この中でシェフィールド・シティ・リージョン合同行政機構とウェスト・ヨークシャー合同行政機構はカウンティ内のディストリクトだけで設置されているが、ノースイースト合同行政機構にはユニタリー・オーソリティのダラムが加盟しており、リバプール・シティ・リージョン合同行政機構にはユニタリー・オーソリティのハルトンが加盟している。

二〇一六年設置されたティーズ・バレー合同行政機構は五つのユニタリー・オーソリティで設置されたものであり、ウェスト・ミッドランズ合同行政機構はカウンティ内の七つのディストリクトを構成自治体、四つのノン・カウンティ・ディストリクトと一つのユニタリー・オーソリティを準構成自治体として設置されたものである。二〇一七年にはウェスト・オブ・イングランド合同行政機構が三つのユニタリー・オーソリティで設置され、ケンブリッジシャー・アンド・ピーターバラ合同行政機構はケンブリッジシャーとその内部にある六都市で設置されたものである。これらの合同行政機構は日本の定住自立圏や連携中枢都市圏に類似したものとみなすことが出来る(30)。

イギリスではスコットランド、ウェールズ、北アイルランド議会が再建され、それぞれの地域を対象とした分権法も制定された。イングランドの広域行政組織は九地域を対象とするのか一一地域を対象としたものになるのか、その他の区分に移行していくのかは定かではないものの、そこには広域自治体確立の方向性が認められる。

日本では、二〇〇六(平成一八)年一二月一三日に国会で可決し成立した「道州制特別区域における広域行政の推進に関する法律(「道州制特区推進法」)によって、北海道地方又は三以上の都府県の区域の全部をその区域に含む、自然、経済、社会、文化等において密接な関係が相当程度認められる地域対象に、道州制特区の設置が認められた。しかし現存するものは「北海道道州制特区」のみである。日本のおいては、北海道以外の地域における県域設置の可能性や方向性については明確な構想は提示されていない。都道府県による広域連合としては「関西広域連合」が存在するが、その将来像も明確にはなっていない。

イギリスのパリッシュやコミュニティ、スウェーデンのパリッシュは「準自治体」ではあるが、その面積と人口はフランスのコミューンに近く、ドイツのゲマインデともそう大きな相違はない。準自治体も地方公共団体の一種とみた場合、イギリスはリージョンとユニタリー・オーソリティとパリッシュまたはコミュニティ、フランスはレジオンとデパルトマンとコミューン、ドイツはラントとクライスとゲマインデ、スウェーデンはランスティングとコミューンとパリッシュの三層制という共通性が認められる。こうした点から見た場合、日本の地方自治制度はヨーロッパの代表的な国家と比較した場合、かなり異質な性格を帯びているといえる。

日本の地方公共団体は、地方自治法の規定では普通地方公共団体と特別地方公共団体に大別され、普通地方公共団体は都道府県と市町村の二層制であり、特別地方公共団体には特別区と地方公共団体の組合と財産区があり、地方公共団体の組合は一部事務組合と広域連合に大別されている。広域連合制度を活用した市町村を超えた広域行政機構として、現在では「定住自立圏」や「連携中枢都市圏」が設定されており、一部事務の共同処理が前提ではあるが、市区町村の圏域を超えた広域行政がかなり積極的に展開されている。また現在では一部地域でしか創設されていないものの、「地域自治組織」などの準自治体に相当すると思われる身近な行政組織の確立も推進されてきている。広域自治体である都道府県と、基礎自治体（ここでは「特別区」を含む。以下「市区町村」と表記する）がどのように再編されるかで異なってくることになる。日本の地方自治制度の再編によって結果は異なってくるが、これまでの日本の改革の方向性を見ると、イギリスに類似した方向に進むことが予想される。

日本とイギリスの基礎自治体の面積と人口は大きく異なっているようにみえるが、その他の国家と比較すれば、ある程度の共通性も認められる。日本の基礎自治体である市区町村の平均人口は七万人超であり、イギリスとともに大規模型に分類される。確かにイギリスのユニタリー等の面積は日本の市区町村面積のほぼ三・四倍で人口はほぼ二・二倍であるが、定住自立圏や連携中枢都市圏が定着すれば、広域連合を軸とした実質的な市町村合併が展開されることになり、イングランドの地方自治制度に類似したものとなっていく可能性がある。それゆえ日本では政令市制度を改正し、人口七〇万人以上で指定都市に、三〇万人以上で（旧）中核市（現在は二〇万人以上に改正）に、二〇万人で（旧）特例市（現在は廃止したが一部は施行時特例市として残存している）となり、事務権限を委譲させることで自治能力を拡充させる政策を導入したのである。

表4にあるように、イングランドのユニタリー・オーソリティの平均人口は二二万人強であり、（旧）特例市（現在の中核市）に類似しているといえる。表5にあるように、イングランドのメトロポリタン・ディストリクトは平均人口三〇万人強であり（旧）中核市に類似している。表6にあるように平均人口一〇〇万人強のノン・メトロポリタン・カウンティと、平均人口一四万人程度のノン・メトロポ

リタン・ディストリクトは、日本の都道府県と市町村の関係に類似したものとみなすことができる。表7にあるように平均人口二七万人強のロンドン・バラは（旧）中核市と（旧）特例市の中間といえるような類似性を見せている。

日本では、一部事務組合や広域連合といった、地方公共団体の組合が地方自治体の事務の共同処理の中心的な役割を担っている。特に近年では広域連合を活用した広域行政組織として、「定住自立圏」と「連携中枢都市圏」の設定が進められている。日本の市の人口条件は五万人以上であることから、定住自立圏は、原則として人口五万人以上の市を中心市として、中心市と近隣市町村が相互に役割分担し、連携・協力することにより、圏域全体として必要な生活機能等の確保を目的とした「定住自立圏」を推進し、地方圏における定住の受け皿を形成している。昼夜間人口比率おおむね一以上の指定都市や中核市と、社会的経済的に一体性を有する近隣市町村では都市圏である連携中枢都市圏を形成し、大規模な広域行政を展開する自治体が増加してきている。

特に長野県は、新全国総合開発計画に関連して、県内に一〇の広域市町村圏を設定し、広域圏を単位に広域行政を展開していた。長野県の平成の大合併の進捗率は、四二市町村減の三五％で全国三六位であったことから村は三五村残っており、第二位の沖縄県の一九村から見ても村の多さが際立っている。このように長野県は小規模町村が多く残った県なのであり、県内一〇の(旧)広域市町村圏にそれぞれ広域連合を設置し、平成の大合併の代替としたといえるような形態を採用した県なのである。しかし構成各市町村が対等な立場で活動する広域連合には限界が見られ、広域行政圏が廃止されたこともあって、広域連合と同じ区域に定住自立圏が設定されたものが北信地域・上田地域・佐久地域・伊那地域・南信州地域の五つの地域であり、連携中枢都市圏が設定されたものが長野地域である。また松本地域は松本市が中核市に移行した後に連携中枢都市圏の創設を意図しているのである。諏訪地域では地域内の市町村の意向が統一できなかったことから今後の方向性は明確に定まってはいない。圏域全体でようやく五万人を超えるだけの大町市を中心とした大北地域には北アルプス地域連携自立圏を、圏域全体で人口が二万六千人を若干超える程度の木曽地域には木曽地域広域自立圏を設定し、県独自の広域行政圏を設定しているのである。長野県ではこのように地域に応じた広域行政が展開されている県なのである[28]。

地域の特性に合わせた広域行政圏を設定するという動きは、規模はかなり異なるものの、リージョン行政機構が確立できなかった、イングランドの八のリージョン内に創設された一〇の合同行政機構にも見出すことができる。前述のようにその前触れとなったものが労働党政権時代に提案された一三のサブ・リージョン案であり、労働党政権の提案は実現しなかったが、その一部は二〇一〇年地域主義法によって設立された九つの合同行政機構であり、その後二〇一一年地域主義法に依拠して二〇一八年に設立されたノース・オブ・タイン合同行政機構によって一〇の合同行政機構となったことに見い出すことができる。

前述のように、イングランドの合同行政機構は、広域行政圏が創設されていなかった地域を中心に設定されたものであり、メトロポリタン・カウンティをベースにしたものでもある。それゆえ二〇一一年に最初に設置されたグレーター・マンチェスター合同行政機構、二〇一四年に設置されたシェフィールド・シティ・リージョン合同行政機構とウェスト・ヨークシャー合同行政機構は、カウンティ内の複数のディストリクトのみで構成されている。

他方、二〇一四年に設置されたノース・イースト合同行政機構とリバプール・シティ・リージョン合同行政機構には、それぞれ一ヶ所のユニタリー・オーソリティが加盟している。二〇一六年に設置されたウェスト・ミッドランズ合同行政機構は、カウンティ内の七つのディストリクトを構成団体としているが、四つのノン・カウンティ・ディストリクトと一つのユニタリー・オーソリティが準構成団体となっている。二〇一八年に設置されたノース・オブ・タイン合同行政機構は、ニューカッスル・アポン・タインとノース・タインサイドの二つのカウンティとノーサンバランド・ユニタリー・オーソリティで構成されている。また、二〇一六年に設置されたティーズ・バレー合同行政機構は五つのユニタリー・オーソリティで、二〇一七年に設置されたウェスト・オブ・イングランド合同行政機構は三つのユニタリー・オーソリティで構成されている。同年に設置されたケンブリッジシャー・アンド・ピーターバラ合同行政機構はケンブリッジシャーと内部の六都市で設置されている。このように若干異なる構成団体で設置されたイングランドの合同行政機構は、日本の定住自立圏や連携中枢都市圏に類似したものとみなすこともできる(30)。

4　日本とイギリスの地方自治制度改革の相違点

日本とイギリスの地方制度の最大の相違点は、日本が二層制をとるものの、基礎自治体に関しては、最大人口の横浜市（約三七五万人）から最小人口の青ヶ島村（一五九人）まで大きな違いがある一七四一の市区町村を、原則として対等な基礎的な自治体（市区町村）と考えているのに対して、イギリスでは、原則一層制のユニタリー・オーソリティとなっている地域と、イングランドの大半を占める例外的な二層制のカウンティとディストリクトとなっている地域が混在してはいるものの、人口を見た場合には日本ほど各地域の相違はないのである。それは、イギリスにおいては、単純にいえば日本の市や特別区に相当するユニタリー・オーソリティやディストリクトのみを基礎自治体とし、日本の町村や集落（地域自治組織等）に相当する地域には、準自治体であるパリッシュやコミュニティが置かれているためである。すなわち福祉国家としての公共サービスを担当する基礎自治体と、住民の日常生活に関する公共的なサービスを提供する準自治体に、地方公共団体（地方自治体）が明確に区分されているのである。

二〇一八（平成三〇）年一〇月一日現在の日本の市区町村は、七九二市・二三区・七四三町・一八三村の合計一七四一市区町村となっている。住民基本台帳統計（二〇一八年一月一日から同年十二月三一日まで）によれば、日本の市区の中で最も人口が多いのは神奈川県横浜市で三七四万五七九六人（唯一の三〇〇万人台の市）、第二位が大阪府大阪市で二七一万四四八四人、第三位が愛知県名古屋市で二二九万四三六二人（人口二〇〇万人台はこの二市）となっている。人口一〇〇万人台の市は八市で、北海道札幌市、福岡県福岡市、兵庫県神戸市、神奈川県川崎市、京都府京都市、埼玉県さいたま市、広島県広島市および宮城県仙台市の順となっている。また人口五万人以下の市は二七一市であり、人口四万人台が八三市、三万人台が九四市、二万人台が七〇市、一万人台が二一市、一万人未満が三市となっている。人口一万人未満の市は、人口の少ない方から三二七五人の北海道歌志内市、八〇八七人の北海道夕張市、八五六二人の北海道三笠市の順となっている。逆に人口五万人超の町村は二町で、五万二二二四人の広島県府中町、五万〇〇七五人の愛知県東浦町である。また人口五〇〇人未満の町村は一〇村で、人口の少ない方から一五九人の東京都青ヶ島村、三一七人の東京都御蔵島村、三二三人の東京都利島村となっている。人口最少から三番目までの村はいずれも東京都の島嶼部に位置する村である(31)。

これに対してイギリスにおいて、イングランドのユニタリー・オーソリティでは表4のように、島嶼部の人口二三〇〇人のシリー諸島を除くと、五六万人強のコーンウォールが最多で、四万人弱のルートランドが最少となっている。メトロポリタン・ディストリクトの人口は表5のように、六メトロポリタン・カウンティ内での平均値ではあるが、四六万人強のウェスト・ヨークシャーが最多で、二二万人強のタイニー・アンド・ウェアーが最少であり、平均三〇万人強となっている。ノン・メトロポリタン・ディストリクトも、表6のように、三二万人強のサムレストが最多で、八万人強のカンブリアが最少であり、平均は一四万人強となっている。ロンドン・バラでは表5のように約三九万人のバーネットが最多であり、約一五万人のケンジントン・アンド・チェルシーが最少であり、平均一五万人弱となっている。なおシティ・オブ・ロンドンの人口は七六五四人である。

このようにイングランドでは人口二三〇〇人のシリー諸島や人口七六五四人のシティ・オブ・ロンドンを除くと、残りの地域では、最多人口が五六万人強のコーンウォール、最少人口が四万人弱のルートランドであり、全体の平均人口は一九万人強である。また表6スコットランドのユニタリィ・オーソリティでは六二万人強のグラスゴー・シティが最多、二万二千人強のオークニー諸島が最少で、平均は一七万人弱となっている。ウェールズのユニタリィ・オーソリティでは表7のように、三六万人強のカーディフ・カウンシルが最多、六万人のマーシィ・タイディフィル・カウンティ・バラが最少で、平均は一四万人弱となっている。北アイルランドのユニタリィ・オーソリティでは、表10のように三四万人強のベルファストが最多、一一万人強のフェルマナグ・アンド・オーマグが最少で、平均は一七万人強となっている。

イギリス全体ではスコットランドのグラスゴー・シティが最多人口であり、シリー諸島とシティを例外とすると、やはりスコットランドのオークニー諸島が最少人口となっているが、日本ほどの相違はなく、全体の平均人口は表11のように一六万五六七六人となっている。このことから、イギリスでは島嶼部や辺境地を除くと平均人口二〇万人程度が基礎自治体の標準なのであり、日本の現在の中核市程度が一般的な基礎自治体となっている。イギリスの地方公共団体は、福祉国家に対応する大規模基礎自治体と、住民の日常生活を中心にしたいわゆる暮らしの場であるパリッシュやコミュニティに区分されているのである。

グレーター・ロンドン（GL）と東京都区部を比較すると、GLの人口は八八三万二六五五人で、前述のように、人口約三九万人バーネットから人口約一五万人のケンジントン・アンド・チェルシーまで三二のバラが点在し、その中心部には人口七六五四人のシティ・オブ・ロンドンが位置しており、その平均人口は約二八万人である。これに対して東京都区部は、人口は九四七万七六一六人でGLの一・〇七倍で、人口九〇万八九〇七人の世田谷区から六万三六三五人の千代田区までの二三区が存在しているが、人口が十万人未満なのは千代田区のみである。下位第二位の中央区の人口は一六万二五〇二人であり、人口十万人台も中央区のみである。二三区の平均人口は四一万二〇七〇人で、GLの平均人口の約一・五倍となっている[32]。

GL内部にも二〇〇七年地方自治法でパリッシュの設置が認められた。その結果、シティ・オブ・ウェストミンスター・バラのクイーンズ・パーク地域では、二〇一二年五月の住民投票で賛成多数となり、六月にバラ・カウンシルの中でのパリッシュ・カウンシルの設置が承認された。これをうけて二〇一四年五月にはパリッシュ・カウンシル議員の選挙が行われ、ロンドン最初のパリッシュ・カウンシルが誕生した[33]のである。東京都区部においても、こうした身近な地域住民組織設置の必要性が、町内会や自治会等の変革や地域自治組織制度の導入等を含めて議論されるべきである。

5　日本の地方自治制度改革の今後の方向性

日本とイギリスの地方自治制度の大きな相違点は、明確な準自治体（パリッシュやコミュニティに類似するもの）の存在の有無である。イングランドのパリッシュは二〇一五年一二月三一日現在一万〇四四九存在し、カウンシル（議会に相当）をおいていないものは二〇〇にすぎない。ウェールズには八七〇のコミュニティが存在し、カウンシルをおいていないものは一四〇である。スコットランドには約一二〇〇のコミュニティが存在し、カウンティをおいていないものは約二〇〇である。それゆえ北アイルランドを除く地域には約一万二五一九のパリッシュやコミュニティが存在し、その九五％強にカウンシルがおかれており、残りは住民総会の意思決定に基づき行政サービスを提供しているのである[34]。

現在日本にも、市町村の下部的組織として二二六の地域自治組織が存在する。その内訳は、地域審議会が二九団体に七九審議会、地域自治区（一般制度）が一三団体に一二八自治区、地域自治区（合併特例）が一〇団体に一九自治区が存在しているだけであり、合併特例区は現在では消滅している。それも前年に比べると、二四三の地域自治組織が一七減となっているのであり、内訳としては地域審議会が一団体・二審議会、地域自治区（一般制度）一団体・一三自治区、地域自治区（合併特例）が一団体・二自治区減少しており、減少化傾向が認められる。一七四一市区町村で考えた場合、地域自治組織はわずか三％の市区町村に存在しているにすぎない。一九九九（平成一一）年の平成の大合併の開始時から二〇一八（平成三〇）年度末までの市町村合併数は六四九件であり、合併市町村での八・五％弱にしか地域自治組織は設定されていないのである[35]。

地域生活密着型の組織としては日本には町内会、自治会、地区会に代表される地縁団体がある。総務省はこの地縁による団体を「町又は字の区域その他市町村内の一定の区域に住所を有する者の地縁に基づいて形成された団体」としている。地縁団体の総数は二〇一三（平成二五年）四月一日現在で二九万八七〇〇団体となっている。その中で、法律上の権利義務の主体となり、認可地縁団体は法人格を有し、土地、集会施設等の不動産を団体名義で登記でき、団体の活動に資する財産を団体名義で所有、借用できるものが認可地縁団体である。現在その数は四万四〇〇八団体（全国の市町村の約八三％に所在）である[36]。仮にこの地縁団体が日本の全地方自治体をカバーしているとすれば、その平均人口は四二八人となる。この数字はイングランドのパリッシュが最初に標準と考えた人口と類似しているが、現在のパリッシュは表3のように平均一五〇〇人であり、日常生活圏としては狭いといえる[37]。

日本では少子高齢社会の到来により消滅可能性が考えられる集落が増加してきた。そうした問題に対応するために創設されたものの一つが「小さな拠点」や「地域運営組織」である。地域運営組織の組織形態について総務省は、「地域の暮らしを守るため、地域で暮らす人々が中心となって形成され、地域内の様々な関係主体が参加する協議組織が定めた地域経営の指針に基づき、地域課題の解決に向けた取組を持続的に実践する組織」であり、地域運営組織の組織形態としては、協議機能と実行機能を同一の組織が併せ持つもの（一体型）や、協議機能を持つ組織から実行機能を切り離して別組織を形成しつつ、相互に連携しているもの（分離型）など、地域の実情に応じて様々なものがある」と説明している(38)。

地域運営組織の組織形態を見ると、「任意団体（自治会・町内会（その連合組織）を除く）」が六一％で最多となっており、「自治会・町内会の連合組織（法人格を持たないもの。）」が一〇％、「自治会・町内会（法人格を持たないもの。連合組織を除く。）」が五％となっており、七六％が法人格を持たない任意団体となっている。法人格を有している組織形態の中では、「ＮＰＯ法人」が一〇％で最多となっている(39)。その活動実績をみると、活動範囲は主に「小学校区（旧小学校区）」（概ね明治の大合併で創設され、昭和の大合併で消滅した旧村エリア）となっており、それは六七五市町村で組織されており、全国で四一七七団体であったが、二〇一六（平成二八）年度は三〇七一団体（六〇九市町村）となっている。現在、一部または全域に地域運営組織が存在しない市町村においても、八六・四％の市町村（有効回答一〇一四市町村のうち八七七市町村）が必要性を認識している。

主な活動内容は高齢者交流サービス、声かけ・見守りサービス、体験交流事業、公的施設の維持管理など多様であり、主な収入源は市町村からの補助金、構成員からの会費、公的施設の指定管理料、利用者からの利用料となっている。また地域運営組織の活動内容については、総計でみると、「高齢者交流サービス」が五〇％で最多となっており、次いで「声かけ・見守りサービス」が三七％となっており、高齢者等の暮らしを支える活動が多くなっている。このほか、「体験交流事業」が三四％、「公的施設の維持管理（指定管理など）」が二五％、「名産品・特鹿品の加工・販売（直売所の設既・運営など）」が一三％となっており、「公」・「民」・「共」の領域に繋がった幅広い活動が行われていることがわかる(40)。

小さな拠点でみると、これまで調査を進めてきた地域の中で、例えば群馬県では二三の拠点のうち二二拠点は小学校区か旧小学校区で設定されており、中学校区はわずか一拠点に過ぎない(41)。徳島県では九拠点のうち小学校区や旧小学校区が三拠点、中学校区が二拠点、その他が四拠点となっている。香川県では五拠点のうち小学校区や旧小学校区が四拠点、中学校区が一拠点となっている。愛媛県では四〇拠点のすべてが小学校区や旧小学校区に配置されている。また高知県では四〇拠点のうち小学校区や旧小学校区が三〇拠点、中学校区が五拠点、その他が五拠点となっている(42)。

長崎県五島市では、市内にある一三の公民館の領域を「小さな拠点」とし、各拠点にそれぞれ「まちづくり協議会」を設置し、住民の声を反映した地域づくりに取り組んでいる。その中の奥浦地区は二〇一四（平成二六）年度の国土交通省「小さな拠点づくり」モニター調査の対象地域に選定され、「おくうら夢のまちづくり協議会」（以下協議会という）を設置して「まちづくり基本構想」の策定に取り組んだ。協議会は二〇一四(平成二六)年六月に最初の総会を開き、会長以下の役員会構成員の選任や、役員会の下に配置した「地域振興部会」、「防犯防災部会」、「保健福祉部会」、「環境保全部会」、「青少年育成部会」の五部会の役職者を選任した。協議会の機関誌「奥浦だより」には「6月20日(金)に行われた第1回総会では、5つの専門部会の構成、活動計画、補助金交付要綱等が承認され、新役員には女性や若者が積極的に起用された。」とあり、民主的な自治制度ではないことがわかる(43)。

イギリスのパリッシュやコミュニティは準自治体として、多くの自治体と同様にカウンシルを設置し、委員会制度によるか住民総会制によって、民主的な意思決定手続きを通した下からの民主政治を実践している。日本のこうした組織の大半は民主的な手続きがきちんと定められていない。日本の身近な地域における地方自治の安定的な成長と発展のためにも、きちんとした組織と民主的な制度が必要不可欠なものである。現在の日本ではコミュニティの再生が大きな政治的な課題の一つとなっている。そのためにも、少しイギリスの身近な地方自治制度を参考にした、民主化に向けた日本の地方自治制度の確立が必要となっているのである。

註

（1）　猪木武徳著『戦後世界経済史』中央公論新社、中公新書二〇〇〇、二〇〇九年五月二五日、二八三頁。

（2） 猪木・前掲書・二八一頁。

（3） 猪木・前掲書・二八一―二八三頁参照。

（4） ＡＰＥＣ（Asia Pacific Economic Cooperation）を外務省をはじめとする政府機関では「アジア太平洋経済協力」と表記（https://www.mofa.go.jp/mofaj/gaiko/apec/index_ rekishi. html）し、政策研究大学院大学（ＧＲＩＰＳ）の田中明彦氏などは「アジア太平洋経済協力会議」と表記（「アジア太平洋経済協力会議（ＡＰＥＣ）関連文書」、worldjpn. grips. ac. jp/ documents/indices/APEC/iindex.html）している。本論文では後者に従い「アジア太平洋経済協力会議」と表記した。

（5） ＧＲＩＰＳ、前掲資料「第1回ＡＰＥＣ閣僚会議共同声明（骨子）」「エヴァンス豪外務貿易相による議長総括」参照。

（6） イギリスの地方自治制度改革の歴史に関しては、拙著『パリッシュ』北樹出版二〇〇四年を参照されたい。

（7） Coin Mellows and Nigel Copperthwaite, "Local Government in the Community", ICSA Publishing Limited Cambridge, 1987. P155.

（8） "The Community Charge – Economics Help" (https://www.economicshelp.org/blog/glossary/ community-charge/) 、拙著、『パリッシュ』北樹出版・二〇〇四年・五九―六〇頁。

（9） カウンティ、ディスリクト、ユニタリイ・オーソリティの数は、内貴滋『英国地方自治の素顔と日本』ぎょうせい・平成二八年・七六頁。

（10） 内貴・前掲書・七九頁。

（11） 拙編著『地方自治論』北樹出版・平成二四年・一〇頁表一―三。

（12） The Greater London Authority – Parliament.uk (https://researchbriefings. files. Parliament. uk/documents/SN05817/SN05817. pdf)。

（13） 内貴・前掲書・二〇三頁。

（14） 内貴・前掲書・一四四頁。

（15） 内貴・前掲書・一四四―一四五頁。

（16） 内貴・前掲書・一〇〇頁。

（17）一般財団法人自治体国際化協会（ＣＬＡＩＲ）『英国の地方自治（概要版）』―二〇一七年改訂版―（各国の地方自治シリーズ第五七号）、二〇一七年五月三一日、内貴・前掲書・一〇四頁。

（18）ＣＬＡＩＲ・前掲書・八〇頁、内貴・前掲書・一四六頁。なお内容に関しては石見豊「イングランドの分権改革」『國士舘大學政經論叢』第二八巻第二号、中西典子「英国のローカリズム政策をめぐる地方分権化の諸相（一）（三）」『立命館産業社会論集』第五二巻第一号・第三号を参照した。

（19）合同行政機構については、今井良幸「イギリスにおける自治体の広域化と広域連携―イングランドを中心として―」中京大学総合政策学部『総合政策論叢』第七巻・二〇一六年、ＣＬＡＩＲ・前掲書・六四―八三、内貴・前掲書・第四章一三五―一五九頁を参照して整理した。

（20）岡崎　浩巳「梶山静六自治大臣と『ふるさと創生一億円事業』」総務省『地方自治法施行70周年記念自治論文集』平成三〇年三月(www.soumu.go.jp/main_content/000562317.pdf)。

（21）首都機能移転問題に関しては、拙論文「日本の地方分権の推進と首都機能移転論」日本大学法学会『政経研究』第三九巻第四号・平成一五年三月一五日を参照されたい。

（22）「臨時行政改革推進審議会（りんじぎょうせいかいかくすいしんしんぎかい）とは」(kotobank.jp/ word/) 臨時行政改革推進審議会-170090 参照。

（23）総務省「地方自治制度の歴史」(http://www.soumu.go.jp/main_sosiki/jichi_ gyousei/bunken/ history.html)

（24）定住自立圏については拙論文「市町村合併と広域行政―平成の大合併と定住自立圏の関係を中心として」『政経研究』第四六巻第三号を参照されたい。

（25）道州制については、「道州制」(www.soumu.go.jp/main_sosiki/jichi_gyousei/c.../dousyusei/) を参照して整理した。

（26）総務省・「地方自治制度の歴史」。

（27）拙著「第一章　地方政府と自治権」九頁、福島康仁編『地方自治論』（第二版）弘文堂、二〇一八年。

（28）長野県に関しては、拙論文「長野県の地方制度の特質―広域連合を通した広域行政の特殊性と他の都道府県への影響―」『政経研究』第五十五巻第四号・平成三十一年三月を参照されたい。

（29）グレーター・マンチェスター・オーソリティについては association of greater Manchester authorities - GMCA - Meetings (Adobe PDF) (www.gmcameetings.co.uk/.../id/.../agenda and reports) を参照した。

（30） 合同行政機構に関してはCombined authorities - Local Government Association (https://www. local.gov.uk/topics/ devolution/combined-authorities) とCombined authorities - Parliament.uk (Adobe PDF) (researchbriefings.files.parliament.uk/ documents/.../SN06649.) とそれぞれの機構のHPならびにＣＬＡＩＲ・前掲書七七-八一頁を参照して整理した。

（31） 日本の市町村の人口に関しては、総務省「住民基本台帳に基づく人口、人口動態及び世帯数（平成三〇年一月一日現在）」(http://www.soumu.go.jp/main_sosiki/jichi_gyousei/daityo/jinkou_jinkoudoutai-setaisuu.html) 三三頁を参照した。

（32） 東京都「都内区市町村マップ｜東京都」(http://www. metro.tokyo.jp/tosei/tokyoto/profile/gaiyo/ kushichoson.html)。

（33） Pariches and Communities: Office for National Statistics (https://webarchive.nationalchives.gov.uk/ 0160112001128/ http://www.ons.gov.uk)。

（34） ＣＬＡＩＲ・前掲書・一八-一九頁。

（35） 総務省「地域自治組織（地域自治区・合併特例区）」(http://www.soumu.go.jp/gapei/seido_gaiyo01. html)。

（36） 総務省「地域自治組織のあり方に関する研究会（第５回）」(www.soumu.go.jp/main_sosiki/.../02gyosei04_04000049.html) 資料３〔これは総務省「参考資料」(Adobe PDFwww.soumu.go.jp/main_ content/000472604.pdf) と表記されており、総務省事務局が、財務省ホームページ (http://www.mof.go.jp/tax_policy/summary/corporation/217.htm) 掲載の資料に加筆したもの、および内閣府ホームページ (http://www.cao.go.jp/others/koeki_npo/koeki_npo seido.html) を参照して作成したものとの説明がなされている。〕と「自治会・町内会等について」(Adobe PDF) (www.soumu.go.jp/main_content/000307324.pdf) を参照した。

（37） 拙著・前掲書・八九頁。

（38） 官邸「小さな拠点・地域運営組織の形成について」(Adobe PDF) www.kantei.go.jp/.../chiisana_ todofukensetumei0601_si)。

（39） 総務省「地域自治組織のあり方に関する研究会（第５回）」・「参考資料」参照。

（40）総務省「地域自治組織のあり方に関する研究会（第5回）」・「参考資料」、官邸「小さな拠点・地域運営組織の形成について」等を参照して整理した。

（41）拙論文「群馬県の地方創生」『櫻文論叢』第九十六巻、一〇八-頁、平成三十年二月二十八日発行。

（42）拙論文「四国四県の地方創生」『法学紀要』第五十九巻、二五〇頁、二五三頁、二五五頁、二五八-二五九頁、平成三十年三月一日発行。

（43）五島市ＨＰ、「おくうら夢のまちづくり協議会　五島市　まるごとう」（www.city.goto.nagasaki.jp/li/island/070/.../ index.html）、小さな拠点一覧：既に形成されている小さな拠点（別紙 11/42（Adobe PDF）www.cao.go.jp/regional_ management/.../h29kizon.pdf。なお五島市の状況については拙論文「長崎県島嶼部の平成の大合併と地域おこし」『政経研究』第五十三巻第二号を参照されたい。

第二部　イングランドにおけるパリッシュ等の歴史と実態

第一章　イギリス地方自治制度の現状

1　イギリスの地方自治法と地方自治制度の変遷

イギリスの正式な国名は「グレート・ブリテンおよび北アイルランド連合王国（the United Kingdom of Great Britain and Northern Ireland）」であり、グレート・ブリテン島を構成するイングランドとウェールズとスコットランドそして北アイルランドの四地域と付随する島嶼地域から構成されている連合王国である（本書では不都合がない限りイギリスと表記する[1]）。ただしイギリス国旗であるユニオンジャックは、連合王国形成以前に王国であったイングランド王国とスコットランド王国と北アイルランド王国の国旗を重ね合わせたものである。またメージャー内閣によって一九九四年にウェールズに関する地方自治法が制定されるまで、イギリスの地方自治法は、イングランドとウェールズに適用されるイングランド地方自治法、スコットランド地方自治法、北アイルランド地方自治法の三つであった。このようにウェールズは、連合王国イギリスにおいて他の三地域とは若干異なった地位におかれてきたのである。

このことはウェールズが歩んできた歴史と密接な関係を持っている。ウェールズは一二八二年にイングランド国王エドワード一世に征服され、イングランドの支配下におかれた。その時からイギリス皇太子はプリンス・オブ・ウェールズと呼ばれることになった。またウェールズは一五三六年に正式にイングランドに併合され、そのときからウェールズはイングランドの法律に従うこととされたのである。ウェールズに独自の地方自治法が長く制定されなかったのは、こうした歴史の結果なのである。

イギリスは単一国家である。ただしイギリスは単純な単一国家ではなく、正式な国名からもわかるように、連合王国であるところの単一国家である。それゆえイギリスには、国家としての統一性と旧王国を単位とする四地域のアイデンティティの確保という二つの価値観が並存している。旧王国を基礎とした地域への帰属意識はかなり高い。そうしたイギリスの抱える特殊性は、一部分とはいえヨーロッパ社会のみならず国際社会において認知されている。たとえばサッカーやラグビーなどのワールドカップをはじめとする一部の国際大会において、イングランドとウェールズとスコットランドとアイルランドはそれぞれの代表を送り戦っている。ここではイギリスの旧王国の四つの地域が国家に類似したものとして扱われているのである。

こうした歴史的経過もあり、サッチャー内閣までのイギリスの地方自治制度は、前述のように個別の三つの地方自治法によって定められ、三つの地方自治法の適用区域によって若干異なったものになっていた。中央政府の方針により、共通の理念や目標などによって改革が実践されてきたが、細部は法律適用地域ごとに相違がみられる。国家的な統一性と地域的なアイデンティティの確保が、自治制度の内容や改革においても保障されていたのである。今後は四つの地方自治法と地域議会によって、より独立性の高い地域ごとの自治制度になることは疑いえない。

中世までのイングランドとウェールズの地方自治制度は、人々が居住する細分化されたそれぞれの区域、すなわち居住地域の特性に応じて異なったものとなっていた。原則として大都市にはカウンティが置かれ、地方都市にはバラが置かれ、村落にはパリッシュが置かれた。それぞれの居住地域を統治する三つの機構が存在していたのである。その後バラとパリッシュは、バラやディストリクトやパリッシュやコミュニティなどにわかれ、相互に関連を持つ中でそれぞれに与えられた役割を担っていた。こうした重層的な制度へと移行した理由は、人々の行動範囲の拡大と地域の多元的な関連性の高まりが、地方自治体の重層的な配置をうながした結果なのである。

一九世紀末に自治体は、広域自治体であるカウンティと基礎自治体であるディストリクトあるいはバラに区分され、地域自治組織であるパリッシュあるいはコミュニティは完全な自治体ではなく準自治体（日本の地方制度調査会の審議過程ではこうした地域団体を「地域自治組織」として設置を求める動きがあり、本論文ではイギリスの準自治体も地域自治組織と呼ぶ）とされた。こうした改革を受けて、イングランドの地方自治制度は、原則としてカウンティとバラあるいはディストリクトの二層制とされ、一層制は例外とされた。地域自治組織であるパリッシュやコミュニティは、当初ルーラル・エリアに限定的に設置されたが、その後、広域行政化（自治体合併

＝イギリスにおける戦後の大合併）の影響を受け、身近な行政の担当主体としてロンドンを除く各地方自治体で任意に設置できることになった。

第二次世界大戦後すぐの地方自治制度には名称や役割に混乱がみられたが、一九七四年地方自治によるいわゆる地方自治制度の抜本的改革によって、前述のように広域自治体であるカウンティと、基礎自治体であるディストリクトおよびバラと、地域自治組織であるパリッシュおよびコミュニティの三層に整理された(2)。一九七二年イングランド地方自治法に基づいて、イングランドとウェールズの地方自治制度が一九七四年に抜本的改革された背景には、一八九四年地方自治法制定による抜本的改革の後には部分的な改革しかなされず、制度自体が時代にそぐわなくなっていたことや、部分的な改革の繰り返しによって自治制度が複雑になっていたことがあげられる。また戦後の労働党政府によるイギリス型福祉政策が国家財政を悪化させ、何らかの政策転換の必要性をイギリス国民に認識させたことも変革の大きな理由の一つであった。

イギリスの景気停滞は、イギリス国民のみならず福祉国家の方向性を模索していた多くの先進工業国の国民に、イギリス型福祉国家の限界と行財政改革を通じた新しい国家や社会像確立の必要性を認識させた。マニフェストにおいて、効率的地方制度の導入、すなわち基礎自治体の広域化、言葉をかえていえばイギリスにおける戦後の大合併の必要性を提唱し、二層制による広域行政の推進を提示して政権の座についた保守党は、政権公約にしたがって地方自治制度の改革に着手した。

保守党政府は自治体合併による基礎自治体の広域化に踏み切り、イングランドとウェールズとスコットランドの地方自治制度を原則二層制とした。一層制の施行地域はスコットランドの島嶼部に限定された。また広域化の進行と並行して、地域住民と密着した草の根民主主義の実施主体としての地域自治組織（近隣自治政府・準自治体）の必要性が強調されたことから、保守党政府はロンドンを除くイングランドとウェールズとスコットランドの基礎自治体であるディストリクトには、必要と考える場合にパリッシュやコミュニティやタウンと呼ばれる地域自治組織を設置する権限を認めた。

イギリスの地方自治体は各自治体の政権党の政策にしたがって実施されている。それゆえ地方自治体を訪問すると、「私たちの市は保守党（政府）です」とか「この町は労働党（政府）です」といった情報が最初に伝えられる。小規模パリッシュなどでは「この村はインディペンデントです」といわれるが、これは保守系無所属のことであり、イギリスでも小規模な地域では党派的対立を嫌う傾向があることの証拠といえる。それゆえ中央政府と地方政府の政策が、政府与党の違いから対立する形で実施されることがある。地方自治の立場からは、そうした地域的な特異性は歓迎すべき現象であるが、小さな政府を標榜する保守党と、大きな政府を理想とする労働党の対立となると、見すごせない部分がでてくる。

イギリスの構造改革を政権公約に掲げたサッチャー内閣にとって、地方の労働党政府の政策は改革の障害となった。それゆえサッチャー内閣は、行財政改革策の一環として、国家の財政支出削減策に地方政府がしたがうべきであることを強調した。イギリス型の新中央集権主義的な政策の遂行である。サッチャー内閣は地方自治制度改革の一環として、イングランドのロンドンと大都市地域の広域自治体を廃止し、当該地域に関しては基礎自治体のみの一層制とした。サッチャー内閣は、新保守主義の立場から国家や地方と個人の役割を見直して小さな政府への移行を実施した。中間団体である広域自治体の廃止は、組織の廃止を通じた経費削減を実現すると同時に、国家と地方の役割を再考することで、効率性を前提に事務の再配分を実施しようとしたことがわかる。サッチャー改革は結果として地方に対するウェストミンスター（英国議会）の力を強めたといえる。

その後メージャー内閣は一九九四年にイングランドの二層制自治体を原則一層制の統一自治体（Unitary Authority）へ改組し、ウェールズの地方自治体を二二の統一自治体へ移行させるために地方自治法（ウェールズ法）を制定した。メージャー内閣の改革によりイギリスの地方自治制度は、旧来の各地域区分に合わせた四つの地方自治法によって規定・運用されることになった。ブレア内閣は、一九九八年にイングランドの一部地域を除いて原則一層制とする地方自治制度改革を実施し、また一九九九年には広域議会を復活させ、イギリス型の道州制の導入ともいえるような改革を実施した。ブレア内閣はイギリスの地方自治制度を広域的地方分権制へ移行させることで、四つの地域のアイデンティティを重視した分権体制の拡充を予定しているものと考えられる(3)。

2　イギリス地方自治体改革の理論と実情

イギリスの基礎自治体の人口と面積がいかに突出したものであるかは表1―1の示すとおりである。表1―1からもわかるように、各国の基礎自治体はイギリスのような平均人口一〇万人を越える大規模なものと、日本やスウェーデンやオランダあるいはアメリカのように一万人から四万人の間の中規模なもの、そしてフランスやイタリアやドイツのように数千人の小規模なものにわけることができる。イギリスを四地域に区分した場合に、北アイルランドの平均人口は六万人強となるが、それでも人口からみればかなり規模の大きい基礎自治体ということになる。フランスやイタリアあるいはドイツの基礎自治体は、イギリスにおける後述の第三層の準自治体である地域自治組織であるパリッシュやコミュニティとほぼ類似した規模を持つものといえる。先進諸国の中で、基礎自治体の平均人口と平均面積の双方が日本をオーバーしているのは、イギリスおよびイギリスを区分した四つの地域だけである。

イギリスの基礎自治体の広域化は基本的に一層制を導いた。日本も人口からみた場合には大規模な基礎自治体を有する国家ということになるが、それでもイギリスの基礎自治体の平均人口の三分の一弱でしかない。イギリスはまさに極端に大規模な基礎自治体を持つ、先進諸国では例外の原則一層制の国家ということになる。ただし基礎自治体の広域化は住民と地方政府の関係を希薄なものにしやすい。イギリスではそうした弱点をカバーするために、パリッシュやコミュニティといった地域自治組織の設置を基礎自治体であるディストリクトに容認したのである。ただしイギリス地方自治制度の頻繁な改革は、イギリス国民に必ずしも快く受け入れられているわけではない。時の内閣の政策に対応する形で地方自治法が安易に改革されやすい傾向については強い批判もみられる。

イギリスの地方自治制度がかかえる問題点の一つとして、イギリス憲法が先進諸国のなかではただ一つの不文憲法であることをあげることができる。不文憲法には、条文がないためにその制定目的や意味内容を余分に熟考しなければならず、安易に改正はできない硬性憲法であるという判断と、逆に制約条件となる条文が存在しないことから、時代や社会環境などの変化に対応させる形で容易に改正

表1－1　各国の基礎自治体の規模 (4)

	面積(千km²)	人口(万人)	自治体数	平均面積	平均人口	日本との比較(倍率)				
日　　本	377, 829	12, 731. 0	3, 241	116. 1	39, 281	面　積	人　口	自治体数	平均面積	平均人口
アメリカ	9, 363, 520	28, 142. 0	19, 200	487. 7	14, 657	24. 8	2. 21	5. 92	4. 20	0. 29
イギリス	244, 000	5, 950. 0	433	563. 5	137, 413	0. 65	0. 47	0. 13	4. 85	3. 50
イングランド	130, 000	4, 980. 0	353	368. 3	141, 076	0. 35	0. 39	0. 11	3. 17	3. 59
ウェールズ	21, 000	290. 0	22	954. 5	131, 818	0. 05	0. 02	0. 01	8. 22	3. 36
スコットランド	79, 000	510. 0	32	2, 468. 8	159, 375	0. 20	0. 04	0. 01	21. 26	4. 06
北アイルランド	14, 000	170. 0	26	538. 5	65, 385	0. 04	0. 01	0. 01	4. 64	1. 66
フランス	551, 500	5, 962. 0	36, 551	15. 1	1, 631	1. 46	0. 47	11. 28	0. 13	0. 04
ドイツ	356, 733	8, 226. 0	14, 574	24. 5	5, 644	0. 94	0. 65	4. 50	0. 21	0. 14
イタリア	301, 268	5, 718. 7	8, 000	37. 7	7, 148	0. 80	0. 46	2. 46	0. 32	0. 19
スウェーデン	449, 964	883. 1	278	1, 618. 6	31, 766	1. 19	0. 07	0. 09	13. 94	0. 82
オランダ	40, 844	1, 545. 1	645	63. 3	23, 955	0. 11	0. 12	0. 20	0. 54	0. 62

- 日本の基礎的地方公共団体は2002 年の3218 市町村と23 区の合計3241 市区町村とした。人口は2001 年の1億2731 万人とした。
- 日本の数字は平成の大合併前のものである。
- 他国の数字は可能な限り2000 年のものを用いた。

ができる軟性憲法であるという判断まで、かなり幅のある評価が存在する。サッチャー内閣によってイギリス地方自治制度が頻繁に改革されたという事実は、イギリス憲法の軟性憲法としての性格が利用されたという傾向が強かったことを示している。このようにイギリスにおいて地方制度が頻繁に改革されるのは、不文憲法が軟性憲法と判断され、時代や社会環境の変化にあわせて地方自治制度が改革されてきたため、すなわちイギリスは成文憲法を持つ国家に比べて地方自治制度の保護が若干弱いといえる面を持っていたためといえる。これはある意味では不文憲法の問題点を典型的に示す事例ともいえる。

ただしブレア内閣は地方制度改革に先立ちヨーロッパ地方自治憲章に署名している。この憲章は地方自治に一定の役割を認めるものであり、イギリスの地方自治体が欧州連合（ＥＵ）の枠内である程度の位置づけを獲得したことを意味している(5)。欧州連合とイギリスの関係は、国内に大きな対立がありイギリスがユーロに参加していないことからもわかるように、微妙な問題を抱えている。ある程度政権交代が容易におこなわれてきたイギリスにおいて、こうした微妙な問題によって政権が交代すれば、欧州連合に対する政府の政策も大きく異なることが考えられ、地方分権の拡充を意図するブレアの政策が必ずしも継続されるとは限らないという可能性がある。

二一世紀に向けてイギリス政府の地方行政に対する政策が転換した背景には、表１―２や表１―３に整理されている、ガバメントからガバナンスへの移行という国家行政や地方行政を取り巻く環境の変化が認められる。この二つの表からもわかるように、二一世紀の地方制度は、古典的ガバメント論における国家を中心にした中央集権型の地方自治制度、すなわち規則や権限を通じた上下関係であるヒエラルヒーを前提とした公的部門中心の体制から、国家と市民社会という人間の集団生活の場を対象に、国家と地方自治体と市民社会の三つのセクターがネットワークの相互利用やパートナーシップの発揮などを通じてそれぞれの役割や任務を果たす体制への移行が求められている。その前提の一つが地方分権の推進、すなわち国と広域自治体や基礎自治体そして地域自治組織の間の権限委譲であり、国や地方自治体と個人や企業やＮＧＯやＮＰＯなどの間の明確な役割分担の確立である。

地域の実情に応じた自治の実現のための手段として、ブレア内閣が採用した広域的な単位が、旧王国のエリアであるイングランドとウェールズとスコットランドと北アイルランドである。ブレア内閣は最初にイングランド以外の三地域にそれぞれの広域議会を復活させた。その後イングランドには、イングランド内部を九つに区分して、グレーター・ロンドン・オーソリティ（ＧＬＡ）と八つの地域開発公社を設置した。このことからブレア内閣のイギリス地方自治制度改革の中心は、ヨーロッパ地方自治憲章に基づく自治権の尊重と、三つの広域議会やＧＬＡおよび地域開発公社の確立を通じた地域性の重視にある。このことはイングランド、ウェールズ、スコットランド、北アイルランドの四地域が、それぞれ独自の地方自治制度を確立し、地域の実情に応じた行政サービス実践の可能性を高めてきたことを意味している。

ブレア内閣による改革は一九九九年七月のスコットランド議会（Scottish Parliament）とウェールズ議会（National Assembly for Wales）の復活と、一二月の北アイルランド議会（Northern Ireland Assembly）の復活からはじめられた。ブレア内閣の広域議会の復活の目的を、初代スコットランド首相ドナルド・デューワ（労働党）は、日本での講演において「スコットランドが地域のニーズをみずから決定することは、公的な決定は適切なレベルでなされるべきであるというサブシディアリティ（Subsidiarity＝補完性）の原則の実践にほかならない(8)」として高く評価している。

補完性の原則は、一九七九年以来のイギリスの趨勢であるウルトラ・ヴァイレス（権限踰越）の法理とは大きく矛盾したものではあるが、イギリス政治においてはウェストミンスター（英国議会）から権限を剥奪し、広域自治体や基礎自治体にそれを委譲することを意味する用語として使われるようになったものである(9)。補完性の原則が、イギリス地方自治制度を三つの広域議会とグレーター・ロンドン・オーソリティと八つの地域開発公社の区域で構成される一二の広域自治体と、ユニタリィ・オーソリティ（統一自治体）を基礎自治体とする二層制を目的としているのか、それとも四つあるいは一二の地域による連邦制あるいは道州制への移行を目的としたものであるかは、今後の改革の推移を見守るしかない。いずれにしても国家という中央政府の役割を縮小させ、本来関係の強い地域に権限を配分すべきと考える、現在の行財政改革の理念に応じた改革をイギリスが実践していることは疑いない。

前述のようにイングランドでは、二〇〇〇年五月にロンドンにグレーター・ロンドン・オーソリティ（ＧＬＡ）がおかれ、市長と議員の選挙が実施された。このＧＬＡの市長はイギリス最初の公選市長である。ＧＬＡの職員数はわずか二五〇名であり、ロンドン全体

表1−2：ガバメントからガバナンスへ（焦点の推移）(6)

古典的ガバメント論	新しいガバナンス論
国家	国家と市民社会
公的部門	公的、私的、任意（第三）セクター
機構	過程
組織構造	政策、執行、成果
横並、規則	舵取り、権限付与
命令、統制、指揮	指導、便益供与、協働、交渉
上下関係と権威	ネットワークやパートナーシップ

表1−3：イギリス議会モデルと新しいイギリスのガバナンス(7)

イギリス議会モデル	新しいイギリスのガバナンス
単一国家	異なった特徴を持つ各政治主体
議会主権	権限移譲（地方分権）
内閣責任制	権限の委任
中央・地方関係	多元的なガバナンス
均一性、画一性	多様性、分断的
上下関係	パートナーシップ、ネットワーク、政府間連帯

の都市計画と経済開発戦略および治安を担当するが、企画や計画、区の調整を担うスタッフ的組織であることが特徴となっている(10)。

イングランドはロンドンを含む九つの地域に区分されており、全地域に特別地方公共団体としての地域開発公社（Regional Development Agencies, RDAs）が設置され、ロンドンを除く八地域には非公選の広域議会（regional chambers）が設置されている(11)。八地域の平均面積は一万六〇〇〇平方キロメートルで、日本の都道府県平均面積のおよそ二倍となっている。イングランドは統一されたイングランド議会を新設するのではなく、九つの広域議会を設置することを目標にしているものと考えられる。

3　イギリス地方自治体の規模

表1―1のように、イギリスの面積は二四万二〇〇〇平方キロメートルで、人口は五九五〇万人であり、面積は日本の三分の二弱であり人口は日本の二分の一弱である。イングランドの面積は一三万平方キロメートル（全国土の五四%）で、人口は四九八〇万人（全人口の八四%）であり、日本の四〇%弱の面積（これはほぼ北方領土を含む北海道と九州の面積の合計に等しい）に、四〇%弱の人口を有している。イングランドの九つの区域の平均面積は、後述のウェールズと北アイルランドの中間であり、岩手県の面積（日本で二番目）に兵庫県の人口（日本で八番目）が居住しているようなものとなっているのであり、日本の都道府県の平均と比較した場合かなり広い区域となっている。イングランドを一つの地域として考えると他の地域からみてかなり広い。しかし九つに分割すると、後述のスコットランド議会の管轄区域が飛びぬけて広いということになる。

スコットランドの面積は七万九〇〇〇平方キロメートル（全国土の三三%）で人口は五一〇万人（全人口の九%）となっており、日本の北海道より若干少ない面積に北海道より若干少ない人口が住んでいる。単純にいえば北海道とほぼ同じ程度の地域である。ウェールズの面積は二万一〇〇〇平方キロメートル（全国土の八%）で人口は二九〇万人（全人口の五%）となっており、日本でいえば四国とほぼ同じ面積に四国の九〇％強の人口が住んでいることになり、単純にいえば四国とほぼ同じ程度の地域である。北アイルランドの面積は一万四〇〇〇平方キロメートル（全国土の五％）で、人口は一七〇万人（全人口の二％）であり、福島県の面積（日本で五番目）に鹿児島県の人口（日本の二四番目）が居住しているようなものであり、日本の大きめの都道府県とほぼ類似したものといえる。

スコットランド議会は外交や国防などを除き、保健・医療、司法、教育、産業振興など広範な内政分野で立法権を持つほか、三％の範囲で所得税率の変更権も付与されており、かなり大きな自治権を有している。反面ウェールズ議会には幅広い裁量権が認められているが立法権や課税権は付与されていない。広域議会の性格の違いは広域議会設立に関する住民投票の結果にあらわれている。スコットランドでは住民の六〇・四％が投票に参加し、賛成が七四・三％で反対が二五・七％であった。他方ウェールズでは住民の五〇・三％しか投票に参加しておらず、賛成が五〇・三％で反対が四九・七％であった。また北アイルランドでは一九九八年の和平合意を受け、翌年一二月に自治政府が発足している[12]。こうした改革はイングランドにも影響を与え、上記の改革がはじめられたことに加えて、権限移譲や純粋な広域議会設置に向けた運動もはじまっている。

一九世紀のイギリスの地方自治制度いわゆる近代的地方自治制度の改革は、救貧行政の推進によって複雑化した地方自治政府を、行政の広域化を通じて整理統合しようとしたものであった。これは産業革命を通じて多様化した地域に、それぞれの特徴に応じた自治制度を設立することを目的としたものでもあった。改革の過程において、産業化や都市化があまり進展していなかった田園地域に対しては、それまで基礎自治体の構成単位であった集落などを単位として、ルーラル・パリッシュの設置を認めた。この改革は、産業化の進展にともなう社会構造の変化に行政機構を合わせようとしたものであり、原則として都市化の進展した地域には広域行政を推進させたが、例外的に田園地域には狭いエリアを対象とする地域自治組織の設置を認めている。

一九世紀の改革は、視点をかえれば立法国家から行政国家への移行過程における改革でもあった。救貧行政の推進はイギリスを福祉国家へ移行させる準備段階といえるものであった。二〇世紀前半の第一次世界大戦から世界大恐慌を経て第二次世界大戦に続く混乱は、イギリス政府に複雑な対応を迫ることになった。これは大きなしかも長期にわたる混乱期であったために、継続的な政策の実施は困難であったし、抜本的な制度や機構の改革も困難であった。第二次世界大戦が終わり落ち着きを取り戻したイギリスでは、保守党政府から労働党政府に政権が移行し、ベバリッジ・レポートの理念を前提にした大きな政府である福祉国家へ移行した。反面、大きな政府を標榜し積極的な福祉政策の実現を目的とした労働党政府の政策のもとでイギリス財政は徐々に悪化していった。第二次世界大戦後の世界的規模な高度経済成長は労働党の福祉政策を支えたが、低成長への移行や景気後退は福祉政策の見直しを含んだ構造改革を要求することになった。そうした流れの中でイギリスでは、労働党政府から保守党政府へと政権が交代し、地方自治制度も大きく改革されることになったのである。

こうした社会状況を背景に、保守党政府は広域化を通じた効率行政の推進を目標とする地方自治制度改革を実践した。基礎自治体の広域化をともなう二層制の地方自治制度は、世界にもまれな大規模基礎自治体をつくり上げた。保守党政府は広域行政を推進するとともに、ロンドン以外の地域には必要に応じて地域自治組織であるパリッシュやコミュニティの設置を認めた。また厳しい財政状況は国家と地方自治体に経費削減と効率化を共通の政策として実践することを要求した。サッチャー改革に新保守主義的で新自由主義的な傾向が認められるのも、新中央集権的手法がみられるのも、一面ではこうしたイギリス行財政の状況がもたらしたものといえる。

これに対して二一世紀に向けた改革の特徴は広域的な地域を中心とした分権化にあるといえる。それを担保するものがウェールズとスコットランドと北アイルランドにおける広域議会の設置と、イングランドにおけるグレーター・ロンドン・オーソリティと八つの地域開発公社の設置といえる。現行の地方自治制度からいえば原則一層制の実施ということになるが、イングランドの九つの地域とウェールズとスコットランドと北アイルランドの各区域は、日本と比較した場合には、面積の広い都道府県と類似した規模の広域的な地域ということになる。この一二の地域に対する権限委譲や分権の程度によって、前述のように連邦制に近いものになるか、それとも道州制に近いものになるか、あるいはかなり規模は拡大するがこれまでの二層制に近いものになるのかが決まることになる。

より広域化した区域ごとに独自性の強い分権型の制度が展開されれば、イギリスの基礎自治体の性格や役割もそれぞれ大きく異なったものになる可能性がある。基礎自治体が今後より広域化したものに統合されていくかは不明であるが、ＥＵの影響もあり、かなり独自性の強いものになることが考えられる。そうした傾向は地域自治組織であるパリッシュやコミュニティあるいはタウンなどにも大きな影響を与えるものと思われる。

高齢化社会の到来は地域福祉の重要性と行政の効率化の双方の必要性を高める。各年代の者達が相互に関係を持ちながら地域社会で生活することが余儀なくされるとともに、広域化による効率的な行政の推進も要求されることになる。そうしたことを前提にした場合、ヨーロッパ大陸諸国ではコミュニティを前提に基礎自治体を設置していることから、効率行政の推進のためには広域自治体に権限を委譲する必要がでてくる。他方、イギリスのように基礎自治体の広域化を推進すれば、逆に地域自治組織の権限をある程度拡大していく必要性がでてくる。現在道州制や市町村合併による広域化が政治課題となっている日本では、イギリスのように地域自治組織をどのような形で設立させるか、そしてそこにはどの程度の権限を付与していくかが今後大きな課題になることは間違いない。そうした意味でイギリスのパリッシュやコミュニティやタウンなどのあり方や改革の方向性は、今後の日本の地方自治制度のあり方にも大きな影響を与えるものと考えられる。

註

(1) 本書では日本人の慣行に従い、連合王国をイギリスと呼び、イギリスの四地域についてはそれぞれイングランド、ウェールズ、スコットランド、北アイルランドとした。

(2) 一九七四年の地方自治制度改革の影響の大きさについては、「一九世紀末から続いてきた旧来の地方自治制度を大幅に改正したもので、いわば市町村合併と府県合併と境界変更を、事務配分も含めて同時に行った」ものであるとする評価もみられる（内貴滋著『イギリス地方行政事情』財団法人自治総合センター、平成二年、二四頁）。

(3) イギリスの第二次世界大戦後の地方自治制度の改革の歴史については、Robert Leach and Janie Percy-Smith, "*LOCAL GOVERNANCE IN BRITAIN*", Palgrav

e, 2001, p.p. 60-64. を参照した。

（4）　各国の地方制度の特徴および名称や数については、妹尾克敏著『地方自治法の解説』（新訂版）一橋出版・一九九二年、市町村合併研究会編『市町村合併特例法』ぎょうせい・一九九七年、藤岡順一・自治体問題研究所編『特集　海外の地方分権事情』（地域と自治体二三）自治体研究社・一九九五年、財団法人自治体国際化協会編『地方自治：国際的視点から』自治体国際化協会・一九九一年、財団法人自治体国際化協会ロンドン事務所編『英国の地方自治入門』自治体国際化協会ロンドン事務所・一九九三年、横田光雄著「イギリス労働党政権の新地方自治政策」『機関委任事務と地方自治』日本地方自治学会・一九九七年、竹下譲著「イギリスにおけるコミュニティの機能」『都市問題』・第八九巻第六号・一九九八年六月号、Leach & Smith, *ibid.*, p.63, Table 3.1(b). 等を参照して作成した。なお表の人口と面積に関しては国立社会保険・人口問題研究所編『人口の動向　日本と世界』（人口統計資料集一九九七）一七頁の「一九九五年の推計人口」と「面積」を利用した。ただしイギリスに関しては四つの地域の人口統計の必要から一九九二年の実数を用いたものに、B. Guy Peters, "*The Politics of Bureaucracy*", Routledge, 2000, p.138, Table 4.1. を追加した。

（5）　大和田健太郎著「変革期を迎えた英国の地方自治」分権・自治ジャーナリストの会編『英国の地方分権改革』日本評論社、二〇〇〇年、三頁参照。

（6）　Leach & Smith, *ibid.* p.5, Table 1.1.

（7）　Leach & Smith, *ibid.* p.7, Table 1.2.

（8）　大和田、前掲書、二―三頁。

（9）　John Kingdom, "*Government and Politics in Britain*", Polity Press, 1999, p.118.

（10）　http://www.village.intoweb.ne.jp/fwhz3669/england/114-2.htm. これまでイギリスは公選の首長をおかず、カウンシル議員が委員会委員として行政各部門をコントロールする委員会制度で地方自治行政を実践してきたのである。それゆえＧＬＡの市長公選ははじめてのケースであり、今後のイギリス行政改革の一つの方向性を示したものといえる。

（11）　http:www.nippon-net.ne.jp/HTML_J/FORUM/SP_JIMU/151_3/INDEX.HTM.

（12）　http://www.aitech.ac.jp/~yoshiga/WALES/WALES.html と http://www01.u-page.so-net.ne.jp/ba2/hukushi/uk/england.html を参照し整理した。

第二章　イングランドとウェールズの社会と地方自治制度改革の歴史

1　古典的混乱期のイングランドとウェールズの社会と地方自治制度

イングランドとウェールズの地方自治制度を歴史的にみていくと表２―１のように整理できる。表２―１からもわかるように、イングランドとウェールズの地方自治制度が一定の形をとるのは、一〇六六年のノルマン・コンクェスト（ノルマンの征服）以降、すなわちイギリスが中世に入ってからのことである。それ以前のイギリス古代史をみると、紀元前から紀元四一〇年までの時期はローマ軍の侵入と支配があり、四四九年からはアングロ・サクソン族の侵入と征服および定住がみられた。また八〇〇年頃からのデーン人の侵入と一〇一六年から一〇四二年にかけた征服と支配があった。このように古代のイギリスでは異民族の侵入と支配と定着が繰り返されてきた。それゆえノルマン・コンクェスト以前の時期を「古典的混乱期」という。古典的混乱期に繰り返された外部からの侵略の圧力と征服は、イギリスの地方自治制度に強い影響を与えていたのである。

古典的混乱期の初期に、イギリス地方自治制度確立と地方自治行政の内容に大きな影響を与えたものは、ローマ軍の侵入と支配およびキリスト教の伝来であった。ローマは三度世界を征服したといわれている。その第一のものが武力による大帝国の建設、すなわち武力による支配である。第二のものがローマ法と呼ばれる実定法中心の法制度を確立し、支配地域に定着させたこと、すなわち法制度による支配である。ローマは大帝国を建国したことから、人種・言語・文化・慣習などの異なる多民族を内部に抱えることになり、共通の社会規範としての成文法の制定が要求された。その結果、慣習法を前提とするゲルマン法が発達していたヨーロッパ大陸諸国は、現在大陸法と呼ばれる実定法を前提とするローマ法の影響下に入ったのである。第三のものがキリスト教を伝播し支配地域に定着させたこと、すなわち共通の神を通じた精神的な支配である。

表２−１　イングランドとウェールズの地方自治体の変化と関連法律の内容(1)

アングロ・サクソン時代	シャイアー　バラ(城市)ハンドレッド(19世紀まで存在)　タウンシップ(タウン、タイジング、ビル)　(ロンドン)
8世紀頃	↓(名称変更)　↓　パリッシュ
1066年　ノルマンの征服	カウンティ　(憲章により独立)　パリッシュ=マナー(荘園)
1282年　ウェールズ併合	↓　↓　↓
1550年以前	カウンティ　バラ(城市)　パリッシュ
1555年　道路法	↓　(交通路行政)
1601年　救貧法	(救貧行政監督)　(救貧行政)
1700年　複数の法律	(救貧行政の法人格の獲得)
1834年　救貧修正法	↓　→救貧委員会
1835年　市町村法	(都市自治体化)
1855年　メトロポリタン管理法	メトロポリタン ボード・オブ・ワーク
1882年　市町村法	↓　(合併)　↓
1888年　地方自治法(広域自治体の確立)	カウンティ・カウンシル　カウンティ・バラ・カウンシル　ロンドン・カウンティ・カウンシル
1894年　地方自治法(基礎自治体の確立)	ノン・カウンティ・バラ　アーバン・ディストリクト　ルーラル・ディストリクト　行政(ルーラル)パリッシュ
1899年　ロンドン・メトロポリタン・バラ法	ロンドン・メトロポリタン・バラ(大都市自治体)
1902年　教育法	(学校委員会廃止)
1925年　税評価および資産評価法	(民政委員の廃止)
1929年　地方自治法	廃止
1933年　地方自治法	ルーラル・パリッシュ(準自治体)
1963年　ロンドン自治法(ロンドンにおける二層制自治体制度の確立)　地方自治(財政支出)法	(地方自治体に法定事務以外の事務に1ポンドにつき1ペンスの率の支出容認…パリッシュなどは5分の1ペニー)　グレーター・ロンドン・カウンシル　ロンドン・バラ　シティ・オブ・ロンドン
1972年　地方自治法(二層制の地方自治体制度の確立と準自治体の都市部への設定の容認)	メトロポリタン カウンティ カウンシル　ノン・メトロポリタン カウンティ カウンシル　メトロポリタン ディストリクト カウンシル　ノン・メトロポリタン ディストリクト カウンシル　パリッシュ カウンシル　コミュニティ カウンシル(一部はミーティング)　↓(自由な2ペンス=パリッシュおよびコミュニティ・カウンシルの最高支出限度額の撤廃)
1985年　地方自治法	廃止　廃止
1988年　地方自治(財政支出)法	(地方税制度の抜本的な改革の実施=コミュニティ・チャージ導入…自由な2ペンスは1990年より住民一人あたり35ペンスに修正)
1994年　地方自治法　地方自治(ウェールズ)法	ユニタリィ・オーソリティ(*1)　(復活)
1998年　地方自治法	↓
2000年　地方自治法	ノン・メトロポリタン カウンティ カウンシル(広域自治体)　メトロポリタン ディストリクト カウンシル(一層制基礎自治体)　ユニタリー・オーソリティ カウンシル(一層制基礎自治体)　ノン・メトロポリタン ディストリクト カウンシル(基礎自治体)　パリッシュ カウンシル　コミュニティ カウンシル(一部はミーティング)(近隣自治体・準自治体)　グレーター・ロンドン・オーソリティ 地域開発公社　ロンドン・バラ シティ・オブ・ロンドン

*1：ユニタリィ・オーソリティ（統一自治体：UA）はイングランドの一部の基礎自治体とウェールズのすべての基礎自治体（22）に設置された。

スコットランドに関しては1994年11月に「スコットランド地方自治体等に関する法律」が制定され、1996年４月１日より全地域に32のユニタリィ・オーソリティが配置された。

EUの地域主義に沿うかたちで1999年７月にスコットランド議会とウェールズ議会が、12月には北アイルランド議会が設置されている。

イングランドでは地域を９に区分し、グレーター・ロンドン・オーソリティと８つの地域開発公社と地域会議（非公選）が設置されている。

ローマ軍は侵入した地域にある程度の広さを持った道路を建設した。ローマ軍の侵入の結果、イギリスでも道路網が発達し、道路の整備や維持がその後の国家行政や地方自治行政の主要な任務の一つとなった。ローマ法はイギリスには定着しなかった。ローマ軍撤退後のイギリスには、ゲルマン民族の一部族であるアングロ族とサクソン族が侵入し、彼らは慣習法を前提とするゲルマン法をイギリスに持ち込んだ。これが英米法の起源となったものであり、ドイツ法がローマ法の影響を受け、英米法がゲルマン法の影響を受けていることは歴史の皮肉といえるのかもしれない。

イギリスにキリスト教が伝わった時代はそれぞれの地域によって異なっている。詳細は第四章で述べるが、四三二年に聖パトリックがアイルランドにキリスト教を伝道したのが最初とされる。スコットランドには五六三年に聖コルンバがキリスト教を伝道したとされている。イングランドにキリスト教が最初に伝わったのは、五七九年に聖アウグスティヌスが時のローマ教皇グレゴリウス一世（Gregory I、在位五九〇—六〇四年）によって派遣された時である。アウグスティヌスはカンタベリーに教会を建立し六〇一年に初代大司教となっている。キリスト教の伝来からも当時のイギリスが一つの国家ではなかったことがわかる。

キリスト教がイングランドに伝わるのはローマ軍がイギリスから去った後のことである。軍備力という背景がなくても、キリスト教がイングランドに大きな影響を与えていることは、イングランドにおいてラテン語が公用語となったことからも推測される。イギリスがキリスト教の影響下にある普遍社会を意味するヨーロッパの一員であることや、時代はかなり後のことになるが、イギリス国教会の確立やピューリタン革命あるいはプリグリム・ファーザース（ピューリタンの一派である長老派）のアメリカ移住といった事件からも、キリスト教がイギリスに大きな影響を与えてきたことがわかる。キリスト教の伝来とともにパリッシュという言葉も伝わってきた。パリッシュは一人の司祭が担当する教会の管轄区域の呼称であったが、パリッシュはキリスト教の定着とともに、八世紀頃から社会目的のための活動単位として、一種の行政機関ともいえる役割も果たしていったのである(2)。

古典的混乱期におけるイングランドとウェールズを中心としたイギリスの地方自治制度には、表2—1のように、現在の広域自治体に相当するシャイアーと、基礎自治体に相当するバラやハンドレッド、地域自治組織に相当するタウンシップまたはタウンやタイジングあるいはビルなどがあった。シャイアーは現在のシャーの語源であり、現在でもヨークシャーやランカシャーといった、広域自治体であるカウンティの呼称の一つとして用いられている。「ハンドレッドはノルマン征服以前のイングランドのタウンシップの集合体であり、通常、ハンドレッドあるいはワッペンテイクと呼ばれていた。北部ではウォード、ケントではレース、そしてサセックスではレイプ（ロープで区切られた地域の意(3)）」と呼ばれていた。

シャイアー（shire＝州）は、各種族の首長、豪族に由来するエアルダーマン（伯）たちの管轄圏をさす自生的な起源を持つものと、八七一年に即位したアルフレッド王が各地に散在していた王領地の管理のためにおいた王の代官の行政管轄圏のうち、王政の発展にそって王領都市中心に次第に拡大していった領域の名称として定着したものがある。他方ハンドレッド（郡）は、ゲルマン民族の自生的な種族共同体の単位である一〇〇世帯あるいは一〇〇ハイズ（アングロ・サクソンの土地の測定単位を意味する用語）が、シャイアーの下部組織として定着したものである(4)。

「ハンドレッドはシャイアーを区分して設置されたものである。ハンドレッドが設置された理由は不明であるが、それはアングロ・サクソンの侵略者たちの一〇〇戸の世帯が定住した区域、あるいは土地の一〇〇ハイズの区域を構成するもの(5)」を意味した。ハンドレッドは一九世紀まで存在した。タウンシップは、「イングランドにおいて、一般的に地方行政上の単位構成の歴史からいえば、パリッシュと表裏一体をなすもの(6)」であった。このことは、タウンシップを基礎に教会が設置され、同一地域にタウンシップとパリッシュの双方が存在していたことがわかる。八世紀頃からタウンシップよりパリッシュの呼称が定着していることは、キリスト教の信仰が広まり、宗教上の言葉であるパリッシュのほうが好まれたことを意味している。このことは、イングランドやウェールズにおいてキリスト教がこの当時かなり普及していたことを物語っている。

2　中世のイングランドとウェールズの社会と地方自治制度

中世のイギリスの地方自治制度、とくにイングランドとウェールズにおける地方自治制度は、ノルマンの征服後の改革を通じて確立された。ノルマンがイギリスに定着させた荘園制度は分権的な地方制度を形成した。「中世において、バラの外縁部で最も勢力を持っていた地方行政上の単位は荘園であった(7)」との説明は、分権的政治体制をとる中世において、バラが憲章によって独立性を保つことが認められ、そのバラの周辺において地域行政の中心となっていたものが荘園であったことを示している。

西欧社会の荘園は、ローマのコロヌス制度とゲルマン社会の地主制度に由来するものである。荘園は社会の混乱のために農民が有力な大土地所有者に土地を寄進し、彼の庇護の下に入ったことによって成立した。大土地所有者は荘園領主すなわち封建諸侯として支配地を管理した。荘園の中央には荘園庁すなわち封建領主の居住地でもある城があり、城を囲んで農家や菜園が続いていた。周辺には耕作地や牧草地や森林などの共同用益地があり、全体で小規模国家としての共同社会を形成していた。荘園が発達したのは八世紀から九世紀のことである(8)。

荘園がその内部に教会を持っていたことは、荘園の範囲と教会の管轄領域が重複していることを示しているだけではなく、タウンシップと荘園の間にある種の関連が認められることを意味している。荘園のシンボルは地域領主の居城と教会である。城は地域行政機構の象徴でありその領域が荘園であったとすれば、教会は弱者救済などのサービス提供の主体でありその管轄領域がパリッシュである。古典的混乱期におけるキリスト教伝来以降のタウンシップとパリッシュの関係が、中世においては荘園とパリッシュの関係にかわったのである。

ノルマン征服以降、イングランドの広域的地域団体の呼称はシャイアーからカウンティにかわっていった。シャイアーはアングロ・サクソン時代のイングランドにおける一部の王国だけではあったが、防衛上の地域区分の呼称として用いられていた伝統的な用語であった。カウンティの語源はローマ帝国のカウント（伯爵）である。ノルマン征服によってイギリスにローマ帝国の支配を受けたフランスの影響が伝わり、シャイアーは徐々にカウンティと呼ばれるようになった[9]。ハンドレッドも徐々にバラとよばれるようになった。ハンドレッドのなかで要塞化し、内部に市場を抱えたところのアングロ・サクソン時代の地域がバラと呼ばれるようになったのである。

バラはカウンティのシェリフの許可を通じて特別な義務や特権そして裁判制度を有していたものの呼称に由来する。バラはノルマンの征服以降、各王や貴族の与えた憲章により、他の区域から分離され独立性を強めていった。バラは明確な特権を持つ団体として、あるいはその領域内の慣習記録集によれば、しばしば体系化された慣習法による個別的な団体として発達していった[10]。このようにバラは、アングロ・サクソン時代から存在した地域の呼称であったが、ノルマン征服以降に徐々に特権的な地位を占めるようになっていった地域団体の呼称として用いられるようになったものである。

荘園は、「一四世紀とその後の経済的な変化や治安判事の権限の強化や、タウンの発達や教区会の活動の活発化といったものの影響を受けて、地方政治における重要性を喪失[11]」していくことになった。確かに「荘園は中世後期には地方政府であった。しかし荘園は法律用語としても、また私有地の管理といった点においても、あまりにも特殊化されるようになったことから、村落と表裏一体なものであったにもかかわらず、行政の新しい要求に対して適応することが不可能[12]」になった。他方「パリッシュの機構は、荘園のように特殊化されたものと同様なものではなかったことから、それまで予測することができなかった方向にむかって、広範に発展していく能力を内在[13]」していた。その結果パリッシュは、荘園が時代の変化に適応できず、地方政治の担当機関として不適格となったことから、荘園にかわってその機能を担当するようになった。中世から近世への移行期において、地方自治の主体も荘園からパリッシュに移行していったのである。

このように荘園が内部変革を実現できずに崩壊をはじめていくのは一二世紀から一三世紀のことである。その主要な要因となったものが貨幣経済の発達である。貨幣経済の発展は生産力の拡大と消費の拡大そして市場の拡大を進行させた。一二世紀は西洋社会全般に大きな生産革命が起こった時代である。この時期には、「農機具が改良されて、鉄の鋤べらのついた強い耕耘力を持った犂が普及し、また水車が普及して粉挽き場が一段と数をまし、織物工業にも水力が利用されてゆくこととなる。……略……こうした生産革命、農業革命の進行により、それだけ扶養できる人口も増加し、一三世紀は顕著な人口増加の見られる世紀となった。ドゥームズデイ・ブック時代、二〇〇万人の人口が一三世紀にはほぼ四〇〇万人に倍増した[14]」といわれているほどの変化がみられたのである。

また、王族や貴族のあるいは王の代官たちの城や司教が管理する大規模教会などを中心に、城下町や門前町といった都市が発達し、消費や経済圏域を拡大させたことなどから貨幣経済が発達していった。生産力の向上は自給自足型の経済を崩壊させ、市場販売を目的とする生産を進展させ、さらに貨幣経済を発展させていった。貨幣経済は賦役の金納化や直営地の貸与をもたらした。直営地の貸与が一部の農奴を自作農へ転化させ、中世の身分制支配を緩めるようになった。貨幣経済を通じて消費地である都市の力が強まり、生産地である荘園の社会的な地位は相対的に低下していった[15]。この結果荘園は地方自治体としての地位を徐々に喪失していくことになったのである。

3　近世のイングランドとウェールズの社会と地方自治制度

歴史を経済発展の諸段階でとらえた場合、そこには「前近代的経済発展と、近代への転換期と、そして近代的経済発展[16]」という三つの段階が考えられる。これは人類の歴史を原始社会と農業社会と産業社会の三期に分けて考えようとするものであり、農業社会が古代と中世であり、農業社会から産業社会への移行期が近世であり、産業革命以降の社会が近代と現代ということになる。すなわちノルマン征服によって確立されたイギリスの中世封建社会は、荘園からパリッシュに地域行政の主体が移行しはじめた頃から近世絶対主義王政の確立に向けて脱皮をはじめていたのである。

近代への転換点については多くの解釈が存在する。I・ウォーラステインは転換期に対する歴史理論は、一五〇〇年頃、一六五〇年頃、一八〇〇年頃の三つに要約されるとしている。ウォーラステインは、「一五〇〇年頃を転換点とみなすのは、他の形態の経済とは異なる、資本主義的『世界システム』の成立を重視する人々の理論によるものである。また一六五〇年頃というのは最初の『資本主義国家（イギリスとオランダ）』の出現や、デカルトやライプニッツ、スピノザ、ニュートン、ロックなど、『近代』の鍵をなすと考えられた思想の出現にポイントをおく立場の人々の主張である。一八〇〇年頃というのは歴史の決定的な転換点として工業化を強調する立場からのものである(17)。」と述べている。

近代を産業革命期以降と考えるならば、近世から近代への転換期は一八〇〇年頃ということになる。それゆえ一五〇〇年頃と一六五〇年頃の時期は、イギリスが中世から近世への転換を迎えた時期ということになる。一四八五年のバラ戦争後のチューダー朝の成立は、一五〇〇年頃の変革の典型的な事例であり、封建制から絶対主義への移行がはじまるための象徴的な出来事といえる。経済的には一六世紀は最初の囲い込みがおこなわれた時期である。イギリスの近世は囲い込みにはじまる貧困者への対応に追われはじめる時期ともいえる。また一六四二年のピューリタン革命は、一六五〇年前後のイギリスにおける最大の歴史的事件である。ピューリタン革命は一六八八年の名誉革命とあわせて、イギリスが近世から近代への転換期に生じた大事件である。

近代は近代市民革命を通じた近代民主政治への移行と産業革命の進展によってもたらされた。近代市民革命による民主政治の先進国とされるイギリスでは、政治的な近代化すなわち民主化と、経済的な近代化すなわち産業革命および資本主義経済の確立の間にかなり時間的なずれがみられる。「たとえばトインビーは蒸気機関や紡績機の発明や新しい金属加工などの技術が発生した一七六〇年頃を産業革命の始期とした。政治的には一七六〇年はジョージ三世（一七六〇～一八二〇年）の即位の年であった。終期についても人によってさまざまであるが、ジョージ四世（一八二〇～一八三〇年）の退位の年である一八三〇年に設定することが多い。したがってここでは便宜的に一七六〇年から一八三〇年までを産業革命の時代（数字は筆者が漢数字に変換した）(18)」と一般的には考えられている。このことからいえば一八〇〇年はイギリス産業革命の中心的な時期となる。このように近代市民革命から産業革命期の間の一〇〇年ほどの期間が、イギリスを特殊な発展経過をもった国家にしたのである。

当時のイギリスの人口分布をみると、一五二〇年代のウェストミンスターを含むロンドンの住民はほぼ五万人から六万人で、イギリスの総人口の約二%を占めていた。その当時のノリッジの人口は一万人から一万二〇〇〇人、ブリストルの人口は九五〇〇人から一万人であって、その他の都市の人口は一万人以下であった。人口がイギリス全土にある程度分散していたのである。その後ロンドン住民は一六〇〇年に約二〇万人でイギリス総人口の約五%となり、一六五〇年には約四〇万人に増加しイギリスにおける総人口の約八%を占めた。ロンドンの人口はその後も増加し続け、一七〇〇年にはほぼ五七万五〇〇〇人となり総人口の約一一%を占めるまでになった。二〇〇年弱でほぼ一二倍に増加したのである。一七〇〇年のノリッジの住民が約三万人であり、ブリストルは約二万人であり、他は一万人台かそれ以下であることから、ロンドンへの人口の集中の激しさがうかがいしれる。こうした動きによってロンドンは東ヨーロッパ最大の都市であるコンスタンティノープルにつぐ、当時の西ヨーロッパ最大の都市となったのである[19]。この時代にイギリスの貨幣経済はさらに発達したのである。

転換期のイングランドでは地域社会や人々の日常生活が大きくかわっていった。一方では一六〇〇年前後にエリザベス救貧法が制定されるほど貧富の差が拡大したことも事実であるが、他方では生活が豊かになっていったことも事実である。一七世紀の終わりまでに「市民革命」を完了し、「資本主義的発展の面では時期的にも他のヨーロッパ諸国に先がけ、かつ経済発展のもっとも典型的に展開された、いわば近代資本主義の先進国であった[20]」との言葉が示すように、イングランドは世界の先進国であった。イングランドは、「一五三〇年にはイングランドの大多数の男女は農村の家（多くは泥の小屋）に住んではいたが、経済的にはほぼ自立（自給自足）していた。ただし彼らはなめし皮の服を着て、木皿にのせた黒パンを食べ、フォークやハンカチは使っていなかった。一七八〇年にはイングランドは工場制によって転換しつつあった。煉瓦の家や綿織物の着物や白パンや皿やナイフなどが下級階層にも用いられるようになっていた[21]」という変化を経験した最初の国であった。

転換期における社会的変動の中で顕著なものの一つにロンドンの発展がある。ロンドンはチューダー朝からステュアート朝にかけていちじるしく膨脹している。「一六世紀初頭にはわずか四万程度の人口にすぎなかったロンドンは、この世紀に急激な成長を示して、エリザベス女王の治世の末年には、二〇万の人口を要する巨大都市に発展して、ノリッジ、ブリストルがかろうじて人口一万をこえるような状態にあったほかの地方都市にたいして、まさに圧倒的な優位を誇る(22)」ようになっていたのである。その理由として第一に、ロンドンが国家的な統一を強力に推進しつつあった絶対王政の宮廷の所在地すなわち首都であり、そこには政府の行政機関も、また各種の裁判所も、それに議会も存在したことがあげられる。第二に宗教改革にともなって実施されたところの修道院の解散があげられる。第三のこれが最大の要因なのであるが、ロンドンが政治や行政や司法の中心ばかりではなく経済の中心としての巨大な姿をあらわしてきたことがあげられる(23)。修道院の跡地は都市の近代化のために活用されたのである。

こうした歴史的な経過の中で、チューダー王朝はイギリス型の絶対主義王政を確立し、イングランドの地方自治制度を封建的な地方分権制から中央集権制に転換させた。手工業を通じた産業の発達は流通経済を成長させ、物流のための社会的インフラである交通路の維持や整備や建設の必要性を高めた。手工業を通じた産業の発達過程で推進された囲い込み運動は、貧困者の激増という大きな社会問題を生み出し、国家に救貧行政の推進を要求するようになった。こうした道路の維持や整備だけではなく救貧行政の主体となったものはパリッシュであった。チューダー朝に入り新しい行政需要に対応する地方制度の整備と拡充が必要となった。しかし地方団体の呼称はノルマン征服後のカウンティとバラとパリッシュがそのまま用いられ、それはほぼ一九世紀初期まで継続されたのである。そのなかで地方行政の中心となったものはパリッシュであった。

4　産業革命期以降のイングランドとウェールズの社会と地方自治制度

産業革命は都市の発達をうながし、自治制度の改革を余儀なくさせた。そこに登場したものが一九世紀の一連の改革である。一八三五年市町村法は都市化の進展したバラの自治体化を推進した。ついで一八五五年メトロポリタン管理法はロンドンの地域機構としてメトロポリタン・ボード・オブ・ワークを創設し、ロンドンに独自の自治制度を認める政策をスタートさせた。ついで一八八八年地方自治法はカウンティ・カウンシル、カウンティ・バラ・カウンシル、ロンドン・カウンティ・カウンシルといった、大都市や地方都市にカウンシルを設置することによって自治権を付与した(24)。さらに一八九四年地方自治法は基礎自治体を整理し、ノン・カウンティ・バラ、アーバン・ディストリクト、ルーラル・ディストリクト、行政（ルーラル）パリッシュとし、そこに自治権を付与した一八九九年ロンドン・メトロポリタン・バラ法は、ロンドン自治体の呼称をロンドン・メトロポリタン・バラ（大都市自治体）に変更し、首都に独自の自治制度を施行していることを強調した。

この一九世紀末のイングランドとウェールズの地方自治制度に対する一連の改革において脚光を浴びることになったものの一つがパリッシュである。一五五五年の道路法によって道路の維持管理権限が付与され、一六〇一年のいわゆるエリザベス救貧法で救貧行政の実施主体とされたパリッシュは、当時は地方行政の中心団体であった。しかし貨幣経済から産業革命へと続く経済発展が、人々の日常生活圏を拡大していったことから、一八世紀末から一九世紀初頭にかけてパリッシュは、小規模自治体ゆえに救貧行政の実施主体であることが困難になり、共同処理機構としての救貧委員会を設置することによって、地方行政の中心主体の座をバラに譲った。こうしたパリッシュを地方行政の主体の一つとして復活させたものが一八九四年地方自治法であった。

一九世紀は、イギリス地方自治制度のみならずイギリスの社会情勢や政治制度にとって近代化への大転換期であった。一九世紀の歴史を概観すれば、一八〇一年のグレート・ブリテンおよびアイルランド連合王国の成立、一八一一年から一七年に発生した産業革命期の機械打壊し運動であるラッダイト運動、一八二五年の労働組合の認可とストックトンとダーリントン間の最初の鉄道の敷設、一八三二年の第一次選挙法改正、一八三七年のヴィクトリア女王の即位（彼女の在位は一九〇一年までであり彼女こそイギリスの一九世紀を飾る女性である）、さらに一八四二年のチャーティスト運動（人民憲章運動）、一八六七年の第二次選挙法改正、一八七〇年の普通教育制度を確立した教育法の制定、一八七一年と一八七六年の二次にわたる労働組合法の制定、そして一八八三年のフェビアン協会の創設、一八八四年の第三次選挙法改正、一八八七年のイギリス労働党の創設といった一連の政治的社会的改革があり、その後の一八八八年と一八九四年に地方自治法が改正されるという流れがみられた。

まさに一九世紀は、「代表民主政治の大原則が完全に地方に適用されるとともに、それは一八九四年地方自治法を頂点とする、一連の措置によって揺るぎないものになっていった。少なくともイングランドにおいて民主政治に関する理念の勝利に対するトクビルの予言は一九世紀が終わる前に実現された[25]」といわれるほどの時期であった。すなわち、民主的地方行政の開始期ということができる時期であった。一九世紀の自治制度改革の背景には、一八〇一年から一八八一年の間にイングランドとウェールズの人口が八八九万三〇〇〇人から二五九七万四〇〇〇人へとほぼ三倍の伸びをみせたという事実がある。人口増と人口の都市集中がアーバン・エリアとルーラル・エリアの性格を大きく異なったものにした。またアーバン・エリアを大都市地域と中小都市に分離させ、その性格に応じた地方自治体の設置を要求した。こうした状況に合わせて一連の改革が実践されたのである[26]。

二〇世紀当初の改革の代表的な例として、一九〇二年教育法による行政（ルーラル）パリッシュの学校委員会の廃止、一九二五年税評価および資産評価法による行政（ルーラル）パリッシュ民生委員会の廃止、そして一九二九年地方自治法による救貧委員会の廃止をあげることができる。それにもかかわらず、こうした流れを受けて制定された一九三三年地方自治法は、ルーラル・パリッシュを第三層の地域自治組織に移行させた程度の改革しか実施しなかった。一八九四年から一九七二年の間には、植民地戦争から第一次世界大戦、世界大恐慌、そして第二次世界大戦があり、その後のベバリッジ・レポートの趣旨を実現する形で福祉国家の確立がめざされ中央集権化が進行した。それゆえ現代型地方自治制度の確立が要求されていたが、改革は一部の手直しにとどまった。

近代的な自治制度を現代的な自治制度に改革したものは第二次世界大戦後の一連の改革である。その最初のものは一九六三年の改革である。同年のロンドン自治法は、ロンドンの地方行政機構を、広域自治体であるグレーター・ロンドン・カウンシルと基礎自治体であるロンドン・バラとシティ・オブ・ロンドンの二層制に移行させた。また地方自治（財政支出）法では、地方自治体に法定事務以外の事務に一ポンドにつき一ペンスの率の支出を容認した。パリッシュなどは五分の一ペニーではあったが、とにかく地方自治体などに一定の率での自由な支出を認めることで自治の拡大をはかった。その後、労働党はイングランドの地方行政に関するレドクリフ・モード委員会を設置し、原則として一層制、三つの大都市部だけは二層制の広域化された地方自治制度を提案し、二層制を主張する保守党と対立した。

総選挙で勝利を収めた保守党は、選挙公約として掲げた二層制の実現を目的として、一九七二年地方自治法を制定した。同法はイングランドとウェールズの地方をロンドン・エリアとメトロポリタン・エリアそしてノン・メトロポリタン・エリアに区分し、一九六三年地方自治法で改革が実施されていたロンドン・エリアと同様に、各エリアにカウンティ・カウンシルとディストリクト・カウンシルを設置し、全エリアを二層制にする改革を実現した。この際に基礎自治体を広域化したことから、ノン・メトロポリタン・エリアにはパリッシュ・カウンシルなどの地域自治組織の設置を義務づけ、メトロポリタン・エリアには任意設置を認めた。

サッチャー内閣は、一九八五年地方自治法によってグレーター・ロンドン・カウンシルとメトロポリタン・カウンティ・カウンシルを廃止し、大都市圏域だけではあったがディストリクト・カウンシルのみの一層制に移行させた。メージャー内閣は一九九四年地方自治（ウェールズ）法を制定し、ウェールズの地方自治体を一層制のユニタリィ・オーソリティ（統一自治体）へ移行させた。またイングランドのノン・メトロポリタン・エリアの一部でも、一層制のユニタリィ・オーソリティ制度を採用する地域が生まれてきている。労働党のブレア内閣は一九九八年地方自治法によって、イングランドの地方自治制度を原則一層制へ移行させる改革を実施している。サッチャーからブレアに続く改革にはかなり時間的なずれや、サッチャーは都市部のみの一層制を、メージャーは農村部を含むイギリス全域の一層制をめざし、ブレアがそれをほぼ完成させたという違いがみられるが、結果的にはイギリスの地方自治制度を原則一層制に移行させた点では一連の流れのなかにあるものといえる。また二〇〇〇年地方自治法は、強制はしていないものの地方政府機構の委員会制から首長制（大統領制）や議院内閣制などへの移行を求めている。

註

（1） Sir Harry Page, MA (Admin.) IPFA, "*Local Authority Borrowing—Past, Present and Future—*" George Allen & Unwin Ltd, p.p. 32–33. を軸に、Robe rt Leach and Janie Perch-Smith, “*LOCAL GOVERNANCE IN BRITAIN*”, Palgrave, 2001, p.p.60-64. 他の資料を整理し、過去と現在の状況を加味して作成した。

（2）キリスト教の伝来やパリッシュ等に関しては、National Association of Local Councils (NALC), “*Powers and Constitution of Local Councils*”, NALC, 1987. David M. Walker, “*The Oxford Companion to Low*”, Clarendon Press, 1980. 安藤伸介他編『イギリスの生活と文化事典』研究社、一九八二年、「ロンドン便り」一九九一年一月号などを参照し整理した。

（3）David M. Walker, *op. cit.*, p.595.

（4）富沢霊岸著『イギリス中世史』〃ミネルヴァ書房、一九八八年、第二章参照。

（5）David M. Walker, *op. cit.*, p.595.

（6）David M. Walker, *op. cit.*, p.1226.

（7）W.B. Stephens, “*Sources for English Local History*” Cambridge University Press, 1981, p.73.

（8）今井龍雄編『標準百科事典』保育社、昭和四三（一九六八）年参照。

（9）David M. Walker, *op. cit.*, p.299. 参照。

（10）David M. Walker, *op. cit.*, p.144.

（11）W.B. Stephens, *op. cit.*, p.76.

（12）Keith Davies, “*Local Government Law*”, Butterworths, 1983, p.26.

（13）Davies, *op. cit.*, p.26.

（14）富沢、前掲書、一五五頁。なおドゥームズデイ・ブックの時代とは、一〇八六年に作成された土地台帳のことである。

（15）今井、前掲書参照。

（16）斉藤勤造著『比較経済発展論—歴史的動学理論の形成—』東洋経済、昭和五八年、一三六頁。

（17） Immanuel Wallerstein, "*The Modern World-System, Mercantilism and the Consolidation of the European World Economy*", *1600〜1750*, Academic Press Inc., 1980. I・ウォーラステイン著、北川稔訳『近代世界システム　1600〜1750　重商主義と「ヨーロッパ世界経済」の凝集』名古屋大学出版会、一九四九年、序章「『一七世紀の危機』は実在したか？」四-一一頁参照。

（18） 湯沢威著「産業革命の時代」湯沢威編『イギリス経済史』有斐閣（有斐閣ブックス）、一一頁。なお本文における数字はアラビア数字であったが筆者が漢数字にかえた。

（19） Jonathan Barry, "*The Tudor and Stuart Town, A reader in English urban history*", *1530-1688*, Longman, 1990, p.p.39-51. 参照。なお同書ではWrigley, "London's Importance", p.45. を引用して、一七〇〇年のロンドンは西ヨーロッパ最大の都市であり、約五〇万人の住民を持つパリ、約三〇万人のナポリ、約二〇万人のアムステルダムが続いたことを紹介し、さらにR. Mantran, "Istanbul dans la seconde moitié du XVII", e si éclé, Paris, 1962, p.p.46-47. を引用して、ロンドンは一七世紀末に概算で約七〇〜八〇万人の住民を要したコンスタンティノープルよりもいまだ小さかったことを紹介している。

（20） 飯塚一郎著「重商主義」多田顕・久保田和編著『経済学史』（図説　経済学体系６）学文社、一九七九年、一-二頁。

（21） Christopher Hill, "*Reformation to Industrial Revolution, A Social and Economic History of Britain 1530-1780*", Weidenfeld & Nicolson, 1967. 浜林正夫訳『宗教改革から産業革命へ』未來社、一九七〇年、二二一-二三三頁。

（22） 今井宏著「ピューリタン革命前の社会と文化」今井宏編『世界歴史体系　イギリス史２　近世』山川出版社、一九九〇年、一一三頁。

（23） 今井・前掲書、一三一-一三四頁参照。

（24） イギリスのカウンシルは議事機関と執行機関を兼務する機関である。そこで本書ではカウンシルを議会とは訳さずそのままカウンシルとカタカナ表記した。

（25） Sussex Association of Local Councils (SALC), "*Annual Report and Accounts 1989-90*", SALC, 1990, p.3.

（26） 一九九二年にパリッシュの全国組織である全国ローカル・カウンシル連合協議会を訪問したとき、ディレクターのジョン・クラーク氏が「一九九四年に全国ローカル・カウンシル連合協議会はパリッシュ・カウンシルとコミュニティ・カウンシルの一〇〇周年を記念するイベントの実行を企画している。われわれはロンドンにおいてこの状況を広くメディアを通じて報道されるようなイベントやキャンペーンの実施を望んでいるのである」と語ってくれた。またサセックス・ローカル・カウンシル連合協議会の下部機関であるイースト・サセックス執行委員会議長のI・C・ハーン氏は「一〇〇周年をアピールするための七五万ポンドの予算措置が全国ローカル・カウンシル連合協議会では可能になり、ロンドンにおいて不動産の自由保有権の取得が可能となったことから、カウンティにおけるローカル・カウンシル連合協議会のコスト負担の軽減がはかられる」と述べていた。二人が一〇〇周年を一つのステップとしてパリッシュ・カウンシルの発展をめざしていることを強調していたことは、一八九四年のパリッシュ改革が重要であったことを感じさせた。

第三章　イギリスの地方自治制度改革の実態

1　ノルマン征服以降の地方自治制度改革の実態

イングランドの中世以降の地方自治制度、すなわちローカル・ガバーメント・システムの最も古い体系は、「すべてコモン・ローに基づく権限を保持している、カウンティやハンドレッドそしてタウンシップあるいはバラと呼ばれるものの古典的な共同体によって構成(1)」されていた。そして「イングランドとウェールズにおける地方自治の伝統的な単位はカウンティとパリッシュとバラである。地方自治のそれぞれの単位は、カウンティの判事がパリッシュの吏員に対して管理者として行動するための権限を付与していたにもかかわらず、かなりの程度独立して活動できるだけの機能を保持(2)」していた。一九九〇年現在の「イングランドとウェールズの地方自治体は、カウンティ・カウンシル、ディストリクト・カウンシル、ロンドン・バラ・カウンシル、パリッシュ・カウンシル、コミュニティ・カウンシルの五種類となっている(3)」が、これはアングロ・サクソン時代からのものである。

一四世紀から一五世紀のイギリスは混乱の時代であった。一三二七年には皇太子（後のエドワード三世）と貴族の反乱によってエドワード二世が殺害された。一三三七年からは百年戦争（一四五三年まで）が、そして一四五五年にはバラ戦争（一四八五年まで）が起こっている。また百年戦争の最中の一三八一年にはポール・タックス（人頭税）に反対するワットタイラーの乱も起こっている。こうした約一五〇年にわたる混乱の前後に、王朝はプランタジネット朝から一三九九年にランカスター朝に、一四六一年にはヨーク朝に、そして一四八五年にはチューダー朝に変わった。こうした長期の国内の混乱のなかで、国王は徐々にその権力を強化し、チューダー朝はイギリス型の絶対主義王制を確立することになっていったのである。

ただしイギリスの絶対主義王制には大陸諸国とはだいぶ異なった特徴がみられる。チューダー朝は新しい統治機構をつくりだしたのではなく、中世に起源を有する各種の裁判所や議会をそのまま継続させた。官僚制は中央の一部の部局のみに導入されたのであり、地方行政の担当者は治安判事とされた。治安判事はそれぞれの担当地域に土着するジェントリーであり、治安判事は無給で行政を担当するというシステムも継続された。議会も大陸諸国では廃止され、復活は近代市民革命期まで待たなければならなかったが、イギリスでは継続されていた。イギリス議会は完全な断続をほぼ経験することなく進化していった。大陸にある領土の大半を失った王朝にとって強大な軍隊は必要ではなかった。この結果、官僚機構と強大な軍隊を支柱とする中央集権国家という大陸の絶対主義王政と、イギリスの絶対主義王政はかなり異なったものになっていったのである(4)。

「チューダー王朝統治下のイギリスでは、一五三四年の国王至上法の制定による国教会の成立を中心とした宗教改革と、修道院の解散と囲い込み運動が並行して実施され、経済が発展していった。ロンドンでは解散された修道院の跡地がロンドンの市民たちの使用に供された。市の人口の増大は急テンポであった。中世には、五、六万人にすぎなかったロンドンの人口は、…　略　…　一五六三年には九万人を越え、一六〇三年には二〇万人となり、その半世紀後の一六六〇年頃には五〇万人近くに達している。このように増大する新しい市民たちを収容するために果たした修道院の跡地の社会的役割は決して小さくはなく(5)」、修道院の解散も経済の発展に大きな役割を担ったのである。当時のイギリスにはヨーロッパ各地に起こった宗教改革の影響を受け、熟練した職人を中心にした多くのプロテスタントが移住してきた。これも人口増につながったが、彼らの技術はイギリス産業の発展に大きく貢献した。

こうした経済発展すなわち絶対主義王制の進展は、中世封建体制の崩壊を意味する。それは中世の経済的・社会的および地方政治的基盤であった荘園の解体過程でもあった。公共サービスは国と地方公共団体の管轄となり、地方自治の伝統的な単位がカウンティとバラとパリッシュに限定されるようになっていった。ただし地方的な行政は「一三二七年以来、治安判事が行政と司法の機能をもって各カウンシルにおかれるようになった。　…　略　…　一七世紀に国王顧問会議の統制は確立され、地方団体の議会は四季裁判所に移行されること(6)」になった。さらに「バラはリート（領主裁判所）を設置する権利があり、リートは多くの場合バラの統治機構として発達した(7)」といった説明が示すように、裁判所が当時の地方の行政の主たる統治機構であった。それゆえハンドレッドにはハンドレッド裁判所が、荘園には領主裁判所がおかれたのである。

2　一九世紀の地方自治制度改革の実態

「地方行政のチューダー王朝の制度は、一八八八年までほとんど改革されなかった[8]」といえる。しかも「イングランドにおいて一九世紀以前に地域的に管理されていたわずかな問題は、救貧法に関連した行政と交通路であった。両者は起源としては教会のパリッシュであり、後に地域の私的な行政機構として採用された、主として教区委員によって運営されていたパリッシュを土台として執行された[9]」ことは、当時の地方行政の中心がパリッシュに移行していったことを示している。カウンティは国王につながる四季裁判所の治安判事によって統治されており、バラは憲章によって自治権が付与されている団体であって、純粋に地方行政を担当していたものはパリッシュだけであった。一九世紀の改革において、一八三五年にまずバラが法人格を持ち、他の団体は一八八八年と一八九四年に法人格を付与されるかあるいは法人格を持った地方公共団体として設置された。

一七世紀以降の地方行政は「大規模地方公共団体の事務の大部分は、中央政府の創意と政策にその源を発してはおらず、むしろ地方法（local act）または私法律（private act）という手間のかかる、時代遅れな手続きを基礎とした個々の地方団体の事業がもとになっていた。一七世紀以降、イギリスの地方行政はもっぱらこの線にそって成長した[10]」のである。このことは、当時の地方公共団体は国家が個々の法律制定を通じて、国によって認められた権限だけを実施していたことを示している。この地方法や私法律は、増大する行政需要や地方的に重要な問題を担当させるために制定されたものである。地方法や私法律は、多方面にわたる権限を、古い境界線の内部にある多くの異なった行政機関に付与するために制定されている。また普通地方公共団体あるいは既存の特別地方公共団体に担当させせない場合には、一八三四年に設置された救貧委員会（Poor Law Guardians）がその代表例であるが、必要に応じて単一の機能についてのみ責任を負う特別団体（ad hoc bodies）を設置している[11]。こうした対応は地方行政制度を徐々に複雑なものにしていった。

特別団体の多くは、「特殊な諸目的に対して即座に対応する新しいタイプの地方団体として設立された。こうした地方公共団体は通常……略……議会における地方法あるいは私法律によって創設された[12]」ものである。特別団体は、「一七五〇年から一八五〇年の期間に制定された地方法の量が余りにも膨大なため、それに全部目を通したものはいない。この問題を総合的に扱った研究も存在しない[13]」と説明されていることからもわかるように、数千存在したといわれており、しかもその実態は明確になっていないのである。特別団体の急増と地方法や私法律の膨大化が、国と地方の行政をより複雑なものにしていったのであり、それらを整理統合するためにも、地方自治体の整備が急務の問題となり、その解決策として制定されたものが一八八八年地方自治法と一八九四年地方自治法であり、その先駆けとなったものが一八三五年市町村法なのである。

このように現代的なイングランドとウェールズにおける自治制度は、一八三五年市町村法の制定がきっかけとなって整備されていった。それは「シティ・オブ・ロンドンを除く憲章を得たバラの本質的な機構の再編と標準化[14]」を実施し、「一七八のさまざまな形で構成されているイギリスのそれまでの都市自治体（憲章によって法人格が付与されることによって設立された、イングランドとウェールズにおいてはバラの住民による自治組織で、メイヤー［市長］とアルダーマン［参事会員］そしてバージェス［公民＝当時の地方税納税者］あるいは市民によって構成されるもの……著者註）を解散させ、その区域に規格に基づいた構成による選挙によって選ばれる自治組織を設立し、既存の地方行政機関における狭量性や選挙および政治的な腐敗の原因となるようなものの広範な廃止を目的とした[15]」改革であった。

改革の実態は「バラに新しい機構を付与し、適切な財政管理を強要するものであり、バラの議員は地方税納税者によって選挙され、さらに上院議員の要求により、議会の四分の一は議員の互選による参事によって構成されることになった。全てのバラの財源は住民のために使用される目的を持つ単一の基金の中から供出された。司法行政は各種のサービス提供のための行政から分離され、バラの判事はバラ・カウンシルから分離される[16]」ことになった。バラにおける納税者の権利を認め、裁判所あるいは裁判官の手から地方の行政権をカウンシルへ移行させた。各種の地方団体における行政権の多くは、それぞれの団体に設立された裁判所や、そこに配置された裁判官に付与されていた。こうした行政権が主として公民の公選による議員が構成するカウンシルへ移管されたことは、権力分立や地方分権にとって大きな進歩であった。バラ・カウンシルへの意思決定権と執行権の付与は、現在のイギリス地方行政制度の先駆となった。

一八三五年市町村法によるバラの改革に続いたものが、一八八八年地方自治法と一八九四年地方自治法である。一八八八年地方自治法は、治安判事による行政を終了させ、すべてのカウンティに公選によるカウンシルを設置させ、あわせて普通地方公共団体であるカウンティ・バラ・カウンシルも設置させている。また一八九四年地方自治法は、ノン・カウンティ・バラとアーバン・ディストリクトおよびルーラル・ディストリクトに公選によるカウンシルを設置した。また同時にルーラル・ディストリクトにはカウンシルかミーティング（住民総会）を持つパリッシュを存続させることも認められたのである[17]。

一八八八年地方自治法は、「一般の人々の選挙によるカウンティ・カウンシルは一八八八年に設置され、治安判事の行政権と義務の多くを受け継いだ。いくつかのカウンティはさらに行政を担当する二つ以上のカウンティに細分され、それぞれが独自のカウンシルと行政機構を持った。一四世紀以来継続してきた主要なタウンとバラは、その意思にしたがって、既存のカウンティの特権が与えられたが、一八八八年以降それらはカウンティ・バラとなった[18]」といわれる形の改革を実施した。この法律は、「一八七〇年にイングランドとウェールズに主要な地方団体が、タウンやディストリクトそしてカウンティのレベルで約三〇〇〇、パリッシュや学校区といった小さな団体で約二万五〇〇〇存在[19]」していた、まさに小規模団体が乱立していたといえる状態の改革と、数千存在した特別団体や膨大な数があり実態が不明とされた地方法や私法律の整理を目的に制定された。この法律は地方公共団体を整理し、地方法や私法律を一般法や特別法に整備し、各地方公共団体に権限を配分することで近代的な地方自治制度の確立をはかった[20]のである。首都であり人口集中がみられたロンドンは、表2—1からもわかるように、他の地域と時期や内容を異にして改革されてきたのである。

カウンティ・カウンシルは、許認可、養護施設、橋梁、劇場の免許、動物の伝染病、野鳥、主要道路、技術的教育、河川の汚染（防止）などに関する機能を、さらに常設合同委員会を通じて執行する警察行政に関する機能を四季裁判所より受け継いだ。地方行政の最も積極的な担い手であり、中世の都市団体（municipal institute）に基礎をおく、ギルドの裁判権に深く根ざしたバラは、福祉と衛生に関する中心機関として都市における活動範囲を急速に拡大していった。規模の小さい町（town）で、バラのような名称や権力で威厳をつけていない田舎町であるアーバン・ディストリクトは、それぞれの衛生行政に関する責任を遂行した。一六〇一年にほとんどその機能を喪失していた中世のハンドレッドを基にしたルーラル・ディストリクトは、本質的には救貧法におけるパリッシュ連合体としての性格を持った。パリッシュは、伝統的な教会の区域に依存し、多くの場合に古くからの荘園の区域と一致したものであった。パリッシュは都市部においてはほとんどその機能を喪失していたが、一八九四年地方自治法によって農村部においてパリッシュ・カウンシルとしてその機能を回復しつつあった。

アーバン・ディストリクトとルーラル・ディストリクトとパリッシュは、一九八四年地方自治法によって埋葬地委員会や地域保健委員会、街路灯検査委員会や浴場および洗濯場管理官やハイウェー委員会などの、必要に応じて招集される特別団体の機能を請け負うことになった。特別団体は一八九四年にそのほとんどのものが機能を喪失した。二〇世紀まで存続した主要なものは救貧委員会と学校委員会であった。ただし救貧委員会は一八九四年に制度としては終止符をうっていた。また学校委員会の権限は一九〇二年にカウンティとカウンティ・バラに委譲された。こうした改革は地方自治体に、あたかも満足すべき制度が導き出されたか、遠くない将来に導き出されるであろうとの期待を抱かせた[21]。これによって一七世紀の産業革命がもたらした社会的な混乱と行政需要の増加に対応するための、場当たり的な形で配置された国家と地方の行政機構や法令は、この改革によって近代的地方自治制度へと変革されることとなったのである。

一九世紀の近代的地方自治制度を動かした重要な理念の一つが、「権限踰越（ultra vires, beyond of power）」の法理、すなわち「公共団体や企業あるいはその他の団体の法律や契約における関係の中で、それらの団体が法令や法文化された証書によって制約を受けるという重要な原則[22]」である。これは、法律による公共機関は関係法令によって当該機関に付与されている権能だけしか執行できないという、法学上の重要な原理である。すなわち地方公共団体は、「特定の法律の中に自らの行為に対する積極的な権威を見いだすことができる場合に限って、確かに例外はあるものの行政行為を行うことができる。地方公共団体はその地域の人々の便益について総合的な法的能力を有してはいないのである。法律がその部分についてのべていないという消極的な解釈では十分ではない。特別な権威が付与されることが必要不可欠な条件である[23]」という制約を受けているとするものである。

ただしバラを除いた地方公共団体は、地方法や私法律によって新たな権限を取得する方式を、一九世紀から二〇世紀にかけて継続した。一九〇〇年には二九一を下らない地方法や私法律が制定されたが、そのほとんどのものは、なんとかして権限を拡大しようとする地方公共団体が個々に促進したものであったといわれている。確かに地方法や私法律の制定数はその後は減少しはじめてはいるものの、地方法や私法律の制定自体は現在も継続されている。このことは地方公共団体が権限拡大を望んできたことを示している。すなわちバラを除いた地方公共団体は、近代地方自治制度が安定するまでは、権限踰越の法理に対抗して、その権限拡大のために積極的に地方法や私法律の制定を議会に働きかけてきたのである[24]。そうした二〇世紀当初のイングランドとウェールズの地方団体を整理すると図3―1のようになる。

3　二〇世紀の自治制度改革の実態

近代的な地方自治制度への改革は第二次世界大戦後しばらくたった一九七二年地方自治法制定まで待たなければならなかった。その原因の一つに一部の地方公共団体が改革に消極的であった事実があげられる。バラが地方法や私法律の制定に他の団体ほど積極的でなかったのは、バラには権限踰越の法理が適用されなかったためである。ロンドン・バラを除いた各カウンティ・バラは憲章を持っていたことから、他の地方公共団体とは根本的に別の地位におかれていた。各バラは「国王の大権（Royal Prerogative）によって生まれたものであり、したがって法令がそれらの行為に特別な制約を課す場合を除き、自然人（natural person）としてのあらゆる権限を持っ

図3－1　20世紀当初のイングランドとウェールズの地方団体の構成 (25)

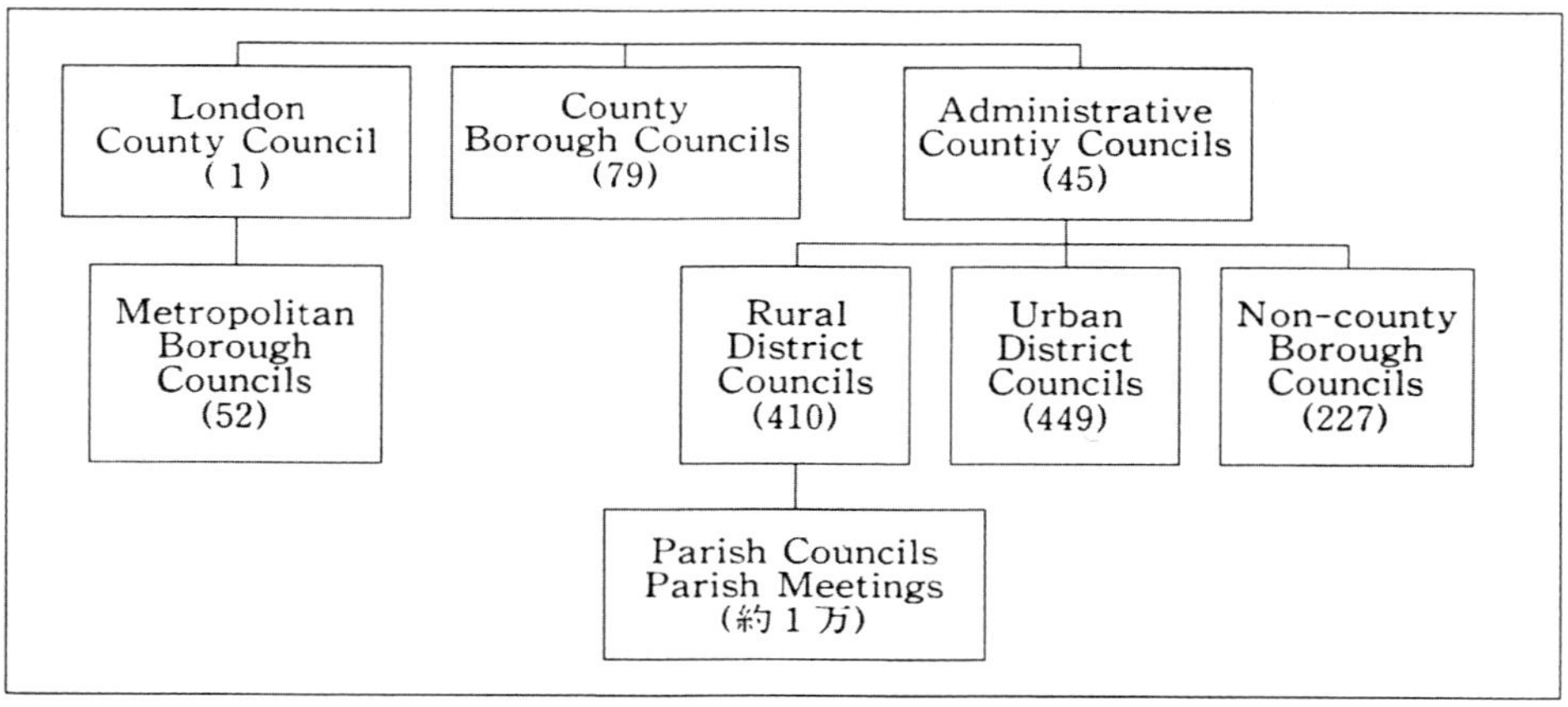

て(26)」いた。この結果カウンティは裕福なカウンティ・バラを除外したノン・カウンティ・バラとアーバンおよびルーラル・ディストリクトとパリッシュを抱えることになった。こうした地方団体の二重性に対する批判が継続したが、植民地戦争や二度の世界大戦、大戦間の世界大恐慌や戦後の保守党と労働党の短期間の政権交替という政治的社会的混乱によって、抜本的な改革までは時間がかかったのである。改革にいたる以前のイングランドとウェールズの地方公共団体の構成は図3—2のとおりである。

権限踰越の法理の修正は、抜本的改革以前の一九六三年地方行政［財政支出］法によって、微弱なものではあったが実施された。この法律はカウンティ・バラ以外の地方公共団体に対して「彼らの現在の法定事務以外の何事によらず、彼らのローカル・カウンシル連合協議会または住民の利益になることに、一ポンドにつき一ペンスの率で支出すること(28)」を認めた。「これは大都市がすでにきわめて広範な権限を持っていたので、大都市にはさしたる意味を持たなかったが、望ましくはあったが権限踰越の法理に属するような、ごく些細な事務の持つ厄介さを省くのには意味があった。しかしそれはパリッシュにはきわめて大きな意味(29)」を持っていた。この考え方は一九七二年の地方自治法において「自由な二ペンス」になり、一九八八年地方行政［財政支出］法の制定すなわちコミュニティ・チャージの導入に対応して三五ペンスに修正されている。

地方団体の区域と権限に対する修正は、保守党と労働党の対立の中で、慣習に従って王立委員会を設置して検討されることになった。イングランドについては一九六七年にレドクリフ・モード委員会が設置され答申がだされた。これはリージョナリズムを前提として一層制を原則とした地方制度を新設しようとするものであり、その主要な提案はつぎの三点であった。

（1） 地方団体はもはや町と村に分けるべきではない。

（2） 五八の基礎的地方団体（unitary authorities）の新設。

（3） 間接選挙によるプロビンス議会（provincial council）の設置(30)。

またウェールズについても委員会が設置され、その結論は政府白書によって一九六七年に示された。二つの提言の内容を整理すると図3—3のようになる。

図3-2　1963年から74年までの抜本的改革以前の地方政府(27)

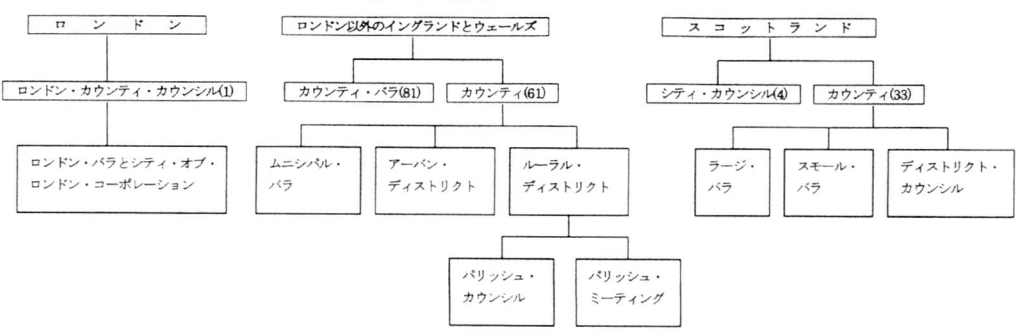

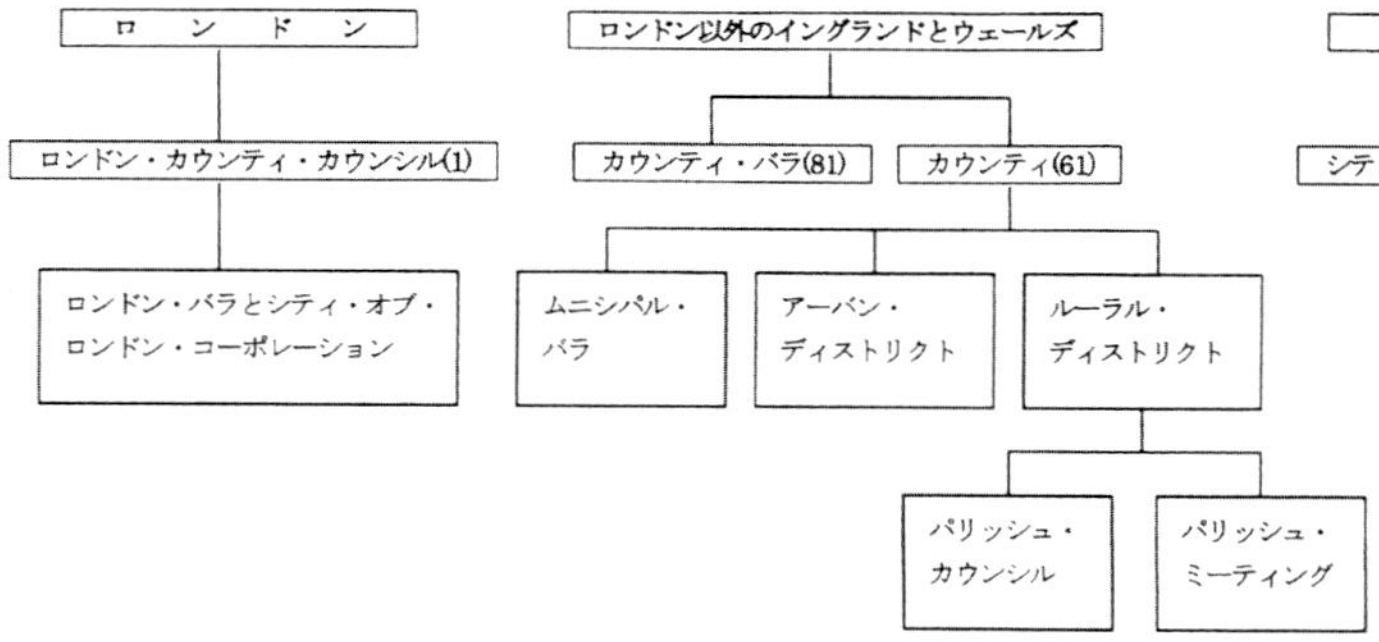

図3-3　1972年以前の地方制度改革案 (30)

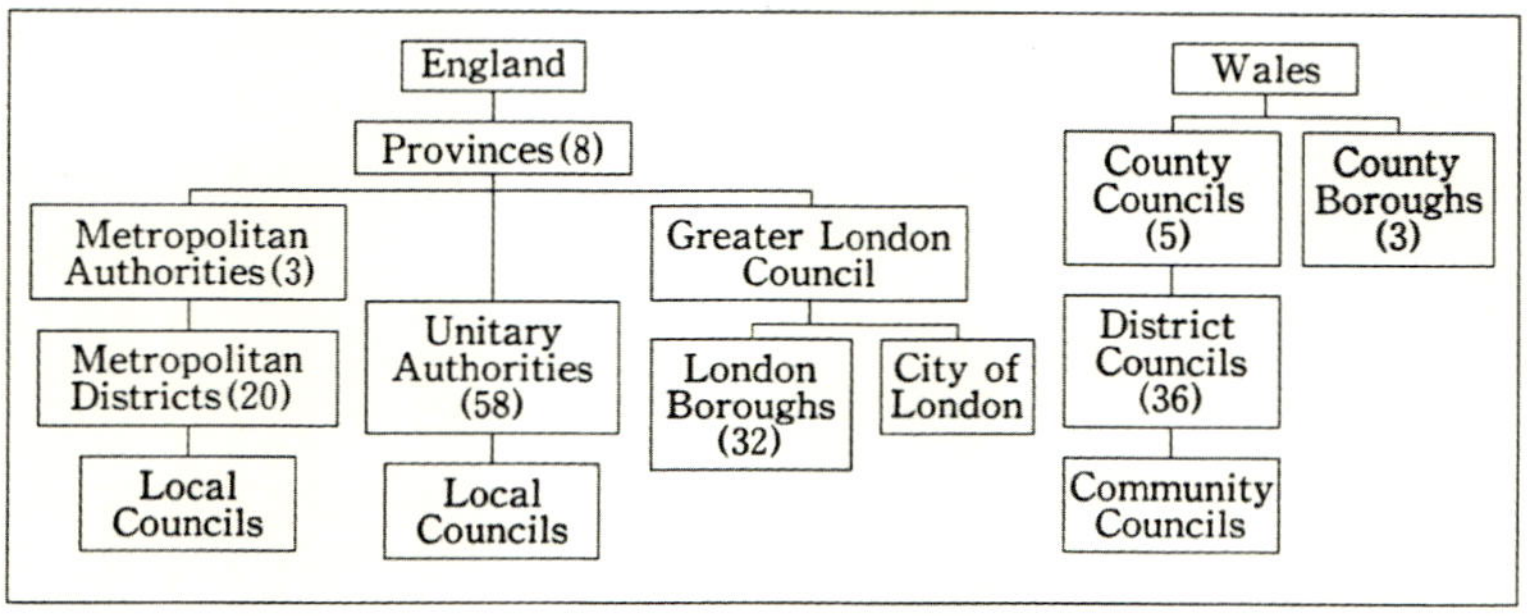

註　ロンドンは1965年にすでに再編成がなされていた。

答申や白書にそって、時の労働党政府は一層制を原則とする提言をしていた。他方保守党は「わが党は中央政府からの真の権限委譲を含み、かつ二層機構の、良識ある地方制度を推進する[32]」との公約を掲げ、総選挙に臨んだのである。地方制度について一層制を前提とする労働党と二層制を前提とする保守党が対立した。総選挙は保守党の勝利に終わり、一九世紀末より持続されてきた近代地方自治制度は二層制の現代地方自治制度に改革された。その企画や実際の構造や権限を図式すると図3―4となる。各地方自治体に付与された権限を要約すると表3―1のようになる。こうした改革の中で自由な二ペンスが設定され、各自治体にある程度の自由な活動が保証されることになったのである。またこの改革の中でウェールズのパリッシュは、ウェールズでは一九一九年に英国国教会が廃止されたことから、コミュニティに名称が変更されている。

一九七四年地方自治法による地方制度の改革も、一九七九年のサッチャー内閣の成立とともに再編成が論議されるようになっていった。マネタリズムに立脚し、政府支出の抑制によって英国経済の回復をめざすことで成立したサッチャー内閣は、公的支出の一部である地方公共団体の支出抑制も重要な課題とみなした。しかし国政の場において安価な政府（小さな政府）を前提とし、機会均等の上にたって自助努力による自己責任を強調するサッチャー内閣の政策に対し、労働党は失業問題の解決を主たる目標として、政府支出の増加による雇用の促進を主張して真っ向から対決した。しかもイギリスの地方行政は明確に政党色が反映されている。ある地方公共団体の政策の理解に必要なことは、その団体の政権党はどこか、そのリーダーの所属政党はどこかを知ることにあるといわれるほど強烈なものなのである。議席の拮抗した自治体においては第三者を市長（議長）としているほどである。

その主たる原因はカウンシルが議決機関であるとともに執行機関であるという現実にある。まさに政権党が意のままに地方政治を運営できる素地がそこには内在している。グレーター・ロンドン・カウンシルと六つのメトロポリタン・カウンシルは労働党の勢力の強いカウンシルであった。まさにサッチャーにとっては、政府の政策に抵抗する最大の批判勢力であった。それゆえサッチャー内閣は、住民に密接に関連する第二層の地方公共団体（メトロポリタン・バラとディストリクト）に当該事務の権限を委譲し、その事務を共同して処理させることがより民主的で能率的であると主張し、グレーター・ロンドン・カウンシルと六つのメトロポリタン・カウンティ・

図3-4　1974年の地方政府の抜本的改革後(33)

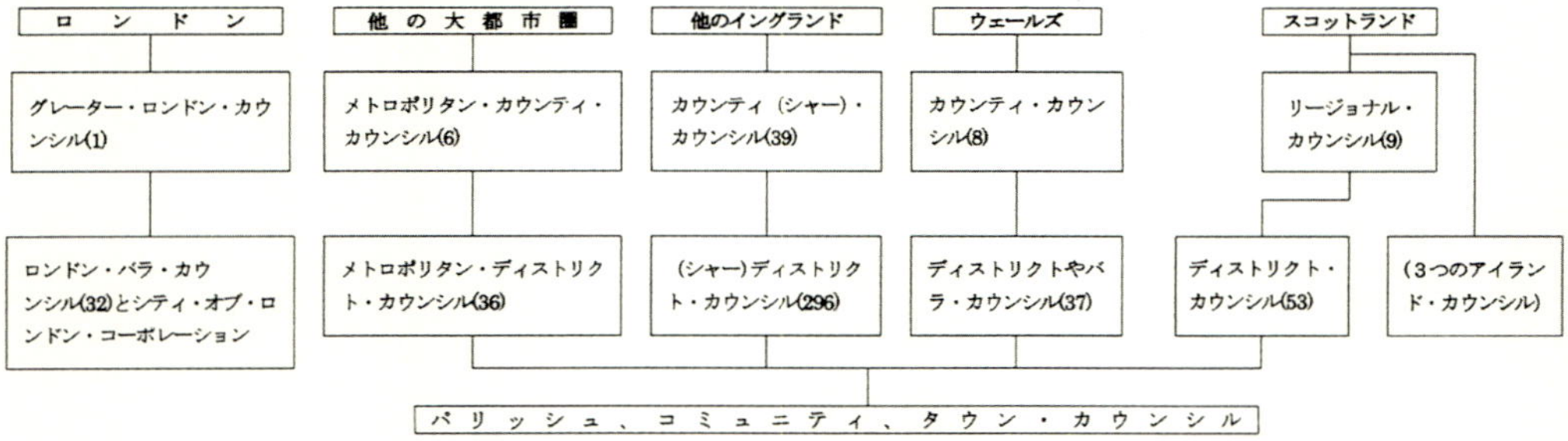

註　・この改革によってウェールズのパリッシュはコミュニティへと名称が変更されている
・イングランドとウェールズを合計した面積は約日本の半分でありながら、その中に日本の都道府県に相当するGLCとカウンティ・カウンシルが54（日本は47）であり、日本の半分弱の平均面積となっている。日本の市（町村）に相当するバラやシティやディスクトリクト・カウンシルは402（同3200弱）で市町村レベルでは日本よりかなり広い。

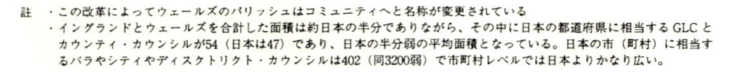

カウンシルの廃止を選挙公約として掲げたのである。再選されたサッチャー内閣は改正法案を提出し、一九八五年地方自治法で大都市部の一層制を実現させた[34]。その改正点を組織と権限を一体化して表にすると図3―5のようになる。

この改革が王立委員会を設置せずに実施されたことから、中立機関を設置し幅広い各界からの意見聴取や検討が手続きとして必要であり、これまでの慣習を無視した暴挙であるとの批判もあった。しかしサッチャー内閣は、政府が選挙公約として掲げたことで民主的な手続きは踏んでいるとして、そうした批判を一蹴した[37]。結果的には労働党の勢力の強い広域自治体の廃止に政府は成功したことになる。これが不文憲法がもたらした帰結である。ただし、サッチャーはパリッシュの改革には着手しなかった。これはパリッシュの権限が弱かったためである。

こうした一連の自治制度の改革は完全なものではなかった。サッチャー内閣が地方財政支出抑制策の一つとして導入したコミュニティ・チャージは、保守党と労働党の対立を激化させた。従来レイト（日本でいう固定資産税に相当）によってまかなわれていた地方税の多くは、資産保有者や商工業主といった保守党の支持層が負担し、労働党支持者の多い賃金労働者の多くの人々は地方税の負担を地方政府の政策によってまぬがれていた。サッチャー内閣の政策に批判的な労働党の支配下にある大都市部の自治体は、レイトを増額することで予算を確保していた。レイトの増額に不満を持つ人々の声に答えるとともに大半の住民が納税することによって、納税者の権利という立場から地方財政を監視させることを理由としてサッチャー内閣はコミュニティ・チャージを導入したのである。

一般住民が地方自治体から受けるサービスの多くは、もともとは個人の責任でおこなうべきものが多い。都市の発展や拡大が、飲料水の供給やごみあるいは汚水の処理など本来発生者が負担すべきものを公共サービスに委ねたのである。これまではこうした行政サービスの経費は税として徴収されてきたのであるが、サッチャー内閣は地域の行政サービスの経費の負担は、受益者による手数料の支払いと意味づけ、コミュニティ・チャージの名称で新しい税をレイトと併用したのである。しかしコミュニティ・チャージが、地方公共団体ごとに必要な経費を住民数で頭割りして算出され徴収するものであったことから、ポール・タックス（人頭税）であるとの批判が高まり、結果的にサッチャーは辞任し、コミュニティ・チャージの見直しがメージャー内閣の公約となったのである。

表3-1　1972年の地方自治法に規定された地方公共団体の(35)原則的な機能と権限の配分

	カウンティ・カウンシル	ディストリクト・カウンシル
大都市圏域	計画：体系的な計画 旅客運輸委員会の指揮を含む輸送計画 特別な開発規制 交通路：道路および輸送 廃棄物の処理 消費者保護 消防 ミュージアムおよび美術館[2] 駐車場および緑地帯等[1][2] 警察	教育 公益事業 図書館 ミュージアムおよび美術館[1][2] 住宅 計画：多くの開発規制および地域開発計画 廃棄物の収集 環境保護 駐車場および緑地帯等[1] 海浜の保全
非大都市圏域	教育 公益事業 消費者保護 図書館・ミュージアムおよび美術館[2] 計画：体系的な計画 輸送計画（輸送事業に関する責任は除く） 交通路：道路および輸送 廃棄物の処理 消費者保護 消防 駐車場および緑地帯等[1] 海浜の保全[1] 警察	住宅 計画：多くの開発規制および地域開発計画 廃棄物の収集 環境保護 ミュージアムおよび美術館[1][2] 駐車場および緑地帯等[1] 海浜の保全[1] 公営バス事業

註　1)はカウンティ・カウンシルとディストリクト・カウンシルの双方によって実施される共通の権限が存在するもの
　　2)のサービスはしばしばレジャー・サービス委員会やレジャー・サービス部門と共同でなされるもの

図3−5　1985年の地方自治法による自治制度と権限 (36)

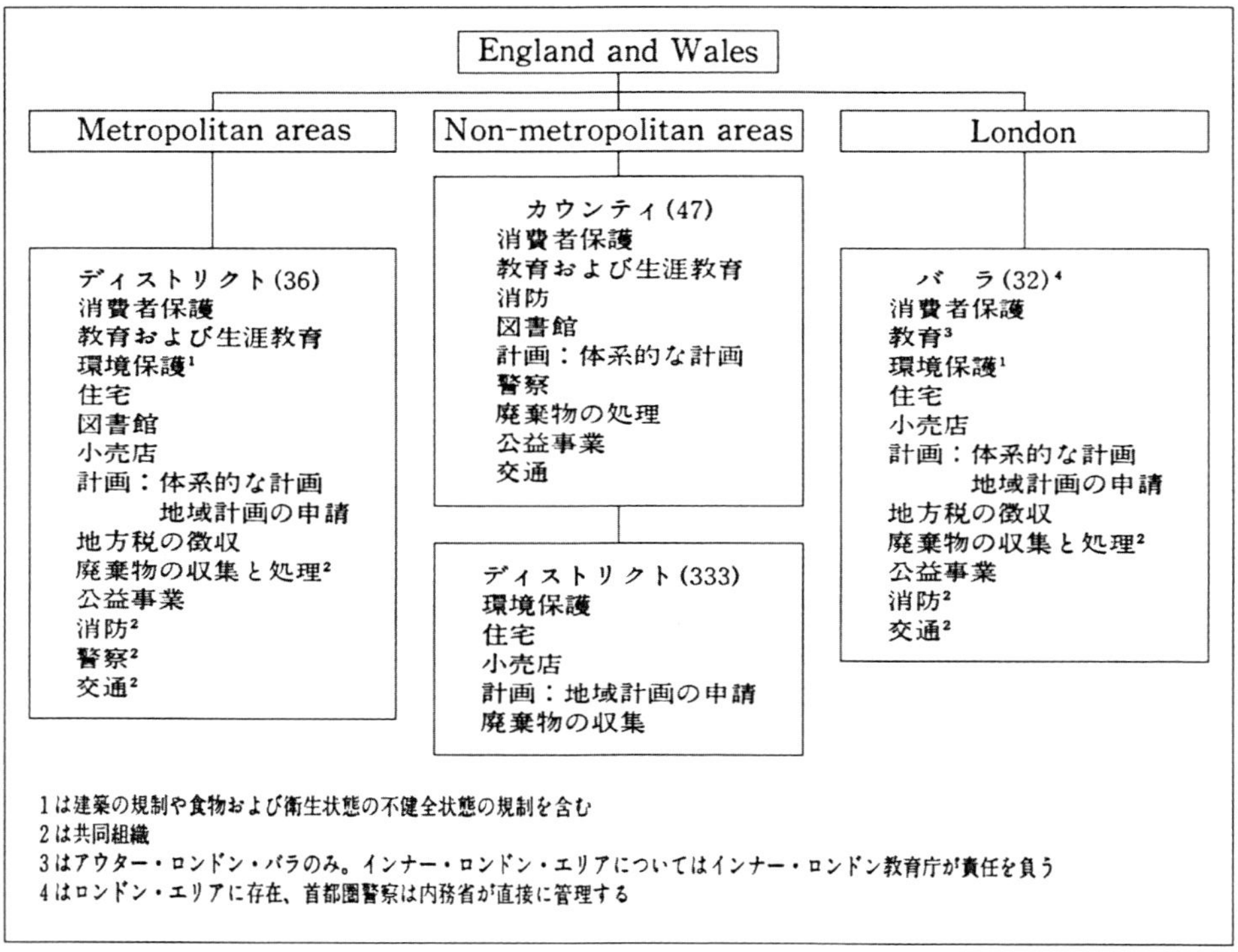

4　ブレア政権の地方自治制度改革の実態

一九九七年にイギリスの政権は労働党のブレア内閣に移った。サッチャー政策の継承を否定しないブレア内閣も一層制への移行を試みている。ブレア内閣は一九九八年と二〇〇〇年に新しい地方自治法を制定し、広域議会を中心にして四つの地域への地方分権を推進するとともに、原則一層制の地方自治制度をイギリスに導入しようとした。改革されたイギリスの地方自治制度の流れを整理すると表3—2のようになる。またブレア改革の内容を整理すると図3—6のようになる。

ブレア内閣は、一層制の大規模自治体を原則としたことから、イギリス地方自治制度の特徴の一つである「権限踰越の法理」とカウンシル制度などに修正を加えた。権限踰越の法理は、「地方自治体は原則として国会が制定する法律により、個別に授権された事務のみを処理する権限しかもたず、この権限を越えた行為は違法となる。これは法律によって設立された団体は法律が認める権限しか持たないという理論から導き出されたものであり、制限列挙方式を担保する制度」であった。そのため自治法を越えた権限の遂行を希望する自治体は、個別自治体に権限の付与を承認する地方法や私法律と呼ばれる個別法律を制定してもらう必要があった。それゆえ各層の地方自治体や地域自治組織は、全国連合協議会を設立して顧問などに国会議員を招き、地方法や私法律の成立に努めることで自治権の拡大をはかってきたのである。二〇〇〇年の地方自治法はこの法理の一部を修正し、経済開発、社会福祉、環境対策などの独自政策実施に関して、概括例示方式ともいえる制度を導入することで、地方自治体に対する制約を解除した。まさに自治権の拡充としては画期的な制度改革となったのである。

また二〇〇〇年地方自治法はカウンシル制度の改革を基礎自治体に要求した。人口八万五〇〇〇人以上の基礎自治体は以下の（1）から（3）の中から、八万五〇〇〇人未満の基礎自治体は（1）から（4）の中から自らの内部構造を選択することが義務づけられた。それらは次のようなものである。

（1）　住民の直接選挙によって選任される首長と、首長が議員の中から任命する「内閣」制。

表3-2　第二次世界大戦後のイギリスの選挙による地方自治体（一層制と二層制の混合から二層制を経て再度一層制と二層制の混合へ）(38)

年代	ロンドン	地方大都市圏	他のイングランド		ウェールズ	スコットランド
1974以前	二層制	一層制	二層制		二層制	原則二層制(一層制の市が4)
	ロンドン・カウンティ・カウンシル		カウンティ・カウンシル(48)		カウンティ・カウンシル(13)	カウンティ・カウンシル(31)
	メトロポリタン・バラ(28)とシティ・オブ・ロンドン	カウンティ・バラ・カウンシル(79)	第二層地方公共団体(1191) ムニシパル・バラ(285)、アーバン・ディストリクト(491)、ルーラル・ディストリクト(415)		ディストリクト(164)	第二層地方公共団体 ラージ・バラ、スモール・バラ、ディストリクト
1974	二層制	二層制	二層制		二層制	二層制
	グレーター・ロンドン・カウンシル(1)	メトロポリタン・カウンシル(6)	カウンティ(39)		カウンティ(8)	リージョン(9)
	ロンドン・バラ(32)とシティ・オブ・ロンドン(1)	メトロポリタン・ディストリクト(36)	ディストリクト(296)		ディストリクト(37)	ディストリクト(53)とアイランド・カウンシル(3)
1986	一層制	一層制	二層制		二層制	二層制
			カウンティ(39)		カウンティ(8)	リージョン(9)
	ロンドン・バラ(32)とシティ・オブ・ロンドン(1)	メトロポリタン・ディストリクト(36)	ディストリクト(296)		37のディストリクト	ディストリクト(53)とアイランド・オーソリティ(3)
1998	一層制	一層制	一層制	二層制	一層制	一層制
	ロンドン・バラ(32)とシティ・オブ・ロンドン(1)	メトロポリタン・ディストリクト(36)	ユニタリー・オーソリティ(46)	カウンティ(34) ディストリクト(238)	ユニタリー・オーソリティ(22)	ユニタリー・オーソリティ(32)

ノート：1999年から2000年にかけて、スコットランド地方政府とウェールズ地方政府の密接な関係を含んだ、スコットランド議会（スコットランド・パーリアメント）とウェールズ議会（ウェリッシュ・アセンブリー）の導入（1999年）と、首都を二層制に復帰させる直接選挙による市長とグレーター・ロンドン議会の導入（2000年）を含む、さらに大きな改革が実施された。

図3-6　2000年の地方政府のシステム（39）

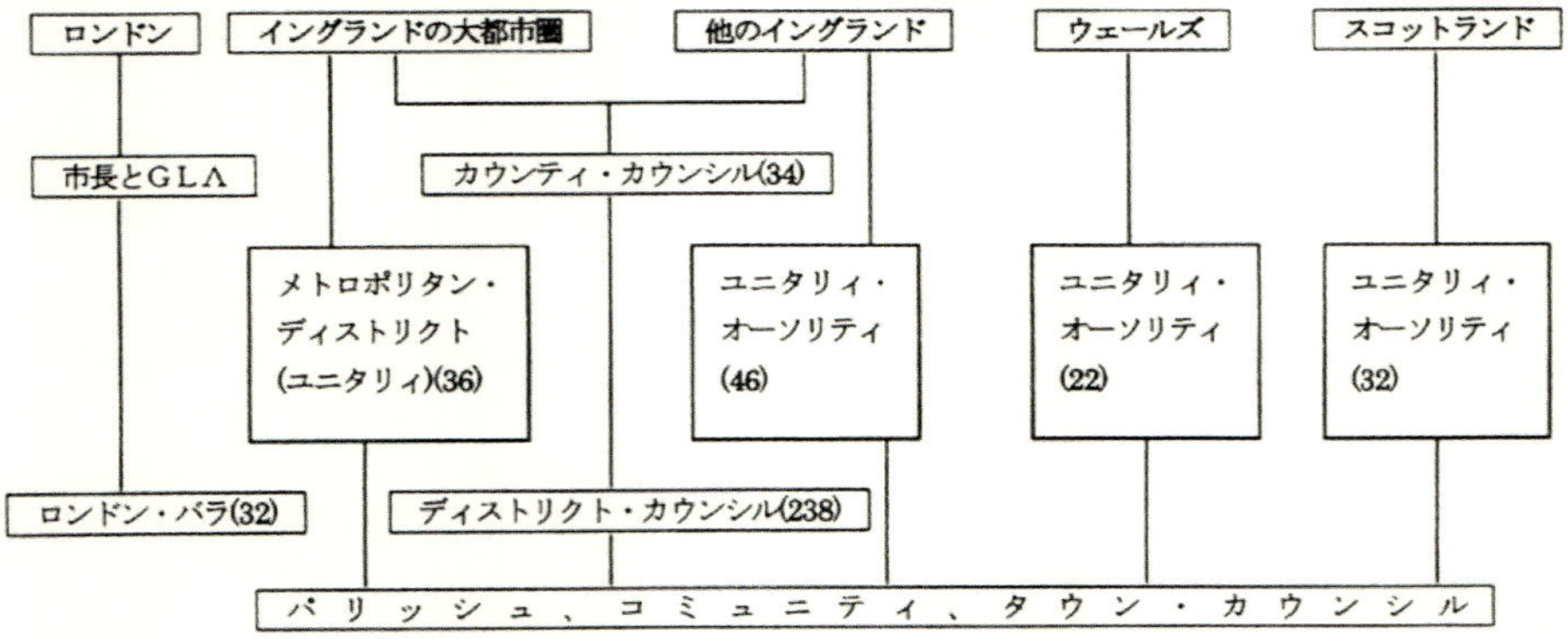

北アイルランドには26のディストクトリクト・カウンシルが存在（John Kingdom. (2000).*Government and Politics in Britain*. Polity Press. p.580）

（２）　議会で選出されるリーダーと、議会またはリーダーによって議員の中から任命される「内閣」制。

（３）　住民の直接選挙によって選任される首長と、事務局の長であるカウンシル・マネージャーで構成される制度。

（４）　その他透明性と効率性が高く、責任の所在が明確である意思決定構造を有する制度。

この改革によりカウンシルの執行権は剝奪されることから、カウンシルは議決権のみを有するまさに議会になることが予定されたのである。同法はさらに自治体が公選首長制を導入しようとする場合、または、住民の五％以上が署名により公選首長制の導入を要求した場合には、そのための住民投票を義務づけているのである(40)。

イギリスの地方自治制度はとにかく分権と効率性を追求し、広域化と一層制がその柱になっている。そうした中でイングランドとウェールズでは地域自治組織であるパリッシュやコミュニティも残存させている。行政の効率化と草の根民主主義を同時に確保しようとしていることが伝わってくる。日本が一〇〇〇程度の基礎自治体へ合併を進めていけば平均人口はイングランドよりわずかに少ない程度となる。三〇〇程度の一層制自治体を進めようとする意見もある。この場合にはイングランドの倍程度の平均人口となる。いずれにせよ広域行政は効率性に優れていても、住民との絆は弱くなる。そうした意味でも地域自治組織が必要となる。日本がイギリス自治制度に学ぶべき事柄は非常に多いといえる。

註

（1）　David M. Walker, *"The Oxford Companion to Law"*, Clarendon Press, 1980, p. 775.

（2）　Peter G. Richards, *"The Local government System"* (The New Local Government Series 5), George Allen & Unwin Ltd., 1983, p. 11.

（3）　David M. Walker, *op. cit.*, p. 774.

(4) 青山吉信・今井宏編『概説イギリス史』有斐閣（有斐閣選書）、一九九九年、八〇-八二頁参照。

(5) 安東伸介他編『イギリスの生活と文化事典』研究社出版、一九八二年、四三-四四頁参照。

(6) David M. Walker, *op. cit.*, p. 299.

(7) David M. Walker, *op. cit.*, p. 144.

(8) David M. Walker, *op. cit.*, p. 299.

(9) David M. Walker, *op. cit.*, p. 775.

(10) Bryan Keith-Lucas & Peter G. Richards, 〝*A History of Local Government in the Twentieth Century*〟, George Allen & Unwin Ltd., 1978, p. 35.

(11) National Association of Local Councils (NALC), 〝*Powers and Constitution of Local Councils*〟, NALC, 1987, p. 1.

(12) William Hampton, 〝*Local Government and Urban Politics*〟, Longman, 1987, p. 16.

(13) Lucas & Richards, *op. cit.*, p. 35.

(14) Keith Davies, 〝*Local Government Law*〟, Butterworths, 1983, p. 55.

(15) David M. Walker, *op. cit.*, p. 859.

(16) Peter G. Richards, *op. cit.*, p. 16.

(17) Sir Harry Page, *op. cit.*, p. p. 32-33. 参照。

(18) David M. Walker, *op. cit.*, p. 299.

(19) V.D. Lipman, 〝*Local Government Areas* 1834-1945〟, Basil Blackwell, 1949, p. p. 72-73.

(20) Lucas & Richards, *op. cit.*, p. p. 35-36.

(21) ここまでの部分は、Lucas & Richards, *op. cit.*, p. p. 11-15. およびp. p. 35-36. とSir Harry Page, *op. cit.*, p. p. 32-33. を参照し整理した。

(22) David M. Walker, *op. cit.*, p. 1246.

(23) William Hampton, *op. cit.*, p.2.

(24) Lucas & Richards, *op. cit.*, p.p.35-36.参照。

(25) Royal Commission of Local Government in England (The Redcliffe-Maud Report) Volume 1をモデルにして、マーティン・クロスとデビッド・マレンが作成した図 (M. Cross & D. Mallen. "*Local Government and Politics*", 2nd ed., Longman, 1987, p.4) とピーター・G・リチャーズが作成した図 (P.G. Richards, *op. cit.*, p.23.) を参照して作成した。

(26) Lucas & Richards, *op. cit.*, p.p.28-29.

(27) Robert Leach and Janie Percy-Smith, "*Local Government in Britain*", Palgrave, 2001, p.61, Figure3.3.

(28) Lucas & Richards, *op. cit.*, p.55.

(29) Lucas & Richards, *op. cit.*, p.55.

(30) Lucas & Richards, *op. cit.*, p.p.209-215.を参照して整理した。

(31) William Hampton, *op. cit.*, p.29.の図とp.31.の解説を整理して作成した。

(32) Lucas & Richards, *op. cit.*, p.223.

(33) Leach and Smith, *op. cit.*, p.62, Figure3.4.

(34) 木寺久・内貴滋著『サッチャー首相の英国地方制度革命』ぎょうせい、平成元年、第三節以降を参照して整理した。

(35) Howard Elcock, "*Local Government—Politicians, professionals and the public in local authorities—*" 2nd, Methuen, 1986, p.34.

(36) Coin Mellors and Nigel Copperthwaite, "*Local Government in the Community*", ICSA Publishing Limited Cambridge, 1987, p.155.

(37) 木寺・内貴、前掲書、第三節。

(38) Leach & Smith, *op. cit.*, p.63. Table3.1. (a) and (b).を参照して作成した。

(39) Leach & Smith, *op. cit.*, p.62, Figure3.5.

(40) Kingdom, *op. cit.*, p. 1.

第四章　パリッシュとコミュニティの沿革

1　チューダー朝以前のパリッシュ

キリスト教の布教と教会のパリッシュ

パリッシュの起源は「教会の司祭区であり、一つの教会と一人の聖職者とによって奉仕される区域(1)」である。パリッシュはローマ・カトリック教会の末端の組織を示す言葉として現在も使われている。W・ステフェンスの、「過去においてパリッシュは、教会のための行政と居住者のための行政という二つの目的のための単位であった。　…略…　残されているパリッシュに関する記録が、多くの場合に地域における宗教史に関連したものにあてられてはいるものの、ここでは非宗教的なパリッシュの機能に関心を払いたい(2)」という説明は、当初からパリッシュが教会の機能だけではなく世俗の行政機関に類似する機能を果たしていたことを示している。その後の宗教と世俗の分離の進展が、同一エリア内に同一の名称を持つ「教会のパリッシュ」と「世俗のパリッシュ」を共存させることになり、世俗のパリッシュがしだいに行政機関へと変身していったことがわかる。

パリッシュはもともと、「ラテン語のパロティア（ギリシア語の一時逗留者を意味するsojourner）を起源とするもので、　…略…　市民以外のローマ法の適用を受けない人々の集団に関連した言葉であった。この言葉は後にビショップの下におけるキリスト教会のための一行政単位として用いられるようになっていった。少なくとも初期のキリスト教における教会の活動エリアための一行政単位としてのパロティアは、少数民族の集団に関係を持つ人々によってローマ帝国の全域に拡大(3)」されていったのである。パリッシュは制度や用語として、ローマ・カトリック教の広がりとともに、ヨーロッパの各民族の間に定着していったものといえる。

こうした歴史からみてパリッシュが制度や用語としてイギリスに定着するのは、前述のようにアングロ・サクソン時代にローマ教皇がイギリスにカトリック教の布教を開始した後ということになる。イギリスへのキリスト教の伝来は、ローマ軍がブリタニアから四〇七年に撤退した後の四三二年に、聖パトリックがアイルランドにキリスト教を伝道したことにはじまる。その後、五六三年には聖コルンバ[4]がスコットランドにキリスト教を伝道している。ただしイングランドに関しては、「いつ、また誰によってキリスト教が最初にイングランドにもたらされたのかはわからないが、キャンタベリーのアウグスティヌス（Augustine、六〇五年没）が教皇グレゴリウス一世（Gregory Ⅰ、在位五九〇—六〇四年）によって派遣される以前から教会が存在していたことは否定できない[5]」という解説からもわかるように、キリスト教伝来の明確な歴史はわかっていない。

イングランドにおいてキリスト教は「アウグスティヌスの渡来以後、イングランドの教会はローマ教皇を頂点とするカトリック教会に組み込まれ、ノルマンディー公ウィリアム（William）のイングランド征服（一〇六六年）以降は、いっそう緊密な関係を持つようになった[6]」との説明からもわかるように、パリッシュは制度あるいは用語として、イングランドにおけるキリスト教の定着とローマ・カトリック教会との関連が強まるなかで、社会に受け入れられていったことが推測できる。ただしイングランドにおけるカトリック教伝道の歴史が不明確なことから、パリッシュが制度あるいは用語として、いつあるいはどのような形で定着していったかについては若干の対立がみられる。

たとえば「キリスト教とともに、ラテン語の聖書をはじめラテン語のさまざまな書物がもたらされ、ローマの学芸が伝えられ、ラテン文字が、ゲルマン民族固有のルーン文字（runes）に代わって用いられるようになった[7]」という事実は、イギリスにおいてローマ・カトリック教会の影響力の強さを伝えている。この指摘が事実であるとすれば、法律や政治制度にパリッシュという言葉はでてこなくとも、キリスト教伝来とともに、イングランドにおかれた教会の管轄エリアがパリッシュと呼ばれ、人々の生活に大きな影響を与えていたことが推測できる。逆にパリッシュに関しては、「パリッシュは旧いフランスの paroisse（教区）を起源とするもので、ウィリアム一世のノルマン—フレンチ法によって（カウンティと類似したものとして）最初にイギリスに導入されたものである。このことは、イギリスにおいて一二世紀まで法律にパリッシュという名称が現れなかったことからも推測することが可能である[8]」とした意見もある。この判断が正しいと考えた場合、パリッシュは宗教的にも法律あるいは政治制度としても、ノルマンの征服以降のフランス政治文化の影響を受ける形でイングランドに定着したことになる。

こうした対立する見解に対して、パリッシュの全国組織である全国ローカル・カウンシル連合協議会（National Association of Local Councils）は、「パリッシュはヨーロッパにおいて最も古い時代に創設された地方自治体である。イギリスにおいてパリッシュは、八世紀以来、いくつかの社会的な目的のために用いられた(9)」ものという、いわば中間的な見解を示している。全国ローカル・カウンシル連合協議会のこの指摘は、実際上の運用の点からみて妥当なものといえる。ただし当時の社会構成からいって、末端の地方自治を担当した地方公共団体には、パリッシュのほかにマナー（荘園）、ハンドレッドやタウンシップが混在していた。またハンドレッドには下部組織でありも最小の行政単位としてのビルやタイジングも存在していた。この時代、パリッシュは末端の最小の行政単位ではなかった。

行政上のパリッシュ

このようにパリッシュは、当初カトリック教会の行政単位としてイギリスに伝来してきた宗教上の組織であった。パリッシュはキリスト教の定着に応じて、イングランドにおいては徐々に、「教会行政と世俗の行政という二つの目的を持った行政上の単位(10)」へと変質していった。中世のイングランドにおいては一つの荘園に一つの教会がおかれ、両者は世俗と宗教という二つの領域を、同じ区域を土俵として分担していた。そうした役割の相違のため、中世のイングランドにおいて地域政府とされたものは荘園であったが、荘園は徐々にその性格をかえてきたのである。そのことは、「実際に荘園制のシステムは中世後期における地方政府といえるものであった。しかし荘園は法律用語あるいは私有地の管理といった側面においてあまりにも特殊化されたものとなっていったことから、荘園それ自体が村落と表裏一体の関係を有しているものであったか否かといった問題とは無関係に、新しい行政需要に対する適応力を喪失していく傾向を強めていったのである(11)」との説明がこのことを明確に示している。

荘園が私有地管理という荘園所有者の個人的な組織へと性格を移行していったとき、荘園が喪失していった地域政府としての機能を担うようになったものはパリッシュであった。そのことは「それに対してパリッシュの機構はそのような特殊化される傾向を持ったものとは同一の傾向を内在しているものではなかったことから、予測されてはいなかった方向に向かって広範な発展能力を内在していたことを示していった。その結果、パリッシュはカウンティやディストリクトという、近代的な役割を担う地方自治体における上部構造に対して、究極的に形成していった下部構造としての地位を保持していくことになった[12]」と説明されている。荘園は地方行政の主体としての地位を徐々にパリッシュに明け渡していったのである。

「パリッシュの権威は、本質的には、司祭によってその地域に対して行使されるものであったが、パリッシュの法的地位あるいは司祭の管轄するパリッシュは、聖職と教会法のための単なる要素ではなかった。キリスト教がイギリスに伝来した最も早い時期から、パリッシュは国王の保護の下におかれていた[13]」という事実は、パリッシュが八世紀頃より地方において地方行政を含んだ多目的な役割を担っていたという事実を示している。そして徐々に「(多くの場合)居住民のためのパリッシュと教会のためのパリッシュは、同一であることを中断[14]」していくことによって、地方行政のための機構としての性格を強めていったのである。

2　チューダー朝以降のパリッシュ

道路行政・救貧行政とパリッシュ

中心的な地方自治体すなわち地域自治組織としてのパリッシュ、すなわち居住民のためのパリッシュが、明確に地域政府(地方自治体)としての地位を確立するのは一六世紀のチューダー王朝期である。徐々にパリッシュは、「一六世紀の交通路と一六〇一年の貧困者の世話を手始めとして、非教会的な機能を獲得[15]」することになった。「交通路が幅広く住民によって修理されなければならないという古典的な職務は、パリッシュを通じて強制[16]」された。イギリスは、「山地が少なくて平坦地が多い上に、かつて道路建設について最高の技術を持っていたローマ人に占領されていたこともあって、早くから道路がよく発達[17]」していた。イギリスにおいて道路の修理や維持そして建設は、地域を結ぶ国家的に重要なものであった。国は交通路の維持や管理といった問題をパリッシュを中心にした地域政府に委任したのである。

チューダー王朝の経済発展は囲い込み運動によってもたらされた。ただし囲い込みによって土地を追われた人々は貧困者として都市へ移動した。この貧困者の増大と都市集中、とくに首都ロンドンへの大量の貧困層の集中は、チューダー朝にとって王朝の国家基盤の根底を揺るがすような大きな問題となった。貧困者のロンドン集中は、大暴動が発生した場合には王朝（政府）転覆の危機感さえ持たせた。そうした社会的な混乱の中でエリザベス一世は、「一般の人々にとってパリッシュは、人々の生活に対する大きな役割を有していたことから、行政の地域的単位として最も重要なもの[18]」となっていったことを利用して、パリッシュを貧困行政の実施主体としたのである。

貧困者の存在はとくに一六世紀以降の問題というわけではない。いつの時代にも若干の貧困者は存在していたし、その当時、実際に救貧者への支援活動をおこなっていたのは、教会すなわちパリッシュであった。救貧活動の主体は教会による慈善活動であった。ただし法令の上で救貧行政の主体とされたものは、一八八六年までは「暴徒によって引き起こされた損害を回復させるという義務[19]」を負っていたハンドレッドであった。しかし一六世紀にはハンドレッドは実際的な地方自治体としての機能を喪失していた[20]。そうした中で発生した一六世紀以降の囲い込み運動がもたらした貧困者の急増は、慈善活動が救済できる範囲をかなり逸脱したものであった。その結果、一六〇一年のいわゆるエリザベス救貧法によってパリッシュの役割が高まり、地方行政の主体はカウンティとバラとパリッシュに移行することになったのである。

急増する貧困者への対応はチューダー朝の主要な行政課題の一つとなった。チューダー朝が利用した救貧行政策の一つが道路行政であった。一五五五年の交通路に関する法令は、「パリッシュに、道路補修を担当する二名の監督者（無給）の任命を要求し、住民には年に四日間道路補修のための労働奉仕を義務[21]」づけた。ただし「当該コミュニティの富裕なメンバーは、彼ら自身が労働奉仕を行う代わりに交通路税を支払うことを選択することができる[22]」ようになった。その結果「富裕なメンバーが支払った交通路税の収入は、道路の補修事業に従事する貧困者への支払いのために用い[23]」られた。そこには富裕者の支払う税金で道路補修という公共事業を実施し、労働する貧困者へ賃金を払うという社会政策の萌芽が認められる。貧困者の急増は、慈善活動を実施していた教会のパリッシュと、交通路の維持管理を担当していた居住者のためのパリッシュを合体させ、公共事業と救貧行政の担当機関として、パリッシュに地域政府としての地位と権能を付与した。また働いたものに給付を与えるという理念はその後の救貧行政の中心となったのである[24]。

エリザベス救貧法とパリッシュ

一五九七年と一六〇一年のいわゆるエリザベス救貧法は、パリッシュに貧困者の救済を要求した。エリザベス救貧法は「各パリッシュに、貧困者が労働に従事することが可能となるような資材購入を目的とした資金の増額のために、地域住民から地方税として救貧税を徴収するための救貧委員（無給）の任命を義務づけた。これは資材の購入による収入の増加が救貧税の増加を生み、より多くの金が貧困者の救済に回されるであろうという理論に立脚[25]」していた。エリザベス救貧法は「救済対象者を労働可能貧民と労働不能者の二種類に明確に分類し、後者　――幼児、老齢者、身体および精神障害者、ほか自活不能者を含む――　はその出生の教区で最低限の生活を営めるだけの救済を受ける権利を持つ。前者も必ずその出生の教区に留まってできるだけの労働をしなければならない[26]」と規定した。この規定によって一般の貧困者はその出生のパリッシュにおいて救済されることになったが、彼らはまた自らを救済するためには、労働に従事する義務を負わされることになったのである[27]。

パリッシュを救貧行政の中心においた理由の一つとして、「救貧活動の財源を、当然一般住民のうち比較的富裕な者（土地財産所有者）からの税にあおがなければならないのであるから、施しを与えるものと受けるものとが同じ地域内でお互いに知り合えるようになっていたほうが、生活共同体の意識、連帯感を強めることになるであろう[28]」という考えが示されている。ここではパリッシュは教区だけではなく地域コミュニティと考えられている。パリッシュは一方においてキリスト教倫理思想に基づく救済活動の実施主体としての、そして他方においてコミュニティにおける相互扶助活動あるいは失業対策事業の実施主体としての性格を持つことになった。交通路の維持や貧困者への労働と生活の場の提供が役割の中に含まれたことから、パリッシュはその後、住民のためのパリッシュという実際の行政担当機関としての性格を強めていったのである。

しかし「エリザベス救貧法の理論は立派なものであったが、現実にはその理念は効果的なものとはなりえなかった。法律の要求する行政は無給のパリッシュの公務員にとってはあまりにも複雑すぎ、実施は非常に困難なものであった。たとえ貧困者に労働の機会を与えるために資材を購入しても、保護を受けている貧困者達はしばしば老人や病人あるいは身体障害者であり、健常者であっても効果的な労働がなしえないような劣悪な状態で生活していた。それゆえ計画は挫折し、パリッシュ税による救済資金を無償で配布する方法に切り替えられて(29)」いった。大量の貧困者の発生がいかに悲惨な状況をつくりだしたかが理解できる。大量の貧困層の救済は、狭い領域を管轄する基礎自治体にとっては大きな負担であったのである。

こうした状況が認められたにもかかわらず、チューダー朝が出生地であるパリッシュに救貧行政を執行させた理由としては、「大量の住所不定者たちは、迷惑はおろか恐怖のまととなった。たとえば彼らが誰か強い指導者の下で一致結束して騒ぎを起こすようになったとしたら、まだ新しいそして十分の防衛力を持たぬ政権はひとたまりもなく壊滅してしまうに違いない。それゆえ、ともかく身体が丈夫で労働できる浮浪者達を無秩序な流動状態におくことを防ぎ、はっきりした地域内に定住させることが先決問題であった(30)」という社会事情があげられる。貧困層が職や住居を求めて都市に集中することは現在でもみられる通常の形態である。しかし貧困者の急増と貧困者のロンドン集中が体制に危機感を抱かせたことは、王権の意外な弱さと貧困層の数の異常さを伝えている。政府は貧困者の地域拡散策を導入せざるをえず、その担当機関としてパリッシュを選択したのである。

「物乞いを規制する法令は、すでに一三八八年にイギリスにおいて制定されていた(31)」ということは、いつの時代にも貧困層が存在していたことを示している。ただし当時の貧困層の存在はヨーロッパ自体が貧困であったことから生じたものである。ヨーロッパが豊かになるのは一五世紀から一六世紀のことであり、チューダー朝の貧困層の発生は、経済発展と構造改革によってもたらされた経済格差や身分格差の拡大の帰結といえる[32]。一一世紀頃から開墾などを通じて農業経済が発展してきたイギリスにおいて、物乞いを規制する法令を制定せざるをえないほどの貧困層が徐々に生みだされてきたのである。その後毛織物産業の成長による経済発展を経験したイギリスにおいて、社会的あるいは経済的格差が拡大し貧困層が急増した。イギリスでは救貧法を制定し、政権維持のために貧困者を出生地へ帰還させなければならないほどの社会的混乱が発生していたのである。

中心的自治体としてのパリッシュのレイトと参政権

救貧法は「パリッシュに救済を求めるようなすべての人々に対し、定住と移住のルールを確立していった。救済を求める人々に同法は、彼らのためではなく他の人々を扶養することが義務づけられていた各パリッシュから、彼らの生まれたパリッシュへ救済を受けるために帰ることを強制[33]」した。当時のイングランドとウェールズの地方自治制度の実情をみると、「イングランドとウェールズにおける伝統的な地方行政の単位はカウンティとパリッシュとバラであった。各々の地方行政の単位は、カウンティ判事がパリッシュの吏員に対して管理者として行動する権限が付与されていたにもかかわらず、かなりの程度独立して行使できる機能を保有していた[34]」との説明が示すように、パリッシュは一七世紀当初、法律上の義務をはじめとする行政サービスの提供主体としての地位をある程度獲得していた。それゆえチューダー王朝によって、主として道路の整備補修や救貧活動を担当する地方行政の一単位とされたパリッシュは、一七世紀には救貧法の内容を具現化する主要な担当機関として活動することになっていったのである。

一六〇一年に救貧救済法として制定された伝統的な救貧法は、「貧困者の救済をそれぞれのパリッシュの管轄としたのであり、救貧委員の任命を義務づけられた各パリッシュは、任命した救貧委員を通じて、貧困者とその家族に職を与えるための行政と、当該パリッシュの貧困者の救済を目的としたパリッシュ基金を、すべての財産所有者から調達するための税金を賦課[35]」した。地方行政の主体としての地位を固めつつあったパリッシュは、当然のこととして税金などの自己の財源を用いて救貧行政を提供した。ただし救貧行政は弱小のパリッシュにとって大きな財政負担となったこともまた事実であった。

この時代のイギリスの参政権は納税者の権利とされ、財産すなわち納税額と深い関係がみられた。イギリスの地方自治体の税源の中心はレイトすなわち固定資産税である。このことは現在でもかわっていない。しかもレイトの基準は所有権ではなくて占有権となっている。それゆえイギリスの地方自治政府は必要な収入を不動産の占有者にレイトを課すことによって徴収していた。しかもレイトはもっぱら不動産所有者が自由に決定できる賃貸料の評価を基準として賦課されていた。こうしたやり方は一九六三年まで継続された。一八九四年の地方自治法改正まで、有権者にはレイトの納税額によって、一票から六票までの異なった数の投票権が与えられていた。当然に貧困者には選挙権も被選挙権も付与されなかったのである。

一九二五年レイト課税と評価法が制定されるまで（ロンドンは一八六九年にすでに改革されていた）、レイトの評価と徴収は救貧委員の職責であった。救貧法の制定以来、地方団体の主たる仕事は貧困者への扶助であったことから、地方税の中心は救貧税であった。地方事務の増加にともなう経費は救貧税に賦課されるかたちで徴収されていた。カウンティとバラは必要な経費を救貧委員にプリセプト（レイト賦課徴収命令）を送付し、税を救貧委員から受け取っていた。イギリスでは徴税団体を地方公共団体の中心的なものと考えているので、この時代はパリッシュがイングランドの地方自治の中心と考えられていたことがわかる。

そしてパリッシュに配置された救貧委員は、レイトの賦課と徴収権を持つとともに、他の地方公共団体に地方税を支払う義務を負っており、無給でしかも徴収できなかった税額に補充責任を負うことが要求されていた。救貧委員は陪審員と同様に指名を拒否できないばかりか、金銭的な責任まで負わされている評判の悪い制度であった。その当時有産者はこうした職責を負うことへの保証の一つとして参政権を要求したのであり、これも貧困者を選挙権から遠ざける一因となっていた。

こうした流れの中、一八三五年都市団体（市町村）法の審議過程において、選挙区を中心とした問題が審議された。保守党は大都市では勤労者の票が多く、大選挙区制は富裕者に不利となっていることを理由に、複数の選挙区に区分して選挙をおこなうことと、選挙区の決定においては有権者の数と課税評価額を考慮して、富裕者の票が重視されることを条件に加えさせた。この結果、人口六〇〇〇人以上の町は有権者数と課税評価額の二つを考慮した選挙区の区分がなされ地方選挙が実施された。選挙区の区分と投票制度の改革により、一部の地域では小選挙区制が採用され、パリッシュでは大選挙区完全連記非累積投票制（block voting）が採用された[36]。

3　一八九四年地方自治法におけるパリッシュ

産業革命の進展とパリッシュの役割低下

一八世紀の産業革命期に入ると、「人々が農業地域から新興工業都市への移動を始めたことから、伝統的な地方公共団体の配置は、一八世紀中葉より弾みがついた継続的な工業化による圧力増大の影響[37]」を受け続けた。この産業革命の結果として生じた社会条件は、「貧困労働者にとっては極めて不利なものであった。一八世紀の間に人口が極端に増加し、また土地なき労働者が田舎から都会へ移動した結果、労働力の供給は豊富になり、賃金はほとんど食うや食わずの水準にまで低下した。多数の人々が工業中心地に集まったので、産業革命以前には例を見なかった住宅問題が生まれた。家族が餓死しないように、女子供も工場で、または炭鉱ですらも働かなければならなかった[38]」という状態を恒常的なものとした。

人口急増におそわれた都市にとって生活環境の悪化は、「このぞっとするような衛生状態は、周辺の村落からの人々の離村や、囲い込み法による立ち退きの強制が、彼らに手工業の発達した町における求職活動を不可避なものとしたことによって、貧窮と貧困者の増加による追い討ちを受けた[39]」との説明が示すように、目を覆うものといわざるをえないものであったと思われる。この結果、救貧行政はパリッシュの行政能力をはるかに越えるところの行政需要をつくりだした。すなわち産業革命がつくりだした、人々の日常生活圏や社会経済圏の拡大や生活環境の劣悪化という社会的なトレンドに対して、既存のパリッシュは「余りにも小規模で非能率であり、しかも貧者自身との係わりが緊密すぎた[40]」ことから改革がなされることになったのである。

パリッシュ改革の手段としてイギリス議会は一七二三年に法律を制定し、パリッシュに「貧困者が居住し労働するためのワークハウスの建設を目的として、複数のパリッシュが合同することやパリッシュ連合を形成することを許可[41]した。しかし救貧活動などに関する行政需要はさらに拡大することになり、こうした改革にもかかわらず合併によって新設されたパリッシュやパリッシュ連合もまた、求められる行政需要への対応能力を喪失していった。その結果、地方行政機関としてのパリッシュの権限は相対的に低下していくことになったのである。

パリッシュの行政能力低下が顕在化してくるのは一九世紀に入ってからである。「一八三四年に（救貧行政の）所管単位がパリッシュ連合体に拡大[42]」した。また一方では「多方面にわたる権限が古い境界線の内部にある多くの異なった行政機関を実施主体として付与されること[43]」になり、また他方では特定の目的を対象とした新しい特別地方公共団体が設立されることになった。こうした一連の改革を通じて、「チューダー王朝によって地位を高めたパリッシュ政府がすたれる[44]」ことになった。その結果、「救貧行政の役割が一八三四年以降暫時設立されることになった救貧委員会に移され、一八六八年には強制力のあった教会税が廃止され、パリッシュの治安判事が一八七二年に姿を消し、パリッシュ委員会に含まれていた世俗の機能は、一八九四年以降、ディストリクト・カウンシルに移行[45]」することになったのである。

一　九世紀末の地方自治法の改正とパリッシュの復権

イングランドとウェールズの近代的な地方自治制度は、一八八八年地方自治法と一八九四年地方自治法によって確立された。一八八八年地方自治法は広域自治体であるカウンティの改革を目的とした。同法は、イングランドを首都ロンドンと、産業革命を通じて大きく発展した大都市圏と、その他のすなわち従来の田園地域に区分した。大都市地域の地方自治体は一層制とし、そこに七九のカウンティ・バラを配置した。またロンドンと残りの地域は二層制とし、その広域自治体であるカウンティ統合を実施した。これに対して一八九四年地方自治法は、田園地域の広域自治体であるノン・カウンティ・バラと、第二層のいわゆる基礎自治体であるディストリクトと、地域自治組織であるパリッシュの改革を目的として制定されたものである。

一八九四年地方自治法は、これまで部分的改革を繰り返してきたことによって複雑化した地方自治制度を整理し、近代的な地方自治制度を確立することを目的として制定された。同法は大都市圏以外の地域すなわち従来の田園地域を、産業革命の影響を受けて市街化が進展した都市地域（アーバン・エリア）と、伝統的な集落や生活様式を色濃く残している農村地域（ルーラル・エリア）に区分し、地域の特性に合わせて異なった自治制度を導入した。この一八九四年地方自治法は、都市地域にはアーバン・ディストリクトを、農村地域にはルーラル・ディストリクトを設置した。この法律によってイングランドとウェールズでは、アーバン・エリアとルーラル・エリアでは異なった自治制度が適用されることになったのである。

そうした原則を踏まえて一八九四年地方自治法は、一九世紀初頭に権限を喪失し地方行政機構としては存在意義が希薄となっていたパリッシュを、ルーラル・ディストリクトの内部に限定して、地域自治組織であるルーラル・パリッシュの呼称で設置することを認めた。ローカル・カウンシル全国協議会は、この法律によって地域自治組織としてのパリッシュが復活されたと考えている。言葉をかえていえば一八九四年地方自治法は、ルーラル・エリアの地域自治組織だけではあったが、一時地方自治体としての性格を喪失していたパリッシュの復権を認めた法律ということができる(46)。このイギリスにおける近代的自治制度を規定した法律は、一九七二年に現代的自治制度を規定した新たな地方自治法が制定され、一九七四年に施行されるまでのほぼ八〇年間継続した。

一八九四年地方自治法はルーラル・パリッシュに関し三つの原則をかかげた。それらを要約するとつぎのようになる。

第一　都市部のパリッシュはアーバン・ディストリクトに移行する。

第二　パリッシュ・カウンシルとパリッシュ・ミーティングの組織を改革する。

第三　パリッシュ内の宗教的機能を教会行政機構へ移行する(47)。

この原則からもわかるように、この法律においてルーラル・パリッシュはディストリクトに準じたものとされた。法律制定の過程でパリッシュは、カウンティやディストリクトとともに見直され、「ディストリクトに類似する地方税納税者の居住区画とされたのであるが、パリッシュの権能は広い範囲でより大きな公共団体に移管(48)」された。すなわちルーラル・パリッシュは、地位的にはディストリクトに準じるものの、ほとんど権限をもたない存在となったことから、ルーラル・エリアにおける第三層の地方自治体ではなく「準自治体」すなわち地域自治組織とみなされた。パリッシュやコミュニティのこうした位置づけは現在も継続されている。

パリッシュ・カウンシルとパリッシュ・ミーティング

一九七二年地方自治法の施行過程において、「多くのディストリクト（タウン）が廃止され、パリッシュとなることが奨励された。それらのタウンは平均的ヴィレッジよりも規模が大きかった。廃止されたタウンの五〇〇程度がディストリクトであろうとしたが、現在ではパリッシュの地位を獲得している。また約七〇〇〇のヴィレッジがパリッシュの地位を獲得[49]」している。また一九八二年の調査によれば、一万〇九二九のパリッシュとコミュニティがイングランドとウェールズに存在している。約一万のパリッシュやコミュニティのうち約七〇〇〇が新設のものであるということから、この時期に設置されたパリッシュが三〇〇〇程度であったことがわかる。

原則としてルーラル・パリッシュの執行機関はルーラル・パリッシュ・カウンシルとされた。しかしいくつかのパリッシュは、カウンシルを設置するほどの行財政能力を有していなかった。それゆえ「一八九四年の法律は、三〇〇人以上の住民を持つパリッシュはカウンシルを設置しなければならないが、一〇〇人未満のところでは設置してはならない。また一〇〇人以上三〇〇人未満のパリッシュはいずれかを選択するものとされ、パリッシュ・カウンシルを持たないところでは、パリッシュの仕事はパリッシュ・ミーティングに移管されなければならない[50]」と規定した。身近な行政を、いわゆる集落のような狭いエリアで実施するために設けられたルーラル・パリッシュは、パリッシュ・ミーティング（パリッシュの住民総会）による直接民主制が前提とされていた。しかし産業革命以降の人口の増加が、ルーラル・パリッシュ内の人口も増加させたことから、カウンシルを必要とするルーラル・パリッシュが増加したのである。

地方税の視点からいえば、地方税はレイトに再統合されたが、徐々に救貧委員はレイトの徴収義務から解放されていった。さらに一九二五年からはレイトの徴収権がバラとディストリクトに移行した。その結果パリッシュは、上部の地方団体にプリセプトを発行して必要な税金を受けとる、いわゆる準自治体すなわち地域自治組織に完全に変質した。レイトは最終的には一九六一年に時価による評価に切り替えられ、占有者に課せられることになった。こうした流れを受けてパリッシュ・カウンシルでは、一九一九年に貧困者にも投票権を認めたが、被選挙権は一九四八年まで認めなかった。公的扶助を受けているものがその決定に参加することは合理性にかけるというのがその理由であった。イギリスでは第二次世界大戦終了まで、「地方団体をコントロールするのは納税者でなければならない(51)」とされていたのである。

第二次世界大戦中は地方選挙が停止され、議会の空席は在職議員の投票によって補充された。地方選挙の停止と同時に国や地方自治体の選挙人名簿に失効宣告がなされた。公的な国民の名簿は配給や徴兵事務のための国民登録者名簿だけとされた。第二次世界大戦後に地方選挙が再開された時も、戦後の混乱の影響からこの国民登録者名簿が選挙人名簿とされた。国民登録者名簿は納税とは無関係であったことから、八〇〇万人の貧困者に選挙権と被選挙権を認めることになった。この結果、「財産を基礎にした選挙から人を基礎にした選挙」へと、基礎的な選挙に関する概念が修正された。

ただし国民登録者名簿が納税者名簿も兼ねていたことから、この名簿をもとに戦後作成された選挙人名簿は、不在納税者にも選挙権と被選挙権を認めた。レイトが地方税の中心であることから、店舗と住居が異なった自治体にある場合、その人物には登録されている複数の自治体での地方選挙への参政権が認められることになった。多くの不在納税者は保守党支持者であったことから、戦後すぐに誕生した労働党内閣は、不在納税者の選挙権と被選挙権を非民主的な制度として廃止した。パリッシュ・カウンシルの議員選挙も同一の選挙制度によって実施されることになった(52)。

4　一九七二年地方自治法以降のパリッシュとコミュニティ

一九七二年地方自治法とパリッシュとコミュニティ

一九七二年地方自治法によるイングランドとウェールズの地方自治制度の改革は、一九七〇年に政権をとった保守党政府の選挙公約をもとに実施された。それまでの労働党政府は、イングランドとウェールズの地方自治制度改革のために王立委員会（レドクリフ・モード委員会）を設立し、現代的地方自治制度には一層制が妥当であるとする改革案の答申を受けていた。それゆえ労働党は総選挙において一層制の地方自治制度改革を提案し、保守党は二層制の地方自治制度改革を提案して選挙戦に臨んだ。総選挙に勝利した保守党政府は、イギリスの現代的地方自治制度として二層制の地方自治制度改革を実施した。八〇年ぶりの改革ということもあり、この改革は「一九世紀末から続いてきた旧来の地方制度をかなり大幅に改めたもので、いわば市町村合併と府県の合併・境界の変更を事務配分も含めて同時におこなう(53)」というものであった。

改革の目的はイギリスの地方自治制度をすべて二層制にし、基礎自治体数を可能な限り減少すること、すなわち広域化させることによって、効率的で機能的な行政運営を広域的な単位で実施するというものであった。すなわちスケール・メリットが重視されたのである。その結果、イングランドの広域自治体（日本の都道府県に相当）であるカウンティは、グレーター・ロンドンを含めて四九から四六へと微減にとどまったが、基礎自治体であるディストリクト（日本の市町村に相当）は一四六七団体から三六五団体へと激減している。またイングランドの各地域は、ロンドン・エリアと、これまで一層制が指向されていた地方大都市圏がメトロポリタン・エリアとされ、これまでアーバン・エリアとルーラル・エリアに区分されていたその他の地域はすべてノン・メトロポリタン・エリアとされた。これまではいわゆる市町村によって構成されていたディストリクトは、同法の制定によって「市」だけに合併・統合されたのである。

こうした改革の結果、パリッシュは第三層に位置する地域自治組織となった。パリッシュは、ノン・メトロポリタン・ディストリクトの内部の旧ルーラル・エリアだけではなく、旧アーバン・エリアや必要と考える場合にはメトロポリタン・ディストリクトの内部にも設置できるようになった(54)。これは合併により基礎自治体が広域化したことにともない、旧来の地域政府を草の根民主主義の実践の場である地域自治組織として継続する必要性を認めたためである。このようにイギリスの一九七二年地方自治法の改正は、一方において基礎自治体の合併を通じた広域的な効率的行政の推進を目的としていたが、他方において住民の主体的な参加を前提として身近な行政の推進を確保できる小規模自治体の設置を認めたのである。

一九七二年地方自治法改正の中で、ウェールズのパリッシュはコミュニティに呼称が変更された。それは「一九一九年に英国国教会がウェールズにおいて廃止されて以来、教会組織に結びつくような名称は地方行政における世俗的な単位と結びつけられてはならない(55)」という理由からである。イングランドはイギリス国教会の勢力が強いが、ウェールズではそうではないことから、ウェールズでは宗教色の強いパリッシュという名称を用いることを回避しコミュニティへと名称を変更したのである。ただしこの改革で変更されたのは呼称だけであり、アイルランドやスコットランドと異なり、イギリス皇太子の呼称が『プリンス・オブ・ウェールズ(56)』と呼ばれるように、一三世紀末にイングランドの支配下に入って以来、ウェールズにはイングランドの法律が適用されるという原則は、メージャー内閣まで変更されることはなかったのである。

保守党政府は前述のように、地方自治制度の改革に関しては二層制を前提とし、第二層の市町村を「市」に統合する広域行政策を推進したが、都市地域に対しても地域自治組織であるパリッシュの設置を認めたのである。その結果、二九六のパリッシュが新設された。イングランドでは、三六のメトロポリタン・ディストリクトのうち二二団体に二二一のパリッシュが、二九六のノン・ディストリクトのうち二三五団体に九九一六のパリッシュが置かれ、総計一万〇一三七のパリッシュとなった。またウェールズでは三七ディストリクトのうち三五団体の内部に七九二のコミュニティが置かれている。パリッシュとコミュニティはイングランドとウェールズにおいて合計一万〇九二九団体となっている(57)。

タウンとヴィレッジとパリッシュとコミュニティ

この改革がパリッシュやコミュニティに与えた影響は、前述のように「パリッシュとコミュニティの領域の調整が進み、(都市部にも)新しいパリッシュが創設されることになったことである。またウェールズにおいては地方のすべてのパリッシュが必ずしもカウンシルを設置しているわけではなかったが、そのままで新しいコミュニティとして配置された[58]」ことである。すなわち基礎自治体の区域の広域化が進み、イギリス全地域が二層制の自治制度に整理されるとともに、ロンドン・バラを除いて、イングランドとウェールズのすべての地域にパリッシュとコミュニティの設置が可能となり、その数が増加したのである。その際、新たなパリッシュとコミュニティの創設に関し、従来のバラやアーバン・ディストリクトなどがその地位をパリッシュに変更する場合には、タウンの名を残しまたその首長をタウン・メイヤーとよぶことも認められた。合併によって基礎自治体としての資格を喪失した旧来の町村の伝統を守ろうとする工夫といえる。こうしたパリッシュやコミュニティの地位は一九八五年地方自治法でも継承された。

住民の日常生活に密着した行政サービスを提供する、一九八二年に一万〇九二九存在したパリッシュとコミュニティには、全有権者からなる住民総会を設置することが義務づけられた。ただし「イングランドのパリッシュ・カウンシルとウェールズのコミュニティ・カウンシルはともに地方自治体（議決機関であり執行機関）である。多くの趣旨からいってその住民総会は地方自治体とはいえない。カウンシルとは類似性を持たないミーティングは、地方行政のための法人格を有する自治機関ではない[59]」との説明が示すように、厳格にいえば、第三層の準地方自治体といえるものはカウンシルを有するパリッシュおよびコミュニティに制限された。それゆえ、カウンシルを持たないパリッシュは単純にいえば地域的な親睦団体とされたのである。

それゆえ「イングランドにおいてカウンシルを持たないパリッシュでは、その財産はパリッシュ財産管理委員会によって管理される。またウェールズにおけるカウンシルを持たないコミュニティにおいては、その財産は多くの場合ディストリクト・カウンシルによって管理される[60]」ことになった。ただし「パリッシュの財産管理委員会は、パリッシュ・ミーティングの議長とディストリクト・カウンシルが任命する委員から構成される[61]」ものであるから、カウンシルをもたないパリッシュやコミュニティは、ディストリクト・カウンシルの影響を受けることになった。これが小規模な地域自治組織の実情である。本来パリッシュとコミュニティの役割は非常に小さいものであり、多くはディストリクト・カウンシルに地域的な要望を提出し、ディストリクト・カウンシルによって必要な行政サービスを提供することができる権利を獲得することが原則となっている。

一九七二年地方自治法が実施した戦後の大合併は、それまで基礎自治体であったが合併によって消滅することになったタウンやヴィレッジを、その名称のままでパリッシュとして残存させ、基礎自治体の広域化と同時に地域自治組織を充実させた。その結果、「イングランドの約一万のパリッシュやタウンのうち七九九七のものがカウンシルを設置した。また七六五のタウンやコミュニティが存在するウェールズでは、全部のものがカウンシルを設置した。イングランドとウェールズ全体では八七六二のパリッシュ・カウンシルやコミュニティ・カウンシル（タウン・カウンシルを含む）[62]」が存在しているのである。パリッシュやコミュニティは原則としてヴィレッジとよばれ、例外的に大規模なものだけがタウンとよばれているのである[63]。

イングランドとウェールズのパリッシュとコミュニティに関する地方自治法をみると、イングランドについては、原則として「あるパリッシュが二〇〇人以上の有権者を抱えている場合、あるいは一五〇人以上で二〇〇人未満の有権者を抱えているパリッシュのミーティングがカウンシルの設置を決議した場合、それらのパリッシュにカウンシルが設置されていない場合には、ディストリクト・カウンシルは条例によってパリッシュ・カウンシルを設置しなければならない[64]」との規定がある。またディストリクト・カウンシルには、「もしパリッシュのミーティングが要求する場合には、居住する有権者が一五〇人に満たなくともパリッシュ・カウンシルを設置することが可能である[65]」との規定があり、パリッシュにおけるカウンシルの設置条件がかなり緩やかであることがわかる。

ウェールズについては、「ディストリクト・カウンシルは、コミュニティ・ミーティングによって決議された場合にはコミュニティ・カウンシルを設置しなければならない[66]」との規定があり、ウェールズのコミュニティのほうがイングランドのパリッシュよりも、カウンシルの設置が容易になっていることがわかる。これはカウンティとディストリクトの規模が拡大したことへの配慮として、末端の地方組織であるパリッシュやコミュニティにカウンシルを可能な限り設置させ、その自主性を尊重しようとすることを目的としたものといえる。この八七六二のパリッシュおよびコミュニティのカウンシルの形態は以下の三種類のものとなる。

（1）　イングランドにおける単独のタウン・カウンシルあるいはパリッシュ・カウンシル。

（2）　ウェールズにおける単独のタウン・カウンシルあるいはコミュニティ・カウンシル。

（3）　自らの独立性とミーティングを保持しているパリッシュやコミュニティの連合組織のための合同カウンシル(67)。

このようにパリッシュやコミュニティのカウンシルは単独または合同によって設置されている。

保守党政府は不在納税者の選挙権は回復させなかったが、彼らの被選挙権は回復させた。また選挙権を二一歳から一八歳に引き下げた。サッチャー内閣は一九八五年地方自治法を制定し、イングランドのグレーター・ロンドン・カウンシルと六つのメトロポリタン・カウンティ・カウンシルを廃止した。サッチャー内閣はこれまでの保守党の二層制による地方自治制度を部分的に一層制に移行しようとした。ただしサッチャー内閣はパリッシュやコミュニティには手をつけなかった(68)。それゆえイングランドとウェールズのパリッシュとコミュニティは、メージャー内閣による改革までは、ほぼ一九七二年地方自治法の規定にしたがって存在してきたのである。

5　パリッシュとコミュニティの実態

地域自治組織の実態

イギリスの地方自治制度は、行政効率化などを理由として、自治体の区域拡大すなわち市町村合併を中心に整備されてきた。これは過去にも大規模な町村合併を実行し、現在も市町村合併が大きな地方政治の問題となっている日本と通じるものがみられる。現在イギリスの自治体は平均人口からみると日本の三倍程度の規模となっているが、現在の日本の市町村合併もイギリスと類似した規模に自治体を統合しようとする傾向がある。ただし自治体の区域拡大は、住民の日常生活に密着した行政需要への対応を弱めやすいという傾向もみられる。こうした問題点に対応するためイギリスでは基礎自治体の広域化を推進すると同時に、伝統的な狭い地域を対象とした基礎自治体とされていたパリッシュや、合併以前のタウンやヴィレッジをそのままの名称で、パリッシュやコミュニティと呼ばれる地域自治組織として存続させることにしたのである。

これまでのべてきたように、チューダー朝の頃にパリッシュは基礎自治体としてイングランドの地方行政の主体となっていた。しかし人々の日常の活動範囲や関係する経済領域が拡大するとともに、基礎自治体はディストリクトを中心とする広域化した地域団体へ移行していった。こうした変遷の中においてもパリッシュは、地域によって名称は異なるものの、ある種の地域団体として残存してきた。パリッシュはイギリスにおいてコミュニティに名称を変更した地域もあるが、多くの地域において住民の日常生活圏に密着した行政の実施主体、あるいは住民の声をまとめて基礎自治体などに政策遂行を要請する、身近な自治組織すなわち地域自治組織として活動しているのである。

パリッシュ・カウンシルやコミュニティ・カウンシルあるいはミーティングによるパリッシュやコミュニティが、民主的な地域自治組織となるのは普通選挙制が実施されてからのことである。まさにパリッシュやコミュニティは、戦後の地方自治制度改革の影響を受けて、いわゆる草の根民主主義の実践の場となっているのである。パリッシュのこうした機能や性格は一層制が標準となった現在のイギリスでもかわっていない。そうした一九七二年地方自治法以降のパリッシュとコミュニティの実態を要約すると表4—1のようになる。

イングランドとウェールズの地方選挙

またイングランドとウェールズの地方選挙は、一九八五年地方自治法などによって、カウンティ、ディストリクトやバラ、シティ・オブ・ロンドン、パリッシュやコミュニティの選挙が、原則として重複しないように調整された。まずカウンティ・カウンシルの議員選挙を独立させ、原則として他の地方議員選挙はその間の年に実施されることになった。パリッシュ・カウンシルとコミュニティ・カ

表4－1　1972年の地方自治法に基づくパリッシュとコミュニティの実情(69)

団　体　数	
イングランド ウェールズ	10,317（カウンシル設置団体は7,997） 765（全部にカウンシルを設置）
人　　口	
総　　数 平均人口 理想人口	約13,000,000人 約1,5000人 500～700人
議　　会	
議　　会 定足数 議　　決 議　　長	通常毎月一回（タウン・ホールやヴィレッジ・ホールで開催） 議員の３分の１以上（ただし３名が最低数） 原則として多数決 議員の互選（原則として議員）…首長（町長・村長）を兼務
他のイングランド	
議員総数 法定人数 平均人数 俸　　給 任　　期 補欠選挙	約70,000人 最小５人，最大25人（各パリッシュが決定） ８人 無給（規定に応じた手当ての支給は可） ４年　1988年以前は１年～４年とまちまちであった 原則として任期４年で1991年の選挙を前提に前任者の任期を調節（1991年以降４年ごとの選挙を予定） 辞任または資格剥奪による失格もありうる 有権者による補欠選挙 議員の投票による補充 いずれかの選択が可…10名以上の有権者の請求がある場合には補欠選挙の実施が義務づけ
住民総会	
総　　会 議　　長	カウンシルが設置されている場合＝年１回（５月） カウンシルが設置されていない場合＝年２回 両者とも臨時の住民総会の開催は可能 総会で選出 カウンシルがない場合には首長（村長）を兼務
選　　挙	
選挙権者 被選挙権 選挙制度 投　　票	選挙人名簿に記載されている者 当該選挙区に住所を有する者 法律による選挙権の剥奪をうけていない者 絶対的な条件 一般の選挙人名簿に記載されているもの 満年齢21歳以上のもの 選択条件（いずれか一つに該当すれば良い） ・当該選挙区の住民で議員在職中も住所を保持し続ける場合 ・候補者として登録される以前に12か月を越えて，選挙区に土地を占有している場合，あるいは当該土地かその周辺３マイル以内に住んでいる場合 ・当該選挙区に，主たる，あるいは唯一の仕事場を持っている場合 単一の選挙区による選挙 選挙区ごとの選挙 いずれかを選択可能 ブロック・ボーティング（一議席につき一票・一候補者に一票）

註　平均人口と理想人口のギャップ＝大規模なタウンがパリッシュの地位を獲得し，不釣合なほど平均人口を高めているため

ブロック・ボーティングは，有権者が当該選挙区における議員定数と同数の票を持つが，一人の候補者には一票しか投票できないというイギリスの地方選挙で採用されている投票方法である。

ブロック・ボーティングを嫌う地方自治体は，バラのように小選挙区制を採用するか，メトロポリタン・ディストリクトのように３人の選挙区を設定し，３分の１ずつ毎年選挙をすることで小選挙区制にしているのである。

有権者が当該選挙区における議員定数と同数の票を持ち，一人に何票でも投票できるものを累積投票（カミュラティブ・ボーティング）という。

ウンシルの議員選挙は、各団体が定めた独自の基準で実施されていた。地方自治法は、パリッシュ・カウンシルとコミュニティ・カウンシルの議員選挙を、原則として一九九一年の選挙から任期四年で定期的に実施されるように改正した。前述のように、投票方法は小選挙区制の変形ともいうべき大選挙区完全多数代表制を採用している。イングランドとウェールズにおける地方選挙のサイクルを整理すると表4―2のようになる。

ただし本来イギリスにおける地方団体レベルでの投票制度は、小選挙区制（一人一票）や大選挙区完全連記非累積投票制（block voting＝ブロック投票制、一候補者一票、累積投票禁止）だけではなく、一部の議員あるいは代表者の選挙においては大選挙区完全連記累積投票制（cumulative voting）が導入されている。ブロック投票制は、狭い居住区を細かな選挙区に区分した場合、各選挙区内での住民の意見の相違を明確に表面化してしまうことから、住民の日常生活に密着した行政を担当するパリッシュ・カウンシルやコミュニティ・カウンシルにおける党派的分裂の回避を目的としながらも、小選挙区制度を原則的に維持しようとして導入されているものである。また累積投票制は学校委員会委員の選挙に用いられている。有権者に委員定数だけの投票権を付与し、同一候補に何票でも投じることを認めるこの方法は、国教徒とカトリック教徒やプロテスタント教徒などの存在という、宗教問題のからんだイギリスにおける民主政治の一手段として位置づけることができる(71)、宗教だけではなく人種や民族などによる少数派にも委員を送る可能性を確保させることを目的として導入されたものといえる。

このようにパリッシュとコミュニティは、当初教会の教区からスタートし、徐々に地方自治の中心となったが、産業革命以降はその権限や地位をディストリクトに譲り、地域自治組織として扱われるようになってきたものである。またパリッシュとコミュニティはイングランドとウェールズの全域には設定されてはいない。これまで先進諸国の地方自治制度は、福祉国家論のもとで効率性が要求されることが多かったことから、合併や連合などを前提とした広域行政を推進してきた。しかし低成長期への移行と少子高齢社会が同時進行するような現在の社会状況は、そうした傾向に対して是正を求めているようにも思われる。

現在のイングランドとウェールズの地方自治は、日本でいう都道府県に該当するカウンティと市に相当するディストリクトが担当し

表4-2　イングランドとウェールズの地方選挙（70）

	一九八七	一九八八	一九八九	一九九〇	一九九一	一九九二	一九九三	一九九四
カウンティ（任期四年）			全員				全員	
メトロポリタン・ディストリクト（任期四年）	三分の一	三分の一		三分の一	三分の一	三分の一		三分の一
ノン・メトロポリタン・ディストリクト（任期四年）	三分の一	三分の一		三分の一	三分の一	三分の一		三分の一
	全員				全員			
ロンドン・バラ（任期四年）				全員			全員	
シティ・オブ・ロンドン（任期一年）	全員	全員	全員	全員	全員	全員	全員	全員
パリッシュおよびコミュニティ（任期四年）	全員	例外・A 全員		例外B・全員	全員	例外A・全員		例外・B 全員
		計画：四年に調整し一九九一年選挙				調整に応じなかった団体・任期四年		

ている。地方行政の中心は徴税団体であるディストリクトである。大都市圏域では、メトロポリタン・ディストリクトの統一性が強いことから、その内部にパリッシュやコミュニティが設置されることは少ないが、地域性の強い集落や市街化区域の集合体であるノン・メトロポリタン・ディストリクトでは多くのところでパリッシュとコミュニティが設置されている。住民自治の視点に立てば、こうした住民の日常生活にかかわる事項を、それに密接に関連する地域住民の主体性に基づいて実施できることが大切なことであり、パリッシュやコミュニティは重要な存在となっている。それゆえ今後大都市圏域においても設置される可能性も考えられることから、パリッシュやコミュニティの今後をきちんと見守っていく必要がある。

註

（1） David M. Walker, 〝*The Oxford Companion to Law*〟, Clarendon Press, 1980, p. 918.

（2） W.B. Stephens, 〝*Sources for English Local History*〟, Cambridge University Press, 1981, p. 73

（3） Sir Harry Page, MA（Admin.）IPFA, 〝*Local Authority Borrowing—Past, Present and Future—*〟, George Allen & Unwin Ltd., 1983, p. 26. ページはトンプソンからの引用として用いている。

（4） 彼には五六五年に最初にネス湖の中に大きな怪獣をみたという、ネッシー伝説の最初の人物という逸話が残されている（ロンドン便り一九九一年一月号）。

（5） 安東伸介他編『イギリスの生活と文化事典』研究社、一九八二年、二九二頁。
アウグスティヌスは五九七年にケントに上陸し、ケント王セルバートをはじめとして彼の臣下をローマ・カトリック教へ改宗させることに成功し、キャンタベリーに教会を建立した後、六〇一年にはキャンタベリーに設置された初代の大司教の座についている。

（6） 安東、前掲書、二九二頁。

（7） 安東、前掲書、三八頁。

（8）Sir Harry Page, *op. cit.*, p.26.

（9）National Association of Local Councils (NALC), *"Powers and Constitution of Local Councils"*, NALC, 1987, p.1.

（10）W.B. Stephens, *op. cit.*, p.74.

（11）Keith Davies, *"Local Government Law"*, Butterworths, 1983, p.26.

（12）Keith Davies, *op. cit.*, p.26.

（13）Keith Davies, *op. cit.*, p.26.

（14）David M. Walker, *op. cit.*, p.918.

（15）Peter G. Richards, *"The Local Government System"* (The New Local Government Series 5), George Allen & Unwin Ltd., 1983, p.12.

（16）Peter G. Richards, *op. cit.*, p.12.

（17）安東他編、前掲書、四一五頁。同書では「シェイクスピアの生誕地として知られているストラトフォード・アポン・エイヴォンという地名はちゃんとした理由を持っている。『ストラト』はstreetと同じ語源のラテン語から出ており、『舗装された』の意であるから、この地名は『舗装された道路が川を渡るところ』ということになる。だから『ストラトフォード』はもともと普通名詞であって、事実この地名を持つ場所がイギリスの中のあちこちにあるために、後に『エイヴォン河畔の』という尻尾をつけなくてはいけないのだ。もちろん舗装といっても現在のそれとは比べものとなるまいが、それでもともかく四方に伸びて主要都市との間を結んでいたことが、これで証明される」と論じ、イギリスの道路網の発達を説明している。

（18）Peter G. Richards, *op. cit.*, p.12.

（19）David M. Walker, *op. cit.*, p.595.

（20）Sir Harry Page, *op. cit.*, p.p.32-33. 参照。

（21）Peter G. Richards, *op. cit.*, p.12.

（22）Peter G. Richards, *op. cit.*, p.12.

(23) Peter G. Richards, *op. cit.*, p.12.

(24) こうしたパリッシュ（教区）を中心として道路行政と救貧行政の関連については、武藤博己著『イギリス道路行政史　教区道路からモーターウェイへ』東京大学出版会、一九九五年に詳しい記述がある。

(25) Peter G. Richards, *op. cit.*, p.13.

(26) 安東他編、前掲書、八五五頁。

(27) Peter G. Richards, *op. cit.*, p.13. 参照。

(28) 安東他編、前掲書、八五六頁。

(29) Peter G. Richards, *op. cit.*, p.13.

(30) 安東他編、前掲書、八五六頁。

(31) David M. Walker, *op. cit.*, p.968.

(32) 桑原武夫氏は当時のヨーロッパの実情を、「私たちはヨーロッパを豊かな国と考えております。それは近代については正しいのでありますが、昔からそうだったわけではありません。昔は貧しい地域であったのです。ヨーロッパの土地は日本にくらべて、地味がやせており、食料は不足しておって、飢饉に悩まされることの多い地域であったわけです。…　略　…しかし十一世紀に大きな開墾事業が行われ、少しずつ農業生産がよくなり、また家畜を越冬させる技術がすすみ、ようやく肉食がすすむのであります。そして十五、六世紀ごろからようやく豊かになる。そして新しい技術をふまえて強力となりまして、世界に進出していくのであります」と説明している（桑原武夫著『ヨーロッパの文明と日本』（朝日選書一六）朝日新聞社、一九七四年、二八頁）。

(33) David M. Walker, *op. cit.*, p.968.

(34) Peter G. Richards, *op. cit.*, p.11.

(35) David M. Walker, *op. cit.*, p.968.

(36) Bryan Keith-Lucas & Peter G. Richards. *"A History of Local Government in the Twentieth Century"*, George Allen & Unwin Ltd., 1978, p.14 お

よびp.p.135-141.参照。

(37) William Hampton, *"Local Government and Urban Politics"*, Longman, 1987, p.15.

(38) 中島文雄編『ディスターヴェーク　英米制度・習慣辞典』(第二版　日本語版) 秀文インターナショナル、一九八八年二月、三五〇-三五一頁。

(39) William Hampton, *op. cit.*, p.16.

(40) Lucas & Richards, *op. cit.*, p.p.42-43.

(41) Peter G. Richards, *op. cit.*, p.15.

(42) Lucas & Richards, *op. cit.*, p.p.42-43.

(43) NALC, *op. cit.*, p.1.

(44) W.B. Stephens, *op. cit.*, p.73.

(45) W.B. Stephens, *op. cit.*, p.73.

(46) 多くの書物においては、とくに事情を解説している場合を除き、通常はパリッシュの呼称で用いられており、ルーラル・パリッシュという呼称は法律や特別な場合の呼称である。なおＮＡＬＣが一九九四年をパリッシュ百年としていることは、イングランドの近代地方自治制度におけるパリッシュの復権を一八九四年地方自治法制定としているためである。

(47) NALC, *op. cit.*, p.1.を参照した。

(48) Peter G. Richards, *op. cit.*, p.22.

(49) NALCにおける聞き取り調査の内容を整理した。

(50) Peter G. Richards, *op. cit.*, p.22.

(51) Lucas & Richards, *op. cit.*, p.p.135-141.参照。

(52) Lucas & Richards, *op. cit.*, p.p.18.以下参照。

（53） 内貴滋著『イギリス地方行政事情』財団法人自治総合センター、平成二（一九九〇）年、二四頁。

（54） 内貴、前掲書、三二頁および四八-四九頁。

（55） Peter G. Richards, *op. cit.*, p. 39.

（56） 一二八三年ウェールズ王子の Llywelyn ap Gruffudd を殺害したイングランド王エドワード一世は、コンウィの街に入るや否やコンウィ城の建設に取りかかり、なお抵抗を続けるウェールズの人々に、「ウェールズの当主はウェールズ生まれでイングリッシュを話せないものにしよう。それならよいか」ともちかけた。ウェールズの人々が同意すると、エドワード一世はカーナフォン城で生まれたばかりの赤ん坊である自分の長男に〝Prince of Wales〟の称号を授けたというエピソードが残っている。一三〇一年以来英国国王または女王の長男は代々〝Prince of Wales〟称号を授かることになったのである（Japan Journals Ltd.『月刊ジャーニー』一九九〇年一〇月No. 24 参照）。

（57） NALC における聞き取り調査の内容を整理した。

（58） NALC, *op. cit.*, p. 2.

（59） NALC, *op. cit.*, p. 2.

（60） NALC, *op. cit.*, p. 2.

（61） NALC, *op. cit.*, p. 7.

（62） NALC における聞き取り調査の内容を整理した。

（63） 私が調査のために訪問した二つのパリッシュ・カウンシルのうち、イースト・グリンスティッド・パリッシュ・カウンシルはタウン・カウンシルと称していたのに対し、リングメア・パリッシュ・カウンシルはヴィレッジ・カウンシルという名称をカウンシルの入り口に掲げていた。すなわち小規模なパリッシュ・カウンシルは自らをヴィレッジと呼称することもあり、カウンシルを持たないパリッシュが自らをヴィレッジと呼称する場合もあるので、ヴィレッジと称するものにはカウンシルが設置されているものとミーティングによるものの二つのものがあることに注意する必要がある。

（64） NALC, *op. cit.*, p. 4.

（65） NALC, *op. cit.*, p.4.

（66） NALC, *op. cit.*, p.4.

（67） NALC, *op. cit.*, p.p.2-3.

（68） Robert Leach and Janie Percy Smith (2001), 〝*Local Government in Britain*〟, Palgrave, p.63. 参照。

（69） NALC, *op. cit.*, やＮＡＬＣでの聞き取り調査などの内容を中心に作成した。

（70） NALC, *op. cit.*, やＮＡＬＣでの聞き取り調査などの内容を中心に作成した。

（71） Lucas & Richards, *op. cit.*, p.14. 参照。

第五章　パリッシュとコミュニティの権限と機能

1　一六世紀から一九世紀初頭のパリッシュ

チューダー朝以前のイギリスでは、貧困者や生活困窮者への救済活動は教会のボランティア活動によって支えられていた。一三八八年にすでに物乞いを禁止する法令が発せられていたという事実は、当時から貧困者の行動がすでに社会問題となりつつあったことを示しているが、その対応には教会があたっていた。たとえば中世の城壁都市ウィンチェスターでは、この城壁の内側すぐ近くに教会があり、貧困者は領主の命令により城壁の内側に住むことは許されなかったことから、教会をはさんだ城壁の外に居住して教会からの施しを受けていた(1)。

他方この時代に国家とのかかわりを持ったパリッシュの社会的な機能は、道路の維持を中心とした小さなものであった。ただしパリッシュは、教会のパリッシュと行政のパリッシュすなわち社会的な機能を担当するパリッシュの二つに分かれていたのではなく、教会のパリッシュの中に、意思決定機関であり執行機関であるパリッシュ評議会があり、その下に教会全体の問題を担当する部門と、道路行政を担当する部門が並存していたのである。この時代のパリッシュの機能を整理すると表5—1のようになる。ただしほぼ荘園と一体化していたパリッシュにおいては、ある程度独立性を確保していた荘園の性格による影響を受け、一方において各パリッシュが内在する教会を中心としてボランティア活動をおこない、他方では道路行政を担当していたのである。

その後、チューダー王朝の絶対主義を支えた貨幣経済への移行は、囲い込み運動の発生もあって貧困者を急増させ、彼らを都市部へ集中させることで都市部の生活環境や治安の悪化といった大きな社会問題を発生させた。この貨幣経済の発達は荘園の崩壊過程でもあった。その結果パリッシュが社会問題に対応するための地方組織として用いられることになった。すなわちパリッシュは、「荘園の没落

表5－1　16世紀までのパリッシュの構造(2)

意思決定および執行機関	機 能	構 成 員	権 限
パリッシュ評議会 (parish vestry)	教会行政	司祭・教区委員	教会の維持・ボランティア等
	村の議会	クラーク・役員	道路の維持・共同生活の維持

という社会事情を反映して、一六世紀のチューダー王朝の国王によって、地域の人々のために機能する自治組織の一つの単位として発展させられていくことになった。それゆえ当時のパリッシュは、ある程度単純な方法として、パリッシュ自身が実際に行っていた活動を合法化することを目的として制定された各種の法令を基礎として組織化がはかられる[3]ことで、社会的目的のためのパリッシュとしての性格を強めていったのである。

パリッシュは「一六世紀にイギリス議会の法律によって、二つの職務を担当するそれぞれの吏員の配置が義務づけられたことから、一般的な地域的行政を担当するところの自治体の単位[4]」となった。パリッシュは「貧困者の救済のためばかりでなく、交通路のための行政についても義務を負う地方公共団体の単位となり、しかもそれは非常に長い間継続された。しかもパリッシュは、今日でさえ、当該地域に存在する遊歩道やその街路灯に関する責任という、交通路に関する事務を担当[5]」している。チューダー王朝期にパリッシュが任命を義務づけられていた吏員は、「一五五五年と一五六二年の交通路法（Highway Act, 1555 and 1562）による道路の監督官（二名）と、一五九七年の救貧者救済法令（Poor Relief Act, 1597）による貧困者のための救貧委員（二〜四名[6]）」であった。

もちろんパリッシュの当時の機能はその二つのものに限定されていたわけではない。各々のパリッシュは、救貧委員や交通路の監督官あるいは治安官や教会委員という四つのタイプの無給の役員を通じてその職務を遂行していた。治安官はパリッシュ内の治安の維持を職務とし、微罪判事に先立って犯罪者を処罰していた。教区委員はパリッシュにある教会の建物の維持を職務とし、必要とあれば維持にかかわる居住民の支出である教会税を徴収していた。ただし教会の維持にかかわる必要な基金は、富裕層による寄付が約束されており、教会税は滅多に徴収されることはなかった[7]。

社会的目的のパリッシュが担当する主たる行政は、前述のように救貧行政であった。それゆえ地方税の唯一のものであったレイト（資産税…固定資産税であるが支払い義務者は所有者ではなく実際に当該資産を利用している占有者）の主要な歳出項目は救貧関係項目であり、地方公共団体の最も重い財政負担であった。それゆえ救貧委員の活動は、レイトの評価額の決定と徴収、さらに救貧法の予定する資材の購入や貧困者への住居と職場の提供などのほかに、当時のレイト徴収権限を持つ唯一の公職者であったことから、カウンティやバラの提出するプリセプトに基づいて、他の地方公共団体の課税額までも徴収する義務が課されていた。社会的経済的な変動が惹起する行政需要の増加にともない、地方公共団体の行政活動が増加すればするほどレイトが増額され、救貧委員はそれをまとめて課税し徴収するという職務に振り回されることになっていった(8)。

救貧委員は他のパリッシュの役員とともに、「女王や女王を補佐する各大臣の命令系統の末端で命令を単に受けるだけの立場に位置し、治安判事を通じて指揮監督を受けるものであった。治安判事と同様、彼らも女王のための常勤の専門職ではなく、世襲財産からの収入によって生活している、単なる専門性を必要とはしない役人であるとの理由から無給とされた。彼らは『ヨーマン』階級と通常よばれる地方的な騎士であったとはいえ、彼らの相続した自由保有権が認められた農場資産からの生産や収入によって生活している、一般的には地主と呼ばれる身分(9)」であった。このように、社会的な地位や身分あるいは自らの収入源などを理由として無給とされ、しかも徴収漏れのレイトに対しては個人的な責任を負わされることからいっても、この救貧委員は望まれる役職ではなかった。

救貧委員の個人的な損失を回避するために、富裕なパリッシュは有給の救貧委員補を採用し、未収分のレイトに対する責任が救貧委員には及ばない方策を導入した。この結果レイトの未収分が増加し、その解決策として立替払い制度が導入されることになった。これは不動産の所有者にレイトすなわち救貧税の一五〜三〇％を徴収手数料として支払うかわりに、彼らに救貧税を立て替えさせるものであった。これは不動産所有者にとって有利なものであったために、レイトの徴収には効果があったが、手数料が高かったこともあってレイト収入の減額という別の問題を引き起こしたほどであった(10)。こうした変化があったとはいえ、チューダー王朝時代に近世のパリッシュの役職や職務は救貧行政と道路行政を中心に整備されてきたのである。その内容を整理すると表5―2のようになる。

一七世紀から一八世紀にかけて、イギリスの地方制度は大きな変革を経験することはなかった。その間にイギリスの政治はピューリタン革命や名誉革命を経て、民主政治の充実に向けて邁進することになった。また経済は貨幣経済から産業革命を経て産業経済へと発展し、その過程において農村でも農業革命と呼ばれる「囲い込み運動」が国策として実施された(12)。こうした「革命」と称される多く

表5-2　16世紀から18世紀にかけてのパリッシュの構造 (11)

意思決定と執行機関	機能	構成員	権限
パリッシュ評議会	教会行政	司祭・教区委員	教会の活動…ボランティアなど 教会の維持…寄付金の徴収 教会税の徴収
救貧委員	貧民救済	救貧委員 (2～4名)	救貧活動全般…レイト額の決定 レイトの徴収 (未収分の納付義務を内在) 他の団体のレイトの徴収と配分 救貧行政の遂行
交通路の監督官	道路補修	監督官 (2名)	道路補修全般…作業計画の策定 作業の監督 富裕者の税の徴収 貧困者の労賃支払
治安官	治安維持	治安官	治安活動全般

の出来事が産業社会を発展させ、都市化を推進させていった。その結果、より多くの人口の都市集中と貧困層の増加を生み出し、行政需要を拡大していった。しかし時の政府は、国家中心の考え方が強かったこともあって、こうした政治的・社会的・経済的な変革への対応策として、地方自治制度の整備などをすることはほとんどなかったのである。

政府は特定問題に対する特別団体（委員会）や地方法あるいは私法律の制定を通じて、地方公共団体とは別の特定目的の特別団体の設置や、地方公共団体に存在する各種機関（委員会）などに権限を付与することで、増加する行政需要への対応策とした。その結果一九世紀においては、こうした複雑化し多様化した行政主体や担当団体を整備し、国と地方の権限配分などを通じた民主的で効率的かつ合理的な行政執行の実現が回避できない問題となった。政府は一方において広域化し都市化の傾向を強める各種の行政需要に、他方では伝統的な農村の維持を求める声に答えるような地方行政組織の整備に着手せざるをえなくなっていったのである。

2　一九世紀中葉から第二次世界大戦までのパリッシュ

一九世紀はパリッシュの機能が著しく低下した時代であった。その要因となったものが一八三四年に制定された救貧［修正］法であった。救貧［修正］法が制定されるきっかけとなったものは一七二三年の法律であった。一七二三年の法律は救貧行政履行のためのパリッシュ合同や、パリッシュ連合の形成を許可した。もともと救貧行政はパリッシュには重すぎるものであり、パリッシュの財力では十分な貧困者の救済は本来不可能であった。合同や連合も単なる一時しのぎにすぎなかった。最終的に国の救貧委員会令（Poor Law Commission）は、約三〇〇のパリッシュに現状を報告させるための調査票を送付し実態の把握に努めた。この委員会の調査報告を受けて救貧［修正］法が制定された(13)。

一八三四年救貧［修正］法は、救貧行政の主体としてパリッシュの連合体である救貧法連合を設定し、その内部に、貧困者の救済を担当する地域ごとに選出された委員によって構成される、特別団体である救貧委員会（Boards of Guardians）を設置した。この救貧委員会は国家機構の中に位置づけられ、中央政府による強い監督を受けた[14]。こうした中央政府による監督権の強化は、チューダー王朝以来のイギリスの伝統となっていた。そこには地方的な「サービスは必要不可欠である。しかしそれらを提供する地方の諸機関は規制されていなければならなかった。これらの機関は国会で承認された機能以外の機能を引き受けることは許されるべきではなかった。金が浪費されず、また、一部のサービスについては最低規準が確実に維持されるために、国の審査機能が必要であった[15]」とする原理が働いていた。その結果生み出されたものが特別団体であり、権限踰越の法理であった。救貧委員会はそうしたものの代表的なものであった。

救貧行政がパリッシュの主たる行政であった以上、救貧行政の救貧法連合とその内部に設置された救貧委員会への救貧行政の移行は、パリッシュの社会的機能をほとんど喪失させた。また救貧連合と類似したものとして、一八四五年から一八七五年の間に各種の法律が整備され、交通路ディストリクトや衛生ディストリクトあるいは保健ディストリクトなどと学校委員会が、カウンティを区分する形で（結果的にはパリッシュの連合体と同じ）設置されていった。さらに一八七二年には治安官が廃止されることによって、パリッシュの社会的機能の喪失にさらに拍車がかけられた。加えて一八六八年の強制力のある教会税の廃止は、パリッシュの宗教的機能も弱めることになっていった[16]。

一九世紀にはパリッシュやタウンやヴィレッジの段階に必要に応じて招集される委員会などとして、つぎのものが存在した。

交通路委員会
地方保健委員会
埋葬地委員会
廃水路委員会
照明・公安管理官

浴場・洗濯場管理官

こうした委員会などには異なった区域が設定されており、調整機関または組織的な総合機能が存在しないという問題を抱えており、地方行政上の混乱や非能率あるいは不合理性といったものの原因となった[17]。このことからパリッシュレベルにおいても行政機構の整理と権限の配分が大きな問題となった。

こうした中で、地方公共団体の民主化に加えて、地方公共団体の整理統合と権限の再配分を目的として制定されたものが、一八八八年地方自治法と一八九四年地方自治法である。一八九四年地方自治法は、一九世紀に入り大半の権限を剥奪されて半死の状態にあったパリッシュをパリッシュ・カウンシルとして復活させた。産業化と都市化の進展により広域化した都市部には不適格なものと考えられたパリッシュは、農村部に限定され、同時に設置された第二層のルーラル・ディストリクト・カウンシルの下部機構であるルーラル・パリッシュ・カウンシルとして設置された。このルーラル・パリッシュ・カウンシルは、第二層のアーバン・ディストリクト・カウンシルやルーラル・ディストリクト・カウンシルとともに、交通路委員会や地方保健委員会、あるいは埋葬地委員会や廃水路委員会、さらに照明・公安管理官や浴場・洗濯場管理官の職務を受け継ぐことになった[18]。もちろん各ルーラル・パリッシュ・カウンシルの職務は、上層のルーラル・ディストリクト・カウンシルとの関連によって異なっていた。

一八世紀末から一九世紀半ばにかけてパリッシュの役割が激減し、その存在意義が問われるまでになっていたにもかかわらず、パリッシュがたとえ農村地域に限定されたルーラル・パリッシュ・カウンシルとしてではあっても、近代的な公選の議会と議長（村長）を中心とする執行機関を持ちえた理由の一つに自由党の農業政策があった。囲い込み運動は、「休耕地がなくなったため農業生産高がふえたこと、荒地や森林地を開墾したこと、資本投資が行われ、開墾方法が進歩した[19]」といった形で経済効率を高めていった。ただし囲い込み運動は、「村人が何世代にもわたって共同使用してきた牧場や森林地のいわゆる『共有地（common land)』にも及んだ。この共有地は荘園の領主に割り当てられた[20]」ことから、大土地所有者に有利なものであった。共有地を追われた独立農民や小地主は没落し、流民として都市に流れ込んでいった。自由党はそうした流れを遮断し、農業の復活を自作農の育成によって達成しようとしたのである。

自由党による新しい地方公共団体としてのルーラル・パリッシュ・カウンシル設立の方針は、「新しい地方団体は小自作農地と市が貸与する市民菜園という手段を通じて、すべての小作農が三エーカーと牛一頭の所有者となるという、かつての素朴な状態を再建することによって小作農を大地に戻すための道具とすべきだと考えた。パリッシュ・カウンシルは、土地の大地主とパリッシュの事実上の責任者やその代理を権力の座から引きずりおろして、農業国イングランドの新しい黄金時代におけるルーラル・パリッシュ・カウンシルとして繁栄させるべきだ[21]」との考えに基づくものであった。こうした自由党の小自作農運動は、ルーラル・パリッシュ・カウンシル設立以前に、土地整理を目的としたつぎの法律の制定に結びついた。

一八八二年市民菜園拡張法
一八八七年市民菜園法
一八九〇年市民菜園法
一八九二年小作農地法

またルーラル・パリッシュ・カウンシル設定以降に制定された関連法律にはつぎのようなものがある。

一九〇七年小作農地法および市民菜園法
一九〇八年小作農地法および市民菜園法
一九二二年市民菜園法
一九二五年市民菜園法
一九二六年小作農地法および市民菜園法[22]

この一連の市民菜園と小作農地に関する法律は、「土地を少しずつ、しかもきわめて迅速にルーラル・パリッシュ・カウンシルの手中に投げ込み、カウンシルはそれを地域の居住者に貸しつけることによって、徐々に、しかも静かに土地を国有化するというルーラル・パリッシュ・カウンシル法案の目的[23]」になっていた。しかし現実の産業革命は、社会を自由党の目標とは大きく違った方向に導いていった。産業革命により、人々の「土地整理への関心は減退し、それ以外の都市問題のほうがより急を要するようにみられた。ルーラル・パリッシュ・カウンシルは農業革命を達成することができず、きわめて乏しい財源手段と少ない権限のなかで、ごく早い段階において創始者の高い願望を達成することに失敗した。彼らはその後も有益で、刺激的でない目的[24]」への奉仕を続けていくことになった。

この事実は、パリッシュの役割が都市化の進展にともなう人々の生活空間の拡大によって小さくなってきたことを示している。それゆえイギリス国会は、「パリッシュの権能をより統治領域の広い、より上層の公共団体に移管した[25]」のである。「地方公共団体によって提供されるところの主要なサービスは、カウンティ・カウンシルとディストリクト・カウンシルに配分されることになり、パリッシュ・カウンシルが存在するところには、遊歩道の維持管理やパリッシュ・ホールの維持管理、あるいはそれらに類似するような地域的要素の強いサービスが、パリッシュの機能として配分された[26]」という事実は、ルーラル・パリッシュにカウンシルを設置したものの、その役割が限定されたことを示している。

一八九四年地方自治法には、「六つの異なる構成を有するパリッシュの行政機構が、通常同一の区域において異なった機能を遂行するような規定がおかれていた。そしてそれらの行政機構には、司祭や教区委員あるいは救貧委員によって構成されるさまざまな共同体と、地方衛生部門や地方交通部門あるいは教区評議会[27]」が含まれていた。この記述からも、パリッシュ・カウンシルの主たる社会的な機能が、交通衛生と遊歩道や街路灯の維持管理といった住民の日常生活に密接な関係を有する機能に限定されていたことがわかる。しかも一八八八年地方自治法と一八九四年地方自治法制定時に確立された権限踰越の法理も、パリッシュ・カウンシルの機能を制約する要素となった。この近代的地方行政制度の成立前後のパリッシュ・カウンシルの機能を要約すると表5―3のようになる。

表5-3　19世紀～20世紀中頃までのパリッシュの構造 (28)

	意思決定・執行機関	権　限
1894年以前	パリッシュ評議会	中世の宗教的機能と社会的機能
	特別団体	これまでのパリッシュの機能の大半を分掌 代表的な特別団体 交通路委員会、地方保健委員会 埋葬地委員会、廃水路委員会 照明・公安管理官、浴場・洗濯場管理官
1894年以降	パリッシュ・カウンシル	法律によって付与された機能のみを遂行 地域の意見の代弁 私立学校の管理官の任命
	各種委員会	他の職務は委員会を通じて実施 衛生委員会　公衆衛生や保健の管理 廃水路の設置や管理 浴場や洗濯場の管理 交通路委員会　遊歩道等の維持管理 街路灯等の維持管理 その他　火葬場や共同墓地等の維持管理 市民菜園の貸出と維持管理 タウン・ホール等の建造物の管理 共有地や運動場等の維持管理 公共時計等の維持管理 バス停の待合施設等の維持管理 その他権限委譲を受けたもの

3　第二次世界大戦以降のパリッシュとコミュニティ

一九四七年にパリッシュ・カウンシルは全国パリッシュ・カウンシル連合協議会を設立した。一八七二年の都市団体連合協議会（一八八八年以降名称はそのままでバラの連合協議会となった）や一八八八年のカウンティ・カウンシル連合協議会、そして一八九四年に設立されたアーバン・ディストリクト・カウンシル連合協議会やルーラル・ディストリクト・カウンシル連合協議会に比べてかなり遅れたが、設立によって、すべての地方公共団体の全国組織が存在することになった(29)。

パリッシュを除く各地方公共団体は、この全国組織を通じて政府にはたらきかけ、新しい権限の獲得のために地方法や私法律の成立に力を注ぐなど、圧力団体として活動していた。それにならいパリッシュ・カウンシルも全国組織の形成に動いたのである。しかし他の地方公共団体と違い、組織の資金力も私法律の成立を求める法的地位も与えられていなかったパリッシュの全国組織は、初めは消極的な活動に専念していた。その後積極策に転じ、一九五四年には副会長に貴族院議員一名と庶民院議員四名を配置し、全国パリッシュ・カウンシル連合協議会は議員法案の提出による権限の獲得に力を注いでいった。実際一九七一年までに全国パリッシュ・カウンシル連合協議会は五件の法案提出に成功している。それらはつぎの五つである。

一九五六年地方自治体選挙法
一九五七年パリッシュ・カウンシル法
一九五八年体育およびレクリエーション法
一九七〇年パリッシュ・カウンシルおよび埋葬期間法
一九七一年危険ごみ法

その他にも副会長を通じて多数の法案修正に成功している(30)。

ただし戦後のイギリス地方行政の主要な問題は地方公共団体の再編成であった。すでに政府は一九四二年に当時存在していたカウンティ・カウンシルとバラ・カウンシルの全国連合協議会に対して改革案の提示を求めていた。カウンティ・カウンシル連合協議会は二層制を提案し、都市団体連合協議会は一層制を提示していた。両者の争いは最終的には五つの地方公共団体の連合協議会の間に対立を生み出し、そこに保守党と労働党の対立も加わったことから容易に結論がだせなかった。最終的に一九七二年地方自治法によって二層制の地方行政組織が確立され、ルーラル・パリッシュ・カウンシルは第三層に位置する地域自治組織の地位を維持することになった。都市部にもそれまで地域コミュニティとして存在していた団体などをパリッシュ・カウンシルとすることが認められたことから、ルーラル・パリッシュ・カウンシルは単にパリッシュ・カウンシルと呼ばれることになった。また歴史的理由から前述のようにウェールズのパリッシュ・カウンシルはコミュニティ・カウンシルに改称された。

一九七二年地方自治法にはパリッシュ・カウンシルとコミュニティ・カウンシルの規定がおかれ、両者の権限を整理し強化した。一九七二年地方自治法のパリッシュ・カウンシルとコミュニティ・カウンシルの権限などに関する趣旨は、一九八五年地方自治法においても継続された。その中で各地方公共団体が一九七二年地方自治法の制定過程において重視したものの一つに、一九六三年地方行政［財政支出］法によって設定された「自由な一ペンス」の流れをくむ「自由な二ペンス」がみられる。これはコミュニティ・チャージの導入によって「自由な三・五ペンス」となったものであるが、その趣旨に変化はみられない。

その「自由な二ペンス」の特徴や権限について、全国ローカル・カウンシル連合協議会はつぎのように説明している。

一、ローカル・カウンシルは、以下の目的のために、毎年二ペンスを生産物に対する税金として賦課することが可能である。

（1）カウンシルの見解において、当該の区域やその一部あるいは住民全体やその一部にとって利益となると思われる歳出（(c) を参照のこと）。

（2）負担金 （i）イギリスにおける青少年活動の支援を目的とした慈善的な団体の基金に対するもの。

（ii）イギリスにおける公共サービスを提供するか、さもなければその獲得を目的とした団体の基金に対するもの。

（iii）　ロンドン市長あるいはカウンティやディストリクト・カウンシルの議長による、イングランド在住者に影響を与える特別な企画と関連してなされる援助のための基金に対するもの。

（3）　住民の利益としてローカル・カウンシルが受容した贈与財産の維持あるいは管理。ただし財産を、ある一つの特殊な機能を目的として、ローカル・カウンシルに贈与することはできない。

二、自由な二ペンスに基づく歳出は、当該法令に基づく機能によって他の地方公共団体の歳出としてなされるものへの支出、あるいは商業活動や産業活動を経営する個人に対してなされる支出を含んでおり、前述の（1）から（3）の中で減額されつつある歳出に対して提供することも可能である。

三、自由な二ペンスに関する権限は以下に示す制約にしたがって行使できるものである。

（a）　自由な二ペンスによる歳出は、決定権を持つ公共団体のもとにあるものを除いて、予算を超過しておこなうことはできない。

（b）　独立会計は保護されなければならない。

（c）　カウンシルは、他の法令によって権限がすでに賦課されている行為、あるいは他の権限が行使されることで、禁止事項や制約などを受けることになったものに、これらの権限を行使することはできない。

他のタイプの地方団体がこうした企画に対し、予算を超越した支出をおこなうことについて特別な法令による権限をえているか、あるいはこの権限による支出がこうした企画に内在する他の権限あるいは商業上の利益を形成していないということは、自由な二ペンスにおける権限の行使に関する主題ではない。

十分な基金を設定することによって、自由な二ペンスの権限は野良犬などの収容施設といった各種施設の維持、あるいは公共団体が主催する村落における催しや村落の病院に対する補助、さらに地域の除雪といった多様な目的のために用いることが可能である。

国務大臣はその権限に基づき、通常の命令によって歳出限度の緩和や制限などをおこなうことができる。また国務大臣には、歳出自体は当然とみなされるが、法令上の規定や自由な二ペンスにおける規定によれば権限を超越した支出となるようなものに対して、会計検査院による指摘からパリッシュ・カウンシルやコミュニティ・カウンシルを擁護するために、特別な認可を与える権限が認められている[31]。

このように自由な二ペンスは、ある程度、地域的な実情に応じた、あるいは地域的に特色ある行政サービスの実施を、パリッシュ・カウンシルやコミュニティ・カウンシルに対して可能にした。この精神は、その後も自由な三・五ペンスによって確保されるとともに拡大されてきた。国も従来から地方自治法の目的となってきた権限踰越の法理を保障するため、自治大臣に地方自治体への監督権の容認を継続している。しかし国は他方では、権限踰越の法理の範囲を制限するために、地方自治体が自由に使える金額を増加させている。自治大臣の権限として一応の監督権は認めているものの、ある範囲内とはいえ、イングランド政府は自治権範囲の拡大を模索しているのである。そうした一九七二年地方自治法によって確定され、一九八五年地方自治法においても保持されてきているパリッシュ・カウンシルとコミュニティ・カウンシルの各種の機能を要約すると表5―4のようになる。またこうしたパリッシュ・カウンシルとコミュニティ・カウンシルの機能が、実際にはどのような形で実施されているかを整理すると表5―5のようになる。

この二つの表が示すように、パリッシュ・カウンシルとコミュニティ・カウンシルは地域に密着した行政サービスなどを、単独であるいは他の地方公共団体からの財政援助を受けながら実施している。しかし逆の立場から、パリッシュ・カウンシルとコミュニティ・カウンシルは、本来自己の責任で実施すべき行政サービスなどの他の地方公共団体への委託や、他の地方公共団体の実施している行政サービスなどを利用するといったケースもみられる。そうした場合に当該パリッシュ・カウンシルとコミュニティ・カウンシルは、自由な二ペンスによる財政負担とは別に、補助金などを支払うことでそうした活動をいわば相手方の行政サービスに相乗りする形で実施している。たとえば池をはさんで存在する二つのパリッシュの一方のパリッシュの区域にボート乗り場がある場合、他方のパリッシュが相手方に補助金を支出して自己のパリッシュ住民の利用に供するような場合である。

こうした例からみて、これらの委託などによる行政サービスの提供も広い意味ではパリッシュ・カウンシルやコミュニティ・カウン

表５−４　1972年の地方自治法において再規定あるいは補充され、1985年の地方自治法以降も継続されている、パリッシュ・カウンシルおよびコミュニティ・カウンシルに与えられている機能(32)

生活関連施設	駐車場・駐輪場・街路灯の設置、道路の敷設、公共の遊歩道や乗馬用の小道の開設、交通標識・バス停設備やベンチ・ポスト・公衆電話の設置
公衆衛生	公衆便所、ごみ箱の設置、上下水道設備の提供
土地	市民菜園・スポーツやレクリエーション関連施設・オープン＝スペースの提供と維持、路肩の整備、入会地の管理
建物	集会所・屋内スポーツ施設・公共の時計の設置および整備
事業	催し物の提供、バンドやオーケストラの維持、絵画や工芸等の支援や促進、交歓会・会議・見本市・展示会等の開催
死者関連事業	埋葬や火葬のための施設の提供、霊安室等の設置、古い墓地の整備や廃止、戦争記念碑の維持・修理・保存
その他	教育への副次的なサービスの提供、チャリティの管理や実施、自由な２ペンス（現在では自由な3.5ペンス）に関するもの

表5-5　1972年の地方自治法におけるパリッシュ・カウンシルとコミュニティ・カウンシルの機能の具体的な内容(33)

(アルファベット順)

市民菜園	(Allotment)	耕作のための市民菜園の提供と維持
＊芸　術	(Arts)	芸術を推進するための絵画や工芸等への理解の向上と促進
浴　　場	(Baths)	浴場や洗濯場の提供（現代的な用語ではコイン・ランドリーを意味する）
共同墓地	(Cemeteries)	埋葬地や墓地あるいは火葬場の提供と維持
教会墓地	(Churchyards)	利用されている教会墓地に対しての財政援助の権限と、管理義務が教会から譲渡されたところの閉鎖された教会墓地の維持に関する義務
＊時　計	(Clocks)	教会墓地やその他の所にある公共の時計の提供と維持
共 有 地	(Commons)	登記上の所有者のいない、結果的に共有地として登録された土地の保護
＊催し物	(Entertainment)	各種の公共的な催し物や催し物を行う会場の提供、(これにはバンドやオーケストラの維持やダンスの機会の提供が含まれる)
遊 歩 道	(Footpaths)	遊歩道や乗馬用の小路の維持
＊ホール	(Halls)	公的な集会あるいはインドア・スポーツや運動そしてレクリエーション的なものを目的としたクラブや団体、社会的なものを目的としたクラブや団体さらに競技スポーツを目的としたクラブや団体の利用への提供
法的手続	(Legal Proceedings)	居住民の利益に関する法的手続きにおいて、訴訟の提起や訴訟からの保護を行う権限。 公的な地域の調査に参加する権限
＊ご　み	(Litter))	道路の隅等へのごみ箱の設置とごみの自主的な管理に関するキャンペーンの支援
霊 安 室	(Mortuaries)	死体の仮安置所や検死のための部屋の提供
開放地域	(Open Spaces)	公共に対して開放される緑地や遊園地あるいは遊歩道の提供と維持
駐 車 場	(Parking Places)	車やオートバイのための駐車場の提供と維持
公　　園	(Parks)	公共のための公園とその必要な施設の提供と維持
計　　画	(Planning)	パリッシュ・カウンシルとコミュニティ・カウンシルは、それぞれの領域に影響をおよぼすところの計画の適用について予告を受ける権利と、計画を作成した公共団体が考慮しなければならないところの意見を述べる権利を有する
＊運動場	(Playing Fields)	ボートのための施設を含むあらゆる種類のアウトドア・レクリエーションのための競技場の提供と維持
湖　　沼	(Ponds)	不衛生な状態や健康を侵害するような要素の除去を目的として、沼や池あるいはその他の場所を管理する権限
郵便電話	(Post and Telephone)	ブリティッシュ・メイルやブリティッシュ・テレコムその他の設備等の損傷に対する保証の権限
公衆便所	(Public Lavatories)	公衆便所の提供と維持
路　　肩	(Roadside Verges)	路肩への植物の移植や維持のための権限
＊ベンチ	(Seats)	交通路の適切な場所へのベンチの提供と維持
＊覆　い	(Shelters)	一般の人々が利用するための東屋などの施設や、特にバス利用者のための待合施設の提供と維持
案 内 板	.(Signs)	危険等の警告や地名の表示のあるいはバス停の表示等のために案内板を設置する権利
＊プール	(Swimming)	屋内プールや屋外プールあるいは水遊びをするための場所の提供
＊観　光	(Tourism)	レクリエーション等による観光客やビジネス等による旅行者に対する相談あるいは案内等に関する便益の提供
＊緑地帯	(Village Green)	村や町の緑地帯の維持

註　＊は、当該カウンシルが単独で実行できる権限ではあるが、他の公共団体からの財政的な援助によって、その活動が援護される場合も見られるものである。

表5-6　パリッシュ・カウンシルとコミュニティ・カウンシルが補助金等の支出によって他の団体の行政サービス等に依存することが可能なもの(34)

目　　的	受　容　者
・道路に関する権利の取得 ・遊覧船	・他のパリッシュ・カウンシルとコミュニティ・カウンシル
・遊歩道 ・レクリエーション用地 ・地域の共有地 ・パリッシュあるいはコミュニティホール ・公共のためのベンチ ・公共の避難施設 ・公共のための時計 ・公共のための照明施設 ・駐車場 ・墓地	・他の地方公共団体（パリッシュ・カウンシルとコミュニティ・カウンシルを含む）またはその他の団体あるいは個人
・地域の公民館を含むあらゆる種類の屋内と屋外に関連する施設 ・入会地 ・催し物 ・絵画や工芸	・他の地方公共団体（パリッシュ・カウンシルとコミュニティ・カウンシルを含む）および任意の組織（あらゆる地方公共団体または、そうした目的物を任意の組織に貸与できる） ・ディストリクト・カウンシル ・他の人々
・パリッシュやコミュニティにおけるナショナル・トラストの財産	・ナショナル・トラスト（内務大臣の同意が要求された）

シルの権限ということができる。それゆえそうした委託可能なパリッシュ・カウンシルやコミュニティ・カウンシルの権限、すなわち法律によって認められている委託などが可能な権限の目的となる行政サービスと補助金などの受容者を整理すると、表５—６のようになる。

パリッシュとコミュニティの権限と機能の歴史的な変遷を、可能な限り表にまとめて整理してみると、時代とともに規模の効率性が要請されるようになり、地方自治体（地方政府）の中心がパリッシュからディストリクトそしてカウンティへと移行している事実が浮かび上がってくる。ただし規模の適正化は住民と行政主体との距離を拡大し、住民の自治意識を希薄にする傾向もみられる。参加民主政治が現代民主政治の要請の一側面を形成していることからみて、イングランドとウェールズにおけるパリッシュとコミュニティが、身近な日常的な行政のみとはいえ、住民に密着して行政の意思決定と執行を実施できることは素晴らしいことである。こうした身近な行政の執行を確保する方法を日本でも合併の推進と並行してより深く考察しておくべきである。

註

（1）　ウィンチェスター観光協会の担当者の解説を整理した。

（2）　W.B. Stephens, *"Sources for English Local History"*, Cambridge University Press, 1981, p. 77. や David M. Walker, *"The Oxford Companion to Law"*, Clarendon Press, 1980, p. 918. さらに Peter G. Richards, *"The Local Government System"* (The New Local Government Series 5), George Allen & Unwin Ltd., p. 12. 等を参照し作成した。

（3）　W.B. Stephens, *op. cit.*, p. 76.

（4）　Keith Davies, *"Local Government Law"*, Butterworths, 1983, p. p. 27-28.

（5）　W.B. Stephens, *op. cit.*, p.73.

（6）　Keith Davies, *op. cit.*, p.p.27-28.

（7）　Peter G. Richards, *op. cit.*, p.13.

（8）　Bryan Keith-Lucas & Peter G. Richards, "*A History of Local Government in the Twentieth Century*", George Allen & Unwin Ltd., 1978. p.p.135-136.を参照して整理した。

（9）　Keith Davies, *op. cit.*, p.28.

（10）　Lucas & Richards, *op. cit.*, p.p.135-136.を参照して整理した。

（11）　Keith Davies, *op. cit.*, p.28.とPeter G. Richards, *op. cit.*, p.13.を中心として、その内容を整理して作成した。

（12）　『農業革命』という言葉は、英国では一八世紀後半と二〇世紀初めの二五年の間に、開放耕地制度の廃止と開放耕地の囲い込みによって起こった農村社会の変革を指す。この時期にイギリスの人口が急速に増加したので、食料品の需要が増加し、農業物価格が上昇した。工業化による都市人口の増加のため新しい農産物市場が生まれた。このように農業革命が産業革命の発端と時期を同じくしていたのは単に偶然ではなかった。　…　略　…　また『囲い込み運動（enclosure Movement)』と言われるものが、国の政策として実現したのは一七四〇年代になってからであり、ジョージ三世の治世（1760-1820）にはその頂点に達した」（中島文雄編『ディスターブェーク　英米制度・慣習辞典』（第二版　日本語版）秀文インターナショナル、一九八八年二月、二七七頁より抜粋）。

（13）　Peter G. Richards, *op. cit.*, p.p.15-16.を整理した。

（14）　キース・デーヴィスは「一八三四年の救貧［修正］法が貧困者の救済に関する行政を改革し、その内部に中央政府が統制できるシステムを導入した」と明確に論じている（Keith Davies, *op. cit.*, p.304.）。

（15）　Lucas & Richards, *op. cit.*, p.159.

（16）　W.B. Stephens, *op. cit.*, p.73.とSir Harry Page, MA（Admin.）IPFA, "*Local Authority Borrowing—Past, Present and Future—*", George Allen & Unwin Ltd., p.p.32-33.参照。

（17）Lucas & Richards, *op. cit.*, p. 53.

（18）Lucas & Richards, *op. cit.*, p. 35. を整理した。

（19）中島編、前掲書、二七七頁。

（20）中島編、前掲書、二七七頁。

（21）J. Collins and J.L. Green, "*Life of Jesse Collins*", 1920., p. 120.

（22）Lucas & Richards, *op. cit.*, p. 61 (notes, 16).

（23）A.L. Thorold, "*Life of Henry Labouchere*", 1913, p. 533.

（24）Lucas & Richards, *op. cit.*, p. 37.

（25）Peter G. Richards, *op. cit.*, p. 22.

（26）William Hampton, "*Local Government and Urban Politics*", Longman, 1987, p. p. 19-20.

（27）National Association of Local Councils (NALC), "*Powers and Constitution of Local Councils*", NALC, 1987, p. 1.

（28）Lucas & Richards, *op. cit.* の内容に、Peter G. Richards, *op. cit.* などを加味して作成した。

（29）Lucas & Richards, *op. cit.*, p. 1180. を整理した。

（30）Lucas & Richards, *op. cit.*, p. 187. p. 197 (notes, 21). を整理した。

（31）NALC. *op. cit.*, p. p. 26-27.

（32）NALC, *op. cit.*, p. p. 24-37. 第四章を整理し作成した。

（33）NALC, "*What Can Local Government Do ?*", NALC, 1983, p. p. 1-2.

（34）NALC, *op. cit.*, p. 26.

第六章　ローカル・カウンシルの実態
――イースト・グリンスティッド・タウン・カウンシルとリングメア・ヴィレッジ・カウンシルをモデルとして――

1　ローカル・カウンシルの歴史と役割

イギリスの地方自治制度の理念とパリッシュの法的地位

イギリスの地方自治制度には、「旧くから自治の国といわれ、イギリスの歴史は自治組織の上に築かれてきた。それにもかかわらず、しばしば今日のイギリスには地方行政（local government）はあるが、地方自治行政（local self-government）はないといわれ、一般に、地方自治行政（local self-government）ではなく地方行政（local government）とよんでいるように、イギリスの地方行政は、国家のすべての政治が国民の参加によって行われる国民自治であり、地方政治もまた本質的に国の事務であり、地方固有の政治ではなく、国の政治の地方的分掌である(1)」という特徴がある。このことはイギリスの地方自治体の自治権が伝来（承認）説に立脚していることを示している。この伝来（承認）説を補強する法律上の原理が「権限踰越（ultra vires, beyond of power）」の法理である。

地方公共団体に権限踰越の法理が確立された背景には、「ビクトリア朝には伝統的に地方行政が必要悪とされていた。それゆえ貧しい人々がいつの時代にも私たちのそばにいる以上そうした人々を救済する必要があり、道路は痛みやすいものなので常に修理される必要があり、不衛生な状態は不快で病気などの原因となるので下水設備を備える必要がある。子供達は社会にとってかけがえのない構成員であるから責任ある社会の構成員に育てるためには教育が必要であり、こうしたサービスの提供は必要かつ不可欠なものであるという認識は当然に認められていた。しかし財源が浪費されることなく、一部のサービスにおいてはその最低規準が確実に維持されるためには国家による審査が必要である。それゆえそのようなサービスを提供する地方機関は国家によって規制されるべきであり、法律によって承認された権限以外のものを実施することは許されないとする事実が存在する(2)」という判断があった。

こうした歴史的な事実から、地方公共団体にとって権限踰越の法理は、確かに例外はあるものの、地方公共団体に特定の法律の中に自らの行為に関する積極的な権威をみいだすことが可能な場合に限って、行政行為を執行することを容認するものである。それゆえ地方公共団体には、その地域の住民の便益に関する総合的な法的能力を認められてはいないのである。法律にその部分に関する規定がないという消極的な解釈が成り立つだけでは不十分であり、法律によって特別な権威が付与されることが必要不可欠な条件なのである(3)。ただしイングランドにおいては一九六三年地方行政〔財政支出〕法によって権限踰越の法理が微弱ではあるが修正された。その後もローカル・カウンシルの設置や広域型一層制自治体の増加などにより権限踰越の法理にはさらに修正が加えられてきた。

権限踰越の法理によりパリッシュはどのような権限を有しているのか、すなわちパリッシュが法律的にいかなる地位にあるかについては争いがある。一九七〇年総選挙における保守党の、「中央政府からの実質的な権限の委譲をおこないながら二層制を継続することによって、良識ある地方行政制度を推進する(4)」という公約は、パリッシュを地方団体ではなく地域的なコミュニティと理解していた証拠である。他方「イングランドやウェールズのパリッシュやコミュニティとは異なり、スコットランドのコミュニティは地方公共団体の第三層という存在ではない(5)」との指摘は、パリッシュを第三層の完全な地方公共団体と認めるものである。さらにパリッシュは、「普通、公選のカウンシルを持っており、当該住民の意向をまとめる機能を果たしている等々のことからいえば、地方公共団体（第三層の地方公共団体）として取り扱うのが正当と思われる。また、パリッシュは、現在、県（カウンティのこと、著者註）やディストリクトと同じように、コミュニティ・チャージ（地方税）を住民に課す権限を付与されているという点からも、正式な地方団体と見なすべきである(6)」との指摘は、パリッシュの完全な地方公共団体としての地位を強調したものといえる。

このようにパリッシュやコミュニティなどが、単なる地域コミュニティなのかあるいは第三層の地方自治体なのか、それとも地域自治組織（準自治体）なのかについては明確な答えはない。法律上の原則は、イングランドの自治体を広域自治体（カウンティ）と基礎自治体（ディストリクト）の二層制とみなし、パリッシュを自治体とはみていない。しかしカウンティやディストリクトだけではなく、パリッシュにも公選議員によって構成されるカウンシルか住民総会（ミーティング）が設置されており、パリッシュは自治体として必要な制度や機構などを備えている。ここにパリッシュの評価がわかれる大きな理由がある。なお「スコットランドとウェールズのコミュニティ・カウンシルは選挙による地方団体の中で草の根的な要素を提供している。パリッシュ・カウンシルと異なりコミュニティ・カウンシルは地方税の徴収権を持たず、例えばコミュニティにおけるフェスティバルの企画といったようなものを除けば、ごくわずかな執行機能しか保持していない。コミュニティ・カウンシルの中心的な役割は、その地域の見解をディストリクトやカウンティあるいは地方行政の広域的な機構に代表することにある(7)」ことから、イングランドのパリッシュと他の地域のコミュニティは区別して考える必要がある。

パリッシュの歴史と役割

パリッシュはヨーロッパの最古の地方の単位の一つである。教区であるパリッシュは、慈善事業などを通じて民衆の日常生活とのかかわりを深め、教会と世俗の行政上の単位となった。イギリスにおいてパリッシュは、徐々に一般行政機構の性格を強め、交通路と救貧行政を手始めに非教会的機能を獲得していき、一七世紀前後に地方行政の最重要なものとなった。しかしピューリタン革命から名誉革命をへて産業革命へと続く変革のなかで、パリッシュを中心としたイングランドの地方行政制度は社会的実情に適応しないものとなり、多くの特別団体が設置されたことから、一八〇七年時点のイングランドとウェールズの主要な地方公共団体は、タウンやディストリクトそしてカウンティのレベルで約三〇〇〇、パリッシュや学校区といった地方公共団体のレベルで約二万五〇〇〇にまでに増加していた(8)。これはパリッシュの大幅な権限喪失を意味していた。

パリッシュはチューダー朝以来、イングランドの地方税の徴収主体すなわち地方行政に関する中心的な団体とされ、道路行政と救貧行政の主体として存在してきた。しかし「産業革命の結果、イングランドの地方行政はその本質が都市的なものとなり、一九世紀を通じての地方行政関連法規は、パリッシュの規模と機構が現状と不釣合なものになっていたことから、地方自治の機能からパリッシュを削減[9]」した。すなわちパリッシュはその主たる権能が他の行政機関に移管されたことから自治体として地位を喪失していったのである。

一八三四年救貧修正法により救貧行政に関する権限が複数のパリッシュが構成する救貧委員会に、一八四五年から一八七五年の間に道路行政や公衆衛生に関する権限がディストリクトに移管されたパリッシュは、地方公共団体としての地位を喪失していった。こうした傾向は一八九四年にルーラル・パリッシュが創設されたあとにも継続され、ルーラル・パリッシュに設置されていた学校委員会が一九〇二年に、民生委員が一九二五年に、複数のパリッシュで構成されていた救貧委員会が一九二九年に廃止され、イングランドの地方行政の中心団体は、パリッシュからディストリクトに完全に移行した。

一八九四年地方自治法は、ルーラル・エリアにルーラル・パリッシュとしてパリッシュ・カウンシルとパリッシュ・ミーティングを創設したが、パリッシュの弱体化に歯止めはかからなかった。その後、一九三三年地方自治法と一九五七年パリッシュ・カウンシル法により、パリッシュ・カウンシルとパリッシュ・ミーティングの機構改革が実施され、地域コミュニティとしての性格の強かったルーラル・パリッシュを実質的な地域自治組織として復活させた[10]。ただし、一九七二年地方自治法により一九七四年に再評価を受け近代化された現存のパリッシュやコミュニティの制度は、一六世紀以降の最も新しい改革である。この改革によってパリッシュは、近代化という名のもとに広域化されてきた地方公共団体の中で、ほぼ従来からの区域のままで住民の日常生活に最も密着した地域的な行政を遂行する地方自治体として復活したのである。

一八九四年以降、パリッシュ・カウンシルは「市民菜園、レクリエーション・グランドとオープン・スペース、公衆浴場と洗濯場、バス停の設備、霊安室、墓地、公共の時計、公共のための照明施設、遊歩道の保守に関する権限と義務を有していた。またパリッシュ・カウンシルの承諾が、道路通行権の停止や迂回路の設置には必要とされていた。さらにパリッシュ・カウンシルは、パリッシュが提供する各々の小学校の管理者を任命する権利を有したところの、地域の教育機関でもあったし、ごく少数のパリッシュ・カウンシル（概算で一七）は図書館の機関（11）」であった。またパリッシュ・カウンシルは、「地方税を直接徴収する権利を持たず、地方税評価委員会のプリセプトによって配分を受ける歳出額は、借入法の規定に基づく支出を除いて、一ポンドあたり四ペンス、住民総会が認めた場合だけは八ペンスに制限されていた（ただし当時の通貨単位は一ポンドが二四〇ペンスであった…著者註）。より高い率の歳出は住宅および地方行政担当大臣の承認が必要（12）」とされていた。

一九九一年三月にイングランドではパリッシュ・カウンシルに対する総合調査が実施された。報告書によればローカル・カウンシルは、「タウン・カウンシルとパリッシュ・カウンシルの包括的な用語とされている。地方行政の一つの段階としてのローカル・カウンシルは自由裁量的な権限を有する選挙された団体であり、権限は当該コミュニティを代表するところの英国議会によって規定され、当該コミュニティのためのサービスを提供する（13）」地域自治組織とされている。このことは、イギリス政府がローカル・カウンシルを地方自治体に近いものとして理解していることがわかる。ローカル・カウンシルは、時代によって権限を取得したり喪失することによってその性格を変えてきたことから、現在でもさまざまな評価が与えられているのである。

2　ローカル・カウンシルの実情

ローカル・カウンシルの実情の説明のために調査を行った地域自治組織は、イースト・グリンスティッド・タウン・カウンシルとリングメア・ヴィレッジ・カウンシルである。この二つのパリッシュはともにロンドン郊外に位置する。イースト・グリンスティッドはロンドンから列車で南へ一時間ほどのところの子午線上にある、ロンドンの通勤圏にある小都市である。リングメアはイースト・グリンスティッドから車で二〇分ほどにある、緑地と小高い丘に囲まれた旧い小規模荘園のおもかげを残す、都市近郊の農村である。この地方都市であるイースト・グリンスティッド・タウン・カウンシルと、農村であるリングメア・ヴィレッジ・カウンシルとの特徴を整理すると表6—1のようになる。ここからは、一口にローカル・カウンシルといっても、その規模や特色などによって、機構や担当する行政の種類や内容が大きく異なっていることがわかる。

イースト・グリンスティッドは人口規模でリングメアの五倍弱であるが、議員数は一・五倍強で職員数は六倍となっている。議員が原則無給であるローカル・カウンシルの実情からいえば、人件費を六倍支給してもやるべき事務がイースト・グリンスティッドには多いということになる。予算規模は一〇倍強であり地方税収入は一六倍強である。予算に占める地方税収入の割合も、イースト・グリンスティッドが八一％強で、リングメアは五〇％強となっており、イースト・グリンスティッドの裕福さが理解できる。

イースト・グリンスティッド・タウン・カウンシル

イースト・グリンスティッドは、紀元前四〇〇〇年頃の中石器時代の遺跡も発見されている、人類の居住地としては古い歴史を持つ町である。ノルマンの征服以降、憲章を持った町として、またルイスやニューヘブンあるいはブライトンへの道路沿いにある交通の要所として、一二世紀の地図にもその名称が残っている歴史のある町である。一二三五年には憲章こそ継続されなかったが、バラとしての形態を取り、一六〇〇年には「ベリー・グッド・タウン」の評価を得るほどに発展した。繁栄は一八世紀まで続き巡回裁判もおこなわれていた。繁栄の背景にあるものは交通の要所という点にあった。最初ルイスやニューヘブンあるいはブライトンへの旅行者たちはイースト・グリンスティッドで一泊していた。乗り合い馬車が発達した時代でも、旅行者たちは昼食の場所としてイースト・グリンスティッドを利用していた。週末のマーケットだけでなく定期市が年四回開催され、ウェールズから多くの家畜が運び込まれるほどであった。

イースト・グリンスティッド衰退の要因の一つとして、一七五〇年にルイスの医師ラッセルがブライトンの海水を飲料水として利用する方法を考案し、時の皇太子がそれに興味を示し、ロンドンからブライトンまでの直通の道路を、イースト・グリンスティッドを迂回して建設したことをあげることができる。一七九九年には巡回裁判が廃止されている。一八〇一年のイギリス最初の国勢調査では、

表6-1　イースト・グリンスティッド・タウン・カウンシルとリングメア・ヴィレッジ・カウンシルの特徴(14)

	イースト・グリンスティッド	リングメア
人　口	約25,000人	約5,500人
議　員	20人（全員保守党）	13人（全員無所属）
職　員	12人	2人
設置委員会	計画委員会 各種計画についての討議 ディストリクト・カウンシルに勧告 公共サービス委員会 各種の行政に関する責任 レジャー・サービス委員会 遊歩道を含むすべてのオープン・スペースに対して責任を負う 財政および一般目的委員会 予算等に関する責任	計画委員会 各種計画についての討議 ディストリクト・カウンシルに勧告 緑地委員会 緑地や沼の管理 緑地＝荘園領主の所有物 一般目的委員会 遊歩道を含むすべてのオープン・スペースに対して責任を負う 事務および財政委員会 予算等に関する責任
予算規模 地方税収入	(1990/91) £. 471,910.00 £. 383,280.00	(1990/91) £. 46,504.55 £. 23,638.00
特徴的な職務	レジャー・サービス メリディアン・ホール イースト・コート 市民菜園 共同墓地	2つのコテージ（村への委託財産） 2年を限度に新婚家庭へ低廉な家賃で貸与…定住と持家促進政策 遊歩道 広い緑地を背景に多くの遊歩道を設置している（有料の17ページの案内書を作成） 室内プール

それまで一〇〇〇戸強の住居が存在していたとされるこのバラに、わずか三八九戸の住居に二六五九人しか居住していなかったことを明確にした。この七五〇戸ほどの住宅の減少により一八三二年にはバラの資格を喪失している。

一八四一年のロンドン・ブライトン間の鉄道の開設は町の衰退に拍車をかけたが、一八五五年に鉄道の支線の開通に成功し、六〇年の公債発行でガス供給公社を設立し、保健所や義務教育のための学校の設置、さらに下水および廃水のための施設や労働者のための公営住宅の建設、駅から町の中心部への商店の建設などの公共事業を実施したことにより、一八九一年には人口の増加が認められている。バラへの復帰は成功しなかったが一八九四年地方自治法のもとでアーバン・ディストリクト・カウンシルとなり、一九七二年地方自治法によってタウン・カウンシルとなった。

イースト・グリンスティッドの現在の繁栄をもたらした大きな要因の一つとして、先の積極的な公共事業の推進とともに、ロンドンから直線的に伸びる新しい鉄道が開設されたことをあげることができる。これによってイースト・グリンスティッドはロンドンの通勤圏に組み込まれ、発展を続けていくことになった。一九八一年には二万二三九四人と二万人を越える人口を持つようになった。地理的な条件と交通網の発達により現在も人口の増加傾向がみられる(15)。

このようにイースト・グリンスティッドは交通網の発達とともに発展と衰退を繰り返してきた。表6―2のイースト・グリンスティッド・タウン・カウンシルの財務資料は、ロンドンの通勤圏となったことから、都市的要素の強化に見合った行政サービスの提供が多いことが特色となっていることを示している。イースト・グリンスティッド・タウン・カウンシルの収支見積もりで目につくものは、全収入の八一％にあたる三八万三二八〇ポンドは地方税（ノン・ドメスティック・レイト＝商業地へ賦課される固定資産税とコミュニティ・チャージ）収入であり、その大半はコミュニティ・チャージが占めている。残りの一九％弱は施設の使用料や利子収入となっている。イースト・グリンスティッド・タウン・カウンシルは、全収入を地方税と使用料および利子収入からえているのであり、健全財政のローカル・カウンシルということになる。イースト・グリンスティッド・タウン・カウンシルは日本でいうところの地方交付税交付金の不交付団体なのであり、ロンドン近郊のベッド・タウンとして財政的に豊かなローカル・カウンシルとしての特徴を明確に示し

表6−2　イースト・グリンスティッド・タウン・カウンシル　財務資料(16)
1990/91　歳入見積案

1990/91年　概　　要（役場関係を含む）

繰　　越　(1989.4.1)	45,020
1989/90収入［概算］(地方税と包括補助金を含む)	321,190
合　　計	366,210
1989/90支出［概算＝最低評価］	317,480
差引残高　(1990.3.31)	48,730

1990/91支出［見積］	471,910
1990/91収入［見積］	88,630
差引額	383,280
対照表からの配分	0
1990/91 地方税徴収額	383,280

タウン・カウンシル歳入

差引支出の概要

支　出　項　目	89/90	89/90	90/91
	原　案	補　正	概　算
財政および一般目的	71,480	78,490	94,070
レジャー・サービス(MH/EC)	13,010	8,320	12,970
レジャー・サービス(その他)	640	2,510	3,590
公共サービス	27,600	19,700	22,650
資本勘定への振り替え	125,000	125,000	250,000
合　　計	237,730	234,020	383,280

資本勘定への移転

歳　出　項　目	89/90	89/90	90/91
	概　算	補　正	概　算
建　造　物(建換基金)	125,000	125,000	250,000
歳　出　総　額	125,000	125,000	250,000
差　引　額	125,000	125,000	250,000

註　この勘定はタウン・カウンシルの資本基金勘定と、メリディアン・ホールの負債を負担するために支出するものを記載するものである

費目分析内訳

歳出項目	89/90	89/90	90/91
	概算	補正	概算
給与(月給・週給)	91,960	98,330	105,810
雇用保険および健康保険	11,940	11,490	16,040
賃貸料および地方税	9,300	8,890	11,560
ガス・水道・電気	12,100	12,000	13,680
電話	2,730	2,790	2,760
各種保険	3,000	2,900	3,100
備品(購入)	3,650	5,550	4,400
備品(修繕・維持)	1,910	2,400	2,680
資本勘定／負債への移転	125,000	125,000	250,000
建物・グランド(修繕・維持)	14,800	15,500	18,900
交通費	2,250	750	800
印刷用具および文具	2,100	2,400	2,510
書籍および雑誌類	380	520	490
郵送費	890	1,000	1,070
交付金および補助金	4,700	4,700	4,980
歓迎および交友	260	650	270
法的審査と会計検査	1,000	800	950
手当および経費	2,850	2,880	3,410
広告および公報	1,650	1,600	6,600
協議会	1,000	0	1,000
洗濯用資材	1,460	2,050	2,150
入口(防御網)	1,500	1,500	1,500
時計および戦争記念碑	200	180	200
路上用備品	1,350	1,400	2,450
その他	1,550	1,300	2,600
環境計画	250	400	500
街路灯	11,000	10,500	11,500
歳出総額	310,780	317,480	471,910
収入項目			
預金および投資	4,200	4,500	4,500
管理	300	500	500
メリディアン・ホール	28,000	28,000	29,800
イースト・コート	20,000	27,000	28,900
市民菜園	1,550	1,420	1,250
共同墓地(交付金)	11,740	11,740	12,680
共同墓地(利用料)	7,260	10,300	11,000
収入総額	73,050	83,460	88,630
差引額	237,730	234,020	383,280

役場関係

歳出項目	89/90	89/90	90/91
	概算	補正	概算
給与(月給・週給)	8,710	8,800	9,980
雇用保険および健康保険	500	560	880
賃貸料および地方税	690	670	860
ガス・水道・電気	4,200	3,600	3,900
電話	300	290	310
各種保険	700	700	750
備品(購入)	250	250	270
備品(修繕・維持)	200	200	210
建物・グランド(修理・維持)	1,300	1,800	500
広告および公報	30	20	20
その他	30	30	30
歳出総額	16,910	16,920	17,710
収入	16,800	16,500	17,500
差引額	110	420	210

歳入・歳出の調整

1989/90		
繰越［実際］	(1989.4.1現在)	1,903
収入［概算］	(1990.3.31まで)	16,500
小　計		18,403
支出［概算］	(1990.3.31まで)	16,920
合　計		1,483

1990/91		
繰越［実際］	(1990.4.1現在)	1,483
収入［見積］	(1991.3.31まで)	7,500
小　計		18,983
支出［見積］	(1991.3.31まで)	17,710
合　計		1,273

イースト・グリンスティッド・タウン・カウンシル　予算準備

財政および一般目的

歳出項目	89/90	89/90	90/91
	概　算	補　正	概　算
給与(月給・週給)	47,900	55,500	60,420
雇用保険および健康保険	7,650	7,430	10,360
電話	1,600	1,760	1,660
各種保険	3,000	2,900	3,100
備品(購入)	1,400	1,400	1,400
備品(修繕・維持)	600	500	650
印刷用具および文具	2,100	2,400	2,510
書籍および雑誌類	380	520	490
郵送費	890	1,000	1,070
交付金および補助金	4,700	4,700	4,980
歓迎および交友	210	600	220
法的審査と会計検査	1,000	800	950
手当および経費	2,800	2,830	3,360
広告および公報	350	900	5,500
協議会	1,000	0	1,000
その他および選挙	400	250	1,400
歳出総額	75,980	83,490	99,070
収入項目			
預金および投資	4,200	4,500	4,500
管　理	300	500	500
収入総額	4,500	5,000	5,000
差引額	71,480	78,490	94,070

レジャー・サービス（メリディアン・ホール／イースト・コート）

歳出項目	89/90	89/90	90/91
	概　算	補　正	概　算
給与(月給・週給)	21,040	22,290	22,860
雇用保険および健康保険	2,000	2,000	2,320
賃貸料および地方税	8,680	8,300	10,790
ガス・水道・電気	11,500	11,200	12,740
電話	730	780	830
備品(購入)	500	1,450	1,000
備品(修繕・維持)	1,100	1,000	1,130
建物・グランド(修繕・維持)	11,000	11,800	15,000
歓迎および交友	50	50	50
手当および経費	50	50	50
広告および公報	1,200	600	1,000
洗濯用資材	1,360	2,000	2,100
入口(防御網)	1,500	1,500	1,500
その他	300	300	300
各種保険	0	0	0
歳出総額	61,010	63,320	71,670
収入項目			
メリディアン・ホール	28,000	28,000	29,800
イースト・コート	20,000	27,000	28,900
収入総額	48,000	55,000	58,700
差引額	13,010	8,230	12,970

レジャー・サービス（その他）

歳出項目	89/90	89/90	90/91
	概算	補正	概算
給与（月給・週給）	14,020	16,800	17,630
雇用保険および健康保険	1,290	1,600	2,660
賃貸料および地方税	620	590	770
ガス・水道・電気	600	800	940
電話	400	250	270
備品（購入）	250	1,200	800
備品（修繕・維持）	210	900	900
建物・グランド（修繕・維持）	1,800	1,800	1,800
交通費	750	750	800
洗濯用資材	100	50	50
時計および戦争記念碑	200	180	200
路上用備品	600	600	1,200
その他	350	450	500
歳出総額	21,190	25,970	28,520
収入項目			
市民菜園	1,150	1,420	1,250
共同墓地（交付金）	11,740	11,740	12,680
共同墓地（利用料）	7,260	10,300	11,000
収入総額	20,550	23,460	24,930
差引額	640	2,510	3,590

公共サービス関係

歳出項目	89/90	89/90	90/91
	概算	補正	概算
給与（月給・週給）	9,000	3,740	4,900
雇用保険および健康保険	1,000	460	700
備品（購入）	1,500	1,500	1,200
建物・グランド（修繕・維持）	2,000	1,900	2,100
交通費	1,500	0	0
公報及び広告	100	100	100
路上用備品	750	800	1,250
その他	30	30	30
環境計画	250	400	500
街路灯	11,000	10,500	11,500
歳出総額	27,600	19,700	22,650
収入項目（その他）	0	0	0
収入総額	0	0	0
差引額	27,600	19,700	22,650

ている。保守的な土地柄であることは、議員全員が保守党であることからも理解できる。

支出項目で目につくものは、支出総額の五三％をしめる建造物の負債と減価償却費に関する支出である。その他の費目としては、建物やグランドの修繕や維持に関する経費、時計や戦争記念碑の維持・管理費用、バス停の風雨をしのぐための施設やベンチあるいは路肩におかれるベンチやゴミ箱などの経費、そして環境計画や街路灯の維持管理費が目につく。ローカル・カウンシルの役割が住民の日常生活に深くかかわっていることがわかる。

租税収入以外の収入項目で目につくものは、メリディアン・ホールと関連施設であるイースト・コートの利用料である。ホールは町役場でもある。それゆえ役場事務室の他、町議会や各種委員会などのための議場と各種会議室、住民総会や各種集会や催し物の会場あるいは簡易な運動のためにも利用できるステージをそなえたホール、一般図書館や乳幼児のための玩具の図書館などが併設されている。ホールは、通常、午前と午後と夕方に分けて貸し出され、ボーリングやエアロビクスやダンスなど各種のスポーツや、演劇あるいはコンサートなどに利用されている。子供用のおもちゃの図書館は親子利用が多い。全面芝の屋外運動場であるイースト・コートは、住民のラグビーやサッカーやクリケットあるいはホッケーなどの屋外スポーツや、各種催し物などに使用されている。その他の主要な収入は終身利用権が付与されている市民菜園の年間使用料と共同墓地の交付金と使用料である(17)。なお町の自慢は、町の中を子午線が通っていることであり、ホールとコートの境に、施設のほぼ真ん中を子午線が通っていることを示すプレートがおかれている。

施設面からタウン・カウンシルの役割をみると、メリディアン・ホール、イースト・コート、市民菜園、共同墓地、他に時計のついた戦争記念碑の維持や、バス停施設や街角のごみ箱などの設置や維持がある。市民菜園は都市化により増加した行政需要の一部であり、町の中心部のテラス・ハウスの住民からの要求に応えた政策である。市民の要求が強く、現在も拡張計画があり、土地所有者と交渉中であった。希望者の大半は農業に何らかの形で接する機会の多かった五〇歳以上の高齢者に多く、現在の若年層が今後市民菜園を希望するか否かが拡張計画のネックとなっていた。共同墓地は町外れにある古い墓地が一杯になったことから新たに設置されたものである。まだ墓地は芝生だけが目立つ状態であった。墓は参拝者がある期間途絶えた場合や、設置後一〇〇年で墓石を取り除き新たな使用に供するのを原則としている。ただし現在のイギリスでは火葬が七〇％を越えており、火葬の場合には遺骨は火葬場が付属する教会に預けることになるので、そう多くの墓地が必要にはならないと予測されている(18)。

リングメア・ヴィレッジ・カウンシル

リングメアは丘陵地帯にある田園地帯の村である。リングメア・ヴィレッジ・カウンシルは管理すべき広大な緑地を抱えている。緑地はかつてこのヴィレッジ（マナー）を支配した荘園領主後継者の所有物であり、村に使用権が付与されたかわりに、維持・管理が委託されたものである。ここにイギリス流の所有権と相続の典型が認められる。イギリスの旧荘園（マナー）には、個人所有のまま有料で市民や観光客などに開放している施設や、所有権は保有しながら自治体などの団体に維持・管理を委託するかわりに無料開放しているものなどがある。逆にナショナル・トラストなどは個々人が土地を所有し合い、団体などが管理することによって開発行為などを規制し、自然保護などを推進している。まさに荘園が村になったというのがリングメア・ヴィレッジの実態である。

このようにリングメアは、中世の荘園がパリッシュと表裏一体のものであったことを今に伝えている。荘園が衰退した後でパリッシュが行政の中心となり、一八九四年地方自治法以来、ルーラル・パリッシュ・カウンシル（ヴィレッジ）として地方行政を担当し、一九七二年地方自治法以降ヴィレッジ・カウンシルとなったパリッシュの歴史をそのまま具現化したような村である。カウンシルの建物の案内板には、そうした歴史や伝統への誇りが「ヴィレッジ・カウンシル」という名の下に刻まれていた。この伝統的なパリッシュの年次会計報告書の概要は表6—3のとおりである。

リングメア・ヴィレッジ・カウンシルの一九八九年度予算をみると、収入は四万六五〇〇ポンドで、支出は預金や積立金を除くと三万五〇〇〇ポンドとなっており、収入の約七五%が支出にまわされている。収入の約五〇%が地方税収入であり、一七%の利子収入を除く約三三%がその他の収入となっている。その他の収入のうち六四%が払い戻しや利息あるいは使用料などの自主財源であり、残りの大部分（三五%強）が補助金などの移転財源である。支出項目で目につくものは、三六%弱の一般行政費と三六%強の緑地委員会の経費である。その他では一〇%強の自由な二ペンス、一般目的委員会経費、六%弱の補助金、三%弱の一般目的委員会経費がある。

表6-3　リングメア・パリッシュ・カウンシル　財務資料 (19)

収入および支出計算書　1990年3月31日会計年度終了まで

収　支　合　計

収入項目		支出項目	
地方税	£ 23,638:00 p	一般行政費	
1988/89からの繰越	7,988:54 p	行政費	£ 12,529:28 p
その他	14,878:01 p	緑地委員会	12,907:77 p
未収分	(20:00 p)	一般目的委員会	1,000:07 p
		村の経費	626:16 p
		補助金	2,097:50 p
		寄附および会費	71:00 p
		自由な2ペンス	3,647:51 p
		パリッシュ樹木災害基金	123:06 p
		議長手当	57:55 p
		小計	£ 35,059:83 p
		預金および積立等	
		金融機関他	£ 11,444:72 p
		小計	£ 11,444:72 p
合計	£ 46,504:55 p	合計	£ 46,504:55 p

収　入

収入項目	
ルイス　ディストリクト・カウンシル地方税徴収分	£ 23,638:00 p
共同事務の払い戻し	4,770:00 p
遊歩道案内書売上	17:50 p
コピー使用料	526:82 p
村の評価額	244:50 p
市民菜園賃貸料	125:00 p
サセックス・ルーラル・カウンティ・カウンシルの村評価額補助金	70:00 p
イースト・サセックス　カウンシル区域に関するバスの定期券	1,363:55 p
ブリティッシュ・テレコム　通行権料	—:60 p
ジュビリー・コテイジ　管理料　1988	65:43 p
ジュビリー・コテイジ　管理料　1989	70:00 p
ルイス　ディストリクト・カウンシルのロータリー補助金	684:00 p
ルイス　ディストリクト・カウンシルの湖水保全に関する補助金	1,363:00 p
ルイス　ディストリクト・カウンシルのチャーチヤード外壁補助金	990:00 p
ルイス　ディストリクト・カウンシルのB.K.V.Cへの評定額	50:00 p
イースト・サセックス・カウンティ・カウンシルのゴミ規制裁定額	100:00 p
クロンヒル保険グループのバス停の嵐による破壊への請求支払	151:34 p
パリッシュ樹木災害基金からの村の植林への支払い	150:00 p
ヘスラム夫妻からの植林への寄附	72:00 p
付加価値税からの経常経費	1,937:00 p
バークレイ銀行　利子負担償還	1:38 p
バークレイ銀行　利子付預金利息	63:12 p
ナショナル　セービング銀行　特別投資預金	1,104:77 p
ナショナル　セービング銀行　修理および改築積立	806:95 p
トラスティ　セービング銀行　リックマン・トラストおよびゴッデント・ラストの利息	37:30 p
小計	£ 38,516:10 p
1988/89年度会計からの繰越	£ 7,988:54 p
合計	£ 46,504:55 p
(未払債務　市民菜園の新規賃貸料ただし未払)	(£ 20:00 p)

支　　出
各支出項目別集計
行　政　費

支出項目	
役場関係	
役場賃貸料	£ 1,232:82 p
電　　気	£ 232:47 p
備　　品	41:10 p
郵便料金	67:13 p
文　　具	44:56 p
住所録および電話帳	3:15 p
電　　話	328:29 p
婦人団体所在地の番号と地図	1:50 p
コピー機のメインテナンスと用紙	652:16 p
コンピューターの保守契約	67:85 p
プリンターのインクリボン	87:98 p
会計検査料	284:62 p
各種保険	306:09 p
事 務 机	20:00 p
議員とクラークの活動費	156:25 p
議会の公報ポスター	3:20 p
会議用暖房費	1:00 p
村の行事日程表	2:99 p
小　　計	£ 3,533:16 p
資本支出	
役場用電卓	£ 20:00 p
小　　計	£ 20:00 p
人件費	
給　与　クラーク	£ 5,009:03 p
副クラーク	1,016:22 p
カーター氏	618:00 p
カーター氏　掲示板の移動および排水口の清掃	10:00 p
小　　計	£ 6,653:25 p
内部支出	
源泉徴収および雇用保険	£ 2,290:97 p
小　　計	£ 2,290:97 p
議員とクラークの交際費	
議員とクラークの交際費	£ 31:90 p
小　　計	£ 31:90 p
合　　計	£ 12,529:28 p

緑地委員会

支出項目	
資本支出	
緑地周囲の生け垣の整備	£ 1,990:65 p
池等の整備	2,725:00 p
ロータリーの設置	345:00 p
遊歩道の開設	2,056:20 p
掲示板および郵便ポスト	550:75 p
小計	£ 7,667:60 p
オープン・エリア	
緑地の整備	£ 203:17 p
緑地および保護地の整備	900:00 p
他の区域の整備	1,655:59 p
各種の修復事業	262:92 p
遊戯設備等のペインティング	266:89 p
ジュビリー・ローズ・ガーデンの整備	367:19 p
オールド・チャーチヤードの通路の草刈りと新しい墓石の設置	235:32 p
イースト・サセックス・カウンティ・カウンシルの草刈り	42:00 p
軍人墓地等の草刈り	14:75 p
ブロイル沿いのライム並木の散水	62:10 p
デブロス・ハウス・グランド内部からオールド・チャーチヤード間の墓地の通路の草刈り	60:37 p
オールド・チャーチヤードの維持管理	657:80 p
オールド・チャーチヤードの外壁の修理	275:85 p
緑地からの立枯れた木や倒木の撤去	28:75 p
掲示板の設置とサッドラー通りの掲示板の移動	71:40 p
小計	£ 5,104:10 p
賃貸料	
賃貸料	£ 136:00 p
小計	£ 136:00 p
合計	£ 12,907:70 p

一般目的委員会

支出項目	
資本支出	
新規のゴミ収集容器(一器)	£ 135:01 p
ほうき(一本)	3:50 p
新設の告知板(一台)	395:00 p
小計	£ 533:51 p
一般目的	
バス停の修理	£ 307:55 p
バス停の覆いの清掃	14:00 p
バス停へのロープ設置のためのテープ	1:90 p
小計	£ 323:45 p
市民菜園	
賃貸料	£ 25:00 p
水道代	118:11 p
小計	£ 143:11 p
合計	£ 1,000:07 p

村の経費

支出項目	
村の介護委員会支出	£ 13:15 p
飾りの付いた村の入り口	2:00 p
年次パリッシュ・ニュースレター	159:31 p
プラスティック製ゴミ袋	42:20 p
アイビーデーンと村のしるしの花壇の維持	407:10 p
パリッシュ・マガジン	2:40 p
合計	£ 626:16 p

補　助　金

支　出　項　目	
リングメア・チャーチ(パイプオルガンの保存)	£　1,000:00 p
リングメア・ライフル・クラブ	500:00 p
デルブス退職者ハウス(植林)	50:00 p
リングメア小学校	150:00 p
リングメア　ローバース・ジュニア・フットボール・クラブ	187:50 p
グラインドボーンとベディングハムの手足治療サービス	110:00 p
ルイス地区市民相談室	50:00 p
ルイスおよびディストリクトの財政相談サービス	50:00 p
合　　計	£　2,097:50 p

寄附および会費

支　出　項　目	
ルイス・ディストリクト地域議会協議会	£　4:00 p
サセックス運動場協議会	15:00 p
サセックス・ルーラル・コミュニティ・カウンシル	15:00 p
サセックス農業および野外生活アドバイザリー・グループ	15:00 p
イングランド田園保護会議	12:00 p
オープン・スペース協会	10:00 p
合　　計	£　71:00 p

自由な２ペンスに関する項目

支　出　項　目	
カウンティ区域内のバスの無料バス(91番のバス路線)	£　2,270:75 p
村の内部のバスの無料バス(84番のバス路線)	1,110:00 p
村の評価額	259:76 p
ポピーの花飾り(メモリアルデー)	7:00 p
合　　計	£　3,647:51 p

パリッシュ樹木災害基金

支　出　項　目	
G. ベイルド氏の植林に対する補助	£　50:00 p
樹木用ワイヤー	6:25 p
樹木の支柱等	66:81 p
合　　計	£　123:06 p

議　長　へ　の　手　当

支　出　項　目	
議長手当	£　57:55 p
合　　計	£　57:55 p

預金および積立金等

支　出　項　目	
金　融　機　関	
バークレイ銀行　PLC　当座預金	£　1,688:38 p
バークレイ銀行　利子付預金	1,031:01 p
ナショナル　セービング　銀行　投資積立	1,147:78 p
ナショナル　セービング　銀行　修理および改築積立	7,710:82 p
トラスティ　セービング　銀行　リックマン・トラストとゴッデン・トラストの資金	419:59 p
小　　計	£ 11,997:58 p
そ　の　他	
小　口　現　金	9:20 p
差　引　分　(未払の小切手)	-575:16 p
加　算　分　(未現金化の小切手)	13:10 p
小　　計	£　-553:06 p
合　　計	£ 11,444:72 p

多額な緑地委員会経費は村が自然環境の保護に力を入れていることを示している。緑地委員会支出の六〇%は緑地にかかわる資本支出であり、残りは緑地や保護地やジュビリー・ローズ・ガーデン（ヴィレッジの庭園）あるいはオールド・チャーチに付随する墓地などの維持・管理費などにあてられている。とくに緑地に関する支出の多さは、荘園領主の末裔の委託を受けた緑地の管理運営に多額の経費をあて、田園としての環境の維持に力を入れていることの証拠である。緑地の利用のために多くの遊歩道や乗馬用の小路が整備され、住民ばかりでなく旅行者も散策を楽しめるように有料（五〇ペンス）の遊歩道案内書も作成している。昨年度は三五部で一七・五ポンドの販売実績があった。

ついで多いものが自由な二ペンスによる支出である。支出の大半は老人用バスの無料パスの経費であり、丘陵地帯で交通の便の悪い地理的な条件を反映したものである。一般目的委員会の支出項目はごみ処理とバス停施設と市民菜園が中心となっているが、田園地帯ゆえに市民菜園の需要は少なく、賃貸料収入は一二五ポンドしかない。バス停施設の経費も、バスに頼らざるをえない地域的な交通事情を反映したものであり、バスの定期券についてはイースト・サセックス・カウンティ・カウンシルから一三六三ポンドの収入がある。

三番目の支出項目は補助金である。補助金項目で目につくのは、教会の古いパイプ・オルガンの維持費の多さである。補助金の約半分がこのために使われている。村の大切な伝統的資産ゆえの支出であり住民の納得をえた支出となっているとのことであった。他の項目には、ライフルクラブやジュニアのフットボール・クラブというスポーツ団体への補助金や、小学校および特殊な手足の治療院への補助金、あるいはルイス・ディストリクト・カウンシルの市民相談と財政相談への補助金などがある。教育やスポーツ振興の補助金とともに特殊な医療への補助金がみられることは、バスの無料パスやバス停施設とともに、この地に老人が多いことから派生したものである。また行政相談への補助金の支出は、規模が小さく自前の行政相談を実施するには財政や専門家の確保が困難な弱小自治体が、上層の地方公共団体に相談業務を委託しているためである[20]。

施設からヴィレッジ・カウンシルの役割をみると、中心的なものとしてパリッシュ・ホールと緑地と室内プールをあげることができる。パリッシュ・ホールには事務室と議場と小さなホールがある。ホールでは卓球などの軽易なスポーツが可能であり、少人数を対象とした演劇やコンサートも開かれる。ただしパリッシュの住民総会やスポーツあるいはダンス大会や催し物の多くは、パリッシュ内にあるコミュニティ・カレッジの体育館を兼ねた講堂で実施されている。コミュニティ・カレッジは職業教育や成人教育を実施する地域の義務教育終了者のための教育機関である。コミュニティ・カレッジは大学ではないが、ここで取得した単位で大学に進学することも一応は可能となっている。地域によっては生涯教育やアレンジメント・フラワーや料理教室といったカルチャー・センター的な機能や、外国人のための語学教室などもおこなわれている。

緑地は遊歩道の案内書をみると、村を囲むように整備されている。まさに住民の運動や散歩あるいは憩いの場となっている。室内プールはコミュニティ・カレッジに隣接している。リングメアのコミュニティ・カレッジはアダルト・エデュケーション・センターとしての機能を中心に、身体的なハンディキャップを負った若者と健常者の若者とが一緒に活動するためのクラブやフットボール・クラブやクリケット・クラブといった地域のスポーツクラブなどがおかれている。

室内プールは当初コミュニティ・カレッジのスポーツ施設として計画された。室内プールは、ルイス・ディストリクト・カウンシル住民の健康とレクリエーション施設提供の視点から、ルイス・ディストリクト・カウンシルとリングメア・ヴィレッジ・カウンシルが施行主体となった。プール建設の実施主体としてリングメアにコミュニティ・プール委員会がおかれた。当初の建築計画によると、まずプール建設をおこない、当分の間は屋外プールとして利用し、資金に目途がついた段階で建物を建設し、室内プールに移行させるというものであった。

屋外プール建設にあたって、コミュニティ・プール委員会とルイス・ディストリクト・カウンシルがそれぞれ建設資金の約三分の一強を提供し、残りはイースト・サセックス・カウンティ・カウンシルとリングメア・ヴィレッジ・カウンシルが提供した。プールが完成した後、委員会とルイス・ディストリクト・カウンシルがともに四〇%強を支出し、残りをリングメア・ヴィレッジ・カウンシルが負担して建物を建設することになっていたが、実行段階においてインフレーションによる経費増が建設を中止においこんだ。ただし建設費の高騰という後発の問題への対応策として、資金難の建設主体が目をつけたものがコミュニティ・カレッジであった。アダルト・

エデュケーション・センターなどの生涯教育の需要に対する国の積極的な思索に相乗りする形で、プールに隣接するヴィレッジ・カレッジをコミュニティ・カレッジへと組織を移行し、その付属施設に対する補助として国からプールを覆う建物の建設補助金を獲得することで建設に成功している。国の施策に応じる計画を立てることによって補助金を獲得して公共事業をおこなったのである。

現在プールは、一部をルイス・ディストリクト・カウンシルから事務委託を受けるという形で、リングメア・ヴィレッジ・カウンシルが管理している。プールは、平日の午前と午後は幼稚園からコミュニティ・カレッジまでの教育機関が利用し、夕方からとウィーク・エンドおよび学校が休みの期間の終日は一般市民が利用している。利用者の範囲は一応リングメア・スクールへ通学する児童の住む区域となっているが、かなり広範な区域の人々が利用している。一般の利用のための一名の資格を持った監視員と二名の指導員がいる。彼らはともにボランティアであり、その他にも自発的なボランティアの支援が継続されている。ボランティアの存在がプール経費の節減に貢献しているとのことであった(21)。

ローカル・カウンシルと他のカウンシルの関係

イースト・グリンスティッド・タウン・カウンシルとリングメア・ヴィレッジ・カウンシルとも、ボランティアとの協力関係を非常に重視している。財政力に乏しい準自治体である地域自治組織が多くの活動をおこなうためには、ボランティアの協力は必要不可欠な要素である。ボランティアが大きな役割を演じ、地方自治体もそれを期待できる。市民社会での経験が生きているのである。パリッシュ評議会がボランティアにもかかわりを持ち、弱者救済のための活動をおこなっていた経験が、エリザベス救貧法の定める救貧活動の実施主体としたように、本来パリッシュは教会との関係も深く、ボランティア活動を当然のものとする風潮を醸成してきたのである。現在ローカル・カウンシルとＮＰＯとの関係が脚光を浴びているのも、こうした伝統がもたらした帰結といえる。

コミュニティ・チャージについては、サセックス・ローカル・カウンシル連合協議会の担当者が、住民と行政をより密接なものにする有効な手段として高く評価していた。二つのローカル・カウンシルは、内容ではなく制度改革に対して不満を示していた。地方税は委託を受けた地方自治体、ここではディストリクト・カウンシルが責任を持つことになっている。その証拠としてディストリクト・カウンシルはこれまでレイト総額を四月にローカル・カウンシルに渡すことが義務づけられていた。ローカル・カウンシルは、それを計画的に金融機関に預金することで相当額の利息収入をえてきたのである。コミュニティ・チャージは四月と九月に分割してディストリクト・カウンシルに渡すことになった。この結果ディストリクト・カウンシルの利息収入には増額の可能性が生じ、ローカル・カウンシルの利息収入は減額することになった。活動領域は狭いが少ない資金しか持たないローカル・カウンシルにとって、利息は無視できない自主財源なのである。

ローカル・カウンシルは末端の地方公共団体として、住民の日常生活にいかに潤いを与えるかという点に苦心している。ローカル・カウンシルの主要な目的が、地域住民の生活環境の保全や充実を中心に住みやすさを追求するものであるとすれば、少ない予算をいかに効果的に使用するかが大きな課題となる。そこでは政党政治そのものに疑問も投げかけられている。全議員が保守党であるイースト・グリンスティッド・タウン・カウンシルの代表者でさえ、カウンティやバラあるいはディストリクト段階における政党支配の弊害を批判し、われわれは立場上政党に所属しているがその視点は常に住民の日常生活に向けられていることを強調していた。リングメア・ヴィレッジ・カウンシルでは、代表者が、われわれはすべて無所属ゆえに政党的視点を持たずに地域政策を立案し実施できることを誇りにしていると語ってくれた。イングランドでも自治体の規模が小さくなるほど無所属議員が多数を占めているのである。

カウンティ・カウンシルやバラ・カウンシル、さらにメトロポリタン・ディストリクト・カウンシルやディストリクト・カウンシルなど、イングランドで地方自治体を訪問すると、最初にカウンシルの政権党の説明を受けた。イングランドの地方自治行政と政党は密接な関係を有しているのである。行政活動の範囲が極端に小さくその権限や予算も小さいローカル・カウンシルは政党政治になじまない。小規模カウンシルの選挙は大選挙区完全連記制である。大政党有利のこの選挙においても無所属だけのカウンシルが形成されることは、イングランドにおいても住民に身近な選挙では政党色は好まれていない証拠の一つといえる。

ＥＵへの加盟がイングランドの社会や政治や地方自治制度に大きな影響を与えている。交通・通信そして管理手段の一層の発達と充実は広域行政の可能性を高める。イギリスの地方自治体の広域型一層制への移行はまさに広域行政の実践である。ただしスコットランド議会やウェールズ議会そして北アイルランド議会の三つの地域議会の設立と、イングランドの九つの広域議会設置の可能性は、ＥＵの地域主義を受け入れたものといえる。たびかさなる基礎自治体の区域変更はイギリスの自治制度を不安定にする。イングランドの広域議会の設置と残りの地域の一層制への地方自治制度の移行がこれからの政治課題となるであろう。地域自治組織の有効性への理解が高まれば、現在ローカル・カウンシルが保持しているよりも大きな権限が、ローカル・カウンシルに与えられる可能性がある[22]。

３　ローカル・カウンシルの現状

一九九一年にイギリス環境省は三〇年ぶりにローカル・カウンシルの実態調査を実施した。調査の数字は一九八一年のものであり、正確に現在の姿を示しているとはいえないが、最新の調査が一〇年前の数字を部分的に使用しているところに、日本ほど厳密な数字は要求してはいないというイギリス人の性格がみてとれる。ともかく一九八一年現在でイングランドには八一五九のローカル・カウンシルが存在しており、そこにはイングランドの総人口の約三〇％にあたる約一四〇〇万人の人々が居住している。その内訳をローカル・カウンシル数と居住人口の比率によって示すと表６―４のようになる。

表６―４からもわかるように、八一五九のローカル・カウンシルの四〇％強が人口五〇〇人未満のごく小規模なパリッシュ・カウンシルである。パリッシュ・カウンシルの最低規模は人口二〇〇人とされているが、例外的に住民総会の議決に基づいてディストリクト・カウンシルが承認した場合には、人口二〇〇人未満でも単独でパリッシュ・カウンシルを設置することが可能となっていることは、少人数で構成されるパリッシュが少なくないことを示している証拠といえる。それゆえ全体の四〇％強をしめる人口規模が五〇〇人未満のパリッシュ・カウンシルの人口規模にもかなりばらつきがあるものと推測される。しかもそうした小規模パリッシュ・カウンシルの

表6-4　ローカル・カウンシルのサイズと比率(23)

人口規模	500未満	500-1000	1001-2500	2501-5000	5001-10000	10001-20000	20000以上
人 口 比	7.2%	9.7%	16.1%	18.3%	20.1%	18.7%	9.9%
カウンシル比	40.3%	23.9%	18.5%	9.1%	4.1%	3.3%	0.7%

(Department of the Environment, '*Parish and Town Councils in England: A Survey*' HMSO, 1992. Figure 1. p. 2. 参照)

約七分の一にあたる、全体の六％すなわち五〇〇ほどのパリッシュ・カウンシルは、人口が二〇〇人未満の複数のパリッシュによって構成されている特殊なものとなっている。

五〇〇〇人を越える大規模なローカル・カウンシルは、住民全体の四九％を代表しているものの、ローカル・カウンシル数のわずかに八・一％にすぎない。日本でいう村あるいは村を区分する集落単位と推定されている地域に約九〇％のパリッシュ・カウンシルが設置されており、全体の八八％のパリッシュが単独でパリッシュ・カウンシルを設置している。人口五〇〇〇人を越えるローカル・カウンシルの約七五％のものがタウン・カウンシルの名称を用いている。名称からみた場合、準自治体である地域自治組織の中で大規模なものが原則としてタウン・カウンシルと称し、小規模なものがパリッシュ・カウンシルの名称を用いているのであり、ローカル・カウンシルは両者を一緒にした場合の名称である。

このようにローカル・カウンシルの人口規模にはばらつきが多い。ローカル・カウンシルをいわゆる地域コミュニティと考えた場合、ある程度小規模になることは当然である。たしかに地理的条件などによって異なってくるので一概に決めつけることは不可能とはいえ、行政国家化の進展による行政需要の拡大という現状を考慮した場合、人口五〇〇人以下のパリッシュ・カウンシルが四〇％強であることは、相対的には小規模なものが多すぎることになる。小学校規模程度をパリッシュと考えた場合、小規模すぎるものと大規模すぎるものへの分離傾向がみられる。こうした傾向の背景には、パリッシュ・カウンシルの九一％のものが、一八九四年地方自治法によってルーラル・ディストリクトに設置された、ほぼ一〇〇年の伝統を有するものであり、一九七二年地方自治法によって設置されたローカル・カウンシルはわずか九％にすぎないという歴史が存在する。

新しいローカル・カウンシルの規模は、その四〇％のものが人口五〇〇人未満のパリッシュ・カウンシルであり、また四四％のものが人口五〇〇〇人を越えるローカル・カウンシルとなっており、人口規模からみた場合には極端な分裂傾向を示している。新規に設置されたローカル・カウンシルの半数弱、すなわち全体の四％に相当する三〇〇ほどのローカル・カウンシルが、一九七二年地方自治法によって廃止された、バラやアーバン・ディストリクトを継承する形で都市部に設置されたものである。これらの大部分は大規模なローカル・カウンシルとなった。他はこれまでカウンシルを設置していなかった村落や集落を単位として、パリッシュにカウンシルを設置されたことによって生まれたものであり、小規模なものが多い。人口一万人を越える二五〇のローカル・カウンシルのうちほぼ半数が一九七四年以降に設置されたものなのである。

ローカル・カウンシルの議員総数は約七万人であり、これは他の地方公共団体の総議員数の三倍強となっている。平均規模でいえばローカル・カウンシルは住民一五〇人に一人の割合で議員を選出していることになる。それに対して、第一層の地方公共団体であるカウンティ・カウンシルや第二層の地方公共団体であるディストリクト・カウンシルでは、住民二二〇〇人に一人の割合で議員が選出されている。ただしこの割合はローカル・カウンシルの規模によって大きく異なっており、人口五〇〇人未満の小規模なパリッシュ・カウンシルでは四八人に一人の割合で議員が選出されているのに対して、人口二万人を越える最も大規模なタウン・カウンシルでは一三三三人に一人の割合で議員が選出されている。

ローカル・カウンシルが多くの議員を抱えている背景には、原則としてイギリスでは地方議員が無給であることと関係が強いと推測される。典型的な議員のタイプは男性（全体の七三％）で中年層（四五歳〜五九歳までのものが四三％を占めている）であるが、婦人議員が過去二五年間で倍増しており、徐々に変化しつつあるといえる。ローカル・カウンシル全体の平均値をみると、人口は一七〇〇人でありそこに九人の議員が存在している。そこでは一八九人に一人の割合で議員がおかれており、人口に比べて小規模パリッシュ・カウンシルの議員定数が多いことがわかる。

議員を選出するための選挙が実施されているローカル・カウンシルは全体の四四％である。一八％のローカル・カウンシルでは定数よりも候補者が少なく空席が生じている。残りの三四％のローカル・カウンシルでは無競争となっている。それでも二〇年前と比べて定員以下の候補者しかいないローカル・カウンシルは四％減少しており、実際に選挙が実施されているローカル・カウンシルは八％増加している。イングランドではローカル・エリアの行政に関する住民の関心が若干増加していることがわかる。選挙が実施されているローカル・カウンシルの割合をその人口規模と比較すると、表6―5のようになる。人口規模の増大と比例して選挙の割合が増加している。選挙時の候補者数の不足はその充足が困難なことから、補欠選挙で充当している。報告書には正確な数字はないが、議員の辞職によって生じた空席も含めて、実に五六%のローカル・カウンシルに補欠選挙による議員が存在する。

ローカル・カウンシルやその委員会で取り上げられる問題の頻度は表6—6の順位である。イングランドにおける第三層の地域自治組織であることから、国や上位の地方公共団体の行政サービスの提供を、計画を策定し申請することによって受けることが多い。それゆえ申請する計画の審議が九〇%の頻度となっている。ついで頻度の高いものは道路関係の事項である。これは道路の整備がパリッシュの任務であった伝統によるものである。この項目が分散しているのはローカル・カウンシルのおかれた状況による。ごみの収集などを含んだ環境問題もローカル・カウンシルにとって重要な問題となっている。さらにレクリエーション・グランドやオープン・スペースは、住民の余暇や健康保持に関するサービスの提供を住民がローカル・カウンシルに求めていることを示すものである。報告書は小規模なローカル・カウンシルが計画や道路関連問題に大きな関心を払い、大規模なローカル・カウンシルが環境問題やレクリエーション・グランドあるいはオープン・スペースに最も強い関心を払っているとしている。

こうした行政サービスを提供するためのローカル・カウンシルの財政は表6—7のとおりである。またいかなる行政サービスがローカル・カウンシルの中心的なものとなっているかは、表6—8をみれば理解できる。まさにここに示された項目は私が訪問調査を実施した、イースト・グリンスティッド・タウン・カウンシルとリングメア・ヴィレッジ・カウンシルが紹介してくれた行政サービスそのものであり、両者の会計報告書においても主要な予算措置と支出がなされているものであり、イングランドにおけるコミュニティに求められている役割の特徴が明確にあらわれたものということができる。

報告書に記載されたローカル・カウンシルの平均歳入は一億二三〇〇万ポンドであり、平均歳出は一億〇八〇〇万ポンドである。コミュニティ・チャージの一人あたりの平均額は五・二ポンドであるが、最大の額は三〇ポンドである。ローカル・カウンシルが支出した金額は一人あたり七ペンスから一一二ポンドまでと大きく異なっている。他の地方公共団体と比較した場合、ローカル・カウンシルの歳入は利用料や手数料や賃貸料あるいは利子の占める割合が高い。歳出のパターンはローカル・カウンシルによって大きな異なりが

表6-5　1987年から90年にかけて実施されたカウンシルの選挙の比率 (24)

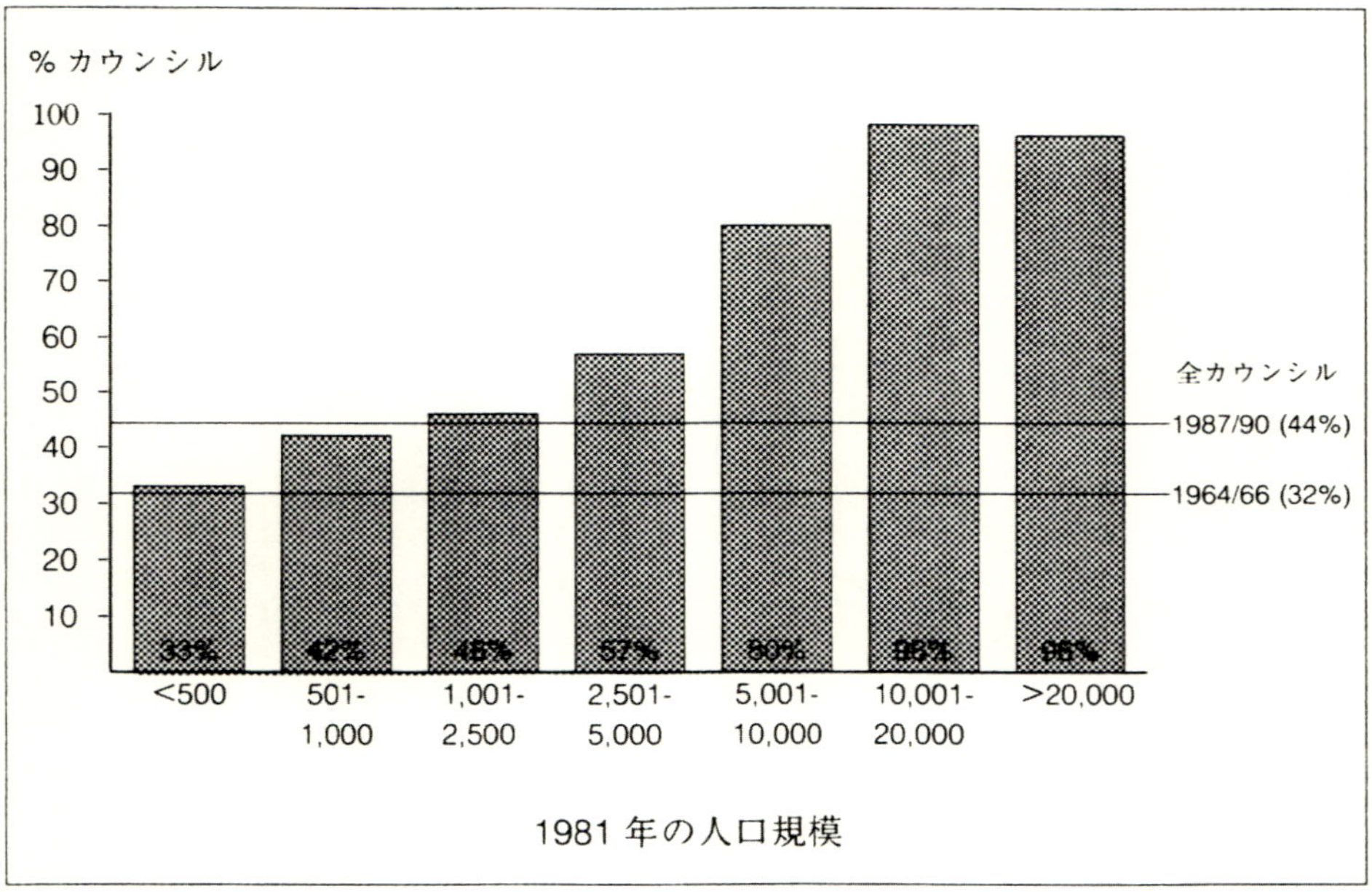

(Department of the Environment, op. cit. Figure 2. p. 3. 参照)

表6-6　ローカル・カウンシルの会議において最も頻繁に扱われている問題 (25)

他の公共団体へ申請する計画	90%
道路関係	道路の補修57%・道路（交通・運輸等）45%・遊歩道41%・速度制限32%
迷惑な行為	ごみの収集他 32%
レクリエーション・グランド	31%
地域計画	30%
オープン・スペース	26%

(Department of the Environment, op. cit. Figure 3. p. 4. 参照)

表6-7　ローカル・カウンシルの歳入と歳出（1989/90） (26)

歳入はどこから得られるのか？		何に使われるのか	
プレセプト（地方税）	56%	一般経費（クラークの給与・役場経費・保険他）	34%
手数料および使用料	12%	公園やオープン・スペース	20%
銀行利息	11%	ヴィレッジ・ホール（役場や議場等）	13%
賃貸料	10%	インドア・レクリエーション	7%
その他	10%	埋葬関係	7%
		その他の雑多な活動	20%

(Department of the Environment, op. cit. Figure 7. p. 6. 参照)

表6-8　1989/90年においてローカル・カウンシルが予算を使用したサービス (27)

ローカル・カウンシルが予算を支出した比率

47%～56%	教会墓地や埋葬施設，掲示板等，バス停や公園等のベンチや覆い，オープン・スペースやグリーンや入合地，ヴィレッジ・ホールやコミュニティ・ホール
28%～33%	照明（道路等），ごみの収集，戦争記念碑，情報提供，広報，競技等への参加，遊歩道の維持
19%～23%	コミュニティの調査，市民菜園，路肩の整備

(Department of the Environment, op. cit. Figure 4. p. 4. 参照)

みられ、小規模なローカル・カウンシルほど、セントラル・サービスに比較的大きな金額を支出しており、サービスの提供を他の地方公共団体に依存している。またそうしたローカル・カウンシルは道路の照明や、遊歩道などにも比較的大きな割合で支出している。なおローカル・カウンシルがその職務を実施するために雇用しているクラークの五九％は女性であり九六％は非常勤である。クラーク以外の常勤のスタッフを雇用しているローカル・カウンシルはわずか七％であり、二七％のローカル・カウンシルではボランティアに依存しているのである(28)。

イングランドのローカル・カウンシルが、選挙の実態をみても、必ずしも活発に活動しているとはいえない面もみられる。しかし徐々に住民の関心が高まっている。これはローカル・カウンシルが地域自治組織ではあるが、イングランドの自治制度に組み込まれ、住民の民主的な参加が確保されているためである。日本においても地方自治制度全体の見直しを実施し、主体的に住民が参加できる地域コミュニティを、地域自治組織として設置することが必要である。イングランドのローカル・カウンシルはその重要なモデルといえる。

註

(1) Sir Ivor Jennings, "*Principles of Local Government Law*", 4th ed., University of London Press Ltd., 1965. 柳沢義男・柳沢弘毅共訳『イギリス地方行政法原理』(日本比較法研究叢書9) 日本比較法研究所、一九七一年、一頁。

(2) Bryan Keith-Lucas & Peter G. Richards, "*A History of Local Government in the Twentieth Century*", George Allen & Unwin Ltd., 1978, p. 159.

(3) William Hampton, "*Local Government and Urban Politics*", Longman, 1987, p. 2.

(4) Lucas & Richards, *op. cit.*, p. 223.

(5) Tony Byrne, "*Local Government in Britain*", new ed., Penguin Books p. 328.

(6) 竹下譲著「英国地方税制の改革と地方自治 (1)」『都市問題』第八二巻三号、一九九一年三月、七一-七二頁。

(7) Gerry Stoker, 〝*The Politics of Local Government*〟, Macmilan, 1990, p.50.

(8) V.D. Lipman, 〝*Local Government Areas 1834-1945*〟, Basil Blackwell, 1949, p.p.72-73.参照。

(9) Peter G. Richards, 〝*The Local government System*〟, The Local Government Series 5, George Allen & Unwin Ltd., 1983, p.39.

(10) L. Golding, 〝*A Dictionary of Local Government in England and Wales*〟, The English Universities Press Ltd., 1962, p.293.

(11) L. Golding, *op. cit.*, p.292.

(12) L. Golding, *op. cit.*, p.292.

(13) Department of the Environment, 〝*Parish and Town Council in England: A Survey*〟, HMSO, 1992, p.1.

(14) East Grinstead Town Council, 〝*Civic News, summer*〟, EAST, 1990.や〝East Grinstead Town Council, *Official Guide*〟, 1990.および Ringmer Parish Council, 〝*Ringmer Community Swimming Pool*〟参照。

(15) East Grinstead Town Council, 〝*Draft Revenue Estimates 1990/91*〟.参照。

(16) East Grinstead Town Council, 〝*Official Guide*〟, 1990, p.p.7-9.参照。

(17) East Grinstead Town Council, *op. cit.*参照。

(18) East Grinstead Town Council,における聞き取り調査より。

(19) Ringmer Parish Council, 〝*Income and Expenditure Account for The Year Ended 31th.*〟*March, 1990.*参照。

(20) Ringmer Parish Council *op. cit.*,参照。

(21) Ringmer Parish Council, 〝*Ringmer Community Swimming Pool*〟参照。

(22) Ringmer Parish Council,における聞き取り調査より。

(23) Department of the Environment, *op. cit.*, p.2.の Figure 1.参照。

(24) Department of the Environment, *op. cit.*, p.3.の Figure 2.を参照して作成した。

(25) Department of the Environment, *op. cit.*, p.4. の Figure 3. を参照して作成した。

(26) Department of the Environment, *op. cit.*, p.6. の Figure 7. 参照。

(27) Department of the Environment, *op. cit.*, p.4. の Figure 4. 参照。

(28) Department of the Environment *op. cit.*, p.1-9. 参照。

第七章　ローカル・カウンシル連合協議会とパリッシュ・カウンシル

―サセックス・ローカル・カウンシル連合協議会を中心として―

1　ローカル・カウンシル連合協議会の実態

イギリスでは各レベルの地方自治体が、それぞれの全国連合協議会を結成して中央政府と接触している。全国連合協議会関係者は、「国会や政府機関と直接に交渉を持っているのは、メンバーである各地方自治体ではなく、その代表機関としてのわれわれである。たとえば交付金や補助金の獲得と配分においても、政府機関にメンバーの声を集約して提出するのはわれわれであり、それらに関する交渉を行うのもわれわれである。また決定された交付金や補助金の総額を各メンバーに配分するのもわれわれである。もちろんメンバーとなっていない同一の地方団体もあるが、彼らはわれわれと政府機関の交渉の結果に引きずられているので問題はない。なぜこのような形態を取っているかといえば、国も地方公共団体もそれを望んでいるからである。単独の地方公共団体では力が弱い、また単独の地方団体をそれぞれ交渉相手にしていたのでは、政府機関は多くの職員と時間を必要とし不合理かつ非能率であるという、双方の利害が一致しているからである。このことはパリッシュ・カウンシルやコミュニティ・カウンシルの段階でも同様である(1)」と説明してくれた。この発言は全国連合協議会の役割の強さを物語っている。

連合協議会が最初に設置されたのは一九世紀中頃のスコットランドである。スコットランドで創設された連合協議会は、「スコットランド王立自治都市会議」と名づけられた。この「スコットランド王立自治都市会議」が私法律や地方法の制定に大きな役割を果たしてきた。その成果をみてイギリス各地の地方自治体はそれぞれ連合協議会を設立しはじめた。イングランドでは一八七二年に「都市団体連合協議会」が設立された。この「都市団体連合協議会」は、バラ基金法に関する政府の対応に対抗するために招集された「バラ・カウンシルの代表者会議」を発展させて組織されたものである。その後一八八八年地方自治法によって設置されたカウンティ・カウンシルは、直ちに「カウンティ・カウンシル連合協議会」を組織した。

一八九〇年に組織された「地方委員会協会」は、一八九四年地方自治法における地方公共団体改革の際に「アーバン・ディストリクト連合協議会」に改組された。一八九四年地方自治法によって新たに組織されたルーラル・ディストリクトも、直ちに「ルーラル・ディストリクト連合協議会」を設置した。このアーバン・ディストリクト連合協議会とルーラル・ディストリクト連合協議会は、後の「ディストリクト・カウンシル連合協議会」の母体となった。

「全国パリッシュ・カウンシル連合協議会」は二〇世紀当初より発足への動きをみせていたが、実際に「全国パリッシュ・カウンシル連合協議会」が設立されたのは第二次世界大戦直後の一九四七年であった(2)。パリッシュは一八九四年地方自治法による行政(ルーラル)・パリッシュ設立とともに全国連合協議会を設立することも可能であった。しかし行政(ルーラル)パリッシュ・カウンシルが農村部に配置されたものであり、小規模な地方公共団体であったことから、全国規模の連合協議会は設立できなかった。設立は、一九三三年地方自治法による、地域自治組織としてのルーラル・パリッシュ・カウンシルが設置された後のことである。

パリッシュ・カウンシルとコミュニティ・カウンシルは、最小の地方自治体でありその数も非常に多い。それゆえ全国ローカル・カウンシル連合協議会のもとに、カウンティを単位としたローカル・カウンシル連合協議会を設置している。聞き取り調査をおこなったサセックス・ローカル・カウンシル連合協議会は、前章であつかったイースト・グリンスティッド・タウン・カウンシルとリングメア・ヴィレッジ・カウンシルをメンバーとして抱える、パリッシュの地域的な連合協議会である。イングランドでは原則として、一つのカウンティに一つの地域的なローカル・カウンシル連合協議会が設置されるが、サセックス・ローカル・カウンシル連合協議会は、イースト・サセックス・カウンティとウェスト・サセックス・カウンティの二つのカウンティに、一つの地域的ローカル・カウンシル連合協議会を設置している例外的な組織である(3)。このサセックス・ローカル・カウンシル連合協議会の概要を要約すると図7—1のようになる。

各ディストリクトのローカル・カウンシル連合協議会は、カウンティのローカル・カウンシル連合協議会の強い影響下におかれている。これに対しディストリクト・カウンシルは、地方自治関連法規によってパリッシュ・カウンシルやコミュニティ・カウンシルに強い影響力を有している。またディストリクト・カウンシルは、ミーティングしかおかれていない小規模パリッシュやコミュニティに対しては強い監督権を保有している。ディストリクト・カウンシルとパリッシュやコミュニティ・カウンシル、あるいはパリッシュやコミュニティ・ミーティングの間の関係はかなり強い(4)といえる。

2　全国ローカル・カウンシル連合協議会の役割

全国パリッシュ・カウンシル連合協議会は、「規模の大きい地方公共団体が新たな権限の保持を望んだ場合には、彼ら自身で私法律案のイギリス議会における通過をはかるために活動したのに対し、パリッシュ・カウンシルはそれをおこなうだけの法律上の地位もそして資金も持ちえなかった。時折パリッシュはカウンティ・カウンシルが提出した私法律案の中に自らに関連した条項を見いだすだけであった(6)」という状況を打破するために、個々のパリッシュの利益追求のために行動を開始した。この全国パリッシュ・カウンシル連合協議会がモデルとしたものは都市団体連合協議会であった。

都市団体連合協議会は一九一一年以降、イギリス議会の庶民院と貴族院の議員から複数の副会長を選任するという慣習を確立した。多数の国会議員を副会長に選ぶという慣習は、英国政府と連合協議会の関係を強化することを目的とした制度として定着していった。選ばれた副会長たちには、法案の修正改廃の提案や議会における質問に対する返答などや、連合協議会の代表団と大臣たちとの間の橋渡しや議員提出立法案の説明などに関して、連合協議会の側に立った意見の陳述や行動を取ることが期待されていた。副会長の数と地方法や私法律の着実な増加は、この制度が有効に機能してきた証拠である(7)。都市団体連合協議会は、国会議員を多数副会長に就任さ

図7-1　サセックス・ローカル・カウンシル連合協議会を中心としたパリッシュ・カウンシルの組織関係(5)

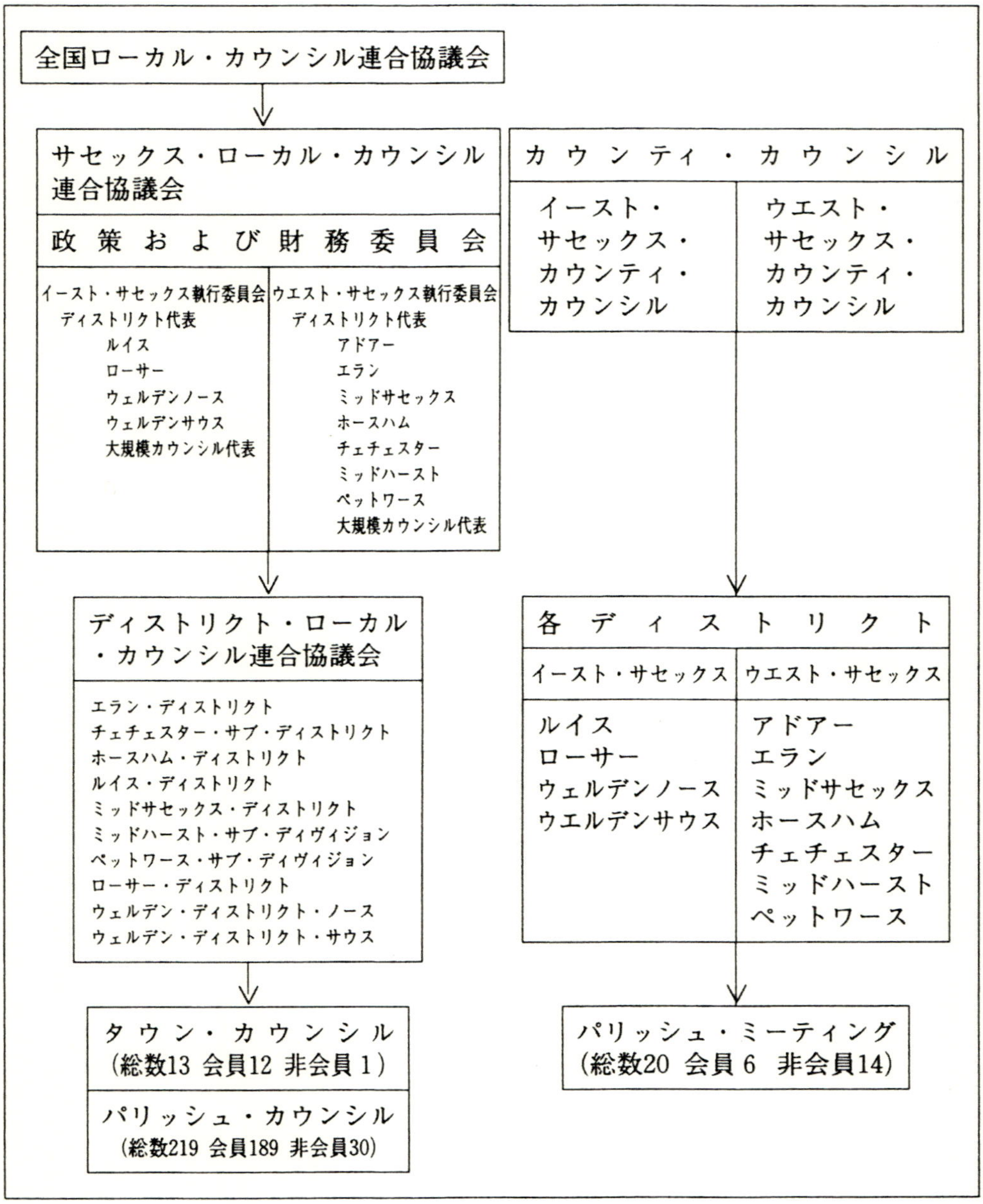

原則としてローカル・カウンシルは全国を統括する全国ローカル・カウンシル連合協議会と、カウンティを統括するカウンティのローカル・カウンシル連合協議会を設置するが、サセックス地域だけはイースト・サセックス・カウンティとウェスト・サセックス・カウンティが合同で一つのカウンティローカル・カウンシル連合協議会を設置しているので、二つのカウンティが対象となっている。

せることでウェストミンスター（英国議会）に圧力をかけ、自己の権益の確保や増進をはかってきたのである。全国パリッシュ・カウンシル連合協議会も副会長に国会議員を選任した。その後全国パリッシュ・カウンシル連合協議会は全国ローカル・カウンシル連合協議会に名称を変更している。

サセックス・ローカル・カウンシル連合協議会を、「スタッフが少ないにもかかわらずわれわれに対して法的なアドバイスやあらゆる種類の援助を持って支援し続けてくれた」として評価している。多くのパリッシュ・カウンシルやコミュニティ・カウンシルは規模も小さく財政的にも脆弱なために、法律部門や専門技術に関する専門職員の雇用がほとんど不可能なことから、全国ローカル・カウンシル連合協議会にかなりの部分を依存している。こうした事実は全国ローカル・カウンシル連合協議会を設置する大きな理由の一つとなっている。

またサセックス・ローカル・カウンシル連合協議会は、全国ローカル・カウンシル連合協議会には、「すべての法的な提案の検討とコメントを行うこと、あるいは国会の立法過程の各段階においてパリッシュ・カウンシルやヴィレッジ・カウンシルやタウン・カウンシルの利益を代表する」という役割を果たすことが期待されているが、その役割は、貴族院と庶民院にいる副会長たちが、「ローカル・カウンシルに影響のあるすべての問題に対して、良い状態が保たれるように適格な指示を与えてくれている」ことによって果たされていると評価している(8)。その結果、全国ローカル・カウンシル連合協議会は、一九七四年に貴族院議員である副会長を四名（それまでは一名）、庶民院議員である副会長を五名（同二名）に増加させ、議会や政府への対応の充実をはかっている(9)。全国ローカル・カウンシル連合協議会の役割はつぎの二つである。

（1）　全国ローカル・カウンシル連合協議会の役割は高い次元でパリッシュ・カウンシルの利益を代表すること。

（2）　多くの場合は法律的なものであるが、各々の区域内でパリッシュ・カウンシルが直面する、対処に窮するような困難な諸問題について、アドバイスや援助を与えること。

とくに（2）に関して全国ローカル・カウンシル連合協議会は年間約一五〇〇件の照会を取り扱っており、その多くの項目は法律的な事項である。そのため全国ローカル・カウンシル連合協議会だけが常任の法律顧問を雇用している。

全国ローカル・カウンシル連合協議会が、メンバーである各タウンやヴィレッジやパリッシュあるいはコミュニティのカウンシル、すなわち各ローカル・カウンシルから受けた照会項目の内容は、計画関連事項が約二〇%、手続き関連事項が約一八%、土地の所有関係項目が約一二%となっている。しかし残りの五〇%はまさにその他としてしか説明できない雑多なものとなっている。ローカル・カウンシルの担当する事項の中心が上位三項目であり、その他の仕事は住民の日常生活に密着した雑多なものになっていることがわかるのである[11]。

全国ローカル・カウンシル連合協議会は自らの中心的な役割を、「メンバーであるカウンシルに対する無料の法律的、技術的そして一般的アドバイスの提供と、国会その他の機関に対してメンバーであるカウンシルの権利と利益の保護と増進をはかること[10]」にあるとしている。表7―1はその内容を整理したものである。技術的なアドバイスに関していえば、バーミンガム大学の都市および地域研究センターを担当機関として、そこにおける専門研究や分析を、各ローカル・カウンシルは利用できる。また全国ローカル・カウンシル連合協議会を組織した結果、各ローカル・カウンシルは大きな保険や補償の確保やコースごとの研修を全国ローカル・カウンシル連合協議を通じておこなうことが可能になっている。表7―1からは、各ローカル・カウンシルが、かなり全国ローカル・カウンシル連合協議会に依存して活動していることが理解できる。

3　ディストリクト・ローカル・カウンシルとローカル・カウンシルの関係

ディストリクト・ローカル・カウンシル連合協議会は、全国ローカル・カウンシル連合協議会とローカル・カウンシルの間に立って、全国ローカル・カウンシル連合協議会と同様の役割を、メンバーであるローカル・カウンシルに対して果たすことを目的に設立された

表7－1　全国ローカル・カウンシル連合協議会のメンバーに対する役割(11)

無料の法律問題へのアドバイス	メンバーであるカウンシルに影響する問題への有用なアドバイス。毎年法的な経費として100ポンド以上を支出しなければならない複雑な問題への詳細な指導例が数100件見られる。
技術的なアドバイス	バーミンガム大学にある都市および地域研究センターを通じた技術的な問題に対する専門家による無料のアドバイス
一般的なアドバイス	メンバーであるカウンシルに影響する他の問題への無料のアドバイスの提供
保険および補償	カウンシルが必要とする一般的な損害賠償や雇用者への損失補償、雇用者の不法行為に対する損害賠償、財産的な損失、議員や職員の事故、文書や書面による名誉毀損といったものへのすべての補償をカバーする、適切なレートによる保険政策
出版	全国ローカル・カウンシル連合協議会は以下のものを出版し、必要とあればその他のものも直接に配布する Local Council Review 32ページ・年4回・17,000部以上 Information Packs for Councillors and Clerks カウンシルの権限と手続等に関するもの Forms and Notices,Leaflets and Circulars カウンシルの通常の手続きに要求されているものや、特別な出来事あるいは新たな問題等に関するもの
研修	カウンティ・カウンシル連合協議会を通じて、各パリッシュ・カウンシルや地方公共団体一般に関連する法律や手続きと実践について、議員や事務責任者へのコースごとの研修やセミナーの実施
全国大会	議員や事務責任者が会合し、ローカル・カウンシルの問題を討議できるような機会としての全国大会の実施
立法	議会の日々の活動の監視や法案の修正の要求あるいは議員に対するロビー活動、関係公務員との提案されている法令文書の討議、政府による公式な調査用紙に対する応答
政策	一般的なパリッシュ・カウンシルやコミュニティ・カウンシルの問題や決議を、すべてのメンバーであるカウンシルの一般利益を追求する政策として全国ローカル・カウンシル連合協議会委員会が審査し、議会や政府あるいはその他の国家機構に実現を働きかける
広報および各種の出版物の配布	全国ローカル・カウンシル連合議会は、印刷物の公開や、会議や総会あるいは他の全国規模の組織への参加における発言等を会報や小冊子の直接配布等によりすべてのメンバーに知らせる必要を認識し実践している

ものである。また各ディストリクトやその内部に設置されたローカル・カウンシル連合協議会との連携の上にたって、国や広域自治体あるいは基礎自治体との連絡調整機能も担当している。ディストリクト・カウンシルとローカル・カウンシルとの間には、当然のことではあるが協力と協調関係が存在する。ただしローカル・カウンシルが地域自治組織であることから、ディストリクト・カウンシルはローカル・カウンシルに対して、強い指揮・命令権を行使することもある。ディストリクト・カウンシルの不当な干渉を排除するためにも、ローカル・カウンシルは、ディストリクト・ローカル・カウンシル連合協議会を組織せざるをえなかったともいえる。

ディストリクト・カウンシルはローカル・カウンシルに対し、歳出面に関して強い指導力を発揮できる立場にある。ローカル・カウンシルは自らが帰属するディストリクト・カウンシルに必要な地方税の徴収を要請し、ディストリクト・カウンシルから受領した金額を自らが必要とする範囲で歳出できる。イギリスでは徴税団体が地方自治体の中心となっていることから、ディストリクトが地方自治体の中心となっていることがわかる。しかしながらディストリクト・カウンシルが、歳出の削減を保つように、ローカル・カウンシルに圧力を加えるのが通常である。ディストリクト・カウンシルがローカル・カウンシルに加える圧力は以下の三つのパターンに要約される。

第一　ローカル・カウンシルに、中央政府の求める歳出に関するガイドラインに従うことを要求すること。

第二　ローカル・カウンシルの支出について責任を持つようパリッシュの議員に依頼するために、彼らとの個人的な接触を利用すること。

第三　新聞のキャンペーンを通じて、区域内のタウンやヴィレッジやパリッシュ住民に、彼ら居住するローカル・カウンシルがあまり多くの金を支出しないようにプレッシャーをかけるための記事を掲載すること。

このことはディストリクト・カウンシルがローカル・カウンシルに対して、歳出削減を常に求めがちなことを示している。ただし多くの場合ローカル・カウンシルはそのように巨額な金銭を支出してはいない。ローカル・カウンシルの支出の平均はおおよそ年間一万二〇〇〇ポンドである。ローカル・カウンシルの支出総額はすべての地方公共団体の歳出総額のわずか〇・三％の一億三〇〇〇万ポンドにすぎないのである。

またローカル・カウンシルとディストリクト・カウンシルの間には二つの主要な領域についての争いがある。その第一のものは新しい建物についての計画の許可である。第二のものは土地の利用変更の計画の許可である。これら二つの計画に対する許可権限はディストリクト・カウンシルにある。それゆえ条例によってディストリクト・カウンシルには、区域内のローカル・カウンシルのすべての計画に許可を与えるために調査する義務が課せられている。もちろんローカル・カウンシルにはディストリクト・カウンシルに許可をえるためにコメントすることが認められている。しかしながら最終的に許可はローカル・カウンシルの意見とは無関係におこなわれるのが普通である。これが両者の基本的な関係である。このことはローカル・カウンシルに大きな不満を生み出しやすく、両者の対立を導くことになる可能性が高いことは当然である。

そのような問題の一つの例として、地域のローカル・カウンシル連合協議会の担当者が示してくれたものが、ジプシーのためのキャンプ場の提供であった。ＥＣの合意に合わせて制定された条例により、ディストリクト・カウンシルは、適当なキャンプ場をジプシーに対し一定数提供しなければならない。しかし多くのローカル・カウンシルは、タウンやヴィレッジやパリッシュ内の土地をジプシーに使用させることについて、住民から猛烈な反対を受けやすい。また住民は、タウンやヴィレッジやパリッシュに居住することを許可されたジプシーに対して強い反感を持つ可能性が高い。もしキャンプ場の一定の数を公的にジプシーの使用地域に指定すれば、ディストリクト・カウンシルが、民間のキャンプ場からタウンやヴィレッジやパリッシュの住民を追い立てることになる。ディストリクト・カウンシルがローカル・カウンシルの不利益を決定することは、当然に両者の対立を深め不満を醸成することになることは明白である。

前述の担当者は、ローカル・カウンシルに対するディストリクト・カウンシルの権限の大きさや、政府機関やカウンティ・カウンシルがディストリクト・カウンシルを通じてローカル・カウンシルのコントロールを試みていることを批判している。彼は「ある意味ではディストリクト・カウンシルが一番貧乏くじを引かされていることも事実である。ジプシーの増加はイギリスのＥＣ加盟の結果であり、こうした問題はこれからも増加することが予測される。国策によって各層の地方自治体に影響が出ることに対しては、本来中央政府が責任を取るべきである。しかし各層の政府間関係によって対応するのであれば、変化した実情に合わせた政府間関係と、相互手続の見直しが必要となる。そうでなければ、ディストリクト・カウンシルとローカル・カウンシルの対立がいたずらに増加し、かつ激化する危険性がいたずらに高まる」と話してくれた。政府間の権限と役割の調整、すなわち地方自治制度の改革が求められていることがわかる。

とくに予算を通じた政府間の対立の問題は、サッチャー内閣が地方政府にもキャッシュ・リミットやレイト・キャッピングを通じて、公的な支出抑制策の一環を担うことを要求したことが発端となっている。その結果、ディストリクト・カウンシルもローカル・カウンシルの予算について、強く指導力を行使せざるをえなかったという一面が浮かび上がってくる。また地方税の徴収責任団体はディストリクト・カウンシルであり、ローカル・カウンシルのプリセプトが大きければ、それだけディストリクト・カウンシルが住民に請求するレイトあるいはコミュニティ・チャージの金額が高くなり、住民の批判を一身に受けなければならないという、制度上の問題もそこに存在しているといえる(12)。

4 サセックス・ローカル・カウンシル連合協議会とローカル・カウンシル

サセックス・ローカル・カウンシル連合協議会のメンバー構成は表7—2のとおりである。二五二のタウンやパリッシュ（ヴィレッジを含む、以下同）のうち八二％強の二〇七団体がメンバーとなっている。内訳をみると一三のタウン・カウンシルのうち九二％強の一二団体がメンバーとなっている。二一九のパリッシュ・カウンシルのうち八六％強の一八九団体がメンバーとなっている。これに対して二〇あるパリッシュ・ミーティングではわずか三〇％の六団体だけがメンバーである。大規模なローカル・カウンシルほど加盟率が高く、小規模なものほど加盟率が低いことがわかる。これはローカル・カウンシルが小規模パリッシュほどディストリクトへの依存傾向が高いことや、権限の少なさなどから連合協議会の支援をあまり必要としていないという実情が反映されている。それゆえサセックス・ローカル・カウンシル連合協議会のタウン・カウンシルやパリッシュ・カウンシルへの影響力は強いということができる。またサセックス・ローカル・カウンシル連合協議会の果たしている役割は表7―3の予算および決算の項目のとおりである。

現在サセックス・ローカル・カウンシル連合協議会とローカル・カウンシルとの間に存在する大きな課題は、サセックス・ダウンズ自然景観保護区（Area of Outstanding Natural Beauty=AONB）の国立公園への移行、農業用地の将来の利用計画、あるいはEC統合を控えたことも含めた今後の交通問題である。それゆえサセックス・ローカル・カウンシル連合協議会は、それらの課題についてタウン・カウンシルやパリッシュ・カウンシルと積極的な調整をはかる必要性を重視し、長期的な展望にたって対話と調整を続けている。

イースト・サセックス執行委員会とウェスト・サセックス執行委員会は、この一年間に三回の会合を開き、計画問題や地域住民への住宅供給、ごみ処理とそのリサイクル問題、道路と交通、交通路の照明、投票の管理規則、ルーラル・エリアにおける郵便局と商店、日曜日の路上市場の開催など多くの問題について討論している。こうしたものが現実にタウン・カウンシルやパリッシュ・カウンシルが直面している日常的課題であることが理解できる。会合への外部から国会議員や、道路やごみ処理あるいは住宅建設といった各種の問題に関係を持つカウンティ・カウンシルの議員の参加があった(15)。

サセックス・ダウンズ自然景観保護区の国立公園への昇格問題は第二次世界大戦後すぐからのものである。政府委員会は一九四七年にはすでにサセックス・ダウンズの国立公園指定の受け入れ勧告をしていたのであるが、この政府委員会の勧告は、当時の食糧事情の影響を受け、サセックス・ダウンズ地域における食料生産の増加が第一の課題であるという理由で拒絶された。しかしイギリスの農業事情の変化がこの課題を無用なものとした。ＥＣの一般農業政策に連動して導入された農業補助金が、逆にイギリス農業の過剰生産をもたらし、大規模に農業生産の減産を要求しはじめたためである。

農業の将来を含めて、サセックス・ダウンズにおける土地の総合的な利用計画や、古くから作家や詩人たちが思索をめぐらしたユニークな景観を持つこの土地の利用方法が模索されている。景観を中心とした観光事業の推進などが今後の課題である。この将来計画策

表7−2　サセックス・ローカル・カウンシル連合協議会メンバー(13)

地　域	会員	内訳			%	非会員	内訳			%	総数
イースト・サセックス	85	TC	PC	PM	87.6%	12	TC	PC	PM	12.4%	97
ルイス・ディストリクト	20	3	15	2	80.0%	5		3	2	20.0%	25
ローサー・ディストリクト	28	2	26		90.3%	3		3		9.7%	31
ウェルデン・ディストリクト・ノース	16	1	15		80.0%	4		3	1	20.0%	20
ウェルデン・ディストリクト・サウス	21	1	19	1	100.0%	0				0%	21
ウエスト・サセックス	122	TC	PC	PM	78.7%	33	TC	PC	PM	21.3%	155
アドアー・ディストリクト	2		2		66.6%	1			1	33.3%	3
エラン・ディストリクト	22	1	20	1	71.0%	9	1	5	3	29.0%	31
チェチェスター・サブ・ディストリクト	23		22	1	71.9%	9		5	4	28.1%	32
ミッドハースト・サブ・ディヴィジョン	14	1	13		66.6%	7		6	1	33.3%	21
ペットハースト・サブ・ディヴィジョン	11		11		84.6%	2			2	15.4%	13
ホーム・ディストリクト	29		29		87.9%	4		4		12.1%	33
ミッド・サセックス・ディストリクト	21	3	17	1	95.5%	1		1		4.5%	22
総　計	207	12	189	6	82.1	45	1	30	14	17.9	252

TC=タウン・カウンシル　PC=パリッシュ・カウンシル　PM=パリッシュ・ミーティング

表7-3　サセックス・ローカル・カウンシル連合協議会会計報告(14)

貸借対照表（予算）

	1990.3.31	1989.3.31		1990.3.31	1989.3.31
累積基金			純流動資産		
繰　越 年度余剰金	8,903 2,139	6,595 2,308	流動資産 銀行当座預金 ビルディング・ソサエティ当座預金 手持の出版物在庫 前払補償金	 858 10,000 930 196	 2,906 8,000 800 —
小　計	£11,042	£ 8,903			
			小　計	11,984	11,706
			控　除		
			流動負債 債権や前払受取り	 942	 2,803
			小　計	942	2,803
合　計	£11,042	£ 8,903	小　計	£11,042	£ 8,903

収入および支出計算書（決算）

収入の部	1990.3.31	1989.3.31	支出の部	1990.3.31	1989.3.31
メンバーの会費	23,021.	21,166.	全国協議会分担金	8,427.	7,811.
出版物の販売 連合協議会報 他の出版物	 2,910. 1,469.	 3,124. 1,456.	印刷・文具・郵便等	1,443.	1,760.
			旅費、委員会や大会の経費	1,463.	1,005.
小　計	4,379.	4,580.	出版物の購入 連合協議会報 今年分 バックナンバー 一般出版物	 2,394. 539. 550.	 1,680. —. 952
ビルディング・ソサエティ利息	1,341.	969.			
継続…純余剰金	280	196.	小　計	3,483.	2,632.
			ディストリクトの協議会への謝礼金や経費	523.	536.
			電話代	343.	300.
			銀行利息と手数料	—.	17.
			サセックス・ルーラル・コミュニティ分担金	11,040.	10,400.
			会計検査経費	160.	140.
合　計	£29,021.	£26,909.	合　計	£26,882.	£24,601.
			差引残高	£ 2,139.	£ 2,308.

定のため、サセックスでは、関連するパリッシュ・カウンシルの代表者に、政府や民間などの代表者を加え、一九八六年にサセックス・ダウンズＡＯＮＢフォーラムを設立し、国立公園への移行を含めた総合的な検討を開始した。サセックス・ローカル・カウンシル連合協議会には、関連するパリッシュ・カウンシルに討議と意見調整の場を提供することや、各政府機関や上層の地方公共団体をはじめ各利害関係者の団体の代表が一堂に会する機会を設定することが求められている。国立公園への移行を前提にした、サセックス・ダウンズ問題の総合的検討の促進が連合協議会の任務である(16)。

農業用地の将来の利用計画も、サセックス・ダウンズと同様に、イギリスの農業事情と密接に関連したものである。イギリス農業の過剰生産は、複数の農場を倒産の危機に追い込んだ。カウンティ・カウンシルは牧場問題解決策の中心にゴルフ場への転換政策を盛り込んだ。サッチャー内閣の農業補助金支出の期待が薄いこともあって、イングランド各地の牧場が、利用変更策としてゴルフ場への転換策を検討していた。牧場にとってゴルフ場への転換は比較的容易なものであり、収益も期待できる。しかし乱立は逆効果になる。それゆえサセックス・ローカル・カウンシル連合協議会は、全体的な土地の複合的な利用を推進するような計画の策定の必要性を認識し、ゴルフ場開発とは異なった自力活動の支援を考えている(17)。

交通問題に関し、運輸省は今後一〇年間で国内の道路関係支出を倍増させ、道路網の充実をはかる計画を公表した。サセックスの二つのカウンティ・カウンシル交通局とサセックス警察は、イースト・サセックス・カウンティとウェスト・サセックス・カウンティが全国でも道路事情の悪い地域であることから、ローカル・カウンシル連合協議会の二つのカウンティの執行委員会に、代表者の派遣と事情説明を求めた。運輸省やカウンティ交通局や警察が道路整備を重視する背景には以下の理由がある。

（1）　大型トラックが、ＥＥＣの決定のもと、一九九一年一月から不適格状態でイギリスの道路上を、大きな音をたてて走ることになる可能性が高いこと（ＥＥＣとイギリスの交通規制に相違があり、ヨーロッパ大陸を走る車の一部が、イギリスの基準を満たしていないが、これを受け入れざるをえないという背景がある）。

（2）一〇年後には英仏海底トンネルが開通する可能性が高いこと。

（3）二〇〇〇年にはイギリスの路上を実際に走っている車の数が、一九八八年の一八四〇万台から二三五〇万台ないしは二五二万台の間にまで増加する可能性が高いこと。

ECがEUへの改組に向けて活動している中で、イギリスが将来ユーロ・トンネルを通じてヨーロッパ大陸と陸続きになるという地理的要因の変更だけでなく、政治的あるいは経済的にもヨーロッパ大陸との関係を強化せざるをえないという状況が、こうした動きを要求しているのである。

こうした状況から、今後の交通量の増加におけるトラックの増加はほぼ二七%と見込まれている。その結果イギリスは、新しい道路の建設を余儀なくされることになるが、このことが美しい田園地帯を狭めるというジレンマを抱えることになる。また既存の道路の改修に対する多くの経費の支出が予想されている。ここでは開発と環境保全という相対立する要求を満たす必要がある。それゆえサセックス・ローカル・カウンシル連合協議会には、二つのカウンティ住民の生活の質を高めるため、道路問題への積極的な対応が求められている。それゆえサセックス・ローカル・カウンシル連合協議会は、道路問題に対する理解と合理的な結論を導き出すための討論会への継続的な参加を実践している(18)。

サセックス・ローカル・カウンシル連合協議会は、国内事情の激変や国際関係の変動の影響の中、ディストリクト・ローカル・カウンシル連合協議会と協力し合い、タウン・カウンシルやパリッシュ・カウンシルの抱える問題への積極的な対応策への模索や提言をおこなっている。タウン・カウンシルやヴィレッジ・カウンシルやパリッシュ・カウンシルは、低成長や農業問題あるいは大陸との海底トンネルの開通といった身近な問題ばかりでなく、ECの改革や外国企業の誘致などの国際的な問題やその影響についても、対策を考えておく必要に駆られている。しかし少人数で構成されるタウン・カウンシルやヴィレッジ・カウンシルやパリッシュ・カウンシルでは、日常の業務に追われがちでそうした問題に明確な対応をおこなうことはほとんど不可能である。

こうした状況がカウンティ・ローカル・カウンシル連合協議会やディストリクト・ローカル・カウンシル連合協議会の役割や重要性を高めている。各層の自治体とその全国連合協議会の関係がきちんとしたものになっていなければ、セクショナリズムなどの悪弊により、イングランドにおける日常生活圏行政が混乱することになる。そこには住民自治を前提とする民主的な地方自治制度が根底から揺るがされる危険性すら感じられることになる。こうした点からもサセックス・ローカル・カウンシル連合協議会に代表される、イングランドのカウンティ・ローカル・カウンシル連合協議会の役割は非常に大きい。彼らは中央政府機構や他の協議会との連携を密にし、必要な情報を常に入手することによって、タウン・カウンシルやヴィレッジ・カウンシルやパリッシュ・カウンシルへの的確な情報の提供や、抱えている問題に対する有効なアドバイスや支援をおこなうことが求められているのである。それが可能になったとき、すべてのタウン・カウンシルやヴィレッジやパリッシュが連合協議会に加盟することになる。

これまでみてきたように、本来最も住民の日常生活に密着した身近な行政サービスを提供することを目的としたローカル・カウンシルも、孤立して行政サービスを提供することは絶対的に不可能なのである。国家との関係をはじめとして、上層の地方自治体との協力と調和が必要不可欠なものとならざるをえない。そうした点からみて全国ローカル・カウンシル連合協議会や、カウンティ・ローカル・カウンシル連合協議会、あるいはディストリクト・ローカル・カウンシル連合協議会の役割は、今後益々拡大していくことは間違いない。こうした時代的な影響のもとにあって、全国ローカル・カウンシル連合協議会とサセックス・ローカル・カウンシル連合協議会の関係はより密接なものになることは想像に難くない。そうした中で全国ローカル・カウンシル連合協議会は、一八九四年地方自治法が近代的なパリッシュやコミュニティ制度を形成したものと捉え、一九九四年にパリッシュとコミュニティの一〇〇周年記念行事の実施を企画しているのである。

日本の地方自治制度がスケール・メリットを重視して広域化を中心として改革がなされてきている。しかし日本もこれからは日常生活圏を単位とした行政区画による身近な行政を担当するための自治体の設置も考慮して行く必要がある。日本にはモデル・コミュニティが設置されているが、それは一部の地域でしか有効に機能しているとはいえないどころか時代遅れという批判さえ聞かれる(19)。今後は都道府県のための広域行政のモデルとして提言されている道州制への移行や、広域市町村圏をモデルとした都市行政の必要性が論じられていく可能性が高い。こうした広域行政の欠点を補うために、日本でもイングランドのパリッシュのような日常生活圏行政の主体としての地方公共団体を設定することを真剣に考える時期にきていると思われる。

註

（1）一九九〇年一〇月に三つの全国連合協議会を訪問した。いずれの協議会からも国やメンバーと協議会の関係について同様の説明を受けた。

（2）Bryan Keith-Lucas & Peter G. Richards, "*A History of Local Government in the Twentieth Century*", George Allen & Unwin Ltd., 1978, p.180.

（3）原則としてパリッシュやコミュニティが設置されるのはイングランドとウェールズの四七のノン・メトロポリタン・カウンティであり、その中でイースト・サセックス・カウンティとウェスト・サセックス・カウンティが合同でローカル・カウンシル連合協議会を設置していることから、カウンティを単位としたローカル・カウンシル連合協議会は四六ということになるが、現実にはメトロポリタン・カウンティであるノース・ヨークシャー・カウンティとウェスト・ヨークシャー・カウンティが合同でローカル・カウンシル連合協議会を設置しているのであり、このことは大都市圏域にもパリッシュ・カウンシルが設置されていることが理解できる（National Association of Local Councils (NALC), "*Powers and Constitution of Local Councils*", NALC, 1987, p.38.）。

（4）National Association of Local Councils (NALC), "*Powers and Constitution of Local Councils*", NALC, 1987, p.p.1-5.

（5）Sussex Association of Local Councils (SALC), "*Annual Report and Accounts 1989-90*", SALC, 1990, p.p.16-25. 参照。

（6）Lucas & Richards, *op. cit.*, p.187.

（7）Lucas & Richards, *op. cit.*, p.186.

（8）Sussex Association of Local Councils (SALC), *op. cit.*, p.15.

（9）Lucas & Richards, *op. cit.*, p.186.

（10）NALC, "*Benefits of Membership*", NALC, 1897, p.1.

（11）NALC, op. cit., NALC, 1897, p.p.2-4. を参照して作成した。

（12） サセックス・ローカル・カウンシル連合協議会の聞き取り調査の内容。

（13） SALC, *op. cit.*, p.p. 16–25. を参照して作成した。

（14） SALC, *op. cit.*, p.p. 27–28. を参照して作成した。

（15） SALC, *op. cit.*, p. 13.

（16） SALC, *op. cit.*, p.p. 9–10. 参照。

（17） SALC, *op. cit.*, p.p. 10–11. 参照。

（18） SALC, *op. cit.*, p.p. 11–12. 参照。

（19） 倉沢進著「コミュニティづくり二〇年の軌跡と課題」『都市問題』東京市制調査会、第八一巻二号、一九九〇年二月号、九頁。

第三部　日本の地域自治組織の生成と現状

第一章　平成の大合併後の身近な行政の展開

―コミュニティ行政の実態―

1　平成の大合併と広域行政及び身近な行政

平成の大合併は一九九九（平成一一）年四月一日から二〇一〇（平成二二）年三月三一日にかけて行われたものである。その結果、一九九九年四月一日に存在した六七〇市・一九九四町・五六八村の三二三二市町村が、二〇一〇年三月三一日には七八六市・七五七町・一八四村の一七二七市町村となり終了した。ただしその後も市町村合併は継続されており、二〇一九（令和元）年一〇月一日現在では七九二市・七四三町・一八三村の一七一八市町村にまで減少、言葉を変えていえば市町村の広域化が進行してきているのである。こうした傾向は、効率的な地方自治の進展には一定の効果があったといえるが、身近な行政推進の視点からは問題があるといわざるを得ない。

日本の（市）町村は、一八七四（明治七）年に七一七郡の下に七万八八二〇町村が存在していたが、一八八三（明治一六）年には一九市・一万二一九四町・五万九二八四村の七万一四九七市町村となり、九年間で全体のほぼ一〇%にあたる七三二三町村が減少しているのであり、規模からいえばほぼ一割程各市町村の面積が拡大したのである。当時の市町村の平均人口は五五五人であった。それが一八八九（明治二二）年の明治の大合併終了時には三九市・一万五八二〇町村の一万五八五九市町村となり、わずか一年の大合併によってほぼ五分の四（七八%減）にあたる五万五六三一市町村が減少したのであり、各市町村の面積はほぼ五倍にまで拡大したのである。市町村がほぼ五分の一に減少した明治の合併後、一市町村当たりの平均人口も約五倍の二三七四人となったのである。

戦後の日本では、一九五三（昭和二八）年に制定された三年間の時限法である町村合併促進法と、一九五六（昭和三一）年に制定された五年間の時限法である新市町村促進法を背景に昭和の大合併が推進され、一九五三年の二六八市・一九六六町・七六一六村の九八六九市町村が、一九六一（昭和三六）年には五五六市・一七九七町・九六八村の三四七〇市町村となった。この九年間の大合併推進の結果、市町村はほぼ三分の二（六五％減）にあたる六三九九が減少したことから、各市町村の面積はほぼ三倍にまで増加したのである。市町村がほぼ三分の一に減少した昭和の大合併後の市町村の平均人口は、総人口九四二八万七千人であったことから、二万七一七一人と計算できる。一八七四（明治七）年と一九六一（昭和三六）年の市町村数からみた場合、市町村数は、おおよそ二〇分の一（九六％減）となったのであり、市町村の平均面積は二〇倍強にまで拡大し、平均人口は約五〇倍にまで拡大したのである(1)。このことは、戦後のベビーブームの進展の大きさを伝えている。

一八七四（明治七）年の七万八八二〇町村と、二〇一九（令和元）年一〇月一日現在の一七一八市町村を比較すると、市町村数はおよそ五〇分の一（九八％減）になり、市町村の平均面積は逆に五〇倍程度に拡大し、さらに市町村の平均人口は七万三四二三人と一三〇倍強まで増大している。また平成の大合併を見ても、一九九九（平成一一）年四月一日の三二三二市町村が、二〇一〇（平成二二）年三月三一日には一七二七市町村となったからもわかるように、市町村数がほぼ半減したことから市町村面積がほぼ倍増しているのである(2)。こうした市町村合併が進展している中で、二三存在する東京都の特別区では合併は行われていない。それゆえ二三区を含んだ市区町村数を昭和の大合併と比較すると、五七九の市区は約四〇％増の八一五市区となったのに対して、一七九七町は約六〇％減の七四三町に、九六八村は約八〇％減の一八三村となったのである。

三大都市圏（東京圏、名古屋圏、関西圏）と地方圏の人口をみると、日本の総面積の約一四％にすぎない三大都市圏には、日本の総人口の五二・〇九％にあたる六六三九万二五六人が住んでおり、約八六％をしめる地方圏には総人口の四七・九一％にあたる六一〇五万三三〇七人しか住んでいない。三大都市圏では、東京圏（埼玉県、千葉県、東京都、神奈川県）には総人口の二八・七三％にあたる三六六一万八七三一人が、名古屋圏（岐阜県、愛知県、三重県）には八・九七％にあたる一一四三万四〇六〇人が、関西圏（京都府、大阪府、兵庫県、奈良県）には一四・三九％にあたる一八三三万七四六五人が住んでいる。三大都市圏の人口動態をみると、日本人住民では、東京圏の人口は引き続き増加しており、名古屋圏、関西圏の人口は引き続き減少している。外国人住民では、近年は東京圏、名古屋圏、関西圏とも増加が続いている。三大都市圏においても東京一極集中化の進行傾向が見て取れる。

また現在の七九二市、二三区、七四三町、一八三村の一七四一市区町村の人口を見ると、日本の総人口一億二七四四万三五六三人の内、日本の総面積の五八・〇二％をしめる市には全体の八四・〇％にあたる一億七〇六万一八二七人が、〇・一七％でしかない東京特別区には全体の七・四％にあたる九四八万六六一八人が、三五・六八％をしめる町には全体の八・〇％にあたる一〇一三万六一五四人が、六・一二％をしめる村には全体の〇・六％にあたる七五万八九六四人が住んでいる。市区には全体の九一・四％の一億一六五四万八四四五人が住んでいるのに対して、町村には全体の八・六％の一〇八九万五一一五人しか住んでいない。それゆえ一団体当たりの平均人口を見ると、市は一三万五一七九人、区は四一万二四六二人、町は一万三六四二人、村は四〇一六人であり、市区の平均人口は一四万一二六〇人であり、市区町村の平均人口は七万二九五〇人である。町村の行財政能力の極端な弱さ、すなわち地域格差の拡大化傾向が強まっていることがわかる(3)。

国は明治の大合併後に「事務組合制度」を、昭和の大合併後に「広域市町村圏」などを導入したように、平成の大合併末の二〇〇九（平成二一）年四月から「定住自立圏」を、平成の大合併後の二〇一四（平成二六）年から「連携中枢都市圏」を原則三大都市圏以外の道と県を対象に導入している。その中で定住自立圏は、「中心市が圏域全体の暮らしに必要な都市機能を集約的に整備するとともに、周辺市町村においては必要な生活機能を確保し、農林業の振興や豊かな自然環境の保全を図るなど、互いに連携・協力することによって、定住を促進し圏域全体の活性化を図る(4)」ものである。また連携中枢都市圏は、「人口減少・少子高齢社会にあっても、地域を活性化し経済を持続可能なものとし、国民が安心して快適な暮らしを営んでいけるようにするために、地域において、相当の規模と中核性を備える圏域の中心都市が近隣の市町村と連携し、コンパクト化とネットワーク化により「経済成長のけん引」、「高次都市機能の集積・強化」及び「生活関連機能サービスの向上」を行うことにより、人口減少・少子高齢社会においても一定の圏域人口を有し活力ある社会経済を維持するための拠点を形成する(5)」ものである。

三大都市圏と地方圏の格差拡大や、東京一極集中等の問題が求める身近な行政に対する制度の拡充に対して、政府は一方で市町村合併を推進させながら、他方で地域自治組織制度や小さな拠点制度などの拡充を柱に、地方圏の町村や集落の維持や復興等に向けた活動の場の確保を目指した。そうした中で制定されたものが、「我が国における急速な少子高齢化の進展に的確に対応し、人口の減少に歯止めをかけるとともに、東京圏への人口の過度の集中を是正し、それぞれの地域で住みよい環境を確保して、将来にわたって活力ある日本社会を維持していく」ことを目的とした「まち・ひと・しごと創生法」であった(6)。

二〇一四(平成二六)年一二月二七日閣議決定された「まち・ひと・しごと創生『総合戦略』」の第四で提示された『小さな拠点』の形成」においては、「小さな拠点」一〇〇〇ヶ所と地域運営組織五〇〇〇団体の設立が目標とされた。二〇一八(平成三〇)年五月現在、小さな拠点は全国に一〇六九ヶ所設置され、設置目標を超えている。また地域運営組織は、二〇一七(平成二九)年一〇月には四一七七団体が創設された。それゆえ内閣府は、「形成済の小さな拠点は、総合戦略あり八六九箇所、総合戦略なし五〇五箇所の合計一五七四箇所であり、また今後形成が予定されている小さな拠点は、総合戦略あり一九八箇所、総合戦略なし一一箇所の合計二〇九箇所であり、合わせれば一七八三箇所であることを、また地域運営組織も六〇九市町村に三〇七一存在していること」を強調している(7)。こうした制度の拡充が今後の日本の身近な行政の推進の要の一つになるものといえる。

2　平成の大合併と地域自治組織

一九九九(平成一一)年に開始された平成の大合併の目的の一つは、「基礎自治体の行財政基盤確立」であり、政府は同年に「地方分権の推進を図るための関係法律の整備等に関する法律」を一部施行し、合併と自治権の拡大がセットであることを強調した。一九九九年四月一日から二〇〇五（平成一七）年三月三一日までの前半五年間は、合併特例債の創設や合併算定替の期間延長を柱とする手厚い財政措置を通じて市町村合併を誘導していたが、二〇一〇（平成二二）年三月三一日までの後半五年間は、国や都道府県の積極的関与による合併の推進が図られた(8)。後期の大合併を補強するために、政府は二〇〇四（平成一六）年五月二六日に「市町村の合併の特例に関する法律の一部を改正する法律」、「市町村の合併の特例等に関する法律」、「地方自治法の一部を改正する法律」を制定している。

「市町村の合併の特例に関する法律の一部を改正する法律」（旧合併特例法）は二〇〇五年三月三一日に失効し、「市町村の合併の特例等に関する法律」が同年四月一日に施行された。合併の特例に関連する法律の改正は、平成の大合併の後期における合併促進を目的としたものであった。この関連法規の改正に呼応する形で設置されたものの一つが、地域審議会、地域自治区（一般制度）、地域自治区（特例制度）、合併特例区の四種にわたる地域自治組織である。これら四種の地域自治組織は、合併によって拡大した市町村の内部に、原則として合併前の市町村の区域を単位として設置されるものであり、住民自治の充実が創設の主たる目標の一つになっているものである。

地域審議会は、旧合併特例法第五条の四の、「合併前の関係市町村の協議により、旧市町村の区域ごとに、合併市町村の長の諮問により審議又は必要な事項につき意見を述べる審議会（地域審議会）を置くことができる」との規定を受けて設置されたものである。地域審議会に関する規定は、市町村の合併の特例等に関する法律第二二条で、「合併関係市町村の協議により、期間を定めて合併市町村に、合併関係市町村の区域であった区域ごとに、当該合併市町村が処理する当該区域に係る事務に関し合併市町村の長の諮問に応じて審議し又は必要と認める事項につき合併市町村の長に意見を述べる審議会（次項において「地域審議会」という。）を置くことができる」と改められた。このことから地域審議会は、合併後の市町村内の旧市町村の地域自治を保障する形で設置が認められたものといえるが、一定期間経過後すなわち合併市町村の一体化がある程度確保された時点での廃止が予定されている組織でもあった(9)。

地域自治区（一般制度）は、二〇〇四年の地方自治法改正によって新設された地方自治法第二編・第七章第四節「地域自治区」（二〇二条の四〜二〇二条の九）の条項で、市町村に任意で地域自治区（一般制度）を創設することが容認されたことで設置されることになったものである。この制度は、第二七次地方制度調査会の「今後の地方自治制度のあり方に関する答申」（平成一五年一一月）を受けたものである。答申は基礎自治体のあり方において、「地方分権改革が目指すべき分権型社会においては、地域において自己責任と自己決定の原則が実現されるという観点から、団体自治ばかりでなく住民自治が重視されなければならない」として市町村合併を容認しつつ、「基礎自治体は、その自主性を高めるため一般的には規模が大きくなることから、後述する地域自治組織を設置する途を開くなどさまざまな方途を検討して住民自治の充実を図る必要がある」とし、地域自治組織については、「一般制度としては、基礎自治体としての一体性を損なうことの無いようにする」ということにも配慮して「行政区的なタイプ（法人格を有しない。）を導入すべき」ことを強調したのである(10)。

それを受けて、地方自治法第二〇二条の四の第一項には、「市町村は、市町村長の権限に属する事務を分掌させ、及び地域の住民の意見を反映させせつつこれを処理させるため、条例で、その区域を分けて定める区域ごとに地域自治区を設けることができる」との規定が置かれたのである。そこにはその内部組織として、二〇二条の五の第一項「地域自治区に、地域協議会を置く」の規定に基づいて「地域協議会」が置かれることとなった。地域自治区（一般制度）の設置趣旨として内閣府は、「法律上の規定がなくとも、市町村の判断により地域自治区と同様の仕組みを設けることは可能である。地域自治区制度の趣旨は、地域自治区の創設の途を開くことにあるのではなく、地方自治制度上、市町村の区域内において、より狭い区域を単位として住民の意思を反映させる仕組みを明確に位置づけ、住民自治の拡充方策等を充実しようとするところにある」と説明している(11)。

地域自治区（一般制度）は、「地域の住民の意見を行政に反映させるとともに行政と住民との連携の強化を目的として、市町村の判断により設けられる区域であり、その区域の住民のうちから選任された者によって構成される地域協議会及び市町村の事務を分掌させるための事務所を置くもの」である(12)。地域自治区（一般制度）は市町村の区域の全域に設置しなければならないものであるが、法人格は付与されておらず、必要と認められる限り永続的に設置することが可能な組織でもある。また住民自治の観点からは、住民、町内会、NPO、コミュニティ組織等との協働が求められている組織でもある。

他方、平成の大合併を施行した市町村に関しては、地域自治区（合併特例）あるいは合併特例区の設置が認められた。地域自治区（合併特例）は、旧合併特例法第五条の五などの規定によって設置が認められたもので、合併に際して一又は二以上の合併関係市町村を単位として、合併関係市町村の協議で設置を決定単位できるものであり、そこには市町村長が選任する特別職の区長を置くことができるものである。「地方自治法の一部を改正する法律」の第二十三条には、「市町村の合併に際しては、地方自治法第二百二条の四第一項の規定にかかわらず、合併関係市町村の協議で定める期間に限り、合併市町村の区域の一部の区域に、一又は二以上の合併関係市町村の区域であった区域をその区域とする同項に規定する地域自治区（以下「合併関係市町村の区域による地域自治区」という。）を設けることができる」との規定が置かれた。

また、第二十四条の規定によって、市町村の合併に際して設ける合併関係市町村の区域による地域自治区（以下「合併に係る地域自治区」という。）において、当該合併に係る地域自治区の区域における事務を効果的に処理するため特に必要があると認めるときは、合併関係市町村の協議により、期間を定めて合併に係る地域自治区の事務所の長に代えて区長を置くことができるとされた。それゆえ区長を配置する場合には、区長は地域の行政運営に関し優れた識見を有する者のうちから、合併市町村の長が選任することとされている。

合併特例区は旧合併特例法第五条の八などで設置が認められたものである。旧合併特例法によれば、合併特例区は、合併に際して、合併関係市町村の協議により、一または二以上の旧市町村単位に法人格を有する区（合併特例区）を一定期間（五年以下）設置できる制度であり、いいかえれば合併後の一定期間（五年以下）、一または二以上の合併関係市町村の区域であった区域を単位として、特別地方公共団体である合併特例区（法人格を有する）を設けることができるものであった。また合併特例区の長は合併市町村の長が選任する特別職とされ、合併市町村の助役又は支所・出張所長若しくは指定都市の区の事務所・出張所長を兼ねることができるものとされた。さらに合併特例区協議会の構成員は、合併特例区内に住所を有する合併市町村の議会議員の被選挙権を有する者のうちから、規約に定める方法により合併市町村の長が選任するものとされた。それゆえ区長も協議会の構成員も公選ではない。

「地方自治法の一部を改正する法律」の第二十六条には、「合併市町村において市町村の合併後の一定期間、合併関係市町村の区域であった地域の住民の意見を反映しつつその地域を単位として一定の事務を処理することにより、当該事務の効果的な処理又は当該地域の住民の生活の利便性の向上等が図られ、もって合併市町村の一体性の円滑な確立に資すると認めるときは、合併関係市町村の協議により、期間を定めて、合併市町村の区域の全部又は一部の区域に、一又は二以上の合併関係市町村の区域であった区域をその区域として、合併特例区を設けることができる」との規定が置かれた。それゆえ設置期間は合併関係市町村の協議により規約で定められた期間（五年）とされた。なお協議は合併関係市町村の議会の議決を経なければならないこととされている。また第二十七条にあるように、合併特例区は地方自治法第一条の三第一項の特別地方公共団体とされており、合併特例区は、市町村の合併が行われた日に成立するものとされた。

地域自治組織の数を二〇〇七（平成一九）年と二〇一九（平成三一）年四月一日現在で比較すると、二〇〇七年には、地域審議会が二一七団体に七七五審議会、地域自治区（一般制度）が一七団体に一二三地域、地域自治区（合併特例）が三八団体に一〇四自治区、合併特例区が六団体に一六特例区に設置されていたが、二〇一九年には、地域審議会が二九団体に七九審議会、地域自治区（一般制度）が一三団体に一二八地域、地域自治区（合併特例）が一〇団体に一九自治区しか設置されておらず、微増の地域自治区（一般制度）を除くと激減している。また、合併特例区は期間が五年と限定されていたこともあり現存していない(13)。これらに代わるものとして、小さな拠点や地域運営組織等が設定されてきているのである。

3　地域審議会と地域自治区（合併特例）を中心に見た身近な行政の実態

現行の日本の地域審議会は、表1の通り、一九の道と県に存在する二五市、四町にある、旧二三市、五五町、二六村の一〇四市町村を対象に、八二審議会（設置せず二五市町）が置かれている。それらを見ていくと以下のようになる。

北海道・東北を見ると、北海道では平成二〇〇四（平成一六）年一二月一日に函館市が戸井町、恵山町、椴法華村、南茅部町を編入し、旧函館地区を除く戸井、恵山、椴法華、南茅部の四地区にそれぞれ審議会を設置した。青森県では、二〇〇五（平成一七）年一月一日に十和田市と十和田湖町の合併で誕生した新十和田市が、旧十和田湖町地域を対象とする十和田市地域審議会を、三月二八日に五所川原市、金木町、市浦村の合併で誕生した新五所川原市が、金木地区と市浦地区にそれぞれ審議会を設置した。福島県では須賀川市が二〇〇五年四月一日に長沼町と岩瀬村を編入し、長沼地区と岩瀬地区にそれぞれ審議会を、福島市が二〇〇八（平成二〇）年飯野町を編入し、旧飯野町地区に飯野地区審議会を設置した。

関東を見ると、群馬県では二〇〇四（平成一六）年一二月五日に前橋市が大胡町、宮城村、粕川村を編入し、二〇〇九（平成二一）年四月に県内初の中核市へ移行するとともに、五月五日には富士見村を編入し、前橋市富士見地区地域審議会を設置した。また藤岡市は二〇〇六（平成一八）年一月一日に鬼石町を編入し、藤岡市鬼石地域審議会を設置した。千葉県では、二〇〇五（平成一七）年三月一九日に夷隅町、大原町、岬町の合併で誕生したいすみ市が、夷隅、大原、岬の三つの地区にそれぞれ地域審議会を、二〇一〇（平成二二）年三月二三日に印西市が印旛村と本埜村を編入し、印旛地区地域審議会と本埜地区地域審議会を設置した。

北陸・甲信越地域を見ると、新潟県では二〇〇五年三月一九日に糸魚川市、能生町、青海町の合併で誕生した新糸魚川市が、糸魚川、能生、青海の三地区にそれぞれ地域審議会を設置した。富山県では二〇〇四年一一月一日に城端町、平村、上平村、利賀村、井波町、井口村、福野町、福光町の四町・四村の合併で誕生した南砺市が、旧八町村の地域を対象に八の地域審議会を、二〇〇五年一一月一日に高岡市と福岡町が合併して誕生した新高岡市が、福岡地域審議会を設置した。石川県では二〇〇四年一〇月一日に七尾市・田鶴浜町・中島町・能登島町合併で誕生した新七尾市が、合併した四つの地区にそれぞれ地区地域審議会を設置した。山梨県では、二〇〇三（平成一五）年一一月一五日の足和田村、勝山村、河口湖町の合併で誕生した富士河口湖町が、二〇〇六年三月一日に上九一色村南部地区（精進、本栖、富士ヶ嶺の三地区）を合併し、四地区にそれぞれ地域審議会を設置した。また二〇〇四年一〇月一二日に石和町、御坂町、一宮町、八代町、境川村、春日居町の五町一村の合併で誕生した笛吹市が、二〇〇六年八月一日芦川村を編入し、七つの地区にそ

地域自治組織（地域審議会・地域自治区・合併特例区）一覧（平成31年4月1日現在）

表1

都道府県	地域審議会			地域自治区(一般制度)			地域自治区(合併特例法等に基づくもの)		
	市町村	合併年と対象市町村数	現　　状		合併年と対象市町村数	現　　状		合併年と対象市町村数	現　　状
北海道	函館市	H16. 12. 1. ：3町1村を編入	旧函館地区を除く4の地域審議会	せたな町	H17. 9. 1. ：大成町・瀬棚町・北檜山町合併	大成区、瀬棚区、北檜山区	伊達市	H18. 3. 1. ：大滝村編入	大滝区
		戸井町・恵山町・椴法華村・南茅部町	戸井・恵山・椴法華・南茅部の4審議会	むかわ町	H18. 3. 27. ：鵡川町・穂別町合併	鵡川地区自治区 穂別地区自治区	石狩市	H17. 10. 1. ：厚田村・浜益村編入	厚田区、浜益区
青森県	五所川原市	H17. 3. 28. ：五所川原市・金木町・市浦村で合	旧五所川原市区域外金木・内浦2の審議会				青森市	H17. 4. 1. ：青森市・浪岡町合併	浪岡
	十和田市	H17. 1. 1. ：十和田市・十和田湖町合併	十和田市地域審議会（旧十和田湖町地域）						
岩手県				宮古市	H17. 6. 6. 宮古市/田老町/新里村合併 H22川井村編入	宮古・田老・新里・川井の4地域自治区			
				花巻市	H18. 1. 1. ：花巻市・大迫町・石鳥谷町・東和町合併	花巻市大迫・石鳥谷・東和の3地域自治区			
秋田県				大仙市	H17. 3. 22. 大曲市と6町1村の8市町村が合併	8つの地域自治区	能代市	H18. 3. 21. ：能代市・二ツ井町合併	二ツ井町
福島県	福島市	H20. 7. 1. ：飯野町を編入	飯野地区審議会	南相馬市	H18. 1. 1. ：原町市・小高町・鹿島町が合併	原町区・小高区・鹿島区			
	須賀川市	H17. 4. 1. ：長沼町・岩瀬村を編入	須賀川市長沼と岩瀬の２地域審議会	南会津町	H18. 3. 20. ：田島町・舘岩村・伊南村・南郷村が合併	田島・岩館・伊南・南郷の4地域自治区			
群馬県	前橋市	H16. 12. 5. ：1町2村編入 H21. 5. 5. ：富士見村編入	前橋市富士見地区地域審議会						
	藤岡市	H18. 1. 1. ：鬼石町編入	藤岡市鬼石地域審議会						
千葉県	印西市	H22. 3. 23. ：印旛村と本埜村を編入	印旛地区地域審議会 本埜地区地域審議会						
	いすみ市	H17. 3. 19. ：夷隅町・大原町・岬町で合併	夷隅・大原・岬の3地区地域審議会他						
新潟県	糸魚川市	H17. 3. 19. ：糸魚川市・能生町・青海町で合併	糸魚川・能生・青海の3地域審議会	上越市	H17. 1. 1. ：6町7村の13町村を編入	旧上越市地区に15区、編入町村に13区の28区			
富山県	南砺市	H16. 11. 1. ：4町4村で合併	8つの地域審議会						
	高岡市	H17. 11. 1. ：高岡市と福岡町が合併	福岡地域審議会						
石川県	七尾市	H16. 10. 1. 七尾市・田鶴浜町・中島町・能登島町合併	4の地区地域審議会						
山梨県	笛吹市	H16. 10. 12. 5町1村で合併H18. 8. 1. ：芦川村を編入	7の地域審議会						
	富士河口湖町	H15. 11. 15. 1町2村で合併H18. 3. 1. 上九一色村編入	4の地区地域審議会						
長野県				飯田市	H17. 10. 1. ：上村・南信濃村編入	旧飯田市区域に18区、編入2村に2区の20区			
				伊那市	H18. 3. 31：伊那市・高遠町・長谷村が合併	旧伊那市域に7区、高遠と長谷に各1区の9区			
岐阜県	可児市	H17. 5. 1. ：兼山町編入	可児市兼山地域審議会						
愛知県	稲沢市	H17. 4. 1. ：祖父江町・平和町編入	稲沢市祖父江地区地域審議会	豊田市	H17. 4. 1. ：4町2村の6町村を編入	旧豊田市域に6区、編入6町村に6区の12区			
				新城市	H17. 10. 1. ：新城市・鳳来町・作手村合併	旧新城に5、鳳来に4、作手に1の10区			
三重県	伊勢市	H17. 11. 1. ：伊勢市・二見町・尾俣町・御薗村合併	4の地区地域審議会						
滋賀県							近江八幡市	H22. 3. 21. ：近江八幡市・安土町合併	安土町
奈良県	五條市	H17. 9. 25. ：西吉野村・大塔村編入	西吉野地区審議会 大塔地区審議会						
兵庫県							多可町	H17. 11. 1. ：中町・加美町・八千代町合併	中区、加美区、八千代区
							香美町	H17. 4. 1. ：香住町・村岡町・三方町合併	香住区、村岡区、小代区
鳥取県	米子市	H17. 3. 31. ：米子市・淀江町合併	米子市淀江地域審議会						
島根県	江津市	H16. 10. 1. ：桜江町編入	桜江地域審議会				吉賀町	H17. 10. 1. ：柿木村・六日市町合併	柿木村
岡山県	倉敷市	H17. 8. 1. ：船穂町・真備町編入	倉敷市船穂地区審議会倉敷市真備地域審議会						
香川県	高松市	H17. 9. 26. ：塩江町編入 H18. 1. 10. ：5町を編入	旧高松市外に6地区地域審議会						
愛媛県	上島町	H16. 10. 1. 弓削町・生名町・岩城村・魚島村合併	4の地区地域審議会						
	砥部町	H17. 1. 1. ：砥部町・広田村合併	広田地区地域審議会						
	愛南町	H16. 10. 1. ：4町と内海村で合併	5の地域審議会						
長崎県	平戸市	H17. 10. 1. 平戸市・生月町・大島村・田平町合併	平戸市地域審議会				平戸市	H17. 10. 1. 平戸市・生月町・大島村・田平町合併	生月町、田平町、大島村
大分県	臼杵市	H17. 1. 1. ：臼杵市・野津町合併	野津地域審議会						
	国東市	H18. 3. 31. 国見町・国東町・武蔵町・安岐町合併	4の○○町地域審議会						
宮崎県				宮崎市	H18. 1. 1. ：佐土原町・田野町・高岡町編入	旧宮崎市地区に18の区土佐原・田野・高岡に3地域自治区と清武地域自治区で合計			
					H22. 3. 23. 清武町・編入				
鹿児島県							奄美市	H18. 3. 20. ：名瀬市・住用町・笠利町合併	名瀬、住用町、笠利町
合計	19道県 25市4町	旧23市55町26村の104市町村	82地域審議会（設置せず25市町村）	8道県 10市3町	旧10市34町19村の63市町村	128地域自治区（設置せず/旧花巻市）	8道県 7市3町	旧7市13町6村の26市町村	19地域自治区（設置せずは6市1町）

註：総務省『広域行政・市町村合併』「市町村合併資料：地域審議会・地域自治区・合併特例区の設置状況（平成31年4月1日現在）」(http://www.soumu.go.jp/kouiki/kouiki.html) を参照し作成した

総計は27道県の40市10町の50市町。長崎県の平戸市のみ重複。

れぞれ地域審議会を設置した。

中部と近畿を見ると、岐阜県では二〇〇五年五月一日に可児市が兼山町を編入し、可児市兼山地域審議会を設置した。愛知県では二〇〇五年四月一日に稲沢市が祖父江町と平和町を編入し、稲沢市祖父江地区地域審議会を設置した。三重県では二〇〇五年一一月一日に伊勢市、二見町、尾呂町、御薗村の合併で誕生した新伊勢市が、四地区にそれぞれ地区地域審議会を設置した。奈良県では二〇〇五年九月二五日に五條市が西吉野村と大塔村を編入し、西吉野地区審議会と大塔地区審議会を設置した。

中国・四国を見ると、鳥取県では二〇〇五年三月三一日に米子市と淀江町の合併で誕生した新米子市が、米子市淀江地域審議会を設置した。島根県では二〇〇四年一〇月一日に桜江町を編入した江津市が、桜江地域審議会を設置した。岡山県では二〇〇五年八月一日に船穂町と真備町を編入した倉敷市が、倉敷市船穂地区審議会と倉敷市真備地域審議会を設置した。香川県では二〇〇五年九月二六日に塩江町を、二〇〇六年一月一〇日に牟礼町、庵治町、香川町、香南町、国分寺町の五町を編入した高松市が、旧高松市外に六つの地区地域審議会を設置した。愛媛県では二〇〇四年一〇月一日に弓削町、生名町、岩城村、魚島村の二町二村で合併して誕生した上島町が、合併した四町村の地域にそれぞれ地区地域審議会を、御荘町、城辺町、一本松町、西海町、内海村の四町一村の合併で誕生した愛南町が、旧五町村に五の地域審議会を、二〇〇五年一月一日に砥部町と広田村の合併で誕生した新砥部町が、旧広田村の地域に広田地区地域審議会を設置した。

九州を見ると、長崎県では二〇〇五年一〇月一日に平戸市、生月町、大島村、田平町の合併で誕生した新平戸市が、旧平戸市の地域に平戸市地域審議会を設置し、残った旧生月町、旧大島村、旧田平町には地域自治区（合併特例法に基づくもの）を設置した。地域審議会と地域自治区が重複して存在しているのは平戸市だけである。大分県では二〇〇五年一月一日に臼杵市と野津町の合併で誕生した新臼杵市が野津地域審議会を、二〇〇六年三月三一日に国見町、国東町、武蔵町、安岐町の合併で誕生した国東市が、合併した旧町村を対象に国見町地域審議会、生月町地域審議会、大島村地域審議会、田平町地域審議会を設置した。

同様に地域自治区（合併特例）は、北海道と七つの県の七市・三町の旧七市・一三町・六村の二六市町村に一九存在していた。北海道では、二〇〇五年一〇月一日に厚田村と浜益村を編入した石狩市が厚田区と浜益区を、二〇〇六年三月一日に大滝村を編入した伊達市が大滝区を設置した。二〇〇五年四月一日に青森市・浪岡町の合併で誕生した新青森市が浪岡（区）を、秋田県では二〇〇六年三月二一日に能代市と二ツ井町が合併して誕生した新能代市が二ツ井町（区）を設置した。滋賀県では二〇一〇年三月二一日に近江八幡市と安土町が合併して誕生した新近江八幡市が安土町（区）を、兵庫県では、二〇〇五年四月一日に香住町、村岡町、三方町の合併で誕生した香美町が香住区、村岡区、小代区を、同年一一月一日に中町、加美町、八千代町の合併して誕生した新加美町が中区、加美区、八千代区を設置した。島根県では同年一〇月一日に柿木村と六日市町の合併で誕生した吉賀町が柿木村（区）を、同日に長崎県平戸市が前述のように三つの区を設置した。鹿児島県では二〇〇六年三月二〇日に名瀬市と住用町と笠利町の合併で誕生した奄美市が名瀬、住用町、笠利町の三区を設置した。

このように地域審議会や地域自治区（合併特例）は、平戸市を除いて一つの地方公共団体にはいずれかが設置されている。この場合、大都市が周辺市町村を編入した場合、あるいは大都市が周辺市町村と合併し新たに大都市の名前を継続する形で新しい市を誕生させたところでは、原則として、編入された旧市町村の地域を対象に地域審議会が設置されている。これに対して一般的に小規模市町村が合併した旧市町村では、合併した旧市町村全てを対象として複数の地域審議会が設置されているのである。合併前の市町村に置かれている単数もしくは複数の小学校や中学校、あるいは少子化や三大都市圏その他の地方中枢都市ともいえる県庁所在地をはじめとする大都市圏への人口集中の結果廃止された旧小学校区などが、地域審議会や地域自治区の設置単位となっていることが理解できる。そうした圏域は現在でも地域コミュニティ等として、住民の日常生活の拠点となっているか、維持する必要のある日常生活圏なのである(14)。

4　平成の大合併における地域自治区（一般制度）と小さな拠点

現行の日本の地域自治区（一般制度）は、表2の通り、北海道と七つの県の一〇市・三町の一三市町にある、旧一〇市・三四町・一九村の六三市町村を対象に、一二八設置されている。地域自治区（一般制度）が設置されている一三市町のうち、新設は岩手県宮古市と花巻市、秋田県大仙市、福島県南相馬市、長野県伊那市、愛知県豊田市と新城市の七市と、北海道のせたな町とむかわ町と福島県の南会津町の三町である。編入は新潟県上越市、長野県飯田市、宮崎県宮崎市の三市である。ただし岩手県宮古市と宮崎県宮崎市では追加編入がある(15)。

北海道のせたな町は二〇〇五年九月一日に大成町、瀬棚町、北檜山町の合併で新設された町である。合併と同時に五年の設置期間で大成区、瀬棚区、北檜山区の合併特例区が置かれ、それらは二〇一〇年に地域自治区（一般制度）に移行している。大成区には久遠小学校と大成中学校が、瀬棚区には瀬棚小学校と瀬棚小学校あり、いずれも小学校区単位とも中学校区単位ともいえる区域となっている。これに対して北檜山区には若松小学校と北檜山小学校と北檜山中学校があり、この区域は中学校区が対象となっている(16)。

むかわ町は二〇〇六年三月二七日に鵡川町と穂別町の合併で新設された町である。合併時に「むかわ町地域自治区の設置等に関する条例」を制定し、鵡川地域自治区と穂別地域自治区を創設している。鵡川地域自治区には鵡川中央小学校と鵡川中学校があり、穂別地域自治区には宮戸小学校と穂別小学校と穂別中学校がある。それゆえ鵡川地域自治区は小学校区単位とも中学校区単位ともいえるのに対して、穂別地区自治区は中学校区が単位といえる。なお穂別地域自治区は「小さな拠点」でもある(17)。

岩手県の宮古市は、二〇〇五年六月六日に宮古市、田老町、新里村の合併で新設された市で、二〇一〇年一月一日に川井村を編入している。合併時の八月三〇日に「宮古市地域自治区条例」を制定して三つの地域自治区を、編入直後に川井地域自治区を創設した。宮

地　域　自　治　区　等　の　実　態（一般制度）（平成31年4月1日現在）　表2

都道府県名	市町村名	方式	合併期日	人口	面積	旧市町村名	地域自治区の名称	経歴等	小学校区（公立）	中学校区（公立）
北海道	せたな町	新設	H17. 9. 1	8, 195	127. 0	大成町	大成区	H17. 9. 1. ：合併特例区	久遠小学校	大成中学校
						瀬棚町	瀬棚区	（設置期間：最大5年）	瀬棚小学校	瀬棚小学校
						北檜山町	北檜山区	⇒H22. 4. 1. ：地域自治区へ	若松小学校　北檜山小学校	北檜山中学校
		平　均		2, 732	42. 3	合　計	3区		4小学校	3中学校
	むかわ町	新設	H18. 3. 27	8, 378	711. 4	鵡川町	鵡川地域自治区	合併時に地域自治区創設（「むかわ町地域自治区の設	武川中央小学校	武川中学校
						穂別町	穂別地域自治区（小さな拠点）	置等に関する条例」制定	宮戸小学校　穂別小学校	穂別中学校
		平　均		4, 189	355. 7	合　計	2区		3小学校	2中学校
岩手県	宮古市	新設	H17. 6. 6	54, 159	1259. 2	宮古市	宮古地域自治区	合併時に地域自治区創設	13小学校区	8中学校区
						田老町	田老地域自治区（小さな拠点）	（H17. 8. 30. 「宮古市地域自	田老第一小学校	田老第一中学校
						新里村	新里地域自治区（小さな拠点）	治区条例」制定…3自治区）	新里小学校	新里中学校
		編入	H22. 1. 1			川井村	川井地域自治区（小さな拠点）	編入時に地域自治区創設	川井小学校	川井中学校
		平　均		13, 540	3148. 0	合　計	4区		16小学校	11中学校
	花巻市	新設	H18. 1. 1	97, 027	908. 4	花巻市	設置せず：花巻市地域自治推進委員会設置	「花巻市地域自治推進委員会条例」（H18. 1. 1.）	11小学校区	8中学校区
						大迫町	花巻市大迫地域自治区	合併時に地域自治区創設（H18. 1. 1. 「花巻市地域自	大迫小学校　内川目小学校　亀ケ森小学校	大迫中学校
						石鳥谷町	花巻市石鳥谷地域自治区	治区設置条例」制定）3自治区：旧花巻市以外の	石鳥谷小学校　新堀小学校　八幡小学校　八重畑小学校	石鳥谷中学校
						東和町	花巻市東和地域自治区	旧3町の区域が対象）	東和小学校	東和中学校
		平　均		24, 257	227. 1	合　計	3区（旧花巻市区域を除く）		19小学校	11中学校
秋田県	大仙市	新設	H17. 3. 22	83, 014	866. 8	大曲市	大曲地域自治区	合併時に地域自治区創設	8小学校区	大曲中学校　大曲西中学校　大曲南中学校
						神岡町	神岡地域自治区		上岡小学校	平和中学校
						西仙北町	西仙北地域自治区	（H17. 3. 22. 「大仙市地域	西仙北小学校	西仙北中学校
						中仙町	中仙地域自治区	自治区の設置等に関する	中仙小学校　清水小学校　豊川小学校　豊岡小学校	中仙中学校　豊成中学校
						協和町	協和地域自治区	条例」制定）	協和小学校	協和中学校
						南外村	南外地域自治区	（第10条の2に「この条例は	南外小学校	南外中学校
						仙北町	仙北地域自治区	平成32年3月31日にその	高梨小学校　横堀小学校	仙北中学校
						太田町	太田地域自治区	効力を失う」との規定有）	太田東小学校　太田南小学校　大滝田小学校	太田中学校
		平　均		10, 377	216. 7	合　計	8区		21小学校	11中学校
福島県	南相馬市	新設	H18. 1. 1	61, 452	398. 6	原町市	原町区	合併時に地域自治区地域協議会設置	8小学校区	原町第一・原町第二・原町第三中学校　石神中学校（4校）
						小高町	小高区	（H18. 1. 1. 「南相馬市地域自治区地域協議会に関する規	小高小・福浦小・金房小・鳩原小の4校…小高小で合同学習	小高中学校
						鹿島町	鹿島区	則」制定）	鹿島小学校　矢沢小学校　上真野小学校	鹿島中学校
		平　均		20, 484	132. 9	合　計	3区		7小学校（4校ともいえる）	6中学校
	南会津町	新設	H18. 3. 20	16, 007	886. 5	田島町	田島地域自治区	合併時に地域自治区を創設	田島小学校　田島第二小学校　桧沢小学校　荒海小学校	田島中学校　荒海中学校
						舘岩村	舘岩地域自治区	（H18. 3. 20. 「南会津町地域	舘岩小学校	舘岩中学校
						伊南村	伊南地域自治区	自治区の設置等に関する	伊南小学校	南会津中学校
						南郷村	南郷地域自治区	条例」制定）	南郷小学校	
		平　均		4, 002	221. 6	合　計	4区		7小学校	4中学校
新潟県	上越市	編入	H17. 1. 1	195, 200	973. 9	上越市	高田区	H17. 1. 1. ：合併特例法に基	大手町・東本町・南本町・大町・高田西の5小学校	城北中学校　城東中学校　城西中学校（戸野目小学校区の一部を含む）
							新道区	づく地域自治区創設：13区	富岡小学校　稲田小学校	
							金谷区	⇒13の旧町村地域が対象	黒田小学校　飯小学校	
							和田区	（H17. 1. 1. ：「地域自治区の	和田小学校　大和小学校	
							三郷区	設置に関する協議書」）	三郷小学校	
							津有区	H20. 4. 1. 合併特例法上の13	戸野目小学校　上雲寺小学校	雄志中学校
							諏訪区（小さな拠点）	地域自治区を地方自治法上	諏訪小学校	
							高士区	の13地域自治区に改組	高士小学校	
							春日区	（H20. 2. 6. ：「上越市の地	春日小学校　高志小学校	春日中学校
							直江津区	域自治区の設置に関する	直江津小学校　古城小学校　直江津南小学校　国府小学校	直江津中学校　直江津東中学校
							有田区	条例」制定 → 4. 1. 施行）	有田小学校　春日新田小学校	
							保倉区	H20. 3. 28. ：「上越市自治基	保倉小学校	
							北諏訪区	本条例」制定 → 4. 1. 施行	北諏訪小学校	
							八千浦区	⇒ 都市内分権の受け皿と	八千浦小学校	八千浦中学校
							谷浜・桑取区（小さな拠点）	して地域自治区の設置	谷浜小学校	潮陵中学校
						安塚町	安塚区（小さな拠点）	を規定（第6章）	安塚小学校	安塚中学校
						浦川原村	浦川原区（小さな拠点）	H21. 10. 1. 市の全域で28の地	浦川原小学校	浦川原中学校
						大島村	大島区（小さな拠点）	域自治区制度がスタート	大島小学校	大島中学校
						牧村	牧区（小さな拠点）	（H21. 3. 27. 「上越市地域自	牧小学校	牧中学校
						柿崎町	柿崎区（小さな拠点）	治区の設置に関する条例」	柿崎小学校　上下浜小学校　下黒川小学校	柿崎中学校
						大潟町	大潟区	改正 → 10. 1. 施行	大潟小学校	大潟中学校
						頸城村	頸城区（小さな拠点）	旧上越市の15の地域自治区	南川小学校　大瀁小学校　明治小学校	頸城中学校
						吉川町	吉川区（小さな拠点）	→ おおむね昭和の大合併	吉川小学校	吉川中学校
						中郷村	中郷区（小さな拠点）	前の市町村の区域	中郷小学校	中郷中学校
						板倉町	板倉区（小さな拠点）	高田区・金谷区・三郷区・和田区の4区に南部まちづくりセンター設置	針小学校　宮嶋小学校　山部小学校　豊原小学校	板倉中学校
						清里村	清里区（小さな拠点）	新道区・春日区・座区・津有区・高士区の5区に中部まちづくりセンター設置	清里小学校	清里中学校

						三和村	三和区（小さな拠点）	直江津区・有田区・八千浦区・保倉区・北諏訪区・谷浜-桑取区の6区に北部まちづくりセンター設置	里公小学校　上杉小学校　美守小学校	三和中学校
						名立町	名立区（小さな拠点）	13区にはそれぞれ「総合事務所」設置	宝田小学校	名立中学校
		平　均		6,971	34.8	合　計	28区		50小学校	22中学校
長野県	飯田市	編入	H17.10.1	102,628	658.7	飯田市	橋北地域自治区	H19.4.1.：地域自治区設置	浜井場小学校	飯田東中学校
							橋南地域自治区	(「H18.9.21.「飯田市地域自治	追手町小学校	
							羽場地域自治区	区の設置等に関する条例」制定	(追手町小学校) (丸山小学校)	飯田西中学校
							丸山地域自治区	→ H19.4.1.施行、H19.2.1.	丸山小学校	
							東野地域自治区	「飯田市地域自治区地域協議会	(浜井場小学校)（追手町小学校）（丸山小学校）	(飯田東中学校) (飯田西中学校)
							座光寺地域自治区	に関する規則 → H19.4.1.施行)	坐光寺小学校	高陵中学校
							上郷地域自治区	⇒ 20の地域自治区と地域協議会	上郷小学校	
							松尾地域自治区	地域自治区の事務所：「(各)自	松尾小学校	緑ヶ丘中学校
							竜丘地域自治区	治振興センター」と称する	竜丘小学校	
							下久堅地域自治区	飯田市公民館の下に各自治区に	下久堅小学校	(緑ヶ丘中学校) (竜峡中学校)
							上久堅地域自治区	20の公民館と103の分館が存在。	上久堅小学校	竜東中学校
							千代地域自治区	橋北・橋南・羽場・丸山・東野	千代小学校	
							龍江地域自治区	の自治振興センターは、飯田市	龍江小学校　（千代小学校）	(竜東中学校)（竜峡中学校）
							川路地域自治区	大久保町2534に配置	川路小学校	竜峡中学校
							三穂地域自治区	→ 公民館とは別	三穂小学校	
							山本地域自治区	鼎地域自治区を除く残りの14の	山本小学校	旭ヶ丘中学校
							伊賀良地域自治区	自治振興センターと公民館は同	伊賀良小学校	
							鼎地域自治区	じ住所に存在	鼎小学校	鼎中学校
						上村	上村地域自治区	公民館は社会教育機関	上村小学校	遠山中学校
						南信濃村	南信濃地域自治区	∴ 教育委員会の管轄下	和田小学校	
		平　均		5,131	32.9	合　計	20区		18小学校	10中学校
	伊那市	新設	H18.3.31	68,652	66793.0	伊那市	伊那地域自治区	H18.3.31.：高遠町・長谷地域	伊那小学校　伊那東小学校　伊那北小学校　伊那西小学校	伊那中学校　東部中学校
							美篶地域自治区	自治区(合併特例法)設置	美篶小学校	(東部中学校)
							手良地域自治区	(H17.3.31.「伊那市、上伊那郡	手良小学校	
							富県地域自治区	高遠町及び同郡長谷村…略…地	富県小学校　新山小学校	(東部中学校)（春富中学校）
							東春近地域自治区	域自治区の設置に関する協議」)	東春近小学校	春富中学校
							西春近地域自治区	H18.10.1.旧伊那市に7地域自治	西春近北小学校　西春近南小学校	
							西箕輪地域自治区	区(地方自治法)設置	西箕輪小学校	西箕輪中学校
						高遠町	高遠町地域自治区	H28.4.1.：9地域自治区を全て	高遠小学校　高遠北小学校	高遠中学校
						長谷村	長谷地域自治区（小さな拠点）	地方自治法による地域自治区へ	長谷小学校	長谷中学校
		平　均				合　計	9区		15小学校	6中学校
愛知県	豊田市	編入	H17.4.1	425,172	918.3	豊田市	挙母地域自治区	挙母代表者会議の下に逢妻・旭ヶ丘・梅坪台・浄水・崇化館・豊南の各地域会議を設置　(各中学校区)	挙母・童子山・根川・小清水・前山・山の手・美山・元城・朝日・梅坪・平和・浄水・衣丘・浄水北の14小学校区	逢妻・旭ヶ丘・梅坪台・浄水・崇化館・豊南の6中学校
							高橋地域自治区	高橋代表者会議の下に高橋・益富・美郷の各地域会議を設置(各中学校区)	寺部・平井・野見・古瀬間・矢並・東山・市木・広川台・五ケ丘・五ケ丘東の11小学区	高橋中学校　益富中学校　美里中学校
							上郷地域自治区	上郷代表者会議の下に上郷・末野原の各地域会議を設置　(各中学校区)	高根小学校　須恵野小学校　大林小学校	上郷中学校　末野原中学校
							高岡地域自治区	高岡代表者会議の下に前林・龍神・若園・若林(高岡中学校区)の各地域会議設置(各中学校区)	堤・若園・竹村・駒場・若林東・若林西・土橋・（前山・山の手）の7(累計9）小学校区	前林中学校　龍神中学校　若園中学校　高岡中学校
							猿投地域自治区	猿投代表者会議の下に井郷・石野・猿投・猿投台・保見の各地域会議設置(各中学校区)	大畑・伊保・加納・青木・西広瀬・東広瀬・中金・上鷹見・東保見・西保見・四郷・井上の12小学校区	井郷・石野・猿投・猿投台・保見の5中学校
							松平地域自治区	松平地域会議(中学校区)	幸海・岩倉・九久平・瀧脇・豊松の5小学校区	松平中学校
						藤岡町	藤岡地域自治区（小さな拠点）	藤岡代表者会議の下に藤岡・藤岡南地域会議設置(中学校区)	飯野小学校　石畳小学校　御作小学校　中山小学校	藤岡中学校　藤岡南中学校
						小原村	小原地域自治区（小さな拠点）	小原地域会議(中学校区)	道慈小学校　本条小学校　小原中部小学校	小原中学校
						足助町	足助地域自治区（小さな拠点）	足助地域会議(中学校区)	足助・冷田・追分・佐切・則定・萩野・明和・新盛・大蔵・御蔵の10小学校区	足助中学校
						下山村	下山地域自治区（小さな拠点）	下山地域会議(中学校区)	巴ヶ岡小学校　大沼小学校　花山小学校	下山中学校
						旭町	旭地域自治区（小さな拠点）	旭地域会議(中学校区)	小渡小学校　敷島小学校	旭中学校
						稲武町	稲武地域自治区（小さな拠点）	稲武地域会議(中学校区)	稲武小学校	稲武中学校
		平　均		35,431	76.5	合　計	12区(H19.4.1.設置)	(28の地域会議/中学校区)	75小学校	28中学校
	新城市	新設	H17.10.1	47,354	499.2	新城市	新城地域自治区	H25.4.1.：10の「地域自治	新城小学校	新城中学校
							舟着地域自治区	区」と「地域協議会」設置	舟着小学校	
							千郷地域自治区	→ 合併から7年半後	千郷小学校	千郷中学校
							東郷地域自治区	(H24.12.20.「新城市地域自治	東郷西小学校　東郷東小学校	東郷中学校
							八名地域自治区	区条例」制定→H25.4.1.施行)	八名小学校　庭野小学校	八名中学校
						鳳来町	鳳来中部地域自治区	自治振興事務所設置	鳳来中部小学校	鳳来中学校
							鳳来南部地域自治区	旧新城市域の5地域自治区	黄柳川小学校	
							鳳来北西部地域自治区	市役所西館はつらつセンター	鳳来寺小学校	
							鳳来東部地域自治区	旧鳳来町4区：鳳来総合支所	鳳来東小学校　東陽小学校	
						作手村	作手地域自治区	作手地域自治区：作手総合支所	作手小学校	作手中学校
		平　均		4,735	49.9	合　計	10区		13小学校	6中学校

宮崎県	宮崎市	編入	H18. 1. 1	404, 017	643. 7	宮崎市	中央東地域自治区	H18. 1.	江平小学校 宮崎小学校	宮崎東中学校 宮崎中学校 檍中学校
							檍地域自治区	旧宮崎市内：15の地域自	潮見小学校 宮崎港小学校 檍小学校 檍北小学校	
							中央西地域自治区	治区（地域協議会と地域	西池小学校	宮崎西中学校
							小戸地域自治区	自治区の事務所：地域セン	小戸小学校	
							大宮地域自治区	ター・地域事務所）	大宮小学校 池内小学校	大宮中学校
							東大宮地域自治区	合併町域（佐土原・田野・	東大宮小学校 宮崎東小学校	東大宮中学校 住吉中学校
							住吉地域自治区	高岡）：合併特例区設置	住吉南小学校 住吉小学校	
							大淀地域自治区	⇒H23. 1. 地域自治区へ	大淀小学校 古城小学校	大淀中学校 赤江中学校 赤江東中学校
							赤江地域自治区	**H21. 4.：地域コミュニティ税導入**	恒久小学校 宮崎南小学校 赤江小学校	
							大塚地域自治区	H21. 6. 大宮地域自治区分離	大塚小学校 江南小学校	大塚中学校
							生目台地域自治区	大宮地域自治区と	生目台東小学校 生目台西小学校	生目台中学校
							本郷地域自治区	東大宮地域自治区に	国富小学校 本郷小学校	本郷中学校
							木花地域自治区	H22. 3. ：清武町編入	木花小学校 鏡洲小学校 学園木花台小学校	木花中学校
							青島地域自治区	清武町合併特例区設置	青島小学校 内海小学校	青島中学校
							大塚台地域自治区	⇒H27. 3. 地域自治区に	宮崎西小学校	生目南中学校 生目中学校
							生目地域自治区	H22. 6. ：大塚台・生目台地	生目小学校	
							小松台地域自治区	域自治区が分離	小松台小学校	
							北地域自治区	大塚台地域自治区と	瓜生野小学校 岡倉小学校	宮崎北中学校
						佐土原町	佐土原地域自治区	生目台地域自治区に	佐土原小学校 那珂小学校 広瀬小学校 広瀬北小学校 広瀬西小学校	佐土原中学校 広瀬中学校 久峰中学校
						田野町	田野地域自治区	H28. 4. 赤江地域自治区分離	田野小学校 七野小学校	田野中学校
						高岡町	高岡地域自治区	赤江地域自治区と本郷	高岡小学校 穆佐小学校	高岡中学校
		編入	H22. 3. 23			清武町	清武地域自治区	地域自治区へ ⇒ 22区	清武小学校 大久保小学校 加納小学校	清武中学校 加納中学校
		平 均		18, 364	29. 3	合 計	22区		47小学校	25中学校
合 計	8道県 13市町	新設：6市3町…宮古市で追加編入有 編入：3市…宮崎市で追加編入有				10市34町 19村	128地域自治区		295小学校	145中学校

註1. 地域自治区の現状は、総務省「市町村合併資料」「市町村合併とは」「地域自治組織（地域自治区・合併特例区）·制度の概要·全国の設置状況（平成31年4月1日現在）」（http://www.soumu.go.jp/gapei/gapei.html）を参照して整理した。

2. 人口と面積は総務省「e-stat政府の統計窓口」（https://www.e-stat.go.jp/）を参照した。それゆえ数字は2017年のものである。

古地域自治区には一三の小学校区と八の中学校区を有する広域的な自治区であるが、田老地域自治区には田老第一小学校と田老第一中学校、新里地域自治区には新里小学校と新里中学校、川井地域自治区には川井小学校と川井中学校しかなく、いずれも「小さな拠点」である田老地域自治区と田老地域自治区と川井地域自治区は、小学校区単位とも中学校区単位ともいえる自治区である(18)。

花巻市は、二〇〇六年一月一日に花巻市、大迫町、石鳥谷町、東和町の合併で新設された市である。合併にあわせて「花巻市地域自治推進委員会条例」を制定し、合併時に「花巻市地域自治区設置条例」に基づいて、花巻市大迫地域自治区、花巻市石鳥谷地域自治区、花巻市東和地域自治区を創設した。一一の小学校と八の中学校を有する旧花巻市域には地域自治区は設置されなかった。花巻市大迫地域自治区には大迫小学校、内川目小学校、亀ケ森小学校と大迫中学校が、花巻市石鳥谷地域自治区には石鳥谷小学校、新堀小学校、八幡小学校、八重畑小学校と石鳥谷中学校が、花巻市東和地域自治区には東和小学校と東和中学校が置かれている。それゆえ花巻市大迫地域自治区と花巻市石鳥谷地域自治区は中学校区が単位となって設置された自治区であり、花巻市東和地域自治区は小学校区単位とも中学校区単位ともいえる自治区である(19)。

秋田県大仙市は、二〇〇五年三月二二日に大曲市、神岡町、西仙北町、中仙町、協和町、南外村、仙北町、太田町の合併で新設された市である。合併と同時に「大仙市地域自治区の設置等に関する条例」を制定し、合併時に大曲地域自治区、神岡地域自治区、西仙北地域自治区、中仙地域自治区、協和地域自治区、南外地域自治区、仙北地域自治区、太田地域自治区を創設した。大曲地域自治区には八の小学校区と大曲中学校、大曲西中学校、大曲南中学校がある。神岡地域自治区には上岡小学校と平和中学校が、西仙北地域自治区には西仙北小学校と西仙北中学校が、中仙地域自治区には中仙小学校、清水小学校、豊川小学校、豊岡小学校の四校と中仙中学校、豊成中学校の二校が、協和地域自治区には協和小学校と協和中学校が、南外地域自治区には南外小学校と南外中学校が、仙北地域自治区には高梨小学校と横堀小学校の二校と仙北中学校が、太田地域自治区には太田東小学校、太田南小学校、大滝田小学校の三校と太田中学校がある。それゆえ大曲地域自治区と中仙地域自治区は学区を超えた区域に地域自治区が設定された。また、仙北地域自治区と太田地域自治区は中学校区単位といえる、神岡地域自治区、西仙北地域自治区、協和地域自治区、南外地域自治区は小学校区単位とも中学校区単位ともいえる自治区である。なお「大仙市地域自治区の設置等に関する条例」第一〇条の二には、「この条例は平成三二年三月三一日にその効力を失う」との規定がある[20]。

福島県の相馬市は、二〇〇六年一月一日に原町市と小高町と鹿島町の合併で新設された市である。合併と同時に「南相馬市地域自治区地域協議会に関する規則」に則り、原町区と小高区と鹿島区が設置された。原町区には八の小学校と原町第一中学校、原町第二中学校、原町第三中学校、石神中学校の四校が置かれている。小高区には小高小学校、福浦小学校、金房小学校、鳩原小学校の四校と小高中学校が置かれている。ただし小高小学校のＨＰには、「同校で四小学校の合同学習が行われている」という記載がある。鹿島区には鹿島小学校、矢沢小学校、上真野小学校の三校と鹿島中学校がある。原町区は学校区を超えた範囲に設定された自治区であり、小高区と鹿島区は中学校区単位に設定されている自治区といえる[21]。

南会津町は、二〇〇六年三月二〇日に田島町、舘岩村、伊南村、南郷村の合併によって新しく生まれた町である。合併時に「南会津町地域自治区の設置等に関する条例」により、田島地域自治区、舘岩地域自治区、伊南地域自治区、南郷地域自治区を創設した。田島地域自治区には田島小学校、田島第二小学校、桧沢小学校、荒海小学校の四校と田島中学校、荒海中学校の二校が、舘岩地域自治区には舘岩小学校と舘岩中学校が、伊南地域自治区には伊南小学校と南会津中学校が、南郷地域自治区には南郷小学校があり、中学は南会津中学校に通っている。それゆえ田島地域自治区は学校区を超えた範囲で、舘岩地域自治区は小学校区と中学校区単位で、伊南地域自治区と南郷地域自治区は小学校区単位で自治区が設定されている[22]。

新潟県上越市は、上越市が二〇〇五年一月一日に、安塚町、浦川原村、大島村、牧村、柿崎町、大潟町、頸城村、吉川町、中郷村、板倉町、清里村、三和村、名立町の六町、七村の一三町村を編入することで区域を拡大した市である。編入と同時に「地域自治区の設置に関する協議書」に基づき、安塚区、浦川原区、大島区、牧区、柿崎区、大潟区、頸城区、吉川区、中郷区、板倉区、清里区、三和区、名立区の一三の地域自治区（合併特例）が創設された。二〇〇八（平成二〇）年二月六日に「上越市の地域自治区の設置に関する条例」を制定し、四月一日に合併特例法上の一三地域自治区（合併特例）を地方自治法上の地域自治区（一般制度）に改組した。

三月二八日には「上越市自治基本条例」制定し、第六章で「都市内分権の受け皿として地域自治区の設置」を規定した。これを受けて翌年三月二七日に「上越市地域自治区の設置に関する条例」が改正され、一〇月一日に市の全域で二八の地域自治区（一般制度）がスタートした。旧上越市に設置された高田区、金谷区、三郷区、和田区、新道区、春日区、座区、津有区、高士区、直江津区、有田区、八千浦区、保倉区、北諏訪区、谷浜-桑取区の一五の地域自治区はおおむね昭和の大合併前の市町村の区域となっている。なお、高田区、金谷区、三郷区、和田区の四区には南部まちづくりセンターが、新道区、春日区、座区、津有区、高士区の五区には中部まちづくりセンターが、直江津区、有田区、八千浦区、保倉区、北諏訪区、谷浜-桑取区の六区には北部まちづくりセンターが、一三区にはそれぞれ「総合事務所」が設置されている。

旧上越市に配置された一五の地域自治区（一般制度）のうち、高田区には大手町、東本町、南本町、大町、高田西の五つの小学校が、新道区には富岡小学校と稲田小学校が、金谷区には黒田小学校と飯小学校が、和田区には和田小学校と大和小学校が、三郷小学校が設置されており、これらの小学校の児童は城北中学校、城東中学校、城西中学校（戸野目小学校区の一部を含む）に進学する。津有区には戸野目小学校と上雲寺小学校が、諏訪区には諏訪小学校が、高士区には高士小学校が設置されており、これらの小学校の児童は雄志中学校に進学する。春日区には春日小学校と高志小学校と春日中学校が置かれている。直江津区には直江津小学校、古城小学校、直江津南小学校、国府小学校が、有田区には有田小学校と春日新田小学校が、保倉区には保倉小学校が、北諏訪区には北諏訪小学校があり、これらの小学校の児童は直江津中学校と直江津東中学校に進学する。八千浦区には八千浦小学校と八千浦中学校が、谷浜-桑取区には谷浜小学校と潮陵中学校が置かれている。高田区、金谷区、和田区、新道区、座区、津有区、直江津区、有田区、春日区は学校区を範囲とした地域自治区ではないが、三郷区、諏訪区、高士区、保倉区、北諏訪区は小学校区単位で、八千浦区と谷浜-桑取区は小学校区と中学校区を単位とする自治区である。

編入地域に設定された一三区では、安塚区には安塚小学校と安塚中学校が、浦川原区には浦川原小学校と浦川原中学校が、大島区には大島小学校と大島中学校が、牧区には牧小学校と牧中学校が、柿崎区には柿崎小学校、上下浜小学校、下黒川小学校と柿崎中学校が、大潟区には大潟小学校と大潟中学校が、頸城区には南川小学校、大瀁小学校、明治小学校の三校と頸城中学校が、吉川区には吉川小学校と吉川中学校が、中郷区には中郷小学校と中郷中学校が、板倉区には針小学校、宮嶋小学校、山部小学校、豊原小学校と板倉中学校が、清里区には清里小学校と清里中学校が、三和区には里公小学校、上杉小学校、美守小学校の三校と三和中学校が、名立区には宝田小学校と名立中学校が置かれている。安塚区、浦川原区、大島区、牧区、大潟区、吉川区、中郷区、清里区、名立区は小学校区と中学校区が単位となっている自治区であり、柿崎区、頸城区、板倉区、三和区は中学校区が単位の自治区である。なお、諏訪区、谷浜-桑取区、浦川原区、大島区、牧区、柿崎区、頸城区、吉川区、中郷区、板倉区、清里区、三和区、名立区は「小さな拠点」でもある(23)。

長野県の飯田市は、二〇〇五年一〇月一日に上村と南信濃村を編入して拡大した市である。飯田市は二〇〇六年九月二一日に「飯田市地域自治区の設置等に関する条例」等を制定し、翌年四月一日に二〇の地域自治区と地域協議会を設置した。地域自治区の事務所は「(各)自治振興センター」と称し、橋北、橋南、羽場、丸山、東野の自治振興センターは飯田市大久保町二五三四に配置されている。また鼎地域自治区を除く残りの一四自治振興センターは公民館と同じ住所に存在している。飯田市の公民館は社会教育機関として教育委員会の管轄下に置かれている。

橋北地域自治区には浜井場小学校が、橋南地域自治区には追手町小学校が置かれ、二つの小学校の児童は飯田東中学校に進学する。羽場地域自治区の児童は自治区外の追手町小学校と丸山小学校に通学する。丸山地域自治区には丸山小学校が置かれ、児童は飯田西中学校に進学する。東野地域自治区の児童も区外の浜井場小学校と追手町小学校と丸山小学校に通学し、飯田東中学校と飯田西中学校に進学する。座光寺地域自治区の児童は坐光寺小学校に、上郷地域自治区の児童は上郷小学校通学し、ともに高陵中学校に進学する。松尾地域自治区の児童は松尾小学校に、竜丘地域自治区の児童は竜丘小学校に通学し、ともに緑ヶ丘中学校に進学する。下久堅地域自治区の児童は下久堅小学校から区外の緑ヶ丘中学校と竜狭中学校に進学する。上久堅地域自治区の児童は上久堅小学校に、千代地域自治区の児童は千代小学校に通学し、ともに竜東中学校に進学する。龍江地域自治区の児童は龍江小学校と区外の千代小学校に通学し、区外の龍東中学校と竜狭中学校に進学する。川路地域自治区の児童は川路小学校に、三穂地域自治区の児童は三穂小学校に通学し、ともに竜狭中学校に進学する。山本地域自治区の児童は山本小学校に、伊賀良地域自治区の児童は伊賀良小学校に通学し、ともに旭ヶ丘中学校に進学する。鼎地域自治区の児童は鼎小学校に通学し鼎中学校に進学する。上村地域自治区の児童は上村小学校に、南信濃地域自治区の児童は和田小学校に通学し、ともに遠山中学校に進学する。若干の例外はあるものの、飯田市の地域自治区（一般制度）はほぼ小学校区単位で設定されているといえる(24)。

伊那市は、二〇〇六年三月三一日に伊那市と高遠町と長谷村の合併で新設された市である。二〇〇五年三月三一日制定の「伊那市、上伊那郡高遠町及び同郡長谷村の配置分合に伴う地域自治区の設置に関する協議」により、合併時に高遠町地域自治区（合併特例）と長谷地域自治区（合併特例）が設置された。翌年一〇月一日に旧伊那市に七つの地域自治区（一般制度）が設置され、二〇一六年四月一日に九の地域自治区（合併特例）を全て地方自治法による地域自治区（一般制度）へ移行した。伊那地域自治区には伊那小学校、伊那東小学校、伊那北小学校、伊那西小学校と伊那中学校、東部中学校が、美篶地域自治区には美篶小学校が、手良地域自治区には手良小学校が置かれ、児童は東部中学校に進学する。富県地域自治区には富県小学校と新山小学校が置かれ、児童は区外の東部中学校と春富中学校に進学する。東春近地域自治区には東春近小学校が、西春近地域自治区には西春近北小学校と西春近南小学校が置かれ、春富中学校に進学する。西箕輪地域自治区には西箕輪小学校と西箕輪中学校が、高遠町地域自治区には高遠小学校、高遠北小学校と高遠中学校が置かれ、長谷地域には長谷小学校と長谷中学校が置かれている。このように伊那市においては、地域自治区（一般制度）と学校区に若干の齟齬が見られる。なお長谷地域自治区は「小さな拠点」でもある(25)。

愛知県の豊田市は、二〇〇五年四月一日に藤岡町、小原村、足助町、下山村、朝日町、稲武町を編入し市域を拡大した。編入後の九月三〇日に豊田市は、改正された地方自治法の地域自治区（一般制度）の導入を目的に「豊田市地域自治区条例」を制定し、一二の地域自治区を設定した。豊田市の地域自治区の特色は、各地域自治区に複数の中学校を有する場合には「代表者会議」を設置し、その下の各中学校にあわせて地域会議を配置した点にある。まさに中学校区を単位にコミュニティ行政を展開することにしたのである。

挙母地域自治区では、挙母代表者会議の下に逢妻、旭ヶ丘、梅坪台、浄水、崇化館、豊南の各地域会議（各中学校区）を、高橋地域自治区では、高橋代表者会議の下に高橋、益富、美郷の各地域会議（各中学校区）を、上郷地域自治区では、上郷代表者会議の下に上郷、末野原の各地域会議（各中学校区）を、高岡地域自治区では、高岡代表者会議の下に前林、龍神、若園、若林（高岡中学校区）の各地域会議（各中学校区）を、猿投地域自治区では、猿投代表者会議の下に井郷、石野、猿投、猿投台、保見の各地域会議（各中学校区）を、松平地域自治区では、松平地域会議（中学校区）を、藤岡地域自治区では、藤岡代表者会議の下に藤岡、藤岡南の各地域会議（各中学校区）を、小原地域自治区には小原地域会議（中学校区）を、足助地域自治区には足助地域会議（中学校区）を、下山地域自治区には下山地域会議（中学校区）を、旭地域自治区には旭地域会議（中学校区）を、稲武地域自治区には稲武地域会議（中学校区）を置いている。このように豊田市の地域自治区（一般制度）は、全ての中学校区単位で設置されているところに大きな特徴が認められる。また編入した四町・二村の六町村を対象に中学校区で設置された藤岡地域自治区、小原地域自治区、足助地域自治区、下山地域自治区、旭地域自治区、稲武地域自治区の六の地域自治区（一般制度）はすべて「小さな拠点」にも指定されている(26)。

新城市は、二〇〇五年一〇月一日に新城市、鳳来町、作手村の合併によって新設された市である。合併後に市は「市内を一五の区域に分け、区域ごとに副課長級以上の管理職職員を「地域担当」として複数名配置し、地域のまちづくりを支援」（愛知県ＨＰ）してきた。合併から七年半後の二〇一二（平成二四）年一二月二〇日に「新城市地域自治区条例」制定を制定し、市内に一〇の「地域自治区（一般制度）」と「地域協議会」を設置した。新城地域自治区の新城小学校と、舟着地域自治区の舟着小学校の生徒は新城中学校に進学する。千郷地域自治区には千郷小学校と千郷中学校が置かれている。東郷地域自治区には東郷西小学校、東郷東小学校と東郷中学校が、八名地域自治区には八名小学校、庭野小学校と八名中学校が置かれている。鳳来中部地域自治区の鳳来中部小学校と、鳳来南部地域自治区の黄柳川小学校と、鳳来北西部地域自治区の鳳来寺小学校と、鳳来東部地域自治区の鳳来東小学校、東陽小学校の児童は鳳来中学校に進学する。作手地域自治区には作手小学校と作手中学校が置かれている。新城市の地域自治区はおおむね小学校区と中学校区を単位にして設定されている(27)。

宮崎県宮崎市は、二〇〇六年一月一日に佐土原町と田野町と高岡町を、二〇一〇年三月二三日に清武町を編入し、区域を拡大させた市である。合併を機に旧宮崎市内に地域協議会と地域自治区の事務所を有する一五の地域自治区を置き、地域センターに地域事務所を配置した。合併町域の旧佐土原町、旧田野町、旧高岡町の区域には合併特例区を設置した。これら合併特例区は二〇一一（平成二三）年一月に地域自治区（一般制度）となった。宮崎市は地域自治の拡充を目的の一つとして二〇〇九（平成二一）年に地域コミュニティ税を導入している。同年に大宮地域自治区を大宮地域自治区と東大宮地域自治区に分離させた。二〇一〇年三月に清武町を編入して清武町合併特例区を設置し、二〇一五（平成二七）年に地域自治区（一般制度）に移行させた。また二〇一〇年六月には大塚台、生目台地域自治区が分離し、大塚台地域自治区と生目台地域自治区になった。二〇一六（平成二八）年四月に赤江地域自治区と本郷地域自治区に分離し、宮崎市の地域自治区（一般制度）は二二区となった。

宮崎市においては、中央東地域自治区の江平小学校、宮崎小学校と、檍地域自治区の潮見小学校、宮崎港小学校、檍小学校、檍北小学校の児童は、宮崎東中学校、宮崎中学校、檍中学校に進学する。中央西地域自治区の西池小学校と小戸地域自治区の小戸小学校の児童は宮崎西中学校に、大宮地域自治区の大宮小学校と池内小学校の児童は大宮中学校に進学する。東大宮地域自治区の東大宮小学校、宮崎東小学校と、住吉地域自治区の住吉南小学校、住吉小学校の児童は東大宮中学校と住吉中学校に進学する。大淀地域自治区の大淀小学校、古城小学校と、赤江地域自治区の恒久小学校、宮崎南小学校、赤江小学校の児童は大淀中学校、赤江中学校、赤江東中学校に進学する。大塚地域自治区の大塚小学校と江南小学校の児童は大塚中学校に、生目台地域自治区の生目台東小学校と生目台西小学校の児童は生目台中学校に、本郷地域自治区の国富小学校と本郷小学校の児童は本郷中学校に進学する。木花地域自治区の木花小学校、鏡洲小学校、学園木花台小学校の児童は木花中学校へ、青島地域自治区の青島小学校、内海小学校の児童は青島中学校に進学する。大塚台地域自治区の宮崎西小学校、生目地域自治区の生目小学校、小松台地域自治区の小松台小学校の児童は生目南中学校と生目中学校に進学する。北地域自治区の瓜生野小学校と岡倉小学校の児童は宮崎北中学校に進学する。

編入された地域に設置された佐土原地域自治区には、佐土原小学校、那珂小学校、広瀬小学校、広瀬北小学校、広瀬西小学校と佐土原中学校、広瀬中学校、久峰中学校が置かれている。田野地域自治区には田野小学校、七野小学校と田野中学校が置かれている。高岡地域自治区には高岡小学校、穆佐小学校と高岡中学校が、清武地域自治区には清武小学校、大久保小学校、加納小学校と清武中学校、加納中学校が置かれている。宮崎市の地域自治区は四〇万人を超える人口が集中していることから学校数も多く、地域自治区が小学校区単位となっているものは五つの地域自治区、地域自治区が中学校区単位となっているものは九つの地域自治区であり、他の八つの地域は複数の学校区を抱えている[28]。

5 小さな拠点を中心に見た今後の日本のコミュニティ行政のあるべき姿

平成の大合併を足掛かりに日本では、第二七次地方制度調査会の答申を受けて効率性を求める広域行政化の推進（団体自治）と合わせて、身近な行政いわゆるコミュニティ行政の推進（住民自治）を前提とした地域自治組織の改革に向けた地方自治法の改正が行われ、地域自治区（一般制度）が誕生した。しかし地域自治区（一般制度）は、まだ北海道と七つの県（都道府県の一七％）の一三市町（一七四一市区町村の七％強）に一二八自治区しか存在していない。それらを小学校区と中学校区を対象に分類すると、地域自治区（一般制度）が一つずつの小学校区と中学校区を単位としているものが二九（二二・六％）、小学校区を単位としているものが三六（二八・一％）、中学校区単位のものが三〇（二三・四％）、その他が三三（二五・八％）となっている。

その他の中の豊田市の六の自治区には、自治区内にある中学校区単位で二二の地域会議が設置されている。他の地域自治区（一般制度）が小学校区か中学校区を単位にしていることから判断すると、豊田市の各地域会議（中学校区）は、他の都道府県の市町村の一つの地域自治区（一般制度）に類似したものとみなすことが可能となる。そうした場合には現存の地域自治区（一般制度）は全体で一五五の区域となり、中学校区と同じ圏域のものが五二となり、全体のほぼ三分の一ということになる[29]。

このように地域自治区（一般制度）は、小学校区単位となっているものが累計で六五区、中学校区単位となっているものが八八区、いずれにも属さないものが二七区ということになる。特に少子化の進む日本にあっては、今後、一つの小学校区と一つの中学校区しか存在しない地区の増加、あるいは複数の小学校の児童が一つの中学校に進学するケースが増加する可能性が高い。住民の日常生活圏や日常社会生活圏を住民自治の基本的な単位とするのであれば、まさに小学校区か中学校区を単位に区域を設定する必要がある。

他方、地域格差が強調されてきている現代社会にあっては、「小さな拠点」や「地域運営組織」を通じて、中山間地を中心とする消滅可能性都市や限界集落等への対応が求められている。地域運営組織の組織形態について総務省は、「地域の暮らしを守るため、地域で暮らす人々が中心となって形成され、地域内の様々な関係主体が参加する協議組織が定めた地域経営の指針に基づき、地域課題の解決に向けた取組を持続的に実践する組織」であり、地域運営組織の組織形態としては、協議機能と実行機能を同一の組織が併せ持つもの（一体型）や、協議機能を持つ組織から実行機能を切り離して別組織を形成しつつ、相互に連携しているもの（分離型）など、地域の実情に応じて様々なものがある」と説明している(30)。

また小さな拠点は、「中山間地域等の集落生活圏（複数の集落を含む生活圏）において、安心して暮らしていく上で必要な生活サービスを受け続けられる環境を維持していくために、地域住民が、自治体や事業者、各種団体と協力・役割分担をしながら、各種生活支援機能を集約・確保したり、地域の資源を活用し、しごと・収入を確保する取組」のことである。すなわち小さな拠点は、「人口減少や高齢化が著しい中山間地域等においては、一体的な日常生活圏を構成している『集落生活圏』を維持することが重要であり、将来にわたって地域住民が暮らし続けることができるよう、①地域住民が主体となった集落生活圏の将来像の合意形成、②持続的な取組体制の確立（地域運営組織の形成）、③生活サービスの維持・確保、④地域の収入の確保のためのコミュニティビジネスの実施などの取組を進めるとともに、地域に合った生活サービス機能や交通ネットワークの確保等により」推進されるものである(31)。

「小さな拠点」の実態は表3の通りであり、各都道府県に合計一五一二ヶ所設置されており、一都道府県あたり平均は三二・一七ヶ所となっている。市を見ると東京都、神奈川県、和歌山県には存在しておらず、四四道府県の二〇九市（七九〇市の二六・五％）に一〇二六ヶ所設置されている。町を見ると茨城県、富山県、大阪府、佐賀県、沖縄県を除く四二都道府県の一七五町（四七五町の三六・

八%）に四一三ヶ所設置されている。村を見ると、村の存在しない栃木県、石川県、福井県、静岡県、三重県、滋賀県、兵庫県、広島県、山口県、香川県、愛媛県、佐賀県、長崎県の一三県と、青森県、宮城県、千葉県、東京都、富山県、大阪府、和歌山県、鳥取県、島根県、福岡県、大分県を除いた二三府県の四九村（一八三村の三九・九%）に七三拠点が設置されている。それに予定数を加えると、二七道県の三六市に一〇六ヶ所と未定一市二一道県の三三町に五一ヶ所、八県の一三村に一八ヶ所が予定されており、小さな拠点は一六八八ヶ所となる。予定を含めた小さな拠点一六八八の内、概ね小学校区単位となっているものは一一四八ヶ所（六八・一%）、中学校区単位となっているものは三七七ヶ所（二二・三%）、その他が一六三ヶ所（九・七%）となっている[32]。

小さな拠点をこれまで調査した地域でみると、群馬県では二三の拠点のうち二一ヶ所は小学校区か旧小学校区であり、中学校区はわずか一ヶ所に過ぎない[33]。徳島県では九拠点のうち小学校区や旧小学校区が三ヶ所、中学校区が二ヶ所、その他が四ヶ所、香川県では五拠点のうち小学校区や旧小学校区が四ヶ所、中学校区が一ヶ所、愛媛県では四〇拠点のすべてが小学校区や旧小学校区に、高知県では四〇七拠点のうち小学校区や旧小学校区が三〇ヶ所、中学校区が五ヶ所、その他が五ヶ所となっている[34]。このことからもわかるように、地域自治区（一般制度）や小さな拠点は、基本的には小学校区や中学校区を単位とするいわゆるコミュニティに設定されていることが多い。

それゆえ地域自治区（一般制度）と小さな拠点を比較した場合、表2の地域自治区では、むかわ町では穂別地域自治区が、宮古市では田老地域自治区、新里地域自治区、川井地域自治区が小さな拠点となっている。上越市では旧上越市内では一五区のうち諏訪区と浜谷、桑取区のみが小さな拠点であるが、編入された一三町村のうち大潟区を除く一二区が小さな拠点となっている。伊那市では長谷地域自治区が小さな拠点となっている。豊田市では編入された六町村の地域自治区が小さな拠点となっている。これら二五の地域自治区（一般制度）のうち一五の地域自治区内には一つの小学校と一つの中学校が存在している。九の地域自治区には複数の小学校と一つの中学校が存在している。残り一つは一つの小学校があり中学校は複数の小学校から進学する形となっている。小学校区か中学校区を単位に地域自治区が設定されているのである。

小　さ　な　拠　点　の　実　態　　表3

	既存の小さな拠点					設置予定の小さな拠点					
都道府県	小さな拠点実数	市の小さな拠点数	町の小さな拠点数	村の小さな拠点数	備　考	小さな拠点予定数	市の予定数	町の予定数	村の予定数	備　考	小さな拠点総数
北海道	83	9市：31	35町：48	3村：4	小学校区：36 中学校区：37	4	1市：未定	3町：3		小学校区：2 中学校区：2	87
青森県	16	8市：13	3町：3		小学校区：2 中学校区：10						16
岩手県	40	7市：29	3町：9	2村：2	小学校区：31 中学校区：7	4		1町：4 (雫石町)			44
宮城県	56	4市：35	6町：21		小学校区：31 中学校区：15	12	2市：11	1町：1 (加美・小)		小学校区：9 中学校区：3	68
秋田県	14	5市：11	2町：2	1村：1 (大潟・中)	小学校区：8 中学校区：6						14
山形県	35	3市：7	8町：25	1村：3	小学校区：29 中学校区：3	6		2町：6		小学校区：1 中学校区：4	41
福島県	38	4市：6	6町：25	3村：7	小学校区：26 中学校区：10	4	1市：1 (伊達・小)	1町：1 (双葉町)	2村：2	小学校区：2 中学校区：1	42
茨城県	11	3市：7		1村：1 (美浦・中)	小学校区：7 中学校区：4						11
栃木県	21	3市：18	2町：3		小学校区：13 中学校区：7	11	3市：10	1町：1 (市貝・小)		小学校区：9	32
群馬県	26	3市：14	3町：11	1村：1 (高山・中)	小学校区：24 中学校区：2	2			2村：2	小学校区：1	28
埼玉県	10	2市：5	4町：4	1村：1 (東秩父村)	小学校区：5 中学校区：5	4	1市：1 (熊谷・小)	3町：3		小学校区：2 中学校区：1	14
千葉県	29	5市：21	4町：8		小学校区：19 中学校区：8	1			1村：1 (長生村)	小学校区：1	30
東京都	1		1町1 (八丈町)		小学校区：1						1
神奈川県	2		1町：1 (山北・小)	1村：1 (清川・中)	小学校区：1 中学校区：1	1	1市：1 (相模原市)			中学校区：1	3
新潟県	33	7市：30	1町：1 (出雲崎町)	2村：2	小学校区：15 中学校区：17	1	1市：1 (小千谷市)			中学校区：1	34
富山県	2	2市：2			小学校区：2	21	1市：21 (氷見市)				23
石川県	18	3市：15	1町：3 (中能登町)		小学校区：14 中学校区：4	1	1市：1 (羽咋市)				19
福井県	9	4市：6	1町：3 (越前町)		小学校区：5 中学校区：4	4	1市：1 (坂井市)	2町：3		小学校区：1 中学校区：3	13
山梨県	26	6市：20	2町：5	1村：1 (丹波山村)	小学校区：21 中学校区：5	2	2市：2			小学校区：1 中学校区：1	28
長野県	24	2市：3	5町：8	11村：13	小学校区：16 中学校区：7	10	3市：7	1町：1 (池田・小)	2村：2	小学校区：5 中学校区：1	34
岐阜県	53	9市：47	1町：5 (揖斐川町)	1村：1 (白川・小)	小学校区：26 中学校区：20	2		1町：2 (白川町)		中学校区：2	55
静岡県	25	8市：15	3町：10		小学校区：17 中学校区：8	3	1市：3 (伊豆市)			小学校区：1 中学校区：2	28
愛知県	10	2市：7	1町：1 (設楽町)	2村：2	小学校区：1 中学校区：9						10
三重県	20	2市：16	2町：4		小学校区：16 中学校区：4	1		1町：1 (南伊勢町)		小学校区：1	21
滋賀県	8	1市：4　(東近江市)	1町：4 (甲良町)		中学校区：4	13	2市：9	1町：4 (甲良町)		小学校区：9	21
京都府	13	4市：11	1町：1 (笠置町)	1村：1　(南山城村)	小学校区：10 中学校区：3						13
大阪府	1	1市：18 (河内長野)									1
兵庫県	97	7市：94	3町：3		小学校区：86 中学校区：9	4	1市：3 (宍粟市)	1町：1 (稲見町)		小学校区：1 中学校区：3	101
奈良県	17	2市：4	2町：5	6村：8	小学校区：16 中学校区：1	1			1村：1 (上北山村)	小学校区：1	18
和歌山県	17	1市：2 (有田市)	6町：15		小学校区：15 中学校区：1						17
鳥取県	32		6町：32		小学校区：18 中学校区：1	2		1町：2 (大山町)		小学校区：2	34
島根県	88	7市：77	5町：11		小学校区：70 中学校区：17	6		2町：6		小学校区：6	94
岡山県	32	7市：20	6町：10	2村：2	小学校区：18 中学校区：11	1		1町：1（吉備中央町）		小学校区：1	33
広島県	47	7市：36	3町：11		小学校区：28 中学校区：18	1		1町：1（安芸太田町）		小学校区：1	48
山口県	28	6市：25	2市：3		小学校区：11 中学校区：9	2	2市：2			小学校区：1 中学校区：1	30
徳島県	14	1市：6 (美馬市)	2町：7	1村：1(佐那河内村)	小学校区：11 中学校区：2	1	1市：1 (美馬市)			小学校区：1	15
香川県	9	3市：6	2町：3		小学校区：8 中学校区：1	1	1市：1 (丸亀市)			中学校区：1	10
愛媛県	41	4市：32	3町：9		小学校区：40						41
高知県	53	9市：12	15町：38	3村：3	小学校区：43 中学校区：6	6	1市：3(土佐清水市)	3町：3		小学校区：2 中学校区：4	59
福岡県	19	3市：14	3町：5		小学校区：8 中学校区：10	6	2市：3	2町：2	1村：1 (東峰村)	小学校区：5	25
佐賀県	7	3市：7			小学校区：1 中学校区：5	9	1市：9 (伊万里市)			小学校区：9	16
長崎県	41	7市：40	1町：1 (東彼杵町)		小学校区：9+8 中学校区：5	3	1市：3 (南島原市)			小学校区：3	44
熊本県	97	3市：54	6町：40	1村：3 (水上村)	小学校区：85 中学校区：5	9		1町：2 (美里町)	3村：7	小学校区：8	106
大分県	59	8市：52	2町：7		小学校区：51 中学校区：8	8	3市：8			小学校区：5 中学校区：3	67
宮崎県	35	6市：19	3町：12	1村：4	小学校区：15 中学校区：19	4	1市：2 (小林市)		1村：2 (椎葉村)	小学校区：3 中学校区：1	39
鹿児島県	146	13市：128	7町7	2村：11	小学校区：138 中学校区：8	5	2市：2	3町：3		小学校区：1 中学校区：4	151
沖縄県	9	3市：7		1村：2 (国頭村)	小学校区：6 中学校区：2						9
合　計	1512	1026:209市 (44道府県)	413:175町 (4 2都道府県)	73:49村 (23道府県)	小学校区：1053 中学校区：338	176(37道県) 未定1	106:36市 (27道県)	51:33町 (21道県)	18:13村 (8県)	小学校区：95 中学校区：39	1688
平　均	32.17	4.75	4.17	2.13	小学校区：22.4 中学校区：7.19	4.76	1.33	1.57	1.63	小:3.28(29道県) 中：2.17(18道県)	35.91

註1. 内閣府「小さな拠点情報サイト：令和元年度小さな拠点の形成に関する実態調査」（www.cao.go.jp/regional_management）を参照して作成した。

2. 小さな拠点は予定も入れて1,688ヶ所である。その内訳は小学校区が1,148ヶ所(68.1%)、中学校区が377ヶ所(22.3%)、その他が163ヶ所(9.7%)である。

3. 「小学校区」と「中学校区」は、「小学校区」「中学校区」以外に、「旧小学校区(平成の大合併以後の統廃合の直前まで小学校区があったエリア)」「旧中学校区(平成の大合併以後の統廃合の直前まで中学校区があったエリア)」や、「小学校区より狭い」「中学校区より広い」など記載項目の中に「小学校」や「中学校」が入っているものは全て、それぞれのカテゴリーに入れた。

このことからもわかるように、日本の身近な行政（コミュニティ行政）の単位は、地域自治区（一般制度）か小さな拠点、あるいはこの二つの制度が重なり合っているものとなっていく可能性が高いといえる。そうした場合、日本の身近な行政の活動機関は「協議会」等を設置し、その下部組織に各種「部会」等を配置し、地域の各種団体の代表者等を委員に任命して運営している場合が多い。しかし民主的な地域行政の推進のためには、当該地域住民の選挙による議会や住民総会等の活用が必要といえる。日本国憲法第九三条が求める「法律の定めるその他の吏員」を関連法の制定を通じて拡大し、可能な限り住民の直接参加が可能となる自治制度の拡充こそ、今後の身近な行政（コミュニティ行政）にとって必要なものといえる。そのためにも、選挙によるカウンシルの設置か住民総会制度を活用している、イギリスのパリッシュやコミュニティの制度に準じた日本型のコミュニティ行政制度の導入を考えるべきである。

註

本文ならびに註の数字は縦書きのために、必要に応じて筆者が漢数字に変換した。

（1）　日本の市町村の変遷は、「市町村数の変遷と明治・昭和の大合併の特徴」総務省『市町村合併資料集』(http://www. soumu. go. jp/gapei/gapei2. html) を参照して整理した。人口は総務省統計局「人口推計の結果の概要」(https://www. stat. go. jp/data/jinsui/2. html#annual) を参照した。

（2）　現在の人口は、総務省「人口推計（令和元年（二〇一九年）五月確定値、令和元年（二〇一九年）一〇月概算値）（二〇一九年一〇月二一日公表）」(https://www. stat. go. jp/data/jinsui/new. html) を参照した。それによれば令和元年一〇月一日の総人口の概算値は一億二六一四万人である。

（3）　総務省「住民基本台帳に基づく人口、人口動態及び世帯数（平成三一年一月一日現在）」『住民基本台帳等―住民基本台帳に基づく人口、人口動態（総務省トップ＞政策＞地方行財政＞住民基本台帳等』(www. soumu. go. jp)。

（4）　総務省「定住自立圏構想」(http://www. soumu. go. jp/main_sosiki/kenkyu/teizyu/)。

（5）総務省「連携中枢都市圏構想」（http://www.soumu.go.jp/main_sosiki/jichi_gyousei/renkeichusutoshiken/index.html）。

（6）「まち・ひと・しごと創生法」第1条（目的）参照。

（7）官邸「まち・ひと・しごと創生総合戦略（二〇一八改訂版）全体像」（www.kantei.go.jp/.../h3012-　21-sougousenryaku2018z）を参照して整理した。なお、小さな拠点の実際の数について、内閣府の「既に形成されている小さな拠点一覧」では、「市町村版総合戦略に位置付けのある小さな拠点の形成数は、全国で一〇六九箇所」と断ったうえで、本調査において市町村より「公表可」と回答があった箇所を掲載したとする数字は、総合戦略あり八六九箇所、総合戦略なし五〇五箇所の合計一五七四箇所であり、また今後形成が予定されている小さな拠点は、総合戦略あり一九八箇所、総合戦略なし一一箇所の合計二〇九箇所となっている（内閣府「小さな拠点情報サイト」：www.cao.go.jp/regional_management）。また地域運営組織は六〇九市町村に三〇七一存在するとされている（総務省「地域運営組織の実態」www.soumu.go.jp/main_content/000475608.pdf）。

（8）総務省「平成の大合併」『広域行政・市町村合併―市町村合併資料集』（www.soumu.go.jp）参照。

（9）滋賀県愛荘町「合併特例法」（www.town.aisho.shiga.jp/gappei/mainframe/.../04_main.html）を参照して整理した。

（10）全国町村会「第27次地制調答申」（https://www.zck.or.jp/site/activities/4062.html）。

（11）松本英明著『新版　逐条地方自治法』（第七次改訂版）学陽書房、平成二五年、第四節地域自治区、六八九頁。

（12）愛荘町・合併特例法参照。

（13）二〇〇七年の数字は、総務省「地域自治組織と合併特例の概要」（www.soumu.go.jp/main_content/000021700.pd）、二〇一九年の数字は、総務省「市町村合併資料集　地域自治区・合併特例区制度」（www.soumu.go.jp）参照。地域自治組織の創設初期については、生沼裕著「合併特例区の現状と課題（一）―主として岡山市・宮崎市の事例を参考に―」高崎経済大学地域政策学会編『地域政策研究』高崎経済大学第一〇巻第三号、二〇〇八年二月一-二頁参照。

（14）総務省「地域自治組織と合併特例の概要」と関係市町村のＨＰを参照して整理した。各市町村の地域自治組織等の特徴については、大仙市ＨＰ「大仙市地域自治区の設置等に関する条例」（www.city.daisen.akita.jp/content/.../r154RG00001179.html）、農林水産省ＨＰ「第8章飯田市における広域地域組織化の取組」（www.maff.go.jp/primaff/kanko/.../171113_28kozo1_08.pdf）、伊那市ＨＰ「新市まちづくり計画」「長野県『伊那市・高遠町・長谷村合併協議会』

(www.inacity.jp/gappei/　newcity)、愛知県「Ⅱ．地域コミュニティの歴史的経緯」(www.pref.aichi.jp/uploaded/　attachment/14304.pdf)、豊田市「地域自治区・地域会議について」「地域自治システム『都市内分権の推進』」(www.city.toyota.aichi.jp/shisei/jichiku/1004968.html)、愛知県「愛知県における平成の合併の効果と課題（平成二三年三月）」『愛知県の市町村合併』(www.pref.aichi.jp/.../0000005246s　hichoson-gappei.htm) を参照して整理した。

（15）地域自治区の現状は、総務省「市町村合併資料」「市町村合併とは」「地域自治組織（地域自治区・合併特例区）・制度の概要・全国の設置状況（平成三年四月一日現在）」(http://www.soumu.go.jp/　gapei/gapei.html) を参照して整理した。

（16）せたな町ＨＰ (www.town.setana.lg.jp)。

（17）ホーム／むかわ町「北海道むかわ町公式ウェブサイト」(www.town.mukawa.lg.jp)。

（18）岩手県宮古市「ホームページ MiyakoCity」(www.city.miyako.iwate.jp)。

（19）花巻市「公式ホームページ」(www.city.hanamaki.iwate.jp)。

（20）大仙市「秋田県大仙市」(http://search.yahoo.co.jp)。

（21）南相馬市「ホーム／南相馬市公式ウェブサイト–MinamisomaCity–」(http://search.yahoo.co.jp)。

（22）南会津町「南会津町役場」(www.minamiaizu.org/yakuba)。

（23）上越市「上越市ホームページトップページ」(www.city.joetsu.niigata.jp)。

（24）飯田市「飯田市ホームページホーム」(www.city.iida.lg.jp)。

（25）伊那市「伊那市公式ホームページ」(www.inacity.jp)。

（26）豊田市「豊田市公式ホームページ」(www.city.toyota.aichi.jp)。

（27）新城市「新城市：ホーム」(www.city.shinshiro.lg.jp)。

（28）宮崎市「宮崎市」(www.city.miyazaki.miyazaki.jp)。

（29）総務省「地域自治組織と合併特例の概要」および本論文の表2を参照されたい。

（30）官邸「小さな拠点・地域運営組織の形成について」（AdobePDF）www.kantei.go.jp/.../chiisana_todofukensetumei0601_si）。

（31）官邸「小さな拠点の形成―まち・ひと・しごと創生本部」（www.kantei.go.jp/jp/singi/sousei/about/chiisanakyoten）。

（32）本論文の表3を参照されたい。なお、ここでいう「小学校区」には「旧小学校区（平成の大合併以後の統廃合の直前まで小学校区があったエリア）」や「小学校区より狭い」や「小学校区より広い」を、「中学校区」には「旧中学校区（平成の大合併以後の統廃合の直前まで中学校区があったエリア）」や「中学校区より狭い」や「中学校区より広い」など、「小学校区」「中学校区」以外に、記載項目の中に「小学校」や「中学校」が入っているものは全てそれぞれのカテゴリーに入れたので、正確なものとはいえないが、概ね地域コミュニティは、小学校区や中学校区が対象となっていることは理解できる。

（33）拙論文「群馬県の地方創生」『櫻文論叢』第九十六巻・一〇八-九頁・平成三十年二月二十八日。

（34）拙論文「四国四県の地方創生」『法学紀要』第五十九巻・二五〇頁・二五三頁・二五五頁・二五八-九頁・平成三十年三月一日。

第二章　東京における区市町村の実態と自治制度の変革

1　東京都の三地域の特色

東京都は、人口一三七五万四〇四三人で全国一位、面積二一九三・九六平方キロメートルで全国四四位の、極端に人口密度の高い広域的な普通地方公共団体（広域地方公共団体）である(1)。都制がひかれている唯一の広域地方公共団体であることから、表1からもわかるように、東京都以外の広域地方公共団体である道府県の区域が、いずれも基礎的な普通地方公共団体である市町村に区分されているのに対して、東京都の区域は、二三の特別区（特別地方公共団体）が置かれている旧東京市に相当する特別区地域と、二六市、三町、一村の合計三〇市町村（基礎的地方公共団体）が置かれている多摩地域と、二町、七村の合計九町村（基礎的地方公共団体）が置かれている島嶼地域の三地域で構成されている、総計六二の区市町村に区分されている広域地方公共団体である。基礎的地方公共団体の特性から、東京都の内部は区部と市部と町村部に区分する場合もある。

一八六七（慶応三）年一〇月一四日の大政奉還の後、一八六八（慶応四）年閏四月二一日に新政府は「政体書」を発し、「府・藩・県三治制」による地方制度を確立した。続いて新政府は閏七月一七日に「江戸ヲ称シテ東京ト為スノ詔書」を発して東京府を設置し、八月一七日には東京府庁を開設した。九月八日には年号が明治に改元された。明治天皇は一〇月一三日に東京に行幸し、一二月初旬まで東京に滞在した。翌年二月に再度東京に行幸した天皇は、二月二八日に東京城（旧江戸城）に入り、東京城を皇城（皇居）と改め実質上の遷都を行った。東京府は三月一六日に、江戸市中とされていた区域（朱引）の九八二町を一番組から五〇番組の五〇区に再編し、戸数人口調査を行い、東京朱引内市中の戸数は一二万六〇六軒、人口は五〇万三七〇三人であることを明らかにした。四月八日には朱引外の一九〇町八九村を一番組から五番組の五区に再編した。

東京都三地域（区部・市部・町村部）の人口と面積　表1

区部	人口			面積		
(23区)	9, 482, 125	順位	全体順位	627. 57	順位	全体順位
千代田区	61, 420	23	47	11. 66	19	49
中央区	157, 484	22	31	10. 21	22	56
港区	253, 940	17	21	20. 37	12	31
新宿区	343, 494	12	14	18. 22	13	33
文京区	227, 224	19	23	11. 29	21	51
台東区	203, 219	21	25	10. 11	23	57
墨田区	264, 515	16	19	13. 77	17	44
江東区	510, 692	8	9	40. 16	6	16
品川区	398, 732	10	12	22. 84	10	25
目黒区	283, 153	15	17	14. 67	16	43
大田区	728, 437	3	3	60. 83	1	10
世田谷区	921, 708	1	1	58. 05	2	11
渋谷区	229, 994	18	22	15. 11	15	42
中野区	335, 813	13	15	15. 59	14	40
杉並区	575, 691	6	7	34. 06	8	18
豊島区	297, 946	14	16	13. 01	18	47
北区	348, 274	11	13	20. 61	11	28
荒川区	216, 098	20	24	10. 16	21	54
板橋区	573, 966	7	8	32. 22	9	19
練馬区	731, 360	2	2	48. 08	5	15
足立区	677, 536	5	5	53. 25	3	13
葛飾区	450, 815	9	10	34. 8	7	17
江戸川区	690, 614	4	4	49. 9	4	14
(平均)	412, 266			27. 29		

市部	人口			面積		
(26市)	4, 188, 784	順位	全体順位	783. 95	順位	全体順位
八王子市	576, 907	6	1	186. 38	2	1
立川市	179, 326	30	9	24. 36	24	7
武蔵野市	146, 333	34	12	10. 98	52	21
三鷹市	190, 356	28	7	16. 42	38	14
青梅市	135, 527	35	13	103. 31	5	2
府中市	261, 403	18	3	29. 43	20	5
昭島市	111, 903	39	17	17. 34	35	12
調布市	235, 430	20	4	21. 58	26	8
町田市	433, 843	11	2	71. 55	9	4
小金井市	123, 868	37	15	11. 3	50	20
小平市	192, 716	27	6	20. 51	30	10
日野市	188, 183	29	8	27. 55	23	6
東村山市	150, 030	32	10	17. 14	36	13
国分寺市	124, 493	36	14	11. 46	49	19
国立市	74, 647	45	23	8. 15	59	25
福生市	58, 140	48	25	10. 16	53	23
狛江市	82, 360	42	20	6. 39	60	26
東大和市	84, 674	41	19	13. 42	45	17
清瀬市	75, 329	44	22	10. 23	55	22
東久留米市	116, 328	38	16	12. 88	48	18
武蔵村山市	71, 652	46	24	15. 32	41	16
多摩市	147, 541	33	11	21. 01	27	9
稲城市	90, 270	40	18	17. 97	34	11
羽村市	55, 130	49	26	9. 9	58	24
あきる野市	80, 326	43	21	73. 47	7	3
西東京市	202, 069	26	5	15. 75	39	15
(平均)	161, 107			35. 12		

町村部	人口			面積		
(5町8村)	83, 134	順位	全体順位	782. 44	順位	全体順位
西多摩郡	57, 514		❶	375. 86		❶
瑞穂町	33, 064	50	1	16. 85	37	11
日の出町	17, 321	51	2	28. 07	21	7
檜原村	2, 092	58	9	105. 41	4	3
奥多摩町	5, 037	54	5	225. 53	1	1
島部	25, 620			406. 58		
大島支庁	*12, 362*		❷	*140. 99*		❷
大島町	7, 552	52	3	90. 76	6	4
利島村	346	60	11	4. 12	62	13
新島村	2, 623	56	8	27. 54	22	8
神津島村	1, 841	59	10	18. 58	32	10
三宅支庁	2, 716		❺	*75. 8*		❺
三宅村	2, 372	57	7	55. 26	12	6
御蔵島村	344	61	12	20. 54	29	9
八丈支庁	*7, 469*		❸	*83. 01*		❹
八丈町	7, 292	53	4	72. 23	8	5
青ヶ島村	177	62	13	5. 96	61	12
小笠原支庁	*3, 073*		❹	*106. 78*		❸
小笠原村	3, 073	55	67	106. 78	3	2
(平均)	6, 395			60. 19		

東京都の人口と面積と全体平均

東京都	人口	面積
(67区市町村)	13754043人	2193. 96㎢
(全体平均)	221839. 4人	35. 39㎢

東京都内三地域の人口と面積

	人口	(%)	面積	(%)
都区部	9, 482, 125	68. 94%	627. 57	28. 60%
多摩地域	4, 246, 298	30. 87%	1159. 81	52. 86%
島嶼地域	25, 620	0. 08%	406. 58	18. 53%

註：東京都「リンク集／都内区市町村」（www.metro.tokyo.jp/link/link 04.html）を参照して作成した。

東京府は、廃藩置県に先立つ一八七一（明治四）年六月九日に、朱引内を四四区に区分した後、朱引外の二五区を朱引内の四四区に続けて第四五区から第六九区に改めた。続いて一一月二八日には府下を六大区・九七小区に改編し「大区・小区制」に対応した。一九七三（明治六）年に大区の区割り変更が実施され、朱引内は一大区から六大区に、朱引外は七大区から一一大区に区分された。一八七八（明治一一）年七月二二日に明治政府は、郡区町村編成法、府県会規則、地方税規則（いわゆる三新法）を制定し、新しい地方制度の確立に着手した。その時三つの府には複数の区が設置され、開国よって開港された五港と人民輻輳の一二の都市はそれぞれ区とされた。東京府は一一月二日に一一大区・一〇三小区を廃止し、市街地（旧朱引内）に一五区、郷村地（旧朱引外）に三八〇余の町村からなる六郡を置いた。この一五区・六郡が置かれた区域がほぼ現在の二三区に相当する区域である。

一九八八（明治二一）年四月に市制町村制が制定されれが、新政府は翌年四月一日に、東京、京都、大阪への市制適用の阻止を目的とした、例外規定である「市制特例」を制定した。その内容は、「従来の区を存し、区域全体に一市を置くものの市長・助役は置かず、その業務は府知事・書記官が行うこと」とするものであった。それを受けて五月に東京府一五区を市域とする東京市が発足するとともに、七月八日に東京市条例第一号「区会条例」が公布された。一八八九年（明治二二）年五月一日の市制町村制の施行を受け、十五区の範囲に基礎的地方公共団体としての東京市が設置され、区は東京市の下部組織となったが、区会を通じた自治権は確保された。周辺六郡には町村合併（明治の大合併）によって八五の町村が置かれた。一八九六（明治二九）年に南豊島郡と東多摩郡が合併し豊多摩郡となったことから、六郡は五郡に、八五町村はその後の合併で八二町村に減少した。

こうした東京府の基礎的地方公共団体の改編の陰で、東京府の区域拡大策も推進されてきた。一八七八（明治一一）年一月、伊豆諸島が静岡県から東京府に移管され、一八八〇（明治一三）年一〇月、一九七六（明治九）年に日本帰属が確定し内務省の管轄でとされていた小笠原諸島が東京府に編入され、東京府の領域が島嶼部に拡大した。さらに一八九三（明治二六）年四月一日には神奈川県から西多摩郡、南多摩郡、北多摩郡の三郡・一八町・一六〇村が東京府に編入された。この結果、本州における東京府は一五区・八郡・二八〇町村となった。それゆえ東京府の領域は約二・三倍に拡大し、現在の東京都の領域が確定した。この結果、東京都は旧来の東京府の区域（現在の特別区地域）と多摩地域と島嶼地域の三地域に区分されることになったのである(2)。

一八九八（明治三一）年六月には市制特例が廃止され、東京市、京都市、大阪市の三市が一般市と同等の権利を獲得した。ただし、三市に置かれていた「従来の区」や「従来の区会」は残ることになった。市制町村制は、一九一一（明治四四）年四月七日に市制町村制の全面改正があり、市制と町村制に区分されるとともに、市町村の「法人格」や「公共事務」、「団体委任事務」、「機関委任事務」が整備された。また「勅令をもって指定する市の区はこれを法人とす。その財政及び営造物に関する事務その他法令により区に属する事務を処理する」との規定も置かれたが、実際に指定されたのは東京市、京都市、大阪市の三市のみであった。三市内の区が地方制度に組み込まれている状況は継続されることになったのである。

発展を続ける東京にあっては、東京市の区域を新たに設定する必要が生まれ、一九二二（大正一一）年四月の総理大臣公告によって、東京の都市計画区域が東京駅より半径一〇マイル内すなわち一五区の区域とされた。その後、東京市の市域拡大に合わせて、一九三二（昭和七）年一〇月に、旧来の東京府の区域にあった五郡の八二町村（北多摩郡千歳村と砧村を除く地域）を編入し、そこに二〇区を設置した。旧来の一五区と新設の二〇区の合計三五区が東京市（いわゆる「大東京市」）とされた。さらに一九三六（昭和一一）年一〇月一日には、北多摩郡千歳村と砧村が世田谷区に編入された。

一九二〇（大正九）年の東京府の人口は三六九万九八三九人で、東京市に二一七万三二〇一人で全体の五九％が、隣接五郡には一一七万七四二九人で三二％が、その他の地域に三四万九二〇九人で九％が住んでいた。一〇年後の一九三〇（昭和五）年の東京府の人口は五四〇万八六七八人で、東京市の人口は二〇七万〇九一三人で全体の三八％まで減少し、隣接五郡の人口は約二・五倍の二八九万九九二六人で五四％まで増加した。その他の地域には四三万七八三九人で八％が住んでいたことから、東京府の増加人口は一五区隣接五郡に集中したことがわかる。一九三二（昭和七）年、隣接五郡を編入し三五区となった東京府の人口は五七七万〇二〇〇人で、拡大した東京市に五三一万四七〇二人で全体の九二％が、その他の地域に四五万五四九八人の八％が住んでいたのである。

一九四三（昭和一八）年三月二〇日に市制・町村制、府県制の改革を受けて、七月一日に「東京都制」が制定され、東京府と東京市の廃止にともない東京府の範囲に基礎的地方公共団体である東京都が設置された。東京都が基礎的地方公共団体となったことから、三五区と多摩地域や島嶼地区の市町村は法律上の普通地方公共団体としての性格を失い、都の下部組織となった。その後、終戦にともない大村、扇村袋澤村、北村、沖村、硫黄島村の五村で構成されていた小笠原島はアメリカの統治下に移された。一九六八（昭和四三）年に日本に返還された小笠原島には小笠原村が設置されたが、自治権が回復するのは一九七九（昭和五四）年四月二二日に第一回村長および村議会議員選挙が実施された後であった。

こうした日本の官治集権的な地方制度が自治分権的な地方制度に転換するのは、一九四七（昭和二二）年五月三日の日本国憲法と地方自治法を中心とする地方自治関連法規等の施行後であった。東京都では憲法施行に先立つ三月一五日に三五区を二二区に整理統合している。この二二区は地方自治法の施行にともない特別地方公共団体（特別区）となった。その後、八月一日に板橋区から練馬区が分離して二三区となった。地方自治法施行以前の東京の二三区は、基礎的地方公共団体である東京市や東京都の下部組織であったが、各区には区会が設置され、区独自の財産・営造物の維持管理等の区固有の事務を処理する権限を有するとともに、法令で定められた国や府の事務を処理する法人格を有する独特の存在であった。

地方自治法の施行に伴い、東京都は広域的地方公共団体となり、二三区（当初は二二区であった）は特別区（特別地方公共団体）となり、多摩地域と島嶼部に存在する市町村は基礎的地方公共団体となった。都制の関係から、東京都と二三区の関係は数度の改革が見られてきているが、東京都と多摩地域や島嶼地域の市町村との関係は、他の道府県と道府県内の市町村との関係と同様である。江戸から東京へと呼称が変わり、東京府と東京市が誕生し、東京府に最初に島嶼部が移管され、後に多摩地域が編入されて現在の東京都が形成された歴史をたどるように、東京都内は特別区地域と多摩地区と島嶼地域に区分され、それぞれが異なった特徴を有する自治を展開しているといえるような形態を整えてきているのである(3)。

2　東京都の市町村（地方公共団体）の歴史と自治制度の特色

島嶼地域が全て東京府の管轄下に入った翌年の一八八一（明治一四）年には、伊豆諸島では大島に新島村、岡田村、泉津村、野増村、波浮港、差木地村の五村・一港が、八丈本島には大賀郷、三ッ根村、樫立村、中野郷村、末吉村の一郷・四村が、八丈小島には鳥打村、宇津木村の二村が、青ヶ島には青ヶ島が、利島には利島が、新島には本村、若狭村の二村が、神津島には神津島が、三宅島には神着村、伊豆村、伊ケ谷村、阿古村、坪田村の五村が、御蔵島には御蔵島が置かれたが、鳥島には町村等は置かれなかった。小笠原島では少し遅れて父島に大村、扇村袋澤村（以前は扇村と袋澤村の二村であった）の二村が、母島には北村、沖村の二村が置かれた。硫黄島に当初は町村は置かれなかったが、後に硫黄島村が置かれた。

一九〇八（明治四一）年に大島と八丈島に「島嶼町村制」が施行され、大島の波浮港が波浮港村となり、八丈本島の大賀郷が大賀郷村となり、大島の六村と八丈島の五村に村長が置かれた。翌年大島の新島村は元村となった。一九二三（大正一二）年に伊豆諸島全域に「島嶼町村制」が施行され、利島は利島村、新島の本村は新島本村に、神津島は神津島村に、御蔵島は御蔵島村となり、三宅島の五村とともに村長が置かれた。一九四〇（昭和一五）年に島嶼部にも「普通町村制」が施行され、伊豆諸島の青ヶ島と新島の若狭村、小笠原島の大村、扇村袋澤村、母島の北村、沖村、硫黄島村に村長が置かれた。終戦後の小笠原島がアメリカの統治下に入り、東京都の島嶼部は二二村となった。一九四六（昭和二一）年には三宅島の神着村、伊豆村、伊ケ谷村の合併で三宅村が、一九四七（昭和二二）年には八丈本島の三ッ根村、樫立村、中野郷村、末吉村と八丈小島の鳥打村が合併して八丈村が誕生した。

伊豆諸島の村は、昭和の大合併期に主要な島を単位とした合併が行われて、八町村となった。大島は大島町に、八丈大島と八丈小島は八丈町に、新島では新島本村と若狭村が合併し新島本村に、三宅島では三宅村と阿古村と坪田村が合併して三宅村の一村になった。一九八八（昭和六三）年に青ヶ島は青ヶ島村となり、一九九二（平成四）年に新島本村は新島村になったことで、伊豆諸島の島はすべて中心となる島の名称を冠した二町・六村となった。小笠原村は、一九七九（昭和五四）年に村長と村議会がおかれることで自治権を回復し、東京都の島嶼地域の町村は二町・七村で現在にいたっている。

戦後の島嶼地域では人口減少と少子高齢化の波にさらされている。大島町の人口は一九六〇（昭和三五）年には一万二〇九〇人であったが現在は七五五二人に、八丈町は一万一八一八人が七二九二人に、新島村は四四三八人が二六二三人に、三宅村が六六二五人が二三七二人に、神津島村は二六六七人は一八四一人に、利島村は三五四人が三四六人に、青ヶ島村は四〇二人が一七七人に減少している。例外は御蔵島村と五〇年前に返還され日本人の帰島が許された小笠原村で、御蔵島村は二八七人の人口が一九七五（昭和五〇）年に一七七人まで減少したが現在では三四四人に、小笠原村では一九七〇（昭和四五）年の七八二人が現在では三〇七三人へと増加している。島嶼部の人口は三万八六八一人が二万五六二〇人へと、全体では三分の二まで減少している。

多摩地域には、一八八四（明治一七）年に三五六町村が存在していたが、一八八九（明治二二）年の明治の大合併によって八一の町村と一組合村の八二町村まで統合が進んだ。多摩地域が東京府に移管された一八九三（明治二六）年には七町・五二村・七組合村の六六町村となっていた。終戦時の多摩地域は二市・一九町・四三村の六四市町村となっていたが、昭和の大合併によって一〇市・二〇町・四村の三四市町村となり、平成の大合併後は二六市・三町・一村の三〇市町村となった。市の増加は、平成の大合併以前に多摩地域における市町村合併が進展したことと、東京一極集中の影響を受けて人口増加が大きかったことを示している。

多摩地域の人口は一九六〇（昭和三五）年の一三七万五〇九四人が、二〇一八（平成三〇）年には四二四万六二九八人へと、実に三倍強まで増加している。市部においては八王子市が五七万七五一三人で最大人口となっており、最小人口は五万五八三三人の羽村市であり、二六市すべてが地方自治法の定める市の最小人口五万人を超えている。人口五〇万人台は八王子市のみであり、四〇万人台は町田市、二〇万人台は府中市、調布市、西東京市の三市、一〇万人台は小平市、三鷹市、日野市、立川市、東村山市、武蔵野市、多摩市、青梅市、国分寺市、小金井市、東久留米市、昭島市の一二市、一〇万人未満が稲城市、東大和市、あきる野市、狛江市、清瀬市、国立市、武蔵村山市、福生市、羽村市の九市である。西多摩郡の三町・一村では明暗を分けている。瑞穂町は一九六〇（昭和三五）年の一万二〇九二人が二〇一八（平成三〇）年には三万三〇六四人へと二・七倍に、日の出町は八〇四七人が一万七三二一人へと二倍強まで増加している。逆に奥多摩町は一万三七八五人が五〇三七人に、檜原村は五六五〇人が二〇九二人になり、双方ともほぼ三分の一に減少している。

二〇〇六（平成一八）年の平成の大合併終了時に、日本の市町村数は七七七市・八四六町・一九八村の一八二一市町村となった。平成の大合併を見ると、東京都は田無市と保谷市の合併によって西東京市が誕生しただけの一団体減で、その進捗率は一・六％で全国最下位となっている。特に平成の大合併で全国五六八村は一八八村となり、全国平均では各都道府県は四村となるほど減少し、現在では一八三村となり、都道府県平均では四を切っている。さらに村が存在しない県が一三県となったことから、村が残存した四三都道府県の村の平均は五・四村となっている。東京都では八村がそのまま残ったのである。

村の多い都道府県の順位を見ると、最多は長野県で三五村、二位は沖縄県で一九村、三位は北海道と福島県で一五村、五位は奈良県の一二村、六位は青森県、群馬県、東京都、熊本県の一都三県の八村である。これら六位までの一都一道七県の村の数は全国の約七割の一二八村で、平均一四・二村となっている。残りの二五府県の村は五五村にすぎず平均村数は二・二村となっている。都道府県は多くの村が残ったところと、村が若干残ったところ、村が無くなったところに大別できるのである(4)。

東京都の八村の特徴を見ると、多摩地域は檜原村一村であり、残り七村は島嶼地域にある。福島県の被災地にある五町・二村を除く村の人口を比較した場合、日本で一番人口の少ない村は東京都八丈支庁の青ヶ島村で一七七人、第二位が東京都三宅支庁の御蔵島村で三四四人、第三位が東京都大島支庁の利島村で三四六人である。

人口一千人未満の三三村を見ると、島嶼に存在する村が一二村、その他が二一村である。都道府県別でみると最多が七村の長野県、二位が五村の沖縄県、三位が四村の奈良県、四位が三村の東京都、五位が二村の北海道、山梨県、高知県、鹿児島県、九位が一村の福島県、新潟県、和歌山県、岡山県、島根県、熊本県となっている。沖縄県の五村、東京都の三村、鹿児島県の二村、新潟県と島根県の一村はいずれも島嶼の村である(5)。

歴史から見れば、東京都の区域は現在の二三区（特別区地域）に島嶼地域と多摩地域を編入することによって確立されたものである。

それゆえ東京都内の自治制度は、特別区地域と多摩地域と島嶼地域に区別されている。表2からわかるように、特別区地域には東京都の二八・五%の面積に六八・三%の人口が住んでおり、多摩地域には五三%の面積に三一・五%の人口が住んでいるのである。多摩地域の一七市で構成される北多摩地域には多摩地域の二二・六%の面積に五六・八%の人々が住んでおり、平均面積は一五・四五平方キロメートルで平均人口は一四万二〇〇〇人である。五市で構成される南多摩地域には二八%の面積に三三・七%の人々が住んでおり、平均面積は六四・一九平方キロメートルで平均人口は二八万人である。四市、三町、一村の八市町村で構成される西多摩地域には四九・四%の面積にわずか九・五%の人口しか住んでおらず、平均面積は七一・五九平方キロメートルで平均人口は約五万人である。このように多摩地域は三地域に分けて見た場合には大きな違いが認められるのである。

こうした地域的特徴に合わせて、東京都区内の特別区地域と多摩地域と島嶼地域では異なった形で地方自治を推進している。民主的な地方自治を推進していくためには住民参加が重要となる。そうした中では東京都民の選挙への関心の低下(投票率の低下)を問題視せざるを得ない。区市町村長選挙投票率(統一分)をみると、一九五五(昭和三〇)年の八〇・六三%をピークに減少傾向が見られ、二〇一五(平成二七)年には四四・八七%となっている。区市町村議会議員選挙投票率(統一分)をみると、一九五一(昭和二六)年の七七・二二%をピークに減少傾向が見られ、二〇一五(平成二七)年には四三・九九%となっている。表3からもわかるように、人口が多い自治体では投票率が低くなる傾向があり、町村部では投票率は高いものの、無投票となった選挙も少なからず認められる。こうした小規模自治体に対しては、自治制度の改革も含めた抜本的な見直しが必要となってきているといえる(6)。

3　東京都の区市町村の自治制度の特色

東京都の地方自治制度は、広域的地方公共団体の中で東京にだけ都制が適用されていることや、その結果、地域も特別区地域、多摩

多　摩　地　域　の　人　口　・　面　積　・　人　口　密　度　　表2

北多摩17市	人　口	面　積	人口密度
立川市	178194	24.38	7309
武蔵野市	140527	10.73	13097
三鷹市	180194	16.5	10921
府中市	253288	29.34	8633
昭島市	112905	17.33	6515
調布市	223691	21.53	10390
小金井市	117001	11.33	10327
小平市	186339	20.46	9107
東村山市	152088	17.17	8858
国分寺市	118697	11.48	10339
国立市	74385	8.15	9127
狛江市	77923	6.39	12195
東大和市	85297	13.54	6300
清瀬市	74216	10.19	7283
東久留米市	116417	12.92	9011
武蔵村山市	72169	15.37	4695
西東京市	197546	15.85	12463
合　計	2360877	262.66	
割　合	56.80%	22.60%	
平　均	138875.12	15.45	9210

南多摩5市	人　口	面　積	人口密度
八王子市	563482	186.31	3024
町田市	426222	71.64	5949
日野市	179571	27.53	6523
多摩市	147681	21.08	7006
稲城市	86169	17.97	4795
合　計	1403125	324.53	
割　合	33.70%	28.00%	
平　均	280625	64.91	5459.4

東京都の人口と面積

	人　口	面　積	人口密度
多摩地域計	4158361	1159.9	3585
島しょ	27338	405.78	67
特別区	9016342	622.99	14473
東京都計	13202041	2188.67	6032

西多摩4市・3町・1村	人　口	面　積	人口密度
青梅市	137833	103.26	1335
福生市	58821	10.24	5744
羽村市	56837	9.91	5735
あきる野市	81912	73.34	1117
瑞穂町	33904	16.83	2014
日の出町	16932	28.08	603
檜原村	2461	105.42	23
奥多摩町	5659	225.63	25
合　計	394359	572.71	
割　合	9.50%	49.40%	
平　均	49294.88	71.59	2074.50

東京都の人口と面積の割合

	人　口	面　積
多摩地域	31.50%	53%
島嶼地域	0.20%	18.50%
特別区地域	68.30%	28.50%

註：表は東京市町村自治調査会「多摩地域データブック」（www.tama-100.or.jp/cmsfiles/contents/.../zentai.pdf）4頁「Ⅰ-1人口、世帯及び面積」を参照して作成した

東　京　都　：　町　村　の　選　挙　結　果　　表3

		多摩地域				島嶼地域								
		瑞穂町	日の出町	奥多摩町	檜原村	大島町	八丈町	小笠原村	新島村	三宅村	神津島村	利島村	御蔵島村	青ヶ島村
選挙期日	人　口	33,064	17,321	5,037	2,092	7,552	7,292	3,073	2,623	2,372	1,841	346	344	177
2019	**首長選挙**													1月無投票
(H31)	**議員選挙**						10月 14/14無投票		2月10/10 無投票					
2018	首長選挙		3月無投票								9月2人 79.95			
(H30)	議員選挙		補選1/2 率不明											
2017	首長選挙	4月 3人 88.51										11月3人：94.05		9月無投票
(H29)	議員選挙								補選 2/4 80.55					9月6/6無投票
2016	首長選挙			5月：無投票						2月 無投票				
(H28)	議員選挙			補選2/2無投票						2月8/10 76.85	補選7月2/2無投票	10月6/7 94.49		
2015	**首長選挙**				2人 81.31	2人：81.43	9月 無投票	7月 2人 68.61	10月2人84.35				無投票	
(H27)	**議員選挙**	16/20 50.35	8月 14/15 61.54	11月：12/13 74.93	9/11 81.31	14/18 81.43		8/9 76.92	2月10/13 81.3		8/7無投票・欠員1		6/6無投票	
2014	首長選挙		3月 2人 60.96								9月2人 84.75			
(H26)	議員選挙						10月 14/17 78.67				8月補選1人無投票			
2013	首長選挙	4月 2人 40.73							12月2人 80.54			無投票		9月2人 76.09
(H25)	議員選挙													9月6/7 76.09
2012	首長選挙			5月 2人 70.83						2月3人 81.68		無投票		
(H24)	議員選挙									2月8/9 81.68		10月6/7 93.75		
2011	**首長選挙**				無投票	7人：82.75	9月 2人 77.06	7月 無投票					無投票	
(H23)	**議員選挙**	16/17 44.64	8月 14/18 66.07	11月 12/15 77.8	9/14 81.99	14/15 82.73		8/9 78.63	2月10/13 85.38		8/11 68.99		6/9 92.31	
2010	首長選挙		3月 2人 68.01								9月　無投票			
(H22)	議員選挙		補選3月1/2 67.95											
2009	首長選挙	4月 2人 47.34					1月 2人 74.08		12月2人 84.73					9月無投票
(H21)	議員選挙													9月6/6無投票
2008	首長選挙			5月 2人 71.39						2月2人 63.06		無投票		
(H20)	議員選挙									2月8/10 63.06		10月6/7 94.69		
2007	**首長選挙**			11月 12/15 79.36	無投票	2人：82.91		7月 3人 73.14					2人 97.3	
(H19)	**議員選挙**	16/21 55.06	8月 14/17 71.00		9/1183.26	14/17 82.93		8/9 79.88	1月10/14 87.84		8/11 85.32		6/7 90.0	
2006	首長選挙		3月 2人 73.39								10月　無投票			
(H18)	議員選挙						10月4/17 82.02							
2005	首長選挙	4月 2人 44.06							12月3人 87.68					9月無投票
(H17)	議員選挙								補選12月無投票					9月6/7 73.25
2004	首長選挙									2月3人 79.75				
(H16)	議員選挙									2月8/14 79.71				
2003	**首長選挙**				2人 89.38	2人：86.43		7月 3人 81.22						
(H15)	**議員選挙**	16/20 54.61	8月 16/19		9/13 89.34	14/17 86.43		8/11 85.54						

註：表は選挙ドットコム(go2senkyo.com/local/jichitai/)，政治山（seijiyama.jp/area/card/3624/6C1PDC/M?S）及び関係町村のHPの情報を整理して作成した。
人口は東京都「都内区市町村マップ」（www.metro.tokyo.jp/tosei/tokyoto/ profile/.../kushichoson. nta.go.jp/.../property_ward.pdf)から引用した。

地域、島嶼地域に大別することができることから、他の道府県とは異なった東京独自の特徴がある。表2からもわかるように、東京都の人口と面積を対比すると、特別区地域は東京都の面積の二八・五%であるが、そこには東京都の全人口の六八・三%が住んでおり、単純に言えば東京都の四分の一強の面積に三分の二強の人が住んでいるのである。多摩地域は五三%の面積に全人口の三一・五%の、単純に言えば半分強の面積に三割強の人が住んでいるのである。島嶼部は一八・五%の面積に全人口の〇・二%しか住んでいないのであり、二割弱の面積があるもののごくわずかな人しか住んでいないのである。高層マンション等の増加により、特別区地域の人口の増加傾向があることが指摘されており、町村部では一部の例外を除き少子高齢化による人口減少化傾向が認められるのである。

多摩地域を北多摩、南多摩、西多摩の三地域に細分化した場合、一七市で構成されている北多摩地域には、多摩地域の二二・六%の面積に人口の五六・八%の、単純に言えば四分の一弱の面積に半分強の人が住んでいる。北多摩地域の市の平均面積は一五・四五平方キロメートルであり、平均人口は一三万九〇〇〇人である。五市で構成されている南多摩地域には、多摩地域の二八%の面積に人口の三三・七%の、単純に言えば四分の一強の面積に三分の一の人が住んでいる。南多摩地域の市の平均面積は六四・九一平方キロメートルであり、平均人口は二八万人である。四市・三町・一村の八市町村で構成されている西多摩地域には、多摩地域の四九・四%の面積に人口の九・五%の、単純に言えば半分強の面積に四分の一弱の人が住んでいる。それゆえ西多摩地域の市の平均面積は七一・五九平方キロメートルであり、平均人口は約五万人である。

こうした地域的特徴を背景に、東京都の各地域は広域連合や一部事務組合等の特別地方公共団体制度等を活用し、多様な広域行政を実施している。表4からもわかるように、都区内の区市町村は、後期高齢者医療保険に関しては、他の道府県と同様に、東京都内の全区市町村が加盟する東京都後期高齢者医療広域連合を創設し対応している。しかし、その他の広域行政に関しては東京都の特徴が明確に表れている。東京都を特別区地域と市町村地域（多摩地域と島嶼地域）に大別した場合、一般行政に関するものとしては、特別区地域には二三区全てが加盟している「特別区人事・厚生事務組合」が、市町村地区には二六市、五町、八村全てが加盟している複合一部事務組合である「東京都市町村総合事務組合」が創設されている。同時に特別区地域には「特別区協議会」が、市町村地域には「（公財）

東京市町村自治調査会」が創設されている(7)。

東京都内を特別区地域と多摩地域と島嶼地域に区分した場合、市町村地域が多摩地域と島嶼地域に区分されることになる。そうした場合に多摩地域は他の道府県の市町村と同様、地理的に関連した区域を中心に複数の事務組合等を創設し、広域化に適した行政を共同処理している。これに対して本州からは切り離されている島嶼部においては、島嶼部全体での広域行政の推進姿勢が認められる。それが「東京都島嶼町村一部事務組合」である。この組合の事務は

(1) 島嶼会館の設置、管理及び運営に関すること

(2) 一般廃棄物の最終処分場等の設置・運営

(3) 島嶼の振興を図るため、共同で実施する調査、研究に関すること

(4) 救急搬送に伴う添乗及び短期派遣の医療従事者に対する傷害保険等に関すること

(5) 島嶼の産業振興のため、共同で実施する広報に関すること

(6) 島しょ町村の義務教育修了者のうち、島外進学者に対する学生会館等、必要な入寮施設の確保・支援に関すること。

といったものである。加えて島嶼地域では、「(公財) 東京島しょ振興公社」を創設し、「東京愛ランド」を通じた観光推進を中心とした活動を行っている(8)。

一部事務組合の設立状況を項目を単位に分析すると、表5からもわかるように、特に多摩地域の西多摩、南多摩、北多摩の三地域の特性がより鮮明となる。最初に清掃に関してみた場合、特別区地域には「東京二三区清掃一部事務組合」と「東京二三区清掃協議会」が設置されている。西多摩地域では、青梅市、福生市、羽生市、瑞穂町によって「西多摩衛生組合」が、あきる野市、日の出町、檜原村、奥多摩町によって「西秋川衛生組合」が創設されている。南多摩地域では八王子市、町田市、多摩市で「多摩ニュータウン環境組合」が創設されている。北多摩地域では三鷹市と調布市で「ふじみ衛生組合」が、小平市、東大和市、武蔵村山市で「小平・村山・大和衛生組合」が、東久留米市、清瀬市、西東京市で「柳泉園組合」が、南多摩地区と北多摩地区の市の間で、日野市(南)、国分寺市(北)、

東京都の地方公共団体等　表4

普通地方公共団体	特別地方公共団体（広域連合・一部事務組合・財産区）	広域行政機構
都：区市町村	東京都後期高齢者医療広域連合	
特別区（23区）	特別区人事・厚生事務組合	特別区協議会
	東京二十三区清掃一部事務組合	東京二十三区清掃協議会
	特別区競馬組合	
	臨海部広域斎場組合(5区)	
市町村（26市5町8村）	東京都市町村総合事務組合複(26市5町8村)	(公財)東京市町村自治調査会
	東京都市町村議会議員公務災害補償等組合(10市13町16組合)	
	東京都市町村退職手当組合(10市13町14一部事務組合)	
多摩地域（26市3町1村）	東京たま広域資源循環組合	
	多摩ニュータウン環境組合　ふじみ衛生組合　西多摩衛生組合	
	浅川清流環境組合　多摩川衛生組合　小平・村山・大和衛生組合	
	柳泉園組合　西秋川衛生組合　湖南衛生組合	
	南多摩斎場組合　瑞穂斎場組合　立川・昭島・国立聖苑組合	
	秋川流域斎場組合　稲城・府中墓苑組合	
	羽村・瑞穂地区学校給食組合　青梅・羽村地区工業用水水道事業団	
	東京都十一市競輪事業組合　東京都三市収益事業組合	
	東京都六市競艇事業組合　東京都四市競艇事業組合	
	福生病院組合　昭和病院企業団　阿伎留病院企業団	西多摩根ネットワーク(西多摩地区広域行政圏協議会)
	多摩六都科学館組合	多摩北部都市広域行政圏協議会
	財産区：あきる野市（戸倉財産区） 瑞穂町（殿ヶ谷財産区・箱根ヶ崎財産区・石畑財産区・長岡財産区）	
島嶼地域（2町7村）	東京都島嶼町村一部事務組合	東京愛ランド：(公財)東京都島しょ振興公社
	財産区：大島町（泉津財産区・野増財産区・差木地財産区）	

註：表は東京都「リンク集／都内区町村」(https://www.metro.tokyo.lg.jp/link/link04.html)、「都内区市町村マップ｜東京都」(https://www.metro.tokyo.lg.jp/tosei/tokyo/profile/gaiyo/kushichoson.html) を中心に、一部事務組合等コード表(平成31年1月21日現在)(https://www.soumu.go.jp/main_content/000606227.pdf)「財産区　平成30年10月31日現在－法人番号」(https://www.houjin-bangou.nta.go.jp/setsumei/images/property_ward.pdf)および区市町村ならびに各特別地方公共団体や広域行政機構等のHPを参照して作成した。

小金井市（北）で「浅川清流環境組合」が、府中市（北）、国立市（北）、狛江市（北）、稲城市（南）で「多摩川衛生組合」が創設されている。北多摩地区の立川市、武蔵野市、昭島市、東村山市は、清掃等に係る一部事務組合には参加していない。

斎場・墓苑等に関しては、特別区区域の港区、品川区、目黒区、大田区、世田谷区が「臨海部広域斎場組合」を創設している。西多摩地域ではあきる野市、日の出町、檜原村、奥多摩町が「秋川流域斎場組合」を、福生市、羽生市、瑞穂町が武蔵野市（北）、入間市（埼玉県）と「瑞穂斎場組合」を創設している。南多摩地区では日野市を除く八王子市、町田市、多摩市、稲城市で「南多摩斎場組合」を、北多摩地域では立川市、昭島市、国立市で「立川、昭島、国立聖苑組合」を、府中市は稲城市（西）と「稲城、府中墓苑組合」を創設している。

し尿処理に関しては、北多摩地域の小金井市、東大和市、小平市、東久留米市、武蔵村山市、武蔵野市が「湖南衛生組合」を創設している。病院に関しては、西多摩地域の福生市、羽生市、瑞穂町が「福生病院組合」を、あきる野市、日の出町、檜原村で「阿伎留病院企業団」を、北多摩地域では小金井市、東大和市、小平市、東久留米市、清瀬市、西東京市、東村山市で「昭和病院企業団」を創設している。加えて西多摩地域では、青梅市と羽村市で「青梅、羽村地区工業用水事業団」を、羽村市と瑞穂町で「羽村、瑞穂地区学校給食組合」を創設している。また、小平市、東久留米市、清瀬市、西東京市、東村山市で「多摩六都科学館組合」（「多摩北部都市広域行政圏協議会」）を設置している。

収益事業の競馬に関しては、特別区地域の二三区が「特別区競馬事務組合」を創設している。競輪に関しては八王子市（南）、町田市（南）、調布市（北）、武蔵野市（北）、昭島市、（北）小金井市（北）、日野市（南）、東村山市（北）、国分寺市（北）、小平市（北）、青梅市（西）で「東京都十一市競輪事業組合」を、南多摩地区の多摩市、稲城市と北多摩地区のあきる野市で「東京都三市収益事業組合」を創設している。また競艇に関しては、八王子市（南）、町田市（南）、調布市（北）、武蔵野市（北）、昭島市、（北）小金井市（北）で「東京都六市競艇事業組合」を、日野市（南）、東村山市（北）、国分寺市（北）、小平市（北）で「東京都四市競艇事業組合」を創設している（9）。

東京都に存在する広域連合・一部事務組合・財産区およびその他の団体や区域等①　表5

	一般行政関係			水道・環境・衛生・ごみ・し尿処理・斎場・墓苑等					収益事業・病院等		
特別区地域	千代田区	東京都後期高齢者医療広域連合		千代田区	東京二十三区清掃一部事務組合		港区	臨海部広域斎場組合	千代田区	特別区競馬事務組合	
	中央区			中央区			品川区		中央区		
	港区			港区			目黒区		港区		
	新宿区			新宿区			大田区		新宿区		
	文京区			文京区			世田谷区		文京区		
	台東区			台東区					台東区		
	墨田区		(特別区協議会)	墨田区					墨田区		
	江東区			江東区					江東区		
	品川区			品川区					品川区		
	目黒区			目黒区					目黒区		
	大田区			大田区					大田区		
	世田谷区			世田谷区					世田谷区		
	渋谷区			渋谷区					渋谷区		
	中野区		特別区人事・厚生事務組合	中野区					中野区		
	杉並区			杉並区					杉並区		
	豊島区			豊島区	(東京二十三区清掃協議会)				豊島区		
	北区			北区					北区		
	荒川区			荒川区					荒川区		
	板橋区			板橋区					板橋区		
	練馬区			練馬区					練馬区		
	足立区			足立区					足立区		
	葛飾区			葛飾区					葛飾区		
	江戸川区			江戸川区					江戸川区		
多摩地域	八王子市			八王子市	多摩ニュータウン環境組合	東京たま広域資源循環組合	八王子市	南多摩斎場組合	八王子市	東京都十一市競輪事業組合	東京都六市競艇事業組合
	立川市			町田市			町田市		町田市		
	武蔵野市			多摩市			多摩市		調布市		
	三鷹市			三鷹市	ふじみ衛生組合		稲城市		武蔵野市		
	青梅市			調布市					昭島市		
	府中市			青梅市	西多摩衛生組合		青梅市	青梅、羽村地区工業用水道事業団	小金井市		東京都四市競艇事業組合
	昭島市			福生市			羽村市		東村山市		
	調布市			羽村市			羽村市	羽村-瑞穂地区学校給食組合	日野市		
	町田市			瑞穂町			瑞穂町		国分寺市		
	小金井市			日野市	浅川清流環境組合		府中市	稲城-府中墓苑組合	小平市		
	小平市			国分寺市			稲城市		青梅市		
	日野市			小金井市			小金井市	湖南衛生組合	多摩市	東京都三市収益事業組合	
	東村山市			府中市	多摩川衛生組合		小平市		稲城市		
	国分寺市		東京市町村総合事務組合	国立市			東大和市		あきる野市		
	国立市			狛江市			武蔵村山市				
	福生市			稲城市			武蔵野市		福生市	福生病院組合	
	狛江市			小平市	小平・村山・大和衛生組合				羽村市		
	東大和市			東大和市			福生市	瑞穂斎場組合	瑞穂町		
	清瀬市			武蔵村山市			羽村市				
	東久留米市		(公益財団法人東京市町村自治調査会)	東久留米市	柳泉園組合		瑞穂町		小金井市		
	武蔵村山市			清瀬市			武蔵野市		東大和市		
	多摩市			西東京市			(入間市)		小平市	昭和病院企業団	多摩六都科学館組合(多摩北部都市広域行政圏協議会)
	稲城市			立川市			立川市	立川-昭島-国立聖苑組合	東久留米市		
	羽村市			武蔵野市			昭島市		清瀬市		
	あきる野市			昭島市			国立市		西東京市		
	西東京市			東村山市					東村山市		
	瑞穂町			あきる野市	西秋川衛生組合		あきる野市	秋川流域斎場組合	あきる野市	阿伎留病院企業団	
	日の出町			日の出町			日の出町		日の出町		
	檜原村			檜原村			檜原村		檜原村		
	奥多摩町			奥多摩町			奥多摩町				
島嶼地域	大島町			大島町	東京都島嶼町村一部事務組合				青梅市	西多摩ネットワーク(西多摩地区広域行政圏協議会)	
	利島村			利島村					福生市		
	新島村			新島村					羽村市		
	神津島村			神津島村					あきる野市		
	三宅村			三宅村					瑞穂町		
	御蔵島村			御蔵島村					日の出町		
	八丈町			八丈町					檜原村		
	青ヶ島村			青ヶ島村					奥多摩町		
	小笠原村			小笠原村							

註：表は東京都「リンク集／都内区市町村」（www.metro.tokyo.jp/link/link04.html）、東京都総務局行政部「行政部 － 区市町村行財政 －」（www.soumu.metro.tokyo.jp）、行政部 － 区市町村行財政―東京都総務局行政部のページ（www.soumu.metro.tokyo.jp/05gyousei/index.html）、東京
東京都の区市町村や関連する一部事務組合のHPの資料等を整理して作成した。

市町村地域の一部の市町村と、市町村が創設した一部事務組合で、表6からもわかるように二つの一部事務組合が創設されている。その第一のものが、福生市（西）、狛江市（北）、東大和市（北）、清瀬市（北）、東久留米市（北）、武蔵村山市（北）、多摩市（南）、稲城市（南）、羽生市（西）、あきる野市（西）、瑞穂町（西）、日の出町（西）、檜原村（西）、奥多摩町（西）と島嶼地域の大島町、利島村、新島村、神津島村、三宅村、御蔵島村、八丈町、青ヶ島村、小笠原村の一〇市・五町・八村の二三市町村と、阿伎留病院企業団、多摩川衛生組合、瑞穂斎場組合、西多摩衛生組合、青梅・羽村地区工業用水事業団、羽村、瑞穂地区学校給食組合、東京都三市収益事業組合、西秋川衛生組合、多摩ニュータウン環境組合、福生病院組合、多摩六都科学館組合、柳泉園組合、湖南衛生組合、小平・村山・大和衛生組合、秋川流域斎場組合、稲城・府中墓苑組合の一六の一部事務組合で創設された「東京都市町村議会議員公務災害補償等組合」である。もう一つのものが同じ一〇市・五町・八村と阿伎留病院企業団、多摩川衛生組合、瑞穂斎場組合、西多摩衛生組合、青梅、羽村地区工業用水事業団、羽村・瑞穂地区学校給食組合、東京都三市収益事業組合、西秋川衛生組合、多摩ニュータウン環境組合、福生病院組合、多摩六都科学館組合と東京都島嶼市町村一部事務組合、東京都市町村職員退職手当組合、東京市町村総合事務組合の一四の一部事務組合によって創設された「東京都市町村職員退職手当組合」である(10)。

北多摩地域では、環境・衛生、ごみ処理、し尿処理、斎場・墓苑等多くの事業を、地域の実情に合わせ、様々な組み合わせによって一部事務組合を創設することで対応している。本来、北多摩地域は人口二五万人から七万人までの中規模な市によって構成されており、それぞれの市が自立可能な行財政能力を備えた地域となっているといえる。「多摩六都科学館組合」の母体となっている「多摩北部都市広域行政圏協議会」は、一九八七（昭和六二）年に、大都市周辺地域広域行政圏の一つとして設定された「多摩北部都市」を対象に創設されたものである。その対象となった市は小平市、東久留米市、田無市、保谷市、東村山市の六市であったことから「多摩六都」とされたが、二〇〇一（平成一三）年に田無市と保谷市が合併して西東京市となったことで現在は五市構成となったが、一部事務組合の名称には「六都」が残っているのであり、この地域の結びつきの強さが読み取れる。

東京都に存在する広域連合・一部事務組合・財産区およびその他の団体や区域等②　表6

市町村関係一部事務組合

構成団体	組合
福生市	東京都市町村議会議員公務災害補償等組合（10市．5町．8村．16一部事務組合）
狛江市	
東大和市	
清瀬市	
東久留米市	
武蔵村山市	
多摩市	
稲城市	
羽村市	
あきる野市	
瑞穂町	
日の出町	
檜原村	
奥多摩町	
大島町	
利島村	
新島村	
神津島村	
三宅村	
御蔵島村	
八丈町	
青ヶ島村	
小笠原村	
阿伎留病院企業団	
多摩川衛生組合	
瑞穂斎場組合	
西多摩衛生組合	
青梅・羽村地区工業用水道事業団	
羽村・瑞穂地区学校給食組合	
東京都三市収益事業組合	
西秋川衛生組合	
多摩ニュータウン環境組合	
福生病院組合	
多摩六都科学館組合	
柳泉園組合	
湖南衛生組合	
小平・村山・大和衛生組合	
秋川流域斎場組合	
稲城・府中墓苑組合	

構成団体	組合
福生市	東京都市町村職員退職手当組合（10市．5町．8村．14一部事務組合）
狛江市	
東大和市	
清瀬市	
東久留米市	
武蔵村山市	
多摩市	
稲城市	
羽村市	
あきる野市	
瑞穂町	
日の出町	
檜原村	
奥多摩町	
大島町	
利島村	
新島村	
神津島村	
三宅村	
御蔵島村	
八丈町	
青ヶ島村	
小笠原村	
阿伎留病院企業団	
多摩川衛生組合	
瑞穂斎場組合	
西多摩衛生組合	
青梅・羽村地区工業用水道事業団	
羽村・瑞穂地区学校給食組合	
東京都三市収益事業団	
西秋川衛生組合	
多摩ニュータウン環境組合	
福生病院組合	
多摩六都科学館組合	
東京都島嶼町村一部事務組合	
東京都市町村職員退職手当組合	
東京市町村総合事務組合	

財産区

町	財産区
あきる野市	戸倉財産区
瑞穂町	殿ヶ谷財産区
	箱根ヶ崎財産区
	石畑財産区
	長岡財産区
大島町	泉津財産区
	野増財産区
	差木地財産区

小笠原諸島
小笠原村：返還50周年（H30）
世界自然遺産登録：H23年6月
小笠原諸島振興開発特別措置法
振興開発計画（H26-30：5年間）

（30余の島々）

振興山村
檜原村
奥多摩町

（1町1村）

過疎地域
檜原村
奥多摩町
大島町
新島村
三宅村
青ヶ島村

（2町4村）

離島振興地域
大島町
利島村
新島村
神津島村
三宅村
御蔵島村
八丈町
青ヶ島村

（8町村9島）

東京愛ランド
大島町
利島村
新島村
神津島村
三宅村
御蔵島村
八丈町
青ヶ島村
小笠原村

（9町村）

［（公財）東京都島しょ振興公社］

註：表は東京都「リンク集／都内区市町村」（www.metro.tokyo.jp/link/link04.html）、東京都総務局行政部「行政部 － 区市町村行財政－」（www.soumu.metro.tokyo.jp/05gyousei/index.html）、東京都の区市町村や関連する一部事務組合のHP等の資料を整理して作成した。

南多摩地域では八王子市、町田市、多摩市で「多摩ニュータウン環境組合」が、また八王子市、町田市、多摩市、稲城市で「南多摩斎場組合」が創設されていることからみると一体化が進んでいる地域のようにも見える。しかし八王子市、町田市、日野市は東京都十一市競輪事業組合」に加盟し、多摩市と稲城市はあきる野市と「東京都三市収益事業組合」を創設しているのであり、五市の人口を比較しても十分に自立して活動できる市の集合体ということができる。

西多摩地域は、青梅市、福生市、羽生市、瑞穂町（青梅地域）で「西多摩衛生組合」が、青梅市を除く二市・一町では「福生病院組合」や「瑞穂斎場組合」（武蔵野市と入間市を含む）が、青梅市と羽村市で「青梅、羽村地区工業用水事業団」が、羽村市と瑞穂町で「羽村–瑞穂地区学校給食組合」が創設されている。他方あきる野市、日の出町、檜原村、奥多摩町（あきる野地域）で「西秋川衛生組合」や「秋川流域斎場組合」が、奥多摩町を除く一市・一町・一村で「阿伎留病院企業団」が創設されている。このことから西多摩地域は、青梅地域とあきる野地域に区分して考えることも可能となっている。西多摩地域の面積は多摩地域の半分強であり、ここを青梅地域とあきる野地域に二分しても、それぞれ多摩地区のほぼ二五％となっている北多摩地域や南多摩地域と類似した面積となるのであって、数字的には受け入れ可能といえる。

しかし表2からもわかるように、青梅地域の人口は二八万七三九五人で西多摩地域人口の約七三％となっており、都心部のベッドタウンといえる状況を見せている。他方あきる野地域は表4からも明らかなように、あきる野市が人口の八割を占めている反面、檜原村と奥多摩町は過疎地域であり山村振興地域であって少子高齢化の著しい地域である。それゆえ逆に西多摩地域の一体化を促進する形の計画も存在する。それが一九八三（昭和五八）年に、青梅市、福生市、秋川市、羽村市、瑞穂町、日の出町、五日市町、檜原村、奥多摩町の四市・四町・一村の九市町村をエリアとして設定された設定された西多摩地域大都市周辺広域行政圏であり、この地域を対象として創設された「西多摩地区広域行政圏協議会」である。

一九九五（平成七）年に秋川市と五日市町が合併してあきる野市となったことで、西多摩地域大都市周辺広域行政圏は四市・三町・一村の八市町村となった。それゆえこの「西多摩地区広域行政圏協議会」は自らを、「西多摩地域八市町村（青梅市、福生市、羽村市、あきる野市、瑞穂町、日の出町、檜原村、奥多摩町）によって構成され、西多摩地域の一体的な整備と住民の福祉増進を図るため、各種事業を実施して[11]いるものと説明している。こうした八市町村のつながりは「西多摩ネットワーク」とも称されている。こうした背景からみた場合、西多摩地域は一体化した地域として活動することが求められていた地域であり、今後も一体化した広域行政組織を確立して活動することも考えるべき地域といえる。

一九六九（昭和四四）年の新全国総合開発計画に合わせて広域市町村圏が設定され、一九七七年（昭和五二）年に大都市周辺地域広域行政圏が設定されている。それを受けて一九八八（昭和六三）年には地域経済活性化対策推進地域が、一八九四（平成六）年には地域経済基盤強化対策推進地域が設定された。大都市周辺地域広域行政圏が二ヶ所しか設定されなかった東京都では、大都市圏の中心である東京都においても、広域市町村圏が設定されるべき状況にあったといえる伊豆諸島と小笠原が、地域経済活性化対策推進地域と地域経済基盤強化対策推進地域に指定されている。こうしたことは、東京都の西多摩地域や島嶼地域が一体化した対応を必要としている地域であることを政策によって示したものともいえる[12]。

4　東京都の町村の自治制度変革の方向性と今後

主要国の基礎的地方自治制度を比較した場合、大規模型、中規模型、小規模型に区分できる。表7からわかるように、大規模型の代表は平均人口約一五万人のイギリス、中規模型が平均人口約三万人のオランダやスウェーデン、小規模型が一万人未満のドイツ、フランス、イタリアとなっている。日本は平均人口七万人強でイギリスの約半分とはいえ、中規模型の二倍強であることから大規模型に入ることになる。ただし日本の基礎的地方公共団体（区市町村）は、前述のように、人口三七〇万人強の横浜市から一七七人の青ヶ島村が同じ完全自治体となっている。しかし日本の基礎的地方公共団体には、行財政能力においては大きな格差が認められるのである。そ

日本とヨーロッパ諸国の自治制度（2017年）　表7

	日　本	イギリス	フランス	ドイツ	スウェーデン
地域圏	道　州	広域地域	レジオン	ラント（州）	
数	13	12	26	16	
平均面積(㎢)	29,064	20,146	21,212	22,319	
平均人口	983万人	515万人	250万人	511万人	
広域自治体	都道府県	（カウンティ）	デパルトマン	クライス(郡)	ランスティング
数	47	[27]	96	412	20
平均面積(㎢)	8,039		5,515	867	22,498
平均人口	272万人		67.74万人	19.85万人	45.4万人
基礎自治体	市町村	ユニタリー他	コミューン	ゲマインデ	コミューン
数	1,718+23	406	36,673	11,933	290
平均面積(㎢)	217.02	669.34	15.04	29.78	、1,552.74
平均人口	73,469	152,216	1,827	6,818	33,069
準自治体	地域自治組織	パリッシュ他			(パリッシュ)
数	274	約12,000			
平均面積(㎢)	72.8	約11.0			
平均人口	11,805	約1,500			

註：フランスのコミューンは規模としてはイギリスのパリッシュに類似。

ドイツのゲマインデはイギリスのパリッシュやフランスのコミューンの数倍程度の規模。

ドイツのクライスは301であるが、3自治州の4市と111の郡独立州を加えたものである。

イギリス：二層制はカウンティとディストリクトで構成、一層制はシティ、ロンドン・バラ、大都市ディストリクト、ユニタリィ、北アイルランドのディストリクトで構成。

日本の地域自治組織は、地域審議会（40団体・110審議会）、地域自治区（一般制度：15団体148自治区）、地域自治区（合併特例：12団体・26自治区）の合計3種67団体274となっている。

ここでの平均面積と平均人口は地域自治区（一般組織）を対象として計算した数字である。

のギャップを埋めるためには、何らかの地方自治制度の改革を行う必要がある。

イギリスは、グレーター・ロンドン・カウンシルと八の地域開発公社とスコットランド、ウェールズ、北アイルランドの一二の広域地域の下に、原則一層制の基礎的地方公共団体であるユニタリーがおかれている。その平均人口が約一五万人なのであり、そこには小規模自治体は存在していない。イギリスの小規模自治体としては、イングランドではパリッシュ、その他の地域ではコミュニティとよばれる準自治体がおかれているのである。パリッシュやコミュニティには人口五万人を超えるものも存在しており、ユニタリーは完全自治体としての規模を確保している基礎的地方公共団体なのである。パリッシュやコミュニティも地方公共団体であると考えた場合には、イギリスは三層制の地方自治制度ということも可能な国家なのである。スウェーデンも、平均人口平均人口四五・四万人のランスティングの下に人口三万人強のコミューンがある二層制の国家である。ただしスェーデンにおいてもイギリス同様に、準自治体としてパリッシュがおかれており、実質的には三層制の自治制度を有している国家といえる側面も有している。

小規模自治体の国家のフランスでは、基礎的地方公共団体は平均人口二千人弱のコミューンであり、日本の都道府県並みの人口を有するレジオンが広域的地方公共団体であるが、その中間に平均人口約六八万人のデパルトマンがあり、実質的には三層制の自治制度を有する国家といえる。フランスの「コミューン」は規模としてはイギリスのパリッシュやコミュニティに相当するものといえる。またドイツは平均人口約七千人のゲマインデ（市町村）が基礎的地方公共団体であり、平均人口約二〇万人のクライスが広域的自治体である。ただしドイツは連邦国家であることから、国家を細分化した形で領邦である平均人口約五百万人のラントがおかれており、実質的には三層制の自治制度となっている。

イングランドの小規模パリッシュでは住民総会制を採用している。自治権の範囲が狭いので住民総会制のパリッシュは定期総会は年二回であり、議会を置くパリッシュも年一回の住民総会を招集している。議会や議会内の委員会は月曜日の夜に開かれている。そこの議員は原則無給（実費のみ経費として支給）であり、女性議員も多く、多様な視点からの地域運営を推進している。

ドイツのゲマインデは、単一のゲマインデと市町村連合となっているゲマインデに分かれている。市町村連合やゲマインデに区がおかれている場合には、ゲマインデの首長と議会議員の選挙と区や連合町村の首長と議員の選挙が行われている。一部の地域では区や連合町村の首長はゲマインデ議員との兼職が認められており、首長が議員になれなかった場合にはゲマインデ議会にオブザーバーとして出席することが認められている。地域の意見をゲマインデに反映させる制度が確立されているのである(13)。このようにヨーロッパ主要国家の地方自治制度は、実質的には広域的地方公共団体と基礎的地方公共団体（完全自治体）と準自治体的地方公共団体の三層制となっており、選挙を中心とした地方自治制度が定着しているのである。

日本では規模の大きく異なる基礎的地方公共団体が、完全自治体として配置されている。日本の地方自治制度は明治の大合併、昭和の大合併、平成の大合併を通じて大規模化が図られてきた。しかし島国で険しい山岳地帯と離島が多く、集落を単位とした集落が多く、合併に至らなかった小規模自治体も多く存在している。特に平成の大合併は各地方公共団体の自主性に任せたことから、合併を通じて広域行政を確立した地方公共団体と、小規模自治体にとどまった地方公共団体と、山間地や離島のために合併できずに小規模自治体にとどまらざるを得なかった地方公共団体が混在することになったのである。

多様な地方公共団体が混在していることが、日本の地方自治行政を混乱させている一因といえる。社会福祉や社会保障を担当する完全自治体と、地域おこしや地方創生を担当する準自治体を区分し、自治制度を状況に合わせて多様化させる形で改革していく必要がある。日本では町内会や自治会等の地縁団体では、団体そのものの存在すら認知されていないことも多く、民主的な運営が行われていないといえるような場合も見られる。特に「多数参加型」議会の設置を目指す場合には地縁団体の民主化が必要不可欠である。それゆえ多数参加型議会の創設が地縁団体の民主化に貢献する可能性も考えられる。

東京の西多摩地域では、一九八三（昭和五八）年に、青梅市、福生市、秋川市、羽村市、瑞穂町、日の出町、五日市町、檜原村、奥多摩町の四市・四町・一村の九市町村で西多摩地域大都市周辺広域行政圏が設定され、「西多摩地区広域行政圏協議会」が創設されている。一九九五（平成七）年の秋川市と五日市町の合併であきる野市が誕生し、四市・三町・一村の八市町村となり「西多摩ネットワーク」として、今では西多摩地域広域行政圏計画［平成二八（二〇一六）年度～三二（二〇二〇）年度］を策定して広域行政の充実に向かって活動している。

この体制を拡充するためには、この四市・三町・一村が合併をして一つの市になるか、合併が無理な場合には広域連合を形成し、全体で首長と議会をおいて広域的な視点での行政サービスを充実させることも考えるべきである。その際に、人口一万人以上の市と町には複数の地域自治組織をおき、人口一万人未満の奥多摩町と檜原村はそのまま地域自治組織となって、地域の民主的な運営をはかることも一つの選択肢といえる。この広域議会の議員は原則として小選挙区制とすることも考えるべきである。また、人口に応じて単一の地域自治組織か複数の地域自治組織あるいは地域自治組織を細分化するかも考えるべきである。そこでは議員を大選挙区制で選出するか、各地域自治組織の長を議員として、必要に応じて残りの議員の選挙を実施することも考えてみるべきである。

東京の全市町村が加盟する東京都市町村総合事務組合や、多摩地域の小規模な一〇市・三町・一村と一六の一部事務組合とともに東京都市町村議会議員公務災害補償等組合や、多摩地域の小規模な一〇市・三町・一村と一四の一部事務組合とともに東京都市町村退職手当組合に加盟していることから、島嶼地域の二町・七村の九町村は、多摩地域の市町村として協力せざるを得ない状況にある。面積が四〇五・七八平方キロメートルと広く、島々が広大な空間（竹芝桟橋から小笠原・父島まで船で順調にいって二四時間）の中に点在する、総人口二万七三三八人で、平均約三千人の九町村はかなり行財政能力が低い状況にあるといわざるを得ない。それゆえ島嶼地域の二町・七村の九町村は、東京都島嶼町村一部事務組合と東京愛ランド（公財・東京都島しょ振興公社）を創設して、一体化して一定の行政サービスや地域おこし等を推進しているのである(14)。そうしたこともあり、島嶼地域の町村は一体として、地域経済活性化対策推進地域や地域経済基盤強化対策推進地域に指定されているのである。

島嶼地域の九市町村が協力し合うことと、それぞれの町村が競い合って地域おこしを推進することは大切である。完全自治体を維持するだけの行財政能力をほとんど有していない島嶼地域では、完全自治体としての行政サービスは、大島支庁、三宅支庁、八丈支庁、小笠原支庁を通じて、これまで以上の東京都の協力を得ることも必要といわざるを得ない。特に島嶼地域の一体的な発展を考えるのであれば、島嶼地域全体を全部事務組合化する広域連合の設置を考えるべきである。

小笠原村では小笠原諸島の自然回復に向けて多くの活動が展開されている。カメの生態観察や保護には本土からのボランティアの学生の協力が継続していた。外来生物や外来植物の排除にもボランティアの協力が不可欠である。ゲーム感覚で参加できるようなイベント等を住民や外部の人々のアイデアでつくりだし、協力を得ることが必要である。そうしたアイデアを出し合うような新しい会議体やＳＮＳの活用が必要といえる。これまでの議会に住民総会型の参加の機会を加味したような、参加型の地域おこしのスタイルを確立すべきである(15)。

島嶼地域全体では、長野県が確立したような、総人口五万人以下の地域にも、国や都から資金やソーシャル・キャピタルを受けることができる、定住自立圏に代わる柔軟な制度の導入が望まれる。大島町と八丈町の人口は多いといってもわずか七千人台に過ぎない。各地域あるいは各市町村の意見を出し合い全体の発展を考えるのであれば、広域連合の活用が現状では望ましい制度といえる(16)。しかし東京都の島嶼地域は、町村は広範に点在する島々にあり、人口を見ても全部が小規模町村であり、強いリーダーシップを取れる町は存在しない。それでも一体化した政策の確立と遂行を望むのであれば、広域連合に頼らざるを得ない。特に人口百人台の三村は村民総会の方が望ましいと考える。イングランドのパリッシュの住民総会の参加者は全体の一割程度であった。それでも合意を得れば行政の責任者はリーダーシップを発揮しやすく、半年に一回程度の総会でリーダーの対応をチェックしていくしかないと思われる。小規模町村では議員報酬さえ重荷なはずである。全体を広域連合に依存しつつ、地域の問題はみんなで判断するという参加型の住民総会等の活用を考えるべきだと思われる。無駄を省いた参加型の民主政治の遂行が望まれるのである。

東京都の特別区地域と北多摩地域には行財政能力の高い区や市が多く、若干行財政能力が低い市は合併か広域連合による対応も可能である。南多摩地域は中核市である八王子市を中心にして連携中枢都市圏を形成することも、全体で一四〇万人を越す政令指定都市への移行も、八王子市と日野市だけの合併で七〇万人程度の政令市指定都市への移行も可能な地域である。西多摩地域は、合併によって中核市を目指し行政権限の拡充を図るか、広域連合西多摩地域とよる共同処理の推進が望ましい地域といえるが、場合によっては青梅市とあきる野市を中心市とする定住自立圏を確立して、活力ある展開をはかることも考えていい地域である。

他方島嶼地域では、長野県が独自の導入した「連携自立圏」や「広域自立圏」の創設を参考に、経費をかけずに地域創生をはかるような制度の導入が望まれる(17)。西多摩地域と島嶼地域各町村と島嶼地域全体のバランスをとるような独自の制度を、国と都の協力を得て展開することが必要といえる。加えて日常生活圏を対象とした住民自治を推進するためには、西多摩地域は島嶼地域だけではなく必要と考える地域が、地域自治組織や地域運営組織等の導入をはかり、実質的な三層制による自治制度への転換をはかることを考えてもいいはずである。西多摩地域と島嶼地域を中心に、地域の実情に合わせ、地域の特徴を活用した弾力的な自治制度を東京都と都内の区市町村がどのようにして確立していくかが今後の課題といえる。

註

本文ならびに註の数字は縦書きのために、必要に応じて筆者が漢数字に変換した。

（１）　東京都の人口と面積は、東京都「都内区市町村マップ」(www.metro.tokyo.jp/tosei/tokyoto/profile/.../kushichoson.nta.go.jp/.../property_ward.pdf) から引用。

（２）　このように東京都の地域の三区分の代表的なものは、地方公共団体の種類を前提とした、特別区部・市部・町村部という区分と、地理的そして東京都の領域の拡大の歴史を前提として、特別区地域・多摩地域・島嶼地域という区分の二つとなる。ただし普通地方公共団体と特別地方公共団体の区分に従えば、東京都は特別区（二三区）地域と市町村地域（多摩地域と島嶼地域）の二地域となることから、本論文では特別区地域・多摩地域・島嶼地域という地理的・歴史的三区分を中心に論じた。

（３）　東京都の歴史は、特別区協議会「東京23区のおいたち」(www.tokyo-23city.or.jp/publish/seido.../basicText01.pd)、東京都総務局「大東京35区物語–15区から23区へ–東京23区の歴史–」(www.soumu.metro.tokyo.jp) 国土交通省「首都機能移転問題と『東京遷都』–国会等の移転ホームページ–」(www.mlit.go.jp/kokudokeikaku/iten/onlinelecture/lec16.html) 等を参照し整理した。

一五区は麹町区、神田区、日本橋区、京橋区、芝区、麻布区、赤坂区、四谷区、牛込区、小石川区、本郷区、下谷区、浅草区、本所区、深川区であり、六郡は荏原郡・東多摩郡・南豊島郡・北豊島郡・南足立郡・南葛飾郡である。なお小笠原に関しては小笠原村役場ＨＰ「歴史」(www.vill.ogasawara.tokyo.jp/history/) を参照し整理した。

(4) 東京都内の市町村の歴史と現状については、東京都市長会「多摩・島しょ自治体変遷一覧」(www.tokyo-mayors.jp/soshiki/jichitai.html) や平成の大合併の進捗状況は総務省ＨＰ『地方行財政』「地方自治制度」のなかの「広域行政・市町村合併」を参照し整理した (http://www.soumu.go.jp/ menu_seisaku/chiho/index.html)。平成の大合併の実態については拙著「市町村合併と広域行政 —平成の大合併と定住自立圏の関係を中心として—」日本大学法学会『政経研究』第四六巻第三号 (平成二一年一二月二五日)、を参照されたい。

(5) 日本の小規模市町村の人口は、【全国の市区町村】(平成二一年一二月)・面積・人口密度ランキング (https://uub.jp/rnk/cktv_j.html) 参照した。

(6) 市町村の人口については、都道府県市区町村「【市区町村】人口・面積・人口密度ランキング」(https://uub.jp/) や東京都「都内区市町村マップ」を参照し整理した。東京都内の区市町村の人口推移に関しては統計メモ帳「市町村の統計　日本」(ecitizen.jp/Population/City/) や東京都総務局「東京都の統計」(www.toukei.metro.tokyo.jp/dyosoku/dy17rf0000.pdf) を参照し整理した。都内区市町村の投票結果については東京都選挙管理委員会「都内選挙日程/データ」(www.senkyo.metro.tokyo.jp/ election) を参照して整理した。

表1と表5の人口と面積の数字の相違は、利用した資料の出典が東京都と東京市町村自治調査会という別途のものであるためである。筆者は当事者の資料を重視したことから、東京都全体に対しては東京都の資料を、三多摩に関しては東京市町村自治調査会の資料を使用した。数字の出典や難題により若干の相違は認められるが、全体としては大きな問題はないとことから二つの資料を用いた。

(7) 東京都「リンク集/都内区市町村」(www.metro.tokyo.jp/link/link04.html)、東京都総務局行政部「行政部—区市町村行財政—」(www.soumu.metro.tokyo.jp/05gyousei/index.html)、東京都の区市町村や関連する一部事務組合のＨＰ等の資料参照。

(8) 東京都島嶼町村一部事務組合HP (tosho-ichikumi.jp/)、東京都島嶼町村一部事務組合規約 (vill.kouzushima.tokyo.jp/reiki/reiki.../g159RG00000318.html)、公益財団法人東京都島しょ振興公社ＨＰ「東京愛らんど」(www.tokyoislands-net.jp)

参照。

（9）東京都「リンク集／都内区市町村」、「行政部―区市町村行財政―」、東京都の区市町村や関連する一部事務組合のＨＰ等参照。

（10）東京都「リンク集／都内区市町村」、「行政部―区市町村行財政―」、東京都の区市町村や関連する一部事務組合のＨＰ等参照。

（11）西多摩広域行政圏協議会ＨＰ：「西多摩ネットワーク」（www. nishitama-kouiki. jp/）。

（12）広域市町村圏、第都市周辺地域広域行政圏、地域経済活性化対策推進地域、地域経済基盤強化対策推進地域については、自治省行政局振興課『平成6年改訂　広域行政圏要覧』第一法規・平成七年発行等を参照して整理した。

（13）ヨーロッパの地方制度については、拙著「第1章　地方制度と自治論」「第15章ヨーロッパ主要国の地方自治」・福島康仁編『地方自治論』弘文堂・二〇一八年四月を参照されたい。パリッシュについては拙著『パリッシュ』北樹出版、二〇〇四年を参照されたい。

（14）東京都「リンク集／都内区市町村」、「都内区市町村マップ―東京都」、一部事務組合等コード表（平成三一年一月二一日現在）等参照。

（15）小笠原については、小笠原諸島返還50周年記念・日本島嶼学会設立20周年「小笠原エクスカーション＆ミニシンポジウム」二〇一九年三月四日（月）～三月九日（土）において行った現地調査の内容である。

（16）長野県については拙論文「長野県の地方制度の特質」・日本大学法学会『政経研究』二〇一九年三月二五日・第五五巻四号を参照されたい。

（17）長野県庁ＨＰ「とりまとめ」、日本経済新聞「地域経済（長野）」二〇一八年一〇月六日朝刊参照。

第三章　長崎県島嶼部の平成の大合併と地域おこし

1　長崎県の特徴

長崎県は、人口一三二万六五二四人で全国三〇位、面積四一三一・〇九平方キロメートルで三七位、人口密度三二〇・八〇で全国一七位、可住地面積の人口密度七九二・二で全国二五位となっている県である。都道府県の平均人口は二六八万四四〇三人、平均面積は八〇四二・〇三平方キロメートル、平均の人口密度は三三八・四一、可住地面積の人口密度は一〇二八・八人であり、長崎県の人口や面積は全国平均の約半分であり、人口密度は平均値に類似し、可住地面積の人口密度は全国平均の七七%となっている。長崎県は、日本の下から一一番目の狭い面積の県ではあるが、ほぼ中程度の人口を擁することから、人口密度は若干高いものの、可住地面積割合が四〇・五で全国一五位であることから、可住地面積の人口密度は全国の上位三分の一となっている。また長崎県を九州全体と比較すると、人口は九州の総人口一四二五万六六五七人の九・三%で五位の、面積は九州の総面積四万四四七五・八三平方キロメートルの九・三%で六位の、人口密度と可住地面積の人口密度は四位の県となっている(1)。

長崎県は、「九州の西部に位置し、東は佐賀県に接しており、北は日本海西および南は東シナ海に面し、三方を海に囲まれ、西海上に五島列島、西北海上に壱岐、対馬がある。県内には七〇余りの島しょが県土の四五%を占めている。陸地は平坦地に乏しく、山岳丘陵が起伏し、多くの半島、岬、湾、入江が曲折している。地形は比較的急峻である(2)」と説明は、長崎県の九州本島部分は県土の約六五%に過ぎず、残りは島嶼部で構成されている特殊な地形を有する県であることを示している。しかも「陸地が平坦地に乏しく、いたるところに山岳、丘陵が起伏している(3)」ことから、長崎県の九州本島部分はある程度の広さの可住地面積を有してはいるものの、勾配のある地形が多いことを物語っている。また島嶼部分の面積が約四五%であることは、長崎県が島の多い県であることを示している。

本州、北海道、九州、四国をそれぞれ一つの島とみた場合、日本の島の総数は六八五二島となっている。その中で長崎県には全国の島の一四・二％の九七一島が帰属している。二位の鹿児島県の六〇五島より三六六島多いことからみても、長崎県の特徴の一つが理解できる(4)。長崎県の海岸線の総延長は四一八四キロメートルで、全国の海岸線総延長三万五三〇六キロメートルの一一・九％を占めて二位となっている。ただし一位の北海道の海岸線総延長四四四八キロメートルには北方領土の総延長一三四八キロメートルが含まれており、実際に地方政府の影響下にある地域の面積からいえば、長崎県は日本一位の長さの海岸線を有している県ということになる。

離島振興法によれば、日本列島は、本州、北海道、九州、四国、沖縄本島と六八四七島の離島に区分されている。この離島のうち六・一％にあたる四一八島が有人島で、残りの六四二九島が無人島である。有人島の中で離島振興関連法規の対象となっているものは全体の七三％にあたる三〇五島であり、一一三島は対象外となっている。三〇五島のうち八三・三％の二五四島は離島振興法の対象となっており、残りの三九島が沖縄振興特別措置法の、八島が奄美群島振興開発特別措置法の、四島が小笠原諸島振興開発特別措置法の対象となっている。長崎県の有人島は七二島であるが、離島振興法の指定地域の対象となっている有人島は、一部島名に重複はみられるものの、七地域の五一の島である。(5)。

この長崎県の五一の有人島には一三万六九八三人が住んでいる。六島で構成される対馬島地域には七〇四・七一平方キロメートルの中に三万四四〇七人が、五島で構成される壱岐島地域には一三六・六九平方キロメートルの中に二万九三七七人が、一八島で構成される五島列島地域には六一四・九一平方キロメートルの中に六万二六九六人が、一七島で構成される平戸諸島地域には七七・六五平方キロメートルの中に八六九四人が、江島と平島の二島で構成されている蠣浦大島地域には八・〇九平方キロメートルの中に四一三人が、松島と池島の二島で構成されている松島地域には七・四五平方キロメートルの中に八九八人が、高島一島の高島地域には、一・一九平方キロメートルの中に四九八人が住んでいる。また市町村内の有人島では、長崎市が七島のうち池島と高島の二島、佐世保市では八島のうち黒島、高島、宇久島、寺島の四島、平戸市では五島のうち度島、高島、大島の三島、対馬市では六島全部が、壱岐市では五島全部、五島市では一一島全部、西海市では九島のうち寺島、江島、松島の三島、北松浦郡小値賀町では七島全部、南松浦郡新上五島町では七島全部が離島振興法指定地域に指定されている(6)。日本全国の離島振興関連法規の対象となっている有人離島の総人口は六三万六三六一人であり、長崎県の島嶼部には全国二位の二一・六%にあたる一三万七六九八人が住んでいる。一位は一七万一六五二万人の二七%の鹿児島県、三位は一二万七七六六人で二〇・一%の沖縄県で、九州三県で全国の六八・七%にあたる四三万七一一六人、九州全体では七〇・八%の四五万三五〇人が住んでおり、九州の地形的な特殊性が伝わってくる(7)。

2 長崎県の明治の大合併と昭和の大合併

一八七八(明治一一)年七月二二日に制定された郡区町村編成法が制定され、行政村を中心としていた地方公共団体の単位が自然村に戻されることとなった。その結果、長崎県内では、対馬を除く地域に一〇の郡が置かれるとともに、一区・八三町・二二九村の合計三一三区町村が、対馬には二つの郡と一〇町・一〇〇村が置かれた。長崎県全体では一区・九三町・三二九村の合計四二三区町村が置かれた。県庁所在地は五港の一つであったことから区が、一〇の郡の中の一部に町が設置されたが、多くの小集落がそのまま村とされた。島嶼部が多い長崎県では、島あるいは島内の集落を一つの単位とした町村の設置が行われ、町村数の多さにつながった。

明治の大合併における、北海道と沖縄県を除く四五の都府県(東京都の誕生は昭和一八年であるが、現在との比較が必要なことから東京は府ではなく都と記載する)の市町村数を多い順に並べると、上位一〇位は、岐阜県(九六四)、新潟県(八一六)、愛知県(六一四)、広島県(四六五)、岡山県(四五五)、兵庫県(四三〇)、福島県(四一三)、埼玉県(四〇九)、長野県(三九一)、福岡県(三八四)となっており、少ない都府県は、東京都(八六)、宮崎県(一〇〇)、鹿児島県(一一六)、佐賀県(一三六)、徳島県(一四〇)、奈良県(一六二)、青森県・栃木県(共に一七一)、福井県(一七八)、香川県(一八二)の順となっている。一市・五町・一八〇村の一八六市町村が設置された長崎県は、少ない方から一一位であった。明治の大合併期の長崎県の市町村数は面積と同じ下から一一位であり、妥当な合併であったといえる一面がある。

明治の大合併において長崎市は長崎区と八七町の合併で誕生した。西彼杵郡は五五村のうち一六村が合併で七村となり、全体で九村減の四六村となった。東彼杵郡は一町・二〇村のうち大村が大村と西大村の二村になり、大村町と二一村の二二町村となった。北高来郡は一町・三六村のうち三〇村の合併で一一村となり、諫早町と一七村の一八町村になった。南高来郡は二町・三四村のうち一一村の合併で五村となり、湊町と島原町の二町と二八村の三〇町村となった。北松浦郡は一町・五〇村のうち二七村が合併で一三村となり、平戸町と三六村の合計三七町村となった。南松浦郡は二二村のうち四村が合併で二村となり合計で二〇村となった。石田郡は一一村のうち七村が合併で三村となり合計七村となった。壱岐郡は一一村のうち一〇村が合併で四村となり合計五村となった。このように、明治の大合併で長崎県は、対馬を除いて、一区・八三町・二二九村が一市・五町・一八〇村となった。なお、一九〇二（明治三五）年に市制がひかれ、佐世保村はそのままで佐世保市となった。

明治政府は、一九〇八（明治四一）年四月一日に対馬国に島嶼町村制を施行し、対馬島内の町村合併を推進した。一〇町・六四村存在した下県郡では、一〇町・五村の合併で厳原町が、九村の合併で与良村が、八村の合併で佐須村が、五村の合併で竹敷村が、七村の合併で鶏知村が、残りの一〇村の合併で船越村、仁井村、如加岳村が誕生し合計一町・七村の八町村となった。四五村が存在した上県郡では、一四村の合併で豊崎村が、七村の合併で琴村が、一一村の合併で仁田村が、三村の合併で佐須名村が、一〇村の合併で峰村が誕生し合計五村となった。この結果、現在の長崎県の地域は、四三二区町村が二市・六町・一九一村の合計一九九市町村になったのである。

島嶼部全体では、西彼杵郡の島嶼部に高島村、伊王島村、沖ノ島村、神ノ島村、樺島村、黒瀬村、崎戸村、江島村、平島村の九村、北松浦郡では平戸島に平戸町、中ノ村、獅子村、紐差村、中津良村、津吉村、志々伎村の一町・六村、小値賀島には笛吹村、前方村、柳村の三村、宇久島には平村、神浦村の二村、他の島嶼部には平戸村、大島村、生月村、黒島村、福島村、高島村の六村、五島列島には二二村、壱岐には壱岐郡に一一村と石田郡に七村、対馬には下県郡に一〇町・五五村、上県郡に四五村が置かれ、島嶼部だけでも一一町・一五四村の六五町村が存在した。島では船が用いられることも多く、各集落が若干孤立していた状態がこうした状況を生み出した一因となったと考えられる(8)。

大正時代の長崎県では諫早町、島原町、大村町、平戸町、小値賀村、大正村などで、編入や新設のための合併が行われ、市町村は徐々に減少した。第二次世界大戦終了前までの昭和期にも、島原市、諫早市、大村市、新御厨町の編入や新設のための合併で、市町村は徐々に減少した。さらに一九五三(昭和二八)年から一九六一(昭和三六)の昭和の大合併で、福江市、平戸市、松浦市をはじめ複数の町や村の新設に応じた合併や編入が行われ、八市・五〇町・二八村にまで減少した。二〇世紀末の長崎県の市町村数は八市・七〇町・一村であり、多くの村が単独もしくは合併を通じて町制へ移行していったことがわかる。この時期に長崎県の村は大島村一村となっていたのである。

平成の大合併直前の一九九九(平成一一)年の三二五五市町村を見ると、一〇〇を超えているのは北海道(二一二)、長野県(一二〇)、新潟県(一一二)の三道県であり、最少は富山県(三五)と福井県(三五)であり、四五位が神奈川県(三七)、四四位が鳥取県(三九)となっていた。長崎県は七九市町村で上から一五位であった。市町村の減少数を見ると、五〇〇を超えているのは岐阜県(八六五)、新潟県(七〇四)、愛知県(五六〇)の三県であり、五〇台未満は、鹿児島県(二〇)、東京都(二三)宮崎県(四三)の一都二県に過ぎない。長崎県は一〇七で下位七位であった。減少率(進捗率)を見ると、八五%超が岐阜県(八九・七%)、兵庫県(八八・八%)、神奈川県(八八・五%)、静岡県(八八%)、和歌山県(八七・四%)、富山県(八七・一%)、大阪府(八六・四%)、新潟県(八六・三%)、石川県(八五%)の一府八県であり、三〇%弱は鹿児島県(一七・二%)と東京都(二六・七%)だけである。長崎県は五七・五%で下位四位であったことからあまり合併が進捗しなかった県の一つといえるが、実際には村が一つとなるほどすでに合併が進展していたといえる県なのである(9)。

3　長崎県の平成の大合併の特色

平成の大合併の結果、市町村数が一〇〇を超えるのは北海道（一七九）だけであり、七〇超も長野県（七八）と埼玉県（七〇）だけである。二〇以下は富山県（一五）、福井県と香川県（共に一七）、大分県（一八）、石川県、滋賀県、鳥取県（一九）、山口県、愛媛県、佐賀県（二〇）の一〇県であり、長崎県は二一で島根県とともに下位一一位である。進捗率は長崎県が七三・四％で第一位となっており、七〇％台は広島県（七三・三％）、新潟県（七二・三％）、愛媛県（七一・四％）の三県である。下位の二〇％以下を見ると、東京都（一・六％）、大阪府（二・三％）、神奈川県（一〇・八％）、北海道（一五・六％）、奈良県（一七・〇％）の順になっている。このように長崎県は、平成の大合併進捗率第一位の県であり、現存する市町村数は二一で少ない方から上位一一位、市町村の減少数は五八で多い方から上位一一位であり、平成の大合併が最も進んだ県の一つといえる一面を有しているのである。

長崎県の平成の大合併の特徴の一つとして、島嶼部において特に合併が促進されたことをあげることができる。昭和の大合併が終わった後の日本では、社会資本の再整備や拡充の影響により人々の生活圏が拡大してきたことから、既存の地方公共団体の区域と人々の生活圏に大きな齟齬がみられるようになっていた。昭和の大合併直後の再合併は困難と考えられたために、政府は広域行政圏の設定を通じてスケール・メリットを確保し、この問題への対応を図った。政府は一九六九（昭和四四）年から三大都市圏を除く地域に広域市町村圏を設定した。長崎県には一九六九（昭和四四）年にから四年かけて、島原地域広域市町村圏（一部事務組合方式）、県央地域広域市町村圏（一部事務組合方式）、下五島地域広域市町村圏（一部事務組合方式）、佐世保地域広域市町村圏（協議会方式）、上五島地域広域市町村圏（一部事務組合方式）、壱岐地域広域市町村圏（一部事務組合方式）、長崎地域広域市町村圏（協議会方式）、対馬地域広域市町村圏（一部事務組合方式）、伊万里・北松地域広域市町村圏（一部事務組合方式）の八圏域が設定された。六の一部事務組合には複合一部事務組合制度は採用されていない。

島原地域広域市町村圏組合は旧南高来郡の大半の一市・一一町で、県央地域広域市町村圏組合は旧西彼杵郡の一部と旧東彼杵郡の一部と旧南高来郡の一部の二市・一〇町で、下五島地域広域市町村圏組合は旧南松浦郡の一部の一市・五町で、佐世保地域広域市町村圏協議会は旧北松浦郡の一部と旧西彼杵郡の一部と旧東彼杵郡の一部の一市・一三町で、上五島地域広域市町村圏組合は旧南松浦郡の一部の五町で、壱岐地域広域市町村圏組合は旧壱岐郡と池田郡の四町で、長崎地域広域市町村圏は旧西彼杵郡の一部の一市・一〇町で、対馬地域広域市町村圏は旧上県郡と下県郡の六町で構成された。例外は、佐賀県の旧北松浦郡と長崎県の北松浦郡の一部の三市・八町・一村で構成されていた伊万里・北松地域広域市町村圏組合であり、長崎県の部分は平戸市を中心とした二市・六町・一村で、佐賀県の部分は伊万里市を中心とする一市・二町で構成されたが、広域市町村圏が旧郡を対象としていることからみて、長崎県の圏域はいずれも複数の郡を統合するか、複数の郡の一部を組み合わせて設定されているところに特徴がみられる。

広域市町村圏のなかで、県央地域広域市町村圏はふるさと市町村圏と地方拠点都市地域に、下五島地域広域市町村圏はふるさと市町村圏に、佐世保地域広域市町村圏は地方拠点都市地域とモデル定住圏と地域経済活性化対策推進地域と地域経済基盤強化対策推進地域に、上五島地域広域市町村圏はふるさと市町村圏に、壱岐地域広域市町村圏はふるさと市町村圏に、長崎地域広域市町村圏は地域経済活性化対策推進地域に、対馬地域広域市町村圏組合はふるさと市町村圏に指定された。また長崎県の地方生活圏は、島原地域、県央地域、長崎地域で構成される長崎地方生活圏、佐世保地域を範囲とする佐世保地方生活圏、上五島地域と下五島地域で構成される五島地方生活圏、壱岐地域を対象とする壱岐地方生活圏、対馬地域を対象とする対馬地方生活圏の五圏域が設定された(10)。地方生活圏からは、長崎県は九州本島部分と橋でつながっている部分で構成される二地区（以後「九州本島部分」と称する）と島嶼部分三地区に大別されていることが理解できる。

昭和の大合併が進展しなかったこともあって長崎県は、一九九九（平成一一）年四月に全国に先駆けて平成の大合併にむけた合併推進室を設置し、県内を長崎・西彼南部地域、人口四五万人、佐世保・北松南部地区、人口二五万人、島原半島地域、人口一六万人、諫早・北高地区、人口一四万人、大村地域、人口八万千人、平戸・松浦・北松北部地域、人口八万四千人、西彼中部地区、人口八万一千人、下五島地域、人口五万人、西彼北部地区、人口四万三千人、対馬地域、人口四万一千八百人、東彼地域、人口四万一千四百人、壱岐地域、人口三万四千人、上五島地域、人口二万八千人の一二地域に分け、大村市以外の地域では市町村合併の推進をはかることとした。しかしこの地域区分は島嶼部を除くと広域行政圏と一致していなかったこともあり、島嶼部以外では合併が難航し、市町村の合併の特例に関する法律が経過措置を予定していた二〇〇六（平成一八）年の三月三一日までに、長崎県の市町村は一三市・一〇町の二三市町まで減少したが、一市・九町は合併してはいなかった。

広域市町村圏を単位に平成の大合併をしたのは、一市・五町が合併して五島市を新設した下五島地域広域市町村圏、五町が合併して南松浦郡の新上五島町を新設した上五島地域広域市町村圏、四町が合併して壱岐市を新設した壱岐地域広域市町村圏、六町の合併で対馬市を新設した対馬地域広域市町村圏の四圏域であり、いずれも島嶼部の圏域であった。島原市と一一町の島原地域広域市町村圏域では、有明町は島原市への編入を選択し、八町は合併して南島原市を、国見町と瑞穂町は県央地域の五町と合併して雲仙市を新設した。諫早市と大村市と一〇町の県央地域広域市町村圏では、大村市は合併に参加しなかったが、五町が諫早市と合併して改めて諫早市を新設し、残りの五町は島原地域の二町とともに南島原市を新設した。

佐世保市と一三町の佐世保地域広域市町村圏では、北松浦郡の四町が佐世保市への編入を選び、四町は長崎地域の大瀬戸町とともに合併し西海市を新設したが、東彼杵町、川棚町、波佐見町は東彼杵郡に、小値賀町と佐々町は北松浦郡に合併せずに町として残った。なお、おなじ北松浦郡に位置することから、伊万里・北松地域の江迎町と鹿町町も佐世保市への編入を選んだ。伊万里・北松地域広域市町村圏の長崎県域の平戸市と松浦市と六町・一村では、平戸市と二町・一村が合併し改めて平戸市を、松浦市と二町も合併し改めて松浦市を新設し、江迎町と鹿町町は佐世保市編入を選んだ。長崎地域広域市町村圏の長崎市と一〇町では、七町が長崎市への編入を選び、大瀬戸町は佐世保地域の四町と合併し西海町を新設し、長与町と土岐津町は合併せず西彼杵郡に残った。こうした結果は、長崎県の圏域が複数の郡の統合や複数の郡の組み合わせで設定されたことの影響があったことがわかる(11)。

長崎県は大村市と長崎市のベッドタウンである長与町と時津町の存続を財政力指数の高さから容認した。大村市のベッドタウンである東彼杵町、佐世保市のベッドタウンである川棚町と波佐見町は、経済圏域の相違もあり、同じく佐世保市のベッドタウンである佐々町とともにある程度財政力があることから合併を回避している。小値賀町は住民投票の結果合併を回避しているが、それは小値賀町が活力ある離島と評価された結果である[12]。なお長崎県は当初、平成の大合併で一一市と上五島町の一二市町にする構想を持っていた。しかし長崎県はその後、東彼杵町、川棚町、波佐見町の合併を提示したのは、この三町の合計人口が約四万人で、当時の合併特例（市となる要件の三万人以上への緩和）で一二市・一町となることができたためと考えられる。長崎県の計画において、当時上五島町の人口が三万人を超えていれば、長崎県はイギリスに類似した市だけの県となる可能性もあったといえる[13]。

長崎県には地方公共団体の組合として、長崎県総合事務組合[14]、南高北部環境衛生組合、東彼地区保健福祉組合、県央地域広域市町村圏組合、島原地域広域市町村圏組合、有明海自動車運送船組合、雲仙・南島原保険組合、県央県南広域環境組合、北松北部環境組合、長与・時津環境施設組合、長崎県病院企業団の一一の九州本島部分に設置されている一部事務組合と、長崎県後期高齢者医療広域連合が存在している[15]。なお長崎市は「平成二三年一二月一四日、長崎市は、本市と生活圏・経済圏が一体化している長与町、時津町と定住自立圏を形成することを目指し、その圏域の中心的な役割を担う『中心市』として、圏域全体が活力に溢れ、魅力的な地域づくりを表明した『中心市宣言』をおこないました」として一市・二町で広域圏行政推進を予定していることを表明した。五島市も中心都市宣言をしている[16]。

4　長崎県の平成の大合併後の島嶼部市町の特徴

長崎県の八市・七〇町・一村は平成の大合併によって一三市・八町の二一市町となった。この合併を時系列的に追うと、二〇〇四（平成一六）年には、三月一日に対馬地域の六町の合併により対馬市が、壱岐地域の四町の合併により壱岐市が新設され、八月一日には下五島地域の福江市と南松浦郡の五町の合併により五島市が、上五島地域では南松浦郡の五町の合併により南松浦郡新上五島町が新設されている。二〇〇五（平成一七）年には一月四日に六町が長崎市に編入され、三月一日に諫早市と五町が合併して改めて諫早市を設置し、四月一日は二町が佐世保市に編入され、五町の合併により西海市が新設され、一〇月一日に平戸市が二町・一村と合併して改めて平戸市を設置し、一〇月一一日に七町の合併により雲仙市が新設されている。二〇〇六（平成一八）年に、一月一日に有明町が島原市に編入され、松浦市が二町と合併して改めて松浦市を設置し、一月四日に長崎市が琴海町を編入し、三月三一日に八町の合併により南島原市が新設され、二町が佐世保市に編入されている。二〇一〇（平成二二）年には二町が佐世保市に編入されている。このように長崎県の平成の大合併では、最初に島嶼部だけの合併が行われ、広域市町村圏を単位として三市・一町が新設された。なお、島嶼部では広域市町村圏を単位に三市・一町が誕生したことから、広域市町村圏におかれていた一部事務組合は消滅した。現在島嶼部には対馬市に長崎県病院企業団がおかれているだけである。

通勤圏が合併の一つの単位であったことからみて、島嶼部には「離島の中では、対馬市（市役所は厳原町）のように通勤中心を形成しないところもあるが、五島市では福江市、新上五島町では上五島町、壱岐市では郷ノ浦町がそれぞれ小規模な通勤中心をなしている(17)」との説明は、長崎県の島嶼部の特徴を示している。二〇一〇（平成二二）年の国勢調査の結果では、一五歳以上の就業者五九六一万一〇〇〇人のうち、第一次産業就業者は二八三万一〇〇〇人で全体の四・二%、第二次産業は一四一二万三〇〇〇人で全体の二五・二%、第三次産業就業者は三九六四万六〇〇〇人で全体の七〇・六%となっている。第一次産業の内訳は、農林業が二二〇万六〇〇〇人で三・七%、漁業が一七万七〇〇〇人で〇・三%となっている。農業と林業の仕分けはないが、二〇〇五（平成一七）年では農業四・六%、林業〇・一%、漁業〇・四%であったことから比較すると、林業は〇・一%をかなり下回っていると推測できる(18)。この数字とそれぞれの島嶼部を比較すれば、合併でできた三市・一町の特徴が読み取れる。

五島市の総面積は四二〇・〇四平方キロメートルで、有人島一一島と無人島五二の合計六三島からなる市である。有人島の総面積は四〇八・〇六平方キロメートルで、最大の福江島の面積は三二六・三一平方キロメートルで、市の総面積の七八%弱を占め、日本の八位の面積を有する島である。海岸線は五五六・八キロメートルで、長崎県の海岸線の一三・三%を占めている。総面積の中では、田が二〇・五平方キロメートルで全体の四・九%、畑が五九・五六平方キロメートルで一四・二%、宅地が九・八九平方キロメートルで二・四%、山林が九二・八平方キロメートルで二二・一%、原野が二二・七九平方キロメートルで五・四%、その他が二一四・五平方キロメートルで五一%となっている。

五島市の二〇一〇（平成二二）年の総人口は三万九一一七人で、産業別一五歳以上就業者数は一万七〇〇九人であり、農林漁業従事者は二六九五人で一五・八四%、第二次産業従事者は四〇五六人で二三・八四%、第三次産業従事者は一万〇〇二五人で五八・九三%となっている。五島市の総生産における農業の割合は三・二%、林業は〇・二%、漁業は三・五%となっており、林業従事者は極端に少ないものの、農業と漁業の就業人口にはあまり差がないことが推測できる。五島市の第一次産業就業者人口の割合は全国割合の三・六倍、第二次産業は全国割合の九五%、第三次産業は全国割合の八三%となっており、島嶼部四市町の中では特に第二次産業の比率が高い市である。福江島の人口は三万五九〇五人で全人口の九二%が住んでいる。(19)。

対馬市の面積は七〇八・六六平方キロメートルで長崎県の一七・三二%で、最大の対馬島の面積は六九六・一〇平方キロメートルで、総面積の九八%強であり、日本で三番目の面積を有する島である。海岸線は九一五キロメートルで県の海岸線の二一・八%となっている(20)。総面積の中では、田が六・一三平方キロメートルで全体の〇・八七%、畑が四・〇一平方キロメートルで〇・五七%、宅地が六・八二平方キロメートルで〇・九六%、森林が六三三・〇二平方キロメートルで八九・三二%、原野が四・一六平方キロメートルで〇・五九%、その他が五四・五二平方キロメートルで七・六九%となっている。

対馬市の二〇一六（平成二八）年五月の総人口は三万二〇三二人、産業別の総人口は一万五五〇七人であり、第一次産業は三三五七人で二一・六五%、第二次産業は一九一〇人で一二・三二%、第三次産業は一万〇二三三人で六五・九二%を占めている。第一次産業では農業が五八五人で三・七七%、林業が一七三人で一・一二%、漁業が二六九九人で一六・七六%を占めている。対馬市は自らを、「対馬は山林が面積の八九%を占める自然豊かな島です。厳原町の竜良山と美津島町の白嶽には原始林が残り、国の天然記念物に指定されています。島の地形は標高二〇〇～三〇〇ｍの山々が海岸まで続き、場所によっては高さ一〇〇ｍの断崖絶壁もあり、勇壮な自然を目にすることができます[21]」との説明をしていることからもわかるように、林業が一定の就業者を抱える地場産業となっているのである[22]。

壱岐市は壱岐本島と二一の属島（有人島四・無人島一七）から構成されている。その総面積は一三八・五六平方キロメートルで、最大の壱岐本島の面積は一三三・八平方キロメートルであり、日本で二〇番目の面積を有する島である[23]。海岸線は一九一キロメートルで県の海岸線の四・五六％となっている。総面積の中では、田が二四・四平方キロメートルで全体の一七・六％、畑が一四・六平方キロメートルで一〇・五％、宅地が六・五六平方キロメートルで四・七％、森林が四八・七七平方キロメートルで三五・二％、原野が八・六八平方キロメートルで六・三％、その他が二七・九四平方キロメートルで二〇・二％となっている。二〇一〇（平成二二）年の総人口は三万〇三三六人、産業別総人口は一万五五一三人で、第一次産業は四一三〇人で二六・六二％、第二次産業は二六九四人で一七・二二％、第三次産業は八六八九人で五六・〇一％となっている。農業就業人口は二五八五人で一六・六六％、漁業組合員数は三四八八人で二二・四八％であり、広い農用地で農業をするかたわら漁業もやっており半農半漁で生活を営んでいる人達が多いことがわかる[24]。

上五島町は中通島と若松島を主体とした七つの有人島と六〇の無人島から構成されており、総面積は二一三・九八平方キロメートルで、最大の中通島の面積は一六八・四一平方キロメートルの日本で一七番目の面積を有する島である。総面積の中では、田が二・六七平方キロメートルで全体の一・二％、畑が一五・一九平方キロメートルで七・一％、宅地四・三三平方キロメートルで二・〇二％、山林が一三八・七五平方キロメートルで六四・八四％、原野が二・五七平方キロメートルで一・二％、その他が五〇・四七平方キロメートルで二三・五八％となっている。二〇一四（平成二六）年三月末の総人口は二万一二八五人、産業別就業者数は八六五一人であり、第一次産業は九八二人で一一・四％、第二次産業は一三一八人で一六％、第三次産業は六二八八人で七二・七％であり、第三次産業依存度が高い町である。農地の狭さが主たる要因であることは、第一次産業のうち農業は五五人で〇・六％、林業は一九人で〇・二％、漁業は九〇八人で一〇・五％となっていることからも読み取れる[25]。

三市・一町では第一次産業依存度が相対的に高く、第二次・第三次産業依存度が相対的に低い。それでも個々の自治体ごとの特徴が認められる。対馬市では第一次産業は全国割合の五・二倍、第二次産業は全国平均の約半分、第三次産業は九三%となっており、かなり第一次産業の比率が高くなっているが、その中でも、全国の割合に近い農業を除くと、林業は一〇倍以上、漁業は六〇倍近い割合となっている。壱岐市では第一次産業は全国割合の六・三倍、第二次産業は全国平均の六八%、第三次産業は七九%となっており、対馬市と同様の第一次産業の割合が高くなっているが、特に農業は全国の割合の四・五倍となっており、漁業も半農半漁の影響もあることから八〇倍強の割合となっている。新五島町では第一次産業は全国割合の二・七倍、第二次産業は全国平均の六四%、第三次産業は一・〇二倍となっている。こうした三市・一町の地域おこし策の方向性は、それぞれの自治体の「地域おこし協力隊」（対馬市では「地域おこし協働隊」）の採用計画や方針や現状分析からも読み取れる。

5　五島市と新五島町の地域おこしと地域おこし協力隊

二〇〇四（平成一六）年八月一日に、福江市と南松浦郡の富江町、玉之浦町、三井楽町、岐宿町、奈留町の一市五町の合併で誕生した五島市では、二〇一〇（平成二二）年の国勢調査における四万六二二人の人口のうち、福江町に六〇%にあたる二万四五四八人が居住しており、残りは富江町に五〇五二人、玉之浦町に一五八九人、三井楽町に二九六七人、岐宿町に三六五九人、奈留町に二八〇七人が分散して居住している。また二〇一五（平成二七）年三月の人口を見ると、三万九一一七人の人口のうち福江島に三万五九〇五人の九二%が住んでおり、残りの三二一二人のうち二四三九人は奈留島に住んでおり、残りの九つ島には三四〇人から二人までしか住んでいないのである。こうした五島市の福江地域への一極集中への対応が求められているのであり、それも含んだ形で地域おこし協力隊員（隊員）や集落支援員（支援員）が配置されている。

福江地域は福江・緑丘、奥浦、崎山、本山、大浜、椛島（人口一五〇人）、久賀島（人口三四〇人）に区分され、残りは富江地区、玉之浦地区、三井楽地区、岐宿地区、奈留島（人口二四三九人）に区分されている。福江・緑丘には隊員一名と支援員二名が、奥浦、崎山、本山、大浜にはそれぞれ支援員一名が、椛島には隊員一名が、久賀島には支援員二名が、富江地区隊員と支援員各一名が、玉之浦地区には隊員二名と支援員一名が、三井楽地区、岐宿地域、奈留島には隊員と支援員各一名が配置されている。五島市は市を一二の地区（福江・緑丘は福江地区と緑丘地区に分けられている）に分け、それぞれに地区公民館（奈留島にはおかれていない）を置き、「暮らしを守る」をテーマに「市民主役の地域活動支援」策として「地域をもっと住みやすく、もっと元気にするため、『地域の絆再生事業』を推進し、市民が主体となる地域活動を積極的に支援します。平成二六年度のモデル地区での成果を踏まえ、平成二七年度は、市内全地域へ拡大します」との計画を掲げ、公民館単位での拠点づくり（コミュニティ組織体制）とその活動を支えることを目標に、まちづくり交付金の導入を推進していくことを強調している[26]。こうした地区公民館設置地区と奈留島地区を対象に隊員と支援員が配置されているのである。

新上五島町の誕生は合併前の各町の借入金が多かったことも一因となっている。それゆえ合併後に公共事業を縮減したことが仕事減となり人口減を誘発したことから、合併して職員の給与を減額した最初の町となった。また水産業中心といいながら公共事業への依存率が高いことも問題視されている。町の田畑や宅地は島全体の約一〇%にすぎず、山林・原野その他が約九〇%を占めている。それゆえ高校卒業者の九割が島を出る。仕事をつくるために、大学生のインターンシップを通じた起業、サーフィンやカヤック等のツアー事業、空き家バンクなどを推進している。空き家は、仏壇の存在やお盆等の行事のための帰島を考え貸したがらない人が多く、一部の住宅を使い、お試し住宅や年二回田舎暮らし体験ツアーを実践している。林業ではバイオマス工場設置計画あり、チップ材がそろうことが条件となってはいるが工場建設計画がある。また異業種間の連携による特産品として、五島牛カレーに牛肉の代わりにマグロの胃袋を入れた漁師カレーを開発した経験を踏まえ、異業種間の連携による新商品の開発などを模索している。

島の代表的な特産品は五島うどんと椿である。焼酎の生産は、土地が痩せていてサツマイモしかできなかった結果である。その他水産加工品やジビエのイノシシの肉があるが、地元の人は野生動物を食べないことから販路開拓が必要である。椿の事業化を最初に取り組んだのは旧新魚目町である。新魚目町では一九七三（昭和四八）年に新魚目町振興公社を設立し、町の活性化を目的に椿の事業化や国民宿舎の運営にあたったのである。旧国民宿舎は現在企業に業務委託し、ホテルマルゲリータとして運営されている。さらに外部の力で島の振興を実践するために、地域おこし協力隊員として椿工房に二名、有川にある観光物産館（うどんの里）に二名、文化財課（有川ターミナル・鯨賓館）に二名を迎え入れている。また、新上五島町では文化財課が「長崎の教会群とキリスト教関連遺産」の世界遺産登録業務を推進しており、巡礼コースの拡充による韓国人信者の来島者の増加を目的として、韓国人の林さんを受け入れている。

昭和六〇年には三万人を超えていた人口は現在二万二八四人まで減少しており、当時人々が暮らしていた住宅地や田畑は草木に覆われている。そこに目立つものの一つが椿の木であり、椿産業は地域の代表的な産業となっている。資生堂からの注文もあり需要が増えているが供給が追いついていない。また椿の木に関する相続問題や財産権の問題も課題となっている。それゆえ長崎県は、五島市と新上五島町をエリアとする『日本一の椿の島』づくり」を目的とした地域活性化総合特区として「椿による五島列島活性化特区」の特区申請を行い、二〇一五（平成二七）年七月二五日に第二次指定を受けている(28)。

特区では、「自生椿林の環境保全と活用促進」のために「森林内の作業環境の整備」と「未相続椿林・所有者不在椿林の活用促進」をおこない、「相続未登録となっている自生椿林を有効に活用するための特定法の制定」と「所有者が不明である自生椿林を有効に活用するための使用権の設定」などを提案している。また「椿苗の植栽による耕作放棄地の解消と椿林の拡大」のために「耕作放棄地に多い未相続農地及び所有者不在農地の活用」をおこない、「相続未登記となっている共有農地利用権設定に係る土地同意要件（同委の範囲、利用権存続期間）の緩和」等を提案している。さらに「椿を活用した新たな商品開発と販路拡大」ために「付加価値の高い椿油製品や工芸品等の開発」や「流通ルートの開発と販路拡大」をおこない、「六次産業化推進整備事業に係る事業実施主体の対象拡大」などを提言している。過疎地域おける資産価値の低下と若者の離島などにより、五島列島では農地や森林等の未相続や所有者不在といった状況が常態化していることが、地域産業の復興や発展にとって障害となっていることを伝えている。椿を活用した地域おこし策の一つとして、上五島町では椿を通じた観光の発展を期して、長崎県立大学との相互協力協定事業のひとつとして二〇〇九（平成二一）年三月に、

「新上五島町つばきマップ」を作成している(28)。

6　地域おこし協力隊を中心に見た長崎県島嶼部の地域おこしの今後

長崎の島嶼部は二〇一五（平成二七）年に日本遺産に認定されている。「日本遺産（Japan Heritage）」は、地域の歴史的魅力や特色を通じて我が国の文化・伝統を語るストーリーを「日本遺産（Japan Heritage）」として文化庁が認定するものであり、長崎の島嶼部は「国境の島ものがたり」として認定されている。地域の特徴は、「日本本土と大陸の中間に位置することから、長崎県の島は、古代よりこれらを結ぶ海上交通の要衝であり、交易・交流の拠点であった。特に朝鮮との関わりは深く、壱岐は弥生時代、海上交易で王都を築き、対馬は中世以降、朝鮮との貿易と外交実務を独占し、中継貿易の拠点や迎賓地として栄えた。その後、中継地の役割は希薄になったが、古代住居跡や城跡、庭園等は当時の興隆を物語り、焼酎や麺類等の特産品、民俗行事等にも交流の痕跡が窺える。国境の島ならではの融和と衝突を繰り返しながらも、連綿と交流が続くこれらの島は、国と国、民と民の深い絆が感じられる稀有な地域である」と紹介されている。

「国境の島ものがたり」は「日本は大小六八五二の島から成り、長崎県には日本最多の九七一の島がある。朝鮮半島との間に飛び石のように浮かぶ壱岐と対馬、大陸との間の東シナ海に鎖状に浮かぶ五島列島は、いにしえより、日本と大陸を結ぶ『海の道』の要衝であり、大陸との交流のインターフェースでもあった。とりわけ、朝鮮半島と呼子の間にある国境の島、壱岐と対馬は、その最前線であった。」との言葉で始まっている。ものがたりは三部構成となっており、第一部の「邪馬台国へと続く『海の道』に浮かぶ国際交流の都」では、壱岐と対馬が中国の施設の朝鮮半島を経由して日本に入る最初の島として描かれている。第二部の「朝鮮半島との関係に左右される日本最果ての島」では、六六三年の白村江の戦い以降、遣唐使が壱岐、対馬を経て中国に渡るルートから、五島列島を経て東シナ海を渡る危険なルートをとらざるをえなくなったことを通じて五島の位置づけが強調されている。第三部の「国交断絶から復活へ ～朝鮮通信使がつないだ日朝交流の架け橋～」では、「豊臣秀吉の朝鮮出兵による国交断絶後、対馬藩が朝鮮との国交回復交渉を成功させ、江戸時代最初の朝鮮通信使来日に成功し、それが約二〇〇年に渡り、合計一二回の日朝修好の象徴である朝鮮通信使の来日が続いたことと、そうした交流が残した伝統文化や特産品などと、そうした交流が現在まで続いていること」を強調している(29)。

壱岐市には現在、「海女さん後継者」、「滞在型交流観光・情報発信担当」、「雑穀・古代米ブランド化支援担当」、「物産振興・特産品開発担当」の四人の地域おこし協力隊員がおり(30)、対馬市には、第二期生として「民間伝承保全担当」、「生物多様性保全担当」、「有害鳥獣ビジネスコーディネーター」の三名、第三期生として「島の食材プロフェッショナル」、「島の森林再生チャレンジャー」、「島のタウンマネージャー」の三名、第四期生として「つしまミュージアム・プロモーター」二名、「域学連携教育コーディネーター」、「対馬農協・島のもん魅力発信デザイナー」、「島の循環型農法推進プランナー」の五名の隊員がいる(31)。各地域の地域おこし協力隊の役割や配置を見ると、それぞれの地域の地域おこしの目標や内容が伝わってくる。

対馬と壱岐は「朝鮮通信使」の関係地を世界遺産にするべく、韓国側の関係者や関係地と日本各地の関係地と活動を続けている。五島列島では長崎教会群の世界遺産登録に力を注いでいる。この二つの世界遺産がうまくジョイントできれば、この島嶼部の将来に明るい兆しが見えると思われる。現在の三市・一町の地域おこし協力隊員の活動から、それぞれの地域の特色や目指しているものが見えてくる。そこから浮かんでくる各地域の特徴を生かしながら、日本遺産としてのつながりも大切にしながら、地域おこしをより素晴らしいものにしていってもらいたい。

註

本文ならびに註の数字は縦書きのために、必要に応じて筆者が漢数字に変換した。

（1）　長崎県統計課『長崎100の指標較べてみれば−2020年改訂版−』［PDFファイル／4MB］(https://www.pref.nagasaki.jp/shared/uploads/2023/02/1675659129.pdf)。

（2）　国立研究開発法人　森林研究・整備機構　森林整備センター「九州整備局　地勢・地質・気候（長崎県）」(https://www.green.go.jp/seibi/kyushu/chisei_chishitsu_kiko/nagasaki.html)。

（3）　長崎県ＨＰ「長崎県のすがた」(https://www.pref.nagasaki.jp/sugata/)、【みんなの知識ちょっと便利帳】全国地名読み方・都道府県の地名【長崎県（長崎県）の地名】(http://www.benricho.org/chimei/ gappei/42.html)、長崎県県民生活部統計課『第六二版 長崎県統計年鑑（平成二七年）』(https://www.pref.nagasaki.jp/bunrui/kenseijoho/toukeijoho/kankoubutsu/nenkan/231403.html#tochi) 等を参照し整理した。

（4）　長崎県・『二〇一四年改訂版掲載データ』「二．島の数」。

（5）　長崎県・『二〇一四年改訂版掲載データ』「四．海岸線総延長」、総務省「離島振興法の概要」(http://www.soumu.go.jp/main_content/000166444.pdf)。

（6）　長崎県企画振興部『長崎県離島振興計画』平成二五年五月、地域づくり推進課 (https://www.ref.nagasaki.jp/bunrui/kenseijoho/kennokeikaku-project/rito_keikaku/) 長崎県県民生活部統計課「長崎一〇〇の指標　−較べてみれば−　二〇一四年改訂版掲載データ（都道府県編）(http://www.pref.nagasaki.jp/bunrui/kenseijoho/toukeijoho/kankoubutsu/100shihyou/195308.html) なお対馬島地域は対馬島、海栗島、泊島、赤島、沖ノ島、島山島の六島、壱岐島地域は壱岐島、若宮島、原島、長島、大島の五島、五島列島地域は中通島、頭ケ島、桐ノ小島、若松島、日ノ島、有福島、漁生浦島、奈留島、前島、久賀島、蕨小島、椛島、福江島、赤島、黄島、黒島、島山島、嵯峨島の一八島、平戸諸島地域は黒島、青島、飛島、大島、度島、高島、六島、野崎島、能島、小値賀島、黒島、大島、斑島、宇久島、寺島、高島、黒島の一七島で構成されている。

（7）　長崎県・『二〇一四年改訂版掲載データ「一〇．島の数」。

（8）　『地理のページ』「郡の変遷・郡区町村編制法下の郡・区（一八八九年一月）42 長崎県」、Bonvenon al la Hejmpaĝo de ISSIE (http://www.tt.rim.or.jp/˜ishato/index.html) を参照し整理した。島嶼部の船を使用したことによる各地域や集落の孤立性の高さは、五島市や上五島町での聞き取り調査の説明や島の実態調査を通じた評価である。

（9） 明治の大合併・昭和の大合併・平成の大合併に連なる市町村数の変遷や人口の変遷は、「総務省」の資料(http://www.soumu.go.jp/menu_seisaku/chiho/index.html)、「都道府県市町村」(http://uub.jp)、矢野恒太郎記念会『データでみる県勢 二〇〇九年版』同記念会（二〇〇八年）等を参照して整理した。その内容は、拙著「市町村合併と広域行政 ―平成の大合併と定住自立圏の関係を中心として―」日本大学法学会『政経研究』第四六巻第三号（平成二十一年十二月二十日発行）にまとめてあるので参照されたい。

（10） 自治省行政局振興課監修『平成六年改訂 広域行政圏要覧』第一法規、平成七年三月三一日、geografi (em) aj paghoj「地理のページ・チリデータ集・郡の変遷」(http://www.tt.rim.or.jp/~ishato /tiri/gun/gun.htm)。

（11） 「長崎県の市町村合併の状況（平成の大合併）」(http://www.isahayacci.com/xls/1599.pdf)、長崎県 合併効果等研究会『「長崎県合併効果研究会」報告書』、長崎県、平成二二年二月(https://www.pref. nagasaki.jp/shared/uploads/2013/08/1376031447.pdf)。

（12） 森川洋著「九州における『平成の大合併』の比較考察（中）」地方自治総合研究所『自治総研』（通巻四〇四号）参照。

（13） イギリスでは一層制と二層制の地方自治組織が混在しているが、基礎自治体の平均規模は約一四万人の市だけである。住民の日常生活の単位である地域はパリッシュやコミュニティとよばれる準自治体となっている。日本での地域自治組織の設置が認められており、もし長崎県が市だけの県となった場合には、どのような形で地域自治組織を活用するのかと考えると残念である。ただし、定住自立圏における各地域は地域自治組織的な性格を有することになるので、今後長崎の中心都市としての資格を有している地域の対応が楽しみである。

（14） 長崎県市町村総合事務組合「組 合の概要」(http://www.nagasaki-soukumi.jp/)。なお長崎県総合事務組合の「組合の概要」には「長崎県市町村総合事務組合は、平成八年、地方自治法に基づき設立された特別地方公共団体（一部事務組合）で、県下全市町村と一一一部事務組合、一広域連合の特定業務を総合処理しています」との記載がある。特定業務としては「退職手当事業」、「消防団員等公務災害補償等事業」、「議会の議員その他非常勤職員の公務災害補償等事業」、「公立学校等公務災害補償事業」、「交通災害共済事業」、「会館管理事業」、「公平委員会」である。なお「東京市町村総合事務組合の概要」には「東京市町村総合事務組合は、東京都の全市町村（二六市五町八村）で組織する複合的一部事務組合という形態をとっており」との記載があり、総合事務組合が複合的一部事務組合であることを強調している(http://www.ctv-tokyo.or.jp/)。

（15）「一部事務組合平成二八年五月一三日現在（法人番号）」(http://www.houjin-bangou.nta.go.jp/setsumei/images/partnership.pdf)。

（16）長崎市ＨＰ、「定住自立圏構想」(http://www.city.nagasaki.lg.jp/syokai/730000/732000/p006861.html) および五島市ＨＰ「五島市定住自立圏」(http://www.city.goto.nagasaki.jp/contents/city_ad /index129.php)。

（17）森川、前掲論文（中）七〇頁。

（18）総務省統計局「第八章　産業」の平成二二年版 (http://www.stat.go.jp/data/kokusei/2010/final/pdf/01-08.pdf) と平成一七年版 (http://www.stat.go.jp/data/kokusei/2005/sokuhou/03.htm) を比較して推測した。

（19）五島市情報推進課「市勢要覧　二〇一六年度版　しまの豊かさを創造する海洋都市五島市」(http://www.city.goto.nagasaki.jp/contents/city_ad/index835.php)。

（20）島の大きさは離島振興関連法規によっており、北方領土と沖縄本島は含まれていない。ここでは「日本の島・大きい順に一〇〇！」(http://www2u.biglobe.ne.jp/~iwao-elt/islands.html)、「長崎県のしま紹介」(http://www.pref.nagasaki.jp/sima/island/gotou/profile/) を参照したが、前者では第一位を沖縄本島としているので、島の順は一つずつ繰り上げた。

（21）「第一章　市の概要　—対馬市」(http://www.city.tsushima.nagasaki.jp/policy/images/haikibutsupdf/haiki01.pdf)。

（22）「対馬市オフィシャルホームページ」(http://www.city.tsushima.nagasaki.jp/deta/)。

（23）「日本の島・大きい順に１００！」、「長崎県のしま紹介」。

（24）壱岐市役所「壱岐いきねっと」(http://www.city.iki.nagasaki.jp/)。

（25）長崎県新上五島町「合併一〇周年記念誌　新上五島町調整要覧　『しんかみごとうちょう』（ふるさとの宝を共に目指そう世界遺産へ）」平成二六年八月一日。

（26）五島市地域推進課「市勢要覧　二〇一五年度版　しまの豊かさを創造する海洋都市五島市」平成二七年三月、一〇頁と、二〇一五（平成二七）年九月一日から四日にかけて五島市で実施した聞き取り調査の内容を整理した。

（27） 新五島町役場の関連部署での聞き取り調査を中心にしてまとめたもの。新五島町の人口の変動は、長崎県・市町別時系列データ・総人口及び一般世帯人員(http://www.pref.nagasaki.jp/bunrui/kenseijoho/toukeijoho/jikeiretsu/77898.html）を参照した。なお久賀島ファームの関係者は、「五島地域と上五島地域の相違を、五島地域は第一次産業が中心の地域で比較的豊かであり、上五島地域は商人が多く生産・加工と販売という第二次・第三次産業中心として生活している地域である」と説明してくれた。

（28） 首相官邸ＨＰ「【地域活性化総合特区】椿による五島列島活性化特区【五島市、新上五島町、長崎県】」(http://www.kantei.go.jp/jp/singi/tiiki/sogotoc/toc_ichiran/toc_page/pdf/t32_tsubaki.pdf)。

（29） 「国境の島ものがたり」(http://kokkyonoshima.com/)。

（30） 壱岐市・壱岐いきねっと「壱岐市地域おこし協力隊　隊員紹介」。

（31） 対馬市 HP「対馬市地域おこし協力隊」(http://www.city.tsushima.nagasaki.jp/web/post_332.html)。

第四章　長野県の地方制度の特質

1　長野県の地域区分と地域的特性

長野県の人口は二〇六万三八六五人で全国一六位、面積は一万三五六一・六一平方キロメートルで全国四位、人口密度は一五二・一九人で全国三八位の県である。全国平均と比較してみると、日本の都道府県の平均人口は約二七二万一四二七人であり、長野県には平均人口の約七五・八％（ほぼ平均値の四分の三）が居住している県ということになる。また日本の都道府県の平均面積は約七九三六平方キロメートルであり、長野県は日本の平均面積の約一七一％（ほぼ平均値の一・七倍）の広さを有する県となっている。ただし日本の総面積から北海道を除くと、都府県の平均面積は約六四〇三平方キロメートルとなり、都府県平均と比較した場合、長野県は平均の約二倍の面積を有する県ということになる。それに対して長野県の人口密度は、日本の都道府県の平均人口密度三三六・〇五人の半分の全国三六番目となっており、都府県で比較した場合には、平均値の二倍の県域に平均値の四分の三の人々が住んでいる県ということになる(1)。

長野県には一九市・二三町・三五村の合計七七の市町村が存在する。その数は全国第二位で、市町村数の都道府県平均は三七市町村であることから、長野県は全国平均の二倍強の市町村を有する県ということになる。また、市町村数が一七九市町村で全国最多の北海道と比較した場合、長野県の市町村数はその四三％程度に過ぎないが、長野県の面積が北海道の六分の一程度であり、長野県の市町村は三〇市町村程度で北海道の市町村面積と釣り合うことからもわかるように、長野県は面積の狭い市町村の多い県ということになる。ここから長野県は、平成の大合併があまり進展しなかった県ということになる。平成の大合併後の北海道を除く都府県で、市町村数が三〇以下の二三の府県（都府県の半数）は、北海道と対比した場合、ほぼ北海道と同じか北海道より広い市町村規模の府県ということになる。このことは平成の大合併が進捗した府県と進捗しなかった府県がほぼ半数ずつであることを示している。

平成の大合併の長野県の進捗率は、四二市町村減（三五・〇％）で全国三六位となっている。市町村の減少率をみると、五八市町村減で進捗率七三・四％の長崎県が第一位で、それに続く広島県、新潟県、愛媛県、大分県、岡山県、島根県、山口県、秋田県、滋賀県、香川県の一一の県は進捗率が七〇％を上回っている。逆に東京都と大阪府は一自治体しか減少してはいないが、一・六％で東京都が最下位に、大阪府は二・三％で四六位となっている。四五位は四自治体減で進捗率一〇・八％の神奈川県、四四位は北海道と奈良県であり一〇％台にとどまっている。二〇％台は低い方から山形県、沖縄県、埼玉県が続き、三〇％台は千葉県、愛知県、福島県、長野県、高知県、福岡県の順になっている。

村の数の平成の大合併前の都道府県の状況は、最多が六七村の長野県で、三五村で二位の新潟県を大きく引き離していた。三位は三〇村の岐阜県、四位は二八村の福島県、五位は二七村の沖縄県、六位は二六村の群馬県、七位は二五村の青森県、八位は二四村の北海道となっていた。当時、全国には五六八村が存在し、都道府県平均村数はほぼ一二村であり、一〇村以上の都道府県は北海道と二〇の県であった。しかし平成の大合併で村は一八八村となり平均四村となった。二〇一八（平成三〇）年一〇月一日現在の村数は一八三村にとどまっている。しかも全く村が存在しない県が一三県、一村が二府・一〇県の一二府県、二村が五県となっており、三〇府県は村がないか一、二村となっている。

村の多い都道府県の順位をみると、最多は長野県で三五村、二位の沖縄県は一九村、三位の北海道と福島県は一五村、五位の奈良県は一二村、六位の青森県、群馬県、東京都、熊本県の一都・三県は八村となっている。岐阜県と新潟県を除けば、村の数の順位は平成の大合併以前の順位を継続している。さらに、これら六位までの一都・一道・七県の村の数は合計一二八村で、全国のほぼ七割で平均一四・二村、残りの三八の府県の平均村数は一・五村弱となっており、その違いは明確なものとなっている。長野県は村の数で首位を保ち、五位の沖縄県が二位に、四位の福島県と八位の北海道が三位に、群馬県は六位のままであり、七位の青森県は六位となった。新潟県は三五村が四村に、岐阜県は三〇村が二村に減少している。奈良県は一七村の一二位から一二村で五位に、東京都は八村がそのまま残り六位となっている。

長野県、青森県、福島県、群馬県、熊本県などでは、中心となる地方都市やその周辺地域での合併は進展したが、その他の区域ではあまり合併が進展してはいない。北海道は面積の広い市町村が多く、面積上は合併を積極的に推進する状況にはなく、人口減の影響もあり合併はあまり進展してはいない。東京都の八村の中の七村は伊豆七島に存在しており、東京都に村が残存した理由となっている。沖縄県も島嶼部が多く、人口が集中していた沖縄本島の中部と南部では合併が進展したが、人口密度の低い北部や島嶼部ではほとんど合併は進んでいない。奈良県では、県の面積の約七〇％を占める奈良県南部の南和地域に面積の広い村が多く、それらの村はそのまま残存した。

市町村数の順位を基に一六位までの都道府県の面積と人口と人口密度で対比すると、大きく二つのタイプに分けることができる。七七市町村で二位の長野県は、面積が四位であるが、人口は一六位で人口密度は三八位となっている。長野県では長野市、松本市、上田市、佐久市、飯田市の上位五市に県人口の約半数（四六・九％）が居住しており、残りの七二市町村には平均一万五千人程度しか居住していない。一七九市町村で第一位の北海道は面積も第一位で人口も八位であるが人口密度は四七位（最下位）である。しかも札幌市、一九五万人と旭川市、約三六万人、函館市、約二四万人に居住人口が集中しており、この三都市に北海道の約半分（四八・一％）の人口が集中している。それゆえ残りの一七六市町村には平均約三万人が居住しているにすぎない。長野県も北海道も都市圏以外は過疎地域かそれに近い地域であることが理解できる。ただし、大都市圏を除いた地域圏の平均人口は長野県は北海道の半分程度であり、長野県の市町村の人口の少なさが際立っている。

類似した傾向を有する県としては、五九市町村で五位の福島県（面積三位、人口二一位、人口密度四〇位）、四五市町村で八位の熊本県（面積一五位、人口二三位、人口密度二七位）、四三市町村で一〇位の鹿児島県（面積一〇位、人口二四位、人口密度三六位）、四二市町村で一二位の岐阜県（面積七位、人口一七位、人口密度三〇位）、四〇市町村で一五位の青森県（面積八位、人口三一位、人口密度四一位）、を挙げることができる。こうした傾向を有する県は、東北、中部圏や中国地方の日本海側の県、四国、九州南部の県が多い。

まさに太平洋ベルト地帯内の都府県と、地帯外の道と県の過密化と過疎化の明暗がより顕在化してきていることが理解できる。特に面積二位の岩手県は人口三二位・人口密度四六位、五位の新潟県は人口一五位・人口密度三四位、六位の秋田県は人口三八位・人口密度四五位、九位の山形県は人口三五位・人口密度四二位となっており、東北や北陸の人口減少傾向の強さと、これらの県は、昭和の大合併を契機として、市町村合併がある程度進んでいた県であることを伝えている。

逆に北海道や長野県と対照的な都府県をあげると、六三市町村で三位の埼玉県は面積三九位・人口五位・人口密度四位、六〇市町村で四位の福岡県は面積二九位・人口九位・人口密度七位、五一市町村で六位の千葉県は面積二八位・人口と人口密度六位、同じ五一市町村で六位の愛知県は面積二八位・人口四位・人口密度五位、四四市町村で九位の茨城県は面積二四位・人口一一位・人口密度一二位、四三市町村で一〇位の大阪府は面積四六位・人口三位・人口密度二位、四一市町村で一三位の兵庫県は面積一二位・人口七位・人口密度八位、三九市町村（六二市区町村）で一六位の東京都は面積四五位・人口一位・人口密度一位となっている。これらの大都市圏域の都府県は狭い都府県域に人口が集中しており、小さな面積に多くの人口を抱えている市町村が多いという傾向が見られる。

四一市町村で一三位の沖縄県は面積は第四四位で人口は二五位であるが人口密度は九位となっている。三九市町村で一六位の奈良県も面積は四〇位で人口は二九位であるが、人口密度は一四位となっている。両県とも狭い面積に多くの人口を抱えている県である。ただし両県とも村の数が多く、中心的な地方都市とその周辺に人口が集中し、その他の地域は過疎あるいはそれに近い地域が多い。そのほかにも面積四七位の香川県は人口三九位・人口密度一一位、四三位の神奈川県は人口二位・人口密度三位、四二位の佐賀県は人口四一位・人口密度一六位、三八位の滋賀県は人口二六位・人口密度一五位、三七位の長崎県は人口三〇位・人口密度一八位となっている。いずれも県の面積が狭いことから、人口密度が高くなっているのである。

市町村の平均人口二〇万人台は東京都、神奈川県、大阪府の三都府県、一〇万人台は愛知県、兵庫県、広島県、埼玉県、千葉県、静岡県の六県、九万人台が京都府、八万人台が福岡県であり、すべてが太平洋ベルト地帯に位置する大都市を有する一一の都府県である。五万人以上七万人以下の県は一五県、三万人以上五万人以下の県は一七県、二万人台は人口順位でいえば八位の北海道と一六位の長野県、四五位の高知県と四七位の鳥取県である。その中で鳥取県は面積も四一位であり、人口と面積からみても小規模な県といえる。高知県に次ぐ人口の県は四六位の島根県であり、面積では高知県が一八位、島根県が一九位となっており、それぞれ瀬戸内海を挟んだ地域の外側で、太平洋と日本海に位置する類似した条件を抱えた県といえる。人口密度で比較した場合、三七位が鳥取県、三八位が長野県、四三位が島根県、四四位が高知県、四五位が秋田県、四六位が岩手県、四七位が北海道であり、長野県と北海道は類似した問題を抱えた道と県であることも理解できる(2)。

平成の大合併の進捗状況には都道府県で大きな相違がみられる。その結果、全国の一七一八市町村の中で、人口が一万人未満の市町村は五〇五存在する。三つの市はすべて北海道で、歌志内市が三五二四人、夕張市が八六八五人、三笠市が九〇〇一人であり、残りの五〇二町村は兵庫県と栃木県を除いた四五都道府県に存在する。町村数でも最多は一一九町村(総数一四四町村の八三％)の北海道、二位は四二町村(五八町村の七二％)の長野県、三位は三〇町村(四六町村の六五％)の福島県、四位は一九町村(二三町村の八二％)の高知県である。全国最多の村を抱え、市町村の数や人口規模、人口一万人以下の町村も二位の長野県は、一部事務組合を中心とする事務の共同処理方式を用いて広域行政を推進してきた県といえる。長野県は県内を一〇の広域連合に区分し、広域連合を単位とした広域行政の展開と、定住自立圏や連携中枢都市圏その他の新たな広域行政手段を活用した、他の都道府県には見られない広域行政を展開している。それゆえ長野県の独特な広域行政政策は、今後過疎化に悩む中山間地の多い他の県もモデルとなることも期待できる県といえる(3)。

2　長野県の市町村の歴史

北から南へ糸魚川–静岡構造線(以下「構造線」という)が白馬村、大町市、安曇野市、松本市、塩尻市、諏訪市、茅野市、富士見町を通過し、松本と諏訪付近から西は伊那市、大鹿村を通り伊勢から四国を通り阿蘇へと続き、東は群馬県を通り鹿島まで続く中央構造線が交差した形で通過する長野県は、二つの構造線を境に地質が大きく異なる日本の結合点に位置する県である。それゆえ諏訪市は、「中央構造線（西南日本を縦断する大断層）と糸魚川‐静岡構造線（本州中央部を南北に縦断する大断層）との交差地点」にあることを理由に日本の中心であることを強調している。その他にも上田市、佐久市、塩尻市、松本市、辰野町、南牧村、飯田市、上松町の五市・二町・二村に諏訪市をいれると一〇の市町村が日本の中心あるいは臍（へそ）などであるということを強調している(4)。

長野県が日本の中心的な位置にあることは、長野県の道路から見ても理解できる。古来長野県には糸魚川から松本に至る塩の道（千国街道）が構造線に沿って通っていた。松本からは五千石街道が塩尻で中山道につながり、西に向かえば京都三条大橋に、東に向かえば軽井沢を経由して江戸日本橋に行くことができた。また塩尻から中山道を経由して諏訪で甲州街道に入り、中央構造線に沿って甲斐の北斗まで行けばその先は江戸日本橋につながっていた。加えて塩尻から中山道を軽井沢に向かって進み、追分から旧北国街道をたどれば越後に入り、高田からは新潟にも琵琶湖経由で京都三条大橋にもそして山陰地方にも行くことができた。さらに塩尻から伊那街道・秋葉街道を通れば静岡県御前崎で太平洋に出ることができた。塩の道は日本海と太平洋を結ぶ道であったのである。

長野県の地形は山脈と盆地に大別すると、北に長野盆地、北西に飛騨山脈（北アルプス）、東に佐久盆地、西に松本盆地、南に伊那盆地を挟んで右に赤石山脈（南アルプス）、左に木曽山脈（中央アルプス）が存在する。佐久盆地と伊那盆地の間に諏訪湖につながる平地があり、山梨県との境に八ヶ岳がある。諏訪湖周辺を中心とした場合、諏訪湖から八ヶ岳を経由する経路が甲州街道であり、諏訪地方から佐久盆地を経由して東に向かう道が江戸につながる中山道であり、佐久盆地から長野盆地に向かう経路が北国街道である。松本盆地を北に向かう道が北国街道であり、諏訪地方から伊那盆地を南南西に向かう道が京都につながる中山道である。

長野県の川も地形の影響を大きく受けている。北アルプスの槍ヶ岳を源とする梓川は、松本盆地で奈良井川と合流して犀川となり、長野盆地で千曲川となる。千曲川の本流は甲武信ヶ岳（こぶしがだけ）に源を発し、佐久、上田の二つの盆地を経て長野市のある善光寺平で最大の支川犀川と合流し、新潟県で信濃川となって日本海にそそいでいる。木曽川は長野県中西部の鉢盛山に発し、飛騨（ひだ）川を合して伊勢湾に注ぐ長さ二二七キロメートルの川である。その上流は木曽谷の峡谷で中流域の峡谷は日本ラインとよばれる景勝地で下流では輪中がみられる。このように長野県の各地域は山に区切られていることから自立を好む傾向が強い反面、川や道路を通じて結びついていることから、特定の地域単位では強いつながりがみられる県でもある。

幕末から明治維新期に、現在の長野県の区域では、様々な地域改革が見られた。表1に示したように、江戸時代の信濃国には、現在の北信地区に水内郡、高井郡、埴科郡、更級郡の四郡、東信地区の上小地域に小県郡、佐久地域に佐久郡、南信地域の諏訪地域に諏訪郡、上伊那地域と飯伊地域に伊那郡、中信地区に筑摩郡と安曇郡の合計一〇の郡が置かれていた。明治維新により信濃国の幕府領には伊那県が置かれ、残った各藩の領域は旧藩主が知藩事となって統治した。一八七〇（明治三）年九月一七日に伊那県の東信地域と北信地域の領域には中野県が置かれ、中信地域と南信地域はそのまま伊那県として残った。ただし中野県では大規模な農民一揆が起こり、県庁が焼失したことから、一八七一（明治四）年六月二二日に県庁が長野に移転し中野県は長野県となった。

同年七月一四日には、北信地域には長野県の他に、飯山県、松代県、須坂県が置かれるとともに一部は椎谷県（現在の新潟県に置かれていた）の管轄下に入った。東信地区の上小地域は上田県と小諸県が置かれたが一部は中野県の管轄下に入った。佐久地域には岩村県が置かれるとともに、多くの地域は中野県の管轄下に入り、その他の地域は小諸県の管轄下に入った。南信地域の諏訪地域には高島県が置かれた。上伊那地域には高遠県が置かれるとともにその一部は高島県の管轄下に入った。伊那地域には飯田県と伊那県が置かれるとともに、一部は高遠県と名古屋県（現在の愛知県に置かれていた）の管轄下に入った。中信地域の木曽地域は高遠県と名古屋県の管轄下に入り、松本地域には松本県が置かれるとともに、その一部は伊那県の管轄下に入った。大北地域は松本県の管轄下に入った。

同年一一月二〇日の第一次統合によって、北信地域の長野県、飯山県、松代県、須坂県と椎谷県の管轄区域の一部、東信地区の上田県、小諸県、岩田村県は統合され長野県となった。南信地域と中信地域の高島県、高遠県、飯田県、伊那県と名古屋県の管轄地域の一部が統合されて筑摩県となった。その時に筑摩県の管轄下にあった飛騨地方は岐阜県の管轄となったことから、長野県と岐阜県の県境地域が合併の帰属先等で若干混乱が生じさせる一因ともなっている。二〇〇五（平成一七）年に山口村が岐阜県中津川市と四六年ぶりの越県合併をし、岐阜県中津川市の区域に移行した要因の一つに、こうした歴史に翻弄された県境集落の実態がある。その後、一八七六（明治九）年の第二次統合によって長野県と筑摩県は統合されて長野県が誕生した(5)。

明治の大合併直前の一八八八（明治二一）年に、長野県には八九一の町村が置かれていたが、翌年の市制・町村制施行後は一六町・三七五村の合計三九一町村（四三・九％）に統合されている。その当時、現在の長野県域の北信には、北信地域に下高井郡と下水内郡の二郡が、長野地域に更級郡（現存せず）、埴科郡、上高井郡、上水内郡の四郡が置かれていた。東信の上小地域には小県郡が、佐久地域には南佐久郡と北佐久郡の二郡が置かれていた。旧長野県側には九つの郡が置かれていたのである。南信の諏訪地域には諏訪郡が、上伊那地域には上伊那郡が、飯伊地域には下伊那郡が置かれた。中信の木曽地域には西筑摩郡（現在の木曽郡）が、松本地域には東安曇郡と南安曇郡（現在の安曇野市）の二郡が、大北地域には北安曇郡が置かれた。旧筑摩県側には七つの郡が置かれたのである。この一六の郡のなかの町村が合併をしながら一部では市制を確立し、近代的な地方自治制度の確立に向けて動きだしたのである。ただし近代的な地方自治制度が確立されるのは第二次世界大戦後のことである(6)。

一九四七（昭和二二）年の日本国憲法と地方自治法施行時の、長野県の六市・二九町・三四七村の合計三八二市町村は、一九五三（昭和二八）年には六市・三四町・三三八村の三七八市町村に変わっただけであったが、昭和の大合併が終了した一九六一（昭和三六）年には、一八市・四〇町・八一村の一三九市町となり、八年間で三六・八％まで激減している。しかし昭和の大合併によって市町村規模が拡大しているにもかかわらず、長野県の各地域では広域的な事務の共同処理を目的とした一部事務組合が複数創設されたのである。長野県内の最初の一部事務組合は一八八八（明治二一）年に設立されたとされている。長野県は「本県の一部事務組合は、歴史も古く、設立数も全国的に見て多い（平成三〇年四月一日現在：六四団体…数字は漢数字に直してある）。小規模自治体が多いことが要因」という説明をしている。長水部分林組合は一九四一（昭和一六）年の設立である。

地域別に見ると、北信の北信地域は地域を二分して、中野市と山ノ内町で岳南消防事務組合を、飯山市と木島平村、野沢温泉村、栄村で岳北広域行政組合を設置しており、圏域を二つの市に区分できる可能性を示している。北信の長野地域では千曲市と坂城町で葛尾組合、六ヶ郷用水組合、千曲坂城消防組合を結成しており、両者の結びつきの強さを示している。東信の上小地域では上田市と長和町が組合立中学校を創立している。東信の佐久地域では佐久市と小諸市、軽井沢町、御代田町、佐久市と佐久穂町、小諸市と北相木村、南相木村の組み合わせで結成された一部事務組合が地域間関係の実態を示している。

南信の諏訪地域では、諏訪市を挟んで、諏訪市、岡谷市、南諏訪町の組み合わせと、諏訪市、茅野市、富士見町、原村の組み合わせが見られる。諏訪地域では、諏訪市、岡谷市、南諏訪町の合併案や、諏訪地域全体の合併案も複数回提案されているばかりか、定住自立圏においては富士見町と原町が山梨県北杜市との間で八ヶ岳定住自立圏を形成しており、地域の再編に関しては先行き不透明な部分もある。上伊那地域では、伊那市、辰野市、蓑輪町、南箕輪村と駒ケ根市、飯島町、中川村、宮田村の組み合わせが顕著で、圏域が二分化されていることがわかる。南信の飯伊地域は一市・三町・一〇村の全市町村で設置している一部事務組合が二組合、三町・一〇村で設置しているものが一組合存在し、圏域全体の結びつきを求めていることがわかる。この地域にはリニア新幹線の駅もできる予定であり、この圏域での新しい形での連携強化策が求められてきている。反面、これまで実現を求めてきた、高速交通網の整備による静岡県の遠州地域や愛知県の東三河地域との「三遠南信地域連携ビジョン推進会議」による「日本の県境連携先進モデル」を継続させるべきなのか、それとも両方の組み合わせを目指すべきかという複数の選択肢が考えられる。将来性をどのように考えるかが問題となっている地域ともいえる(7)。

中信の木曽地域は市の存在しない地域であり、木曽広域行政事務組合が結成されていたが、現在は広域連合が設置されている。全域が日本遺産「木曽路はすべて山の中　～山を守り　山に生きる～」を構成する、御岳県立公園と中央アルプス県立公園に挟まれ、間を旧中山道（国道一九号）と中央本線と木曽川が流れ、北北東から南南西につながる地域である(8)。地域規模からも一体化が望まれているが、平成の大合併で山口村が岐阜県中津川市に編入され、楢川村が塩尻市に編入され圏域を去っているように、他の圏域とや他県の圏域とのつながりにより分裂しやすい傾向もみられる。中信の松本地域では松本市、塩尻市、山形村、朝日村と安曇野市、麻績村、筑北村、生坂村とのつながりが強く、部分的には大北地域の池田町・松川村との絆も強い。大北地域では大町市を挟んで池田町、松川村のグループと、白馬村、小谷村のグループに大別できる。

長野県の各地域や各市町村の関係は複雑である。それは長野県の地理的要因や歴史的要因の影響が色濃く残っているためである。長野県には旧来の交通網を基に新たな交通網が整備されている。主要な道路網を見ると、旧中山道沿いに整備された上信越自動車道が更埴ジャンクションで長野自動車道とつながり、岡谷ジャンクションで旧甲州街道沿いに整備された中央自動車道とつながり中部圏以西につながっている。また上越自動車道は北陸自動車道とつながっている。国道網の整備も進んでいるが、幹線道路以外では松本市から北には大町市を通る国道一四七号線（旧北国街道）が糸魚川市につながり、北には国道一九号線（旧中山道）が名古屋につながっている。飯田市からは国道二五八号線延長線上には三遠南信自動車道の一部分の六・九キロメートルの佐久間道路と二一キロメートルの三遠道路しか開通しておらず、国道一五二号線に沿った高規格道路の整備が求められている。

鉄道網では中央本線が甲州街道沿いに整備され、塩尻駅から木曽地域を通って名古屋駅へつながっている。高崎駅から軽井沢駅、長野駅、新潟駅を結ぶ幹線鉄道であったが、現在は北陸新幹線開通にともないＪＲと第三セクターが混在した路線となっている。飯田線は辰野駅から豊橋駅を結んでいる。ＪＲ東日本が経営する大糸線は松本駅から大町駅を経由して糸魚川駅を結び、ＪＲ西日本の経営する大糸線は松本駅から長野駅を結んでいる。飯山線は信越線豊野駅と上越線越後川口駅を部分的には千曲川沿いに結んでいる。軽井沢・篠ノ井間は第三セクター「しなの鉄道」が営業している。また長野駅から湯田中駅までは私鉄の「長野電鉄」が、松本駅から新島々駅まではアルピコ交通上高地線が走っており、その先はバスが上高地へ向かっている(9)。

このように長野県は地理的な影響もあり、歴史的な交通路に沿って道路網や鉄道網が整備されてきた。それゆえ交通網の整備状況によって結びつきの強い地域と弱い地域が生まれてきており、これが合併に影響を与えていることは否めない。また長野県内の旧国鉄の路線は、長野県でＪＲ東日本とＪＲ西日本に分かれている。このことも長野県が東日本と西日本の結節点にあり、臍（へそ）や中心地を主張する市町村の多さにもつながっているものといえる。こうした特徴が高度経済成長期以降の長野県に様々な影響を与えてきているのである。

3　長野県の広域行政の歴史

昭和の大合併の後の一九六二（昭和三七）年に、池田内閣は「地域間の均衡ある発展」を基本目標とする「全国総合開発計画」を閣議決定し、全国に一五の新産業都市と六の工業整備特別地域を設定した。長野県では松本諏訪地区が新産業都市の一つに指定された。その区域は当時の松本市、岡谷市、諏訪市、大町市、茅野市、塩尻市、諏訪郡下の下諏訪町、富士見町、原村、東筑摩郡下の明科町、本郷村、波田村、山形村、朝日村、南安曇郡下の豊科町、穂高町、奈川村、安曇村、梓川村、三郷村、堀金村、北安曇郡下の池田町、松川村であり、長野県を北部・中部・南部に三区分したときの中部に位置する六市・六町・一一村で構成されたものであり、長野県を東から北北西へむかって横断する形態をした区域であった。

高度経済成長が公害等の環境問題を惹起したことから、一九六九（昭和四四）年に佐藤内閣は「豊かな環境の創造」を基本目標とする「新全国総合開発計画」を閣議決定し、新幹線網や高速道路網の整備、本四架橋や青函トンネルの建設といった大型プロジェクト構想の推進とともに、豊かな環境の創造の広域的な展開を目的に、全国に三三八ヶ所の「広域市町村圏」の創設に着手した。昭和の大合併で基礎自治体の広域化が実践されたにもかかわらず、政府は一部事務組合を手段とした新たな広域行政の実施主体として、広域市町村圏の設置に着手したのである。複合一部事務組合はその有効な実施手段の一つとなった。

表1からわかるように、一九六九（昭和四四）年に長野県では佐久地域と飯伊地域に最初の広域市町村圏が創設された。佐久地域には二市・七町・七村の一六市町村により佐久地域広域行政事務組合が、飯伊地域には一市・三町・一四村の合計一八市町村で飯伊広域行政組合が創設された。翌年には上伊那地域に二市・四町・四村の一〇市町村による上伊那地域広域行政事務組合と、木曽地域に三町・八村の一一町村による木曽広域行政事務組合が創設された。一九七一（昭和四六）年には北信地域に二市・一町・四村の七市町村によ

る北信地域広域行政事務組合、長野地域に三市・七町・八村の一八市町村による長野広域行政組合、上小地域に一市・四町・三村の八市町村で上田地域広域行政事務組合、松本地域に二市・四町・一三村の一九市町村による松本地域広域行政事務組合、大北地域には一市・一町・五村の七市町村による北アルプス広域行政組合の合計五つの広域市町村が創設された。一九七二（昭和四七）年には諏訪地域に三市・二町・一村の六市町村による諏訪地域広域市町村圏事務組合が創設された。

長野県内には二〇〇三（平成一五）年七月一日現在で九六の一部事務組合が存在したが、二〇一〇（平成二二）年四月一日現在では七七に減少している。減少した一九の一部事務組合のほとんどは、構成市町村の合併によって消滅・解消されたものである(10)。表2からわかるように、現在長野県には六四の一部事務組合が存在する。この間に長野県では広域連合の創設と平成の大合併が進行しており、その過程で一部事務組合が減少していった。全国には一五四三の一部事務組合が存在し、都道府県平均は約三三組合、最多は一二九の北海道で、二位は七四の福岡県、三位は六五の山梨県、四位は六四の長野県、五位は五四の岡山県となっており、最少は一一の鳥取県と長崎県と大分県の三県となっている(11)。

その中で一〇の広域市町村圏の各圏域内の市町村同士で設定されている一部事務組合が四七、圏域を超えた市町村によって設定されている一部事務組合が一四、県と圏域を越えた市町村によって創設されているものが「長野県上伊那郡広域水道用水事業団」、松本市、上田市、岡谷市、飯田市、須坂市、小諸市、伊那市、駒ヶ根市、中野市、大町市、飯山市、茅野市、塩尻市、佐久市、千曲市の県内一五市で創設されたものが「長野県交通災害共済組合」、長野県と各市町村等で創設されているものが「長野県市町村自治振興組合」、県内市町村等で創設されているものが「長野県市町村総合事務組合」である(12)。

こうした流れの中で、長野県全域の一二〇市町村は、四年かけて設定された一〇の広域市町村圏のいずれかに参加することとなった。この中で飯伊広域行政組合、木曽広域行政事務組合、上田地域広域行政事務組合、長野地区広域行政事務組合は複合一部事務組合であった。また単数もしくは複数の広域市町村圏を単位に地方生活圏が設定され、長野県では長野地域と北信地域で構成された長野地方生

長野県の市町村と広域行政圏の特色　表1

郡	廃藩置県(明治4年) 7月14日	11月20日	地域区分 4地区	10地区	新しい広域行政策	市町村	各市町村と地域の特色 人口	人口の割合	郡の人口	面積(㎢)	面積の割合
水内郡	中野県		北信	北信地域		中野市	42,797(14位)	2.07%		112.18(38位)	0.83%
	飯山県			北信地域広域行政	北信地域	飯山市	20,201(20位)	0.98%		202.43(21位)	1.49%
	松代県			事務組合(S46年)	定住自立圏	山ノ内町	11,679(30位)	0.57%		265.90(15位)	1.96%
高井郡	中野県			(2市1町4村)	(中心市：中野	木島平村	4,468(53位)	0.22%	下高井郡19,512	99.32(42位)	0.73%
	中野県			北信広域連合	市・飯山市)	野沢温泉村	3,365(61位)	0.16%		57.96(62位)	0.43%
	中野県			(H12.4.1.)	(H24.12.13.)	栄村	1,758(67位)	0.09%	下水内郡1,758	271.66(12位)	2.00%
				(2市1町3村3組合)	(2市1町3村)	小計	**84,268 ⑧**	**4.04%**	2市1町3村	**1009.45 ⑧**	**7.44%**
	中野県					長野市	372,304(1位)	18.04%		834.81(2位)	6.16%
	須坂県			長野地域	長野地域	須坂市	49,991(11位)	2.42%	(旧更級郡)	149.67(29位)	0.37%
	松代県			長野広域行政組合	連携中枢都市圏	千曲市	59,509(9位)	2.88%		119.79(35位)	1.10%
埴科郡	松代県			(S46年)	連携中枢都市：	坂城町	14,470(26位)	0.70%	埴科郡14,470	53.64(66位)	0.40%
	中野県			(3市7町8村)	長野市	小布施町	10,500(34位)	0.50%	上高井郡17,308	19.12(77位)	0.14%
	(推谷県)				(H28.3.29.)	高山村	6,808(44位)	0.33%		98.56(43位)	0.73%
更級郡	中野県			長野広域連合	(3市4町2村)	信濃町	7,967(41位)	0.38%		149.30(30位)	1.10%
	飯山県			(H12.4.1.)	(坂城町は上田地域定	飯綱町	10,500(33位)	0.51%	上水内郡20,928	75.00(52位)	0.55%
	中野県			(3市4町2村)	定住自立圏にも加盟	小川村	2,461(66位)	0.12%		58.11(61位)	0.43%
						小計	**534,510 ①**	**25.90%**	3市4町2村	**1558.00 ④**	**11.49%**
				北信地区計			**618,778 ●**	**29.98%**	5市5町5村	**2567.45 ●**	**18.93%**
小県郡	上田県	長野県	東信	上小地域(1市4町3村)	上田地域定住自立圏	上田市	155,323(3位)	7.53%		552.04(6位)	4.07%
	小諸県			上田地域広域行政	中心市：上田市	東御市	29,561(17位)	1.43%		112.37(37位)	0.83%
	中野県			事務組合(S46年)	(H23.7.:2市3町2村)	長和町	5,847(48位)	0.28%	小県郡10,001	183.86(24位)	1.36%
	上田県			上田地域広域連合(H10	坂城町・立科町加盟	青木村	4,154(57位)	0.20%		57.10(63位)	0.42%
				2市2町1村-坂城町参加)	群馬県嬬恋村加盟	小計	**194,885 ⑤**	**9.44%**	2市1町1村	**905.37 ⑨**	**6.68%**
佐久郡	小諸県					小諸市	41,755(15位)	2.02%		98.55(44位)	0.73%
	岩村田県					佐久市	98,887(5位)	4.79%		423.51(8位)	3.12%
	中野県			佐久地域	佐久地域	小海町	4,499(52位)	0.22%		114.20(36位)	84.00%
				佐久地域広域行政	定住自立圏	佐久穂町	10,536(32位)	0.51%		188.15(23位)	1.39%
				事務組合(S44)	中心市:佐久市	川上村	4,727(49位)	0.23%	南佐久郡24,864	209.61(20位)	1.55%
				(2市7町7村)	(H24.1.12.)	南牧村	3,388(62位)	0.16%		133.09(33位)	0.98%
					(3市5町4村)	南相木村	953(72位)	0.05%		66.05(58位)	0.49%
				佐久広域連合		北相木村	761(75位)	0.04%		56.32(64位)	0.42%
				(H12.4.1.)	東御市(上田地域)	軽井沢町	19,193(22位)	0.93%		156.03(28位)	1.15%
				(2市5町4村)	が加盟	御代田町	15,246(25位)	0.74%	北佐久郡41,400	58.79(60位)	0.43%
	小諸県					立科町	6,961(43位)	0.34%		66.87(55位)	0.49%
						小計	**206,906 ③**	**10.03%**	2市5町4村	**1571.17 ③**	**11.59%**
				東信地区計			**401,791 ●**	**19.47%**	4市6町5村	**2476.54 ●**	**18.26%**
			旧長野県地域計				**1,020,569**	**49.45%**	9市11町10村	**5,043.99**	**37.19%**
諏訪郡	高島県		南信	諏訪地域		岡谷市	48,748(13位)	2.36%		85.10(48位)	0.63%
				諏訪地域広域市	(未　定)	諏訪市	49,112(12位)	2.38%		109.17(40位)	0.80%
				町村圏事務組合		茅野市	55,804(10位)	2.70%		266.59(14位)	1.97%
				(S47:3市2町1村)	(富士見町と原村は	下諏訪町	19,626(21位)	0.95%		66.87(56位)	0.49%
				諏訪広域連合	八ヶ岳定住自立圏・	富士見町	14,091(27位)	0.68%	諏訪郡41,372	144.76(31位)	1.07%
				(H12.7.1.)	中心市：山梨県	原村	7,655(42位)	0.37%		43.26(70位)	0.32%
				(3市2町1村)	北杜市に加盟)	小計	**195,036 ④**	**9.45%**	3市2町1村	**715.75 ⑩**	**5.28%**
伊那郡	高遠県				伊那地域定住自立圏	伊那市	67,120(7位)	3.25%		667.93(3位)	4.93%
				上伊那地域	中心市:伊那市	駒ヶ根市	32,276(16位)	1.56%		165.86(27位)	1.22%
				上伊那地域広域行	(H28.1.7.)	辰野町	19,124(23位)	0.93%		169.20(25位)	1.25%
	高島県			政事務組合(S45)	(1市1町1村)	箕輪町	25,118(19位)	1.22%		85.91(47位)	0.63%
				(2市4町4村)	(伊那市箕輪町	飯島町	9,206(37位)	0.45%	上伊那郡82,314	86.96(46位)	0.64%
				上伊那広域連合	南箕輪村)	南箕輪村	15,443(24位)	0.75%		40.99(71位)	0.30%
	高遠県			(H11.7.1.)	(駒ケ根市、辰野町、	中川村	4,691(50位)	0.23%		77.05(50位)	0.57%
				(2市3町3村)	飯島町、中川村、	宮田村	8,732(38位)	0.42%		54.50(65位)	0.40%
					宮田村は非加盟)	小計	**181,710 ⑥**	**8.80%**	2市3町3村	**1348.40 ⑥**	**9.94%**
	飯田県					飯田市	99,157(4位)	4.80%		658.66(4位)	4.86%
	高遠県					松川町	12,769(29位)	0.62%		72.79(53位)	0.54%
						高森町	12,832(28位)	0.62%		45.36(68位)	0.33%
	(名古屋県)			飯伊地域		阿南町	4,605(51位)	0.22%		123.07(34位)	0.91%
	伊那県			飯伊広域行政組合		阿智村	6,317(46位)	0.31%		214.43(19位)	1.58%
				(S44年)	南信州地域	平谷村	415(77位)	0.02%		77.37(49位)	0.57%
				(1市3町14村)	定住自立圏	根羽村	890(73位)	0.04%		89.97(45位)	0.66%
	(名古屋県)				中心市：飯田市	下條村	3,666(59位)	0.18%	下伊那郡58,458	38.12(74位)	0.28%
					(H21.7.14.)	売木村	528(76位)	0.03%		43.43(69位)	0.36%
	伊那県			南信州広域連合	(1市3町10村)	天龍村	1,221(70位)	0.06%		109.44(39位)	0.81%
				(H11.7.1.)		泰阜村	1,600(69位)	0.08%		64.59(59位)	0.48%

	高遠県	筑摩県		(2市3町3村)		喬木村	6,153(47位)	0.30%		66.61(57位)	0.49%
						豊丘村	6,485(45位)	0.31%		76.79(51位)	0.57%
						大鹿村	977(71位)	0.05%		248.29(16位)	1.83%
						小計	**157,615 ⑦**	**7.64%**	1市3町10村	**1928.92 ①**	**14.22%**
				南信地区計			**534,361 ❷**	**25.89%**	6市8町14村	**3993.07 ❷**	**29.44%**
筑摩郡	(名古屋県)		中信	**木曽地域**		上松町	4,375(55位)	0.21%		168.42(26位)	1.24%
				木曽広域行政		南木曽町	4,039(58位)	0.20%		215.93(18位)	1.59%
				事務組合(S45)	**木曽広域自立圏**	木曽町	11,076(31位)	0.54%	木曽郡26,622	476.03(7位)	3.51%
	高遠県			(3町8村)	中心市：なし	木祖村	2,775(64位)	0.13%	(旧西筑摩郡)	140.50(32位)	1.04%
	(名古屋県)			**木曽広域連合**	(H28.3.29.)	王滝村	762(74位)	0.04%		310.82(10位)	2.29%
				(H11.4.1.)	(1市1町3村)	大桑村	3,595(60位)	0.17%		234.47(17位)	1.73%
				(3町3村)		小計	**26,622 ⑩**	**1.29%**	3町3村	**1546.17 ⑤**	**11.40%**
	松本県					松本市	241,132(2位)	11.68%		978.47(1位)	7.21%
	伊那県			**松本地域**	**連携中枢都市圏**	塩尻市	66,929(8位)	3.24%		289.98(11位)	2.14%
	松本県			松本地域広域行政	**の形成を検討中**	安曇野市	94,703(6位)	4.59%	(旧南安曇郡)	331.78(9位)	2.45%
	伊那県			事務組合 (S46)	松本市：2021.4.1.に	麻績村	2,654(65位)	0.13%		34.38(75位)	0.25%
				(2市4町13村)	中核市への移行を検討	生坂村	1,696(68位)	0.08%		39.05(73位)	0.29%
				松本広域連合	その後連携中枢都市	山形村	8,383(40位)	0.41%	東筑摩郡21,538	24.98(76位)	0.18%
				(H11.2.1.)	圏形成を予定	朝日村	4,385(56位)	0.21%		70.62(54位)	0.52%
安曇郡				(3市5村)	(3市5村)	筑北村	4,420(54位)	0.21%		99.47(41位)	0.73%
						小計	**424,302 ②**	**20.56%**	3市5村	**1868.73 ②**	**13.78%**
	松本県			**大北地域**	**北アルプス地域**	大町市	26,820(18位)	1.30%		565.15(5位)	4.17%
				北アルプス広域	**連携自立圏**	池田町	9,527(36位)	0.46%		40.16(72位)	0.30%
				行政組合 (S46)	中心市:大町市	松川村	9,700(35位)	0.47%	北安曇郡30,729	47.07(67位)	0.35%
				(1市1町5村)	(H28.3.29.)	白馬村	8,724(39位)	0.42%		189.36(22位)	1.40%
				北アルプス広域連合	(1市1町3村)	小谷村	2,778(63位)	0.13%		267.91(13位)	1.98%
				(H12.2.:1市1町3村)		小計	**57,549 ⑨**	**2.79%**	1市1町3村	**1109.65 ⑦**	**8.20%**
				中信地区計			**508,473 ❸**	**24.64%**	4市4町11村	**4524.55 ❶**	**33.36%**
			旧筑摩県地域計				**1,042,834**	**50.53%**		**8,517.62**	**62.80%**
	現在の長野県は明治9年		長野県合計				2,063,865	平均:26,803	19市23町35村	13,561.61	平均176.12
	8月に長野県と筑摩県が		市計				1,652,129	80.05%	平均86,954人	6,724.04	平均353.90
	合併して誕生した		郡計				411,736	19.95%	平均7,099人	6,837.57	平均117.89

長野県を北部・中部・南部に三区分する考えでは、東部は北信地域・大北地域、中部は松本地域・上伊那地域・諏訪地域、南部は飯伊地域・木曽地域としている。

註　参考資料1　長野県企画振興部市町村課編『長野県市町村ハンドブック』平成30年版、（公財）長野県市町村振興協会、平成36年6月

参考資料2　長野県企画振興部市町村課「長野県の広域連合について」、「地方自治をめぐる動き～市町村を取り巻く現状と課題」平成30年9月（ゼミの聞き取り調査時の資料）

参考資料3　長野県庁HP「県政情報・資料」の各項目を参照して整理した（https://www.pref.nagano.lg.jp/tokei/happyou/jinkou.html）

参考資料4　国立公文書館「長野県誕生！一公文書・古文書から読みとく一」『アーカイブス第67号』（http://www.archives.go.jp/publication/archives/no67/6931）

参考資料5　イーエヌプランニング「歴史を紐解く(廃藩置県)一長野県編」（http://fukuoka-enplan.com/blog/2017/10/13/…略…）

参考資料6　日本経済新聞「行政サービス　県が支援」2018年11月15日、日本経済新聞朝刊・地域経済

活圏（いわゆる北信）、松本地域、大北地域、木曽地域で構成された松本地方生活圏（いわゆる中信）、佐久地域と上小地域で構成された上田地方生活圏（いわゆる東信）、諏訪地域と上伊那地域で構成された諏訪・伊那地方生活圏（いわゆる南信）、飯伊地域単独で構成された飯田地方生活圏（いわゆる南信）の五圏域が設定された。いわゆる南信だけが分割された背景には、交通網を中心とした地域経済圏の分離傾向の存在が認められる。

一九七三（昭和四八）年の第四次中東戦争とオイルショックの影響を受けて、福田赳夫内閣は一九七七（昭和五二）年に「人間居住の総合的環境整備」を基本目標とする第三次全国総合開発計画を閣議決定した。計画は、広域市町村圏に「新広域市町村計画」の策定を求めるとともに、全国へのモデル定住圏四四ヶ所、テクノポリス二六ヶ所、いわゆる頭脳立地地域二六ヶ所の設置に踏み切った。長野県では飯伊地域がモデル定住圏に、二市・七町・七村の佐久地域を中心とした二市・八町・八村の地域が「千曲川高原リゾート構想」対象地域に、東信と北信の一部の上田市、小諸市、佐久市、坂城町、丸子町、東部町、御代田町、軽井沢町、臼田町、北御牧町の二市・七町の九市町で構成された地域が「浅間テクノポリス」に指定された。

「浅間テクノポリス」は、一九八四（昭和五九）年の高度技術工業集積地域開発促進法（テクノポリス法）の制定を受けて長野県が提唱した「テクノハイランド構想」の五構想の中の一地域である。「浅間テクノポリス」だけが翌年にテクノポリス法の承認を受けたことから、長野県は財団法人浅間テクノポリス開発機構を設立するとともに、一九八六（昭和六一）年には「善光寺バレー地域」、「アルプスハイランド地域」、「諏訪テクノレイクサイド地域」、「伊那テクノバレー地域」を管轄する財団法人長野県テクノハイランド開発機構を設立し、県内の産業開発にあたった。その後二〇〇一（平成一三）年にテクノハイランド構想が終了したことから、両財団を解散し、財団法人長野県テクノ財団を設立し現在に至っている(13)。

一九八七（昭和六二）年に中曽根内閣は「多極分散型国土の構築」を基本目標とする第四次全国総合開発計画を閣議決定した。そこでは全国に地方拠点都市八一ヶ所と、いわゆるリゾート整備地域四二ヶ所の設置に踏み切った。長野県では飯伊地域と上小地域が地方拠点都市地域に、佐久地域がリゾート整備地域の指定を受けた。さらに長野県では地域経済活性化対策推進地域として木曽地域と大北地域が指定を受けている。その後長野県の一〇の広域市町村圏の中で、佐久地域広域圏と諏訪地域広域圏を除く八地域はふるさと市町村圏に選定された。また木曽地域、大北地域、長野地域は地域経済基盤強化対策推進地域にも指定されている。このように政府は、四次にわたる全国総合開発計画で広域行政圏を設定し、それぞれの地域の特性に合わせた圏域設定を行い、広域的な地域開発あるいは発展政策を推進してきていたのである(14)。

広域連合は一九九五(平成七)年六月の地方自治法の改正を受けて、特別地方公共団体の一つとして誕生したものである。広域連合制度導入の背景には、進行してきた少子高齢社会への対応策としての側面が見られる。政府は一九八九(平成元)年に消費税制度を導入し、「高齢者保健福祉推進十か年戦略」すなわちゴールドプランを策定し、翌年には福祉八法の改正を通じて、低成長下の福祉政策とその対応策を模索してきた。一九九四(平成六)年には高齢化対策の柱として新ゴールドプランを策定し、少子化対策としてエンジェルプランを策定した。こうした福祉政策の効率的な推進には地方行政の広域行政化が不可欠である。それゆえ政府は一方で道州制の導入や市町村合併策を模索しつつ、広域行政主体としての広域連合制度の創設に向かっていったのである(15)。

地方自治法第三章「地方公共団体の組合」第一節「総則」の第二八四条「組合の種類及び設置」にいう組合は、改正前は全部事務組合、役場事務組合、一部事務組合の三種類であったが、改正後は第二八四条第一項に「地方公共団体の組合は、一部事務組合及び広域連合とする。」と規定されたように、地方公共団体の組合は一部事務組合と広域連合の二種類となった。それゆえ広域連合には、実質的な市町村合併ともいえる全部事務組合や、事務の全般を構成する市区町村の合同組織ともいえる役場事務組合に類似した機能を有する組合の設立も認められているものと判断できる。

また地方自治法二九一の五「議会の議員及び長の選挙」の第一項には、「広域連合の議会の議員は、政令で特別の定めをするものを除くほか、広域連合の規約で定めるところにより、広域連合の選挙人(広域連合を組織する普通地方公共団体又は特別区の議会の議員及び長の選挙権を有する者で当該広域連合の区域内に住所を有するものをいう。次項及び次条第七項において同じ。)が投票により又は広域連合を組織する地方公共団体の議会においてこれを選挙する。」との規定が、第二項には「広域連合の長は、政令で特別の定めをするものを除くほか、広域連合の規約で定めるところにより、広域連合の選挙人が投票により又は広域連合を組織する地方公共団体の長が投票によりこれを選挙する。」との規定が置かれた。これらの規定は同法第二九一条の四第一項第七号「広域連合の議会の組織及び議員の選挙の方法」と、第八号「広域連合の長、選挙管理委員会その他執行機関の組織及び選任の方法」を受けた規定であり、広域連合は選挙で選ばれる長と議会を置くこともできるとされた。それゆえ広域連合は、ある程度普通地方公共団体に近い特別地方公共団体となることを可能とする内容も含まれた制度なのである。

「広域連合を組織する普通地方公共団体又は特別区の議会の議員及び長の選挙権を有する者で当該広域連合の区域内に住所を有する」選挙人によって、広域連合の議会の議員及び長が直接公選又は間接選挙で選出されるとする規定は、長は置かずに管理者を置き、議会の議員や管理者は選挙され又は選任されるとする一部事務組合にくらべて、広域連合が民主的な特別地方公共団体であることを強調した規定といえる。また一部事務組合には特段の規定がない直接請求権が、同法第二九一条の六の「直接請求」において広域連合には認められていることも同様の趣旨をもつ規定といえる。それゆえ一部事務組合では公平委員会と監査委員だけが必置とされているのに対して、広域連合では公平委員会と監査委員と選挙管理委員会が必置とされているのである(16)。

長野県では平成の大合併に先立つ一九九八（平成一〇）年に、上田地域広域行政事務組合を構成する上田市、丸子町、長門町、東部町、真田町、武石村、和田村、青木村の一市・四町・三村の八市町村によって上田地域広域連合が創設された。その主要な処理事務として、広域行政の推進、消防事務、介護認定審査・調査、特養老人ホームなどをあげることができる。翌年二月には、松本地域で松本市、塩尻市と東筑摩郡を構成していた明科町、四賀村、本城村、坂北村、麻績村、坂井村、生坂村、波田町、山形村、朝日村、豊科町、穂高町、奈川村、安曇村、梓川村、三郷村、堀金村の二市・四町・一三村の一九市町村によって松本広域連合が創設されている。

平成の大合併がスタートした四月一日には、木曽地域の木曽福島町、日義村、開田村、三岳村、上松町、南木曽町、木祖村、大滝村、大桑村、楢川村、山口村の三町・八村の一一町村によって木曽広域連合が、飯伊地域の飯田市、松川町、高森町、阿南町、清内路村、阿智村、浪合村、平谷村、根羽村、下条村、売木村、天龍村、泰阜村、喬木村、豊丘村、大鹿村、上村、南信濃村の一市・三町・一四村の一八市町村によって南信州広域連合が創設された。なお、木曽広域連合は長野県内一〇の広域連合のなかで唯一市が存在しない地域のものである。七月には上伊那地域の伊那市、駒ケ根市、高遠町、辰野町、箕輪町、飯島町、南箕輪村、中川村、長谷村、宮田村の二市・四町・四村の一〇市町村によって上伊那広域連合が創設された。

二〇〇〇（平成一二）年二月には大北地域の大町市、池田町、松川村、八坂村、美麻村、白馬村、小谷村の一市・一町・五村によって北アルプス広域連合が創設された。四月には長野地域の長野市、須坂市、更埴市、上山田町、大岡村、坂城町、戸倉町、小布施町、高山村、信州新町、豊野町、信濃町、牟礼村、水戸村、戸隠村、鬼無里村、小川村、中条村の三市・七町・八村の一八市町村によって長野広域連合が、北信地域の中野市、飯山市、山ノ内町、木島平村、野沢温泉村、豊田村、栄村の二市・一町・四村の七市町村によって北信広域連合が、佐久地域の小諸市、佐久市、臼田町、佐久町、小海町、川上村、南牧村、南相木村、北相木村、八千穂町、軽井沢町、望月町、御代田町、立科町、麻績村、北御牧村の二市・七町・七村の一六市町村によって佐久広域連合が創設された。なお北信広域連合には北信保健衛生施設組合、岳北広域行政組合、岳南広域消防組合の三つの一部事務組合も加盟している。七月一日には諏訪地域の岡谷市、諏訪市、茅野市、下諏訪町、富士見町、原町の三市・二町・一村の六市町村によって諏訪広域連合が創設された。

長野県の一〇の広域連合が共通して処理している事務は「介護認定審査会」、「障害者支援区分認定調査会」、「調査研究機能」である。また「ごみ処理」（九連合）、「消防」（八連合）、「職員研修」（七連合）を行う広域連合も多い(17)。市町村が広域処理に適した事務の共同処理を目的として広域連合を創設し、事務処理のあたっていた時に追加的に付与された事務が、二〇〇八（平成二〇）年四月の後期高齢者医療保険制度の施行であった。その受け皿として都道府県の大半は二〇〇七（平成一九）年一月から三月（二〇〇六年度末）に後期高齢者医療広域連合を創設しているのであり、長野県も例外ではなかった。もう一つが二〇一〇（平成二二）年に長野県と長野県内市町村を構成団体として創設された長野県地方税滞納整理機構である。これは地方税及国民健康保険料に係る滞納事案の処理とその関連事項に対処するための県も参加する広域連合である。超高齢社会と地域経済の実態などを反映して創設された組織である。

広域連合は全国に一一六存在している。その中で唯一例外的なものが、滋賀県、京都府、大阪府、兵庫県、奈良県、和歌山県、鳥取県及び徳島県並びに京都市、大阪市、堺市及び神戸市の二府・六県・四市で構成された関西広域連合である。それ以外は四七都道府県それぞれに、構成全市町村によって創設された後期高齢者医療広域連合と、六七の各都道府県の内部に構成市町村の一部や一部事務組合等で創設された広域連合である。広域連合が最多なのは一三の北海道であり、一二の長野県がそれに続いている。三位は八の三重県、四位は五の岐阜県と熊本県、六位は四の愛知県となっている。七位は三の京都府と七県、一四位が二の大阪府と一二県、残りは後期高齢者医療広域連合だけの東京都と二一の県である。ここでも北海道と長野県の特殊性が伝わってくる。人口や面積からみた場合、長野県の特異性が際立っていることは言うまでもない(18)。

なお長野県の各地域に創設されている一部事務組合は表2の通りである。詳細を見ると、北信地域には圏域内が二組合、圏域を超えて創設（圏域超）されたものが一組合の合計三の組合、長野地域には圏域内八組合と圏域超一事務組合の合計九事務組合が創設され、北信には圏域内一〇組合と圏域超二組合の合計一二組合が創設されている。上小地域には圏域内四組合と、圏域超一組合の合計五組合、佐久地域には圏域内八組合と圏域超二組合の合計一〇組合、東信には圏域内一二組合と圏域超三組合の合計一五組合がある。諏訪地域には圏域内六組合と圏域超二組合の合計八組合、上伊那地域は圏域内二組合と圏域超三組合の合計五組合、飯伊地域には圏域内六組合と圏域超一組合の合計七組合、南信には圏域内一四組合と圏域超六組合の合計二〇組合、大北地域には圏域内三組合と圏域超一組合の合計四組合が存在している。長野県の一〇の広域連合には圏域内四七組合と圏域超一四組合の合計六一の一部事務組合が存在している。

その他として三つの一部事務組合がある。その第一のものが一九六八（昭和四三）年に松本市、上田市、岡谷市、飯田市、須坂市、小諸市、伊那市、駒ヶ根市、中野市、大町市、飯山市、茅野市、塩尻市、佐久市、千曲市の一五市で創設された「長野県交通災害共済組合」である。第二のものが一九六一（昭和三六）年に県内町村で創設され、現在は安曇野市と五八の県内全町村で構成されている「長野県市町村総合事務組合」である。この団体に事務を委託しているものは六二の一部事務組合と広域連合である。第三のものが一九九五（平成七）年に県内各市町村、長野県、県市長会、県町村会、研修センター、広域連合で創設された「長野県市町村自治振興組合」である。一部事務組合と広域連合を加えた場合、長野県の総数は七八で第二位となっている。ただしそこにはすでに閉鎖された一部事務組合が二組合入っている。それを除いた場合には七六で山梨県と同数となる(19)。

4　長野県の広域連合の整備と平成の大合併

長野県では広域連合創設後に平成の大合併が行われた。平成の大合併は一九九九（平成一一）年四月一日から二〇一〇（平成二二）年三月三一日にかけて行われたが、長野県では平成の大合併に先行あるいは並行する形で広域連合の形成が始まり、平成の大合併開始後一年程の間に県内全域に広域連合が創設された。全国的に見ると平成の大合併は、二〇〇六（平成一八）年三月三一日の一八二一市町村となることでほとんど終焉していたが、長野県の平成の大合併の進捗率は低かったのである。長野県の平成の大合併は、前述のように、全市町村数と人口一万人以下の市町村数は北海道に次ぐ全国二位を、村の数は昭和の大合併以降の全国一位を継続しているのである(20)。

広域連合の整備が進み、平成の大合併が進展しなかった長野県にあっては、広域連合の創設は平成の大合併の代替手段の一つとなったといわざるを得ない面がある(21)。広域連合は一九九五（平成七）年六月に施行された制度である。総務省はその特色を、「一、広域的な行政ニーズに柔軟かつ複合的に対応できること、二、広域的な調整をより実施しやすい仕組みとしていること、三、権限委譲の受け皿となることができること、四、広域連合の長と議員は直接又は間接の選挙により選出されるより民主的な仕組みを採用していること」と説明している(22)。広域的な組織であり、権限移譲の受け皿となりうる点は、まさに合併に代わる広域行政の実施主体としての特色を有しているといえる。政府は平成の大合併終了直前の二〇〇九（平成二一）年三月三一日で、広域行政圏（広域市町村圏・大都市周辺広域行政圏）の廃止に踏み切った(23)。このことも広域連合に合併の代替手段としての性格を強める一因になったものと考えられる。長野県は広域連合の特徴を活用し、あまり進捗しなかった平成の大合併に類似した効果をもたらそうとしたものといえる。

長野県内の一部事務組合と各市町村の特色　表2

4地区	10地区	市町村	一部事務組合(地域内)	一部事務組合(地域を超えて設置)	過疎地域	特定農山村	振興山村	小さな拠点	地域運営組織	地域おこし協力隊員数
北信	北信地域	中野市	**岳南広域消防組合(H7)**	**北信保健衛生施設組合 (S44)**		一部		(豊田地区、中学校区、4,109人)		4
		山ノ内町		ごみ・廃棄物処理、し尿処理、火葬場	○	一部	一部	(須賀川地区、小学校区、1,198人)		3
		飯山市	**岳北広域行政組合(S50)**	(中野市、**長野市**、**小布施町**、**信濃**	○	○	一部			2
		木島平村		町、**飯綱町**、山ノ内町)	○	○	一部			4
		野沢温泉村	(火葬場、し尿、ごみ焼却、	〔二つの事務組合を解散して設立〕	○	○	一部			2
		栄村	消防事務等)		○	○	○			4
		小計	2組合	1事務組合				〔2〕	0	**19**
	長野地域	長野市	**長水部分林組合(S16)** 部分林 (長野市、信濃町、飯綱町、小川村) **千曲衛生施設組合(S35)** 千曲衛生センター (千曲市、長野市、坂城町) **北部衛生施設組合(S41)** ごみ・し尿処理 (信濃町、飯綱町) **須高行政事務組合 (S39)**	**東北信市町村交通災害共済事務組合** **(S62)**(東信12市町村と北信10町村で構成)	一部	一部	一部	小田切、その他、938人 芋井、中学校区、2,231人 七二会、中学校区、1,588人 信更、中学校区、2,068人 戸隠、中学校区、3,611人 鬼無里、中学校区、1,406人 大岡、中学校区、984人 信州新町、中学校区、4,240人 中条、中学校区、1,782人	小田切地区住民自治協議会、任意団体 芋井地区住民自治協議会、任意団体 七二会地区住民自治協議会、任意団体 信更地区住民自治協議会、任意団体 戸隠地区住民自治協議会、任意団体 鬼無里地区住民自治協議会、任意団体 大岡地区住民自治協議会、任意団体 信州新町住民自治協議会、任意団体 中条地区住民自治協議会、NPO法人	20
		須坂市	汚物処理、し尿処理、火葬場等			一部	一部			4
		千曲市	(須坂市、長野市、小布施町、高山町)			一部				6
		坂城町	**葛尾組合(S41)**							0
		小布施町	ごみ処理、霊園、危険物・不燃ごみ・							4
		高山村	ごみ処理(坂城町、千曲市)			○	○	中山地区、その他、1,345人		0
		信濃町	**六ヶ郷用水組合用水(S31)**(千曲、坂城)		○	一部	一部			3
		飯綱町	**千曲坂城消防組合(S45)** 消防事務 (千曲市、坂城町)					赤東区毛野集落、小学校区、1,125人 野村上区、小学校区、1,701人		4
		小川村	**高山村外一市一町財産組合(T4)**		○	○				10
		小計	8事務組合	1事務組合				12	9	**51**
東信	上小地域	上田市	**上田市名和町中学校組合(S30)**	**川西保健衛生施設組合(S39)**		一部	一部	(武石地区、その他、3,552人)	住みよい立石を創る会、任意団体	6
		長和町	**依田窪医療福祉事務組合(S58)**	し尿、ごみ処理、母子健康センター		○				7
		東御市	**上田市東御市真田共有財産組合(M33)**	川西赤十字病院施設、下水道、汚泥	○	○	一部			4
		青木村	**青木村及び上田市共有財産組合(T5)**	処理(東御市、**佐久市**、**立科町**)		○	一部	村松地区、小学校区より狭、825人	村松区、法人格のない任意団体	1
		小計	4事務組合	1事務組合				1 〔1〕	2	**18**
	佐久地域	小諸市	**浅麓環境施設組合(S39)** し尿、下水道、	**北佐久郡老人福祉施設組合(S40)**		○				6
		佐久市	汚泥処理(小諸、佐久、軽井沢、御田代)	老人福祉施設等(佐久市、**東御市**、	一部	一部	一部			9
		小海町	**佐久平環境衛生組合(S37)** し尿、浄化	軽井沢町、御代田町、立科町)	○	○	○	土村・馬流地区、小学校区、4,825人		4
		佐久穂町	槽汚泥処理 (佐久市、佐久穂町)	**佐久水道企業団(S30)** 佐久平水道組合		○	一部			2
		川上村	**佐久市・軽井沢町清掃施設組合(S55)**	が前身:現在は佐久市、佐久穂町、御		○	○			0
		南牧村	じん芥処理(佐久市、軽井沢町)	代田町、**東御市**で構成)		○	○			0
		南相木村	**南佐久環境衛生組合(H5)** ごみ処理、し尿処理(佐久市、南佐久全町村)		○	○	○	中島地区、小学校区より狭、468人	地区自治会(**3**地区)、任意団体	5
		北相木村	**浅麓水道企業団(S42)**(佐久市、軽井沢町、立科町、御代田町)		○	○	○			2
		軽井沢町	**佐久市・北佐久郡環境施設組合(H26)** ごみ処理(佐久、軽井沢、立科、御代田)				一部			0
		御代田町	**小海町北相木村南相木村中学校組合(S54)** 中学校(小海町、北相木村、南相木村)							1
		立科町	**蓼科山財産組合(S44)**			○	一部	古町区、小学校より狭、1,155人	区の自治会、法人格のない任意団体	2
		小計	8事務組合	2事務組合				3	4	**31**
南信	諏訪地域	岡谷市	**湖周行政事務組合(H23)**(岡谷、諏訪、下諏)	**湖北行政事務組合 (S37)**						0
		諏訪市	**諏訪市・茅野市衛生施設組合 (S38)**	し尿処理等(岡谷市、諏訪市、**辰野町**)		一部				0
		茅野市	**諏訪広域公立大学事務組合(H29)**	**白樺湖下水道組合(S51)**(茅野市、立科町)		一部				13
		下諏訪町	**南諏訪衛生施設組合 (S46)** し尿、ごみ処理(富士見町、原村)			一部				2
		富士見町	**諏訪中央病院組合(S28)** 老人保健施設、訪問看護専門学校(茅野市、諏訪市、原村)			一部		富士見町全域、中学校区、14,700人	区会、法人格のない任意団体	7
		原村	**諏訪南行政事務組合(S49)** 火葬場、清掃C(茅野市、諏訪市、富士見町、原村)					役場周辺、小学校区、7,963人	区会、法人格のない任意団体	3
		小計	6事務組合	2事務組合				2	2	**25**
	上伊那地域	伊那市	**伊那中央行政組合(S38)** し尿処理・汲取	**辰野町塩尻市小学校組合(S28)**	一部	一部	一部	長谷地区・中学校・1,751人	長谷地区小さな拠点づくり協議会・任意	7
		辰野町	運搬、ごみ焼却等(伊那、箕輪、南箕輪)	(辰野町、**塩尻市**)		一部				2
		箕輪町	**伊南行政組合 (S10)** 火葬場、し尿・ごみ	**塩尻市辰野町中学校組合 (S28)**		○	一部			10
		南箕輪村	処理施設等(駒ケ根、飯島、中川、宮田)	(辰野町、**塩尻市**)		一部	一部			4
		駒ヶ根市	両小野国保病院組合 (H29閉鎖)	**長野県上伊那郡広域水道用水企業団(S55)**		一部				13
		飯島町	伊那消防組合(H27年廃止?)消防事務	(長野県、伊那、駒ケ根、箕輪、南箕輪、宮田)						5
		中川村	(伊那市、辰野町、箕輪町、南箕輪村) 伊北環境行政組合(H29閉鎖) 不燃・粗大ご		○	○	一部	役場周辺、小学校区、2,297人 チャオ周辺、中学校区、2,688人	大草地区活性化委員会、任意団体 片桐地区、認可地縁団体	3
		宮田村	み処理(箕輪町、辰野町、南箕輪村)							6
		小計	2事務組合	3事務組合				3	3	**48**
	飯伊地域(下伊那地方)	飯田市	**下伊那自治センター組合(S49)**	**南信地域町村交通災害共済事務組合**	一部	一部	一部			3
		松川町	自治センター(飯伊地域の全市町村)	**(S62)**(諏訪郡、下伊那郡、上伊那郡		一部				3
		高森町	**下伊那郡土木技術センター組合**	の全町村)		○				0
		阿南町	**(S53)** 土木工事調査・研究・技術指導等		○	○	一部			1
		阿智村	(下伊那郡全市町村)		一部	○	一部			3
		平谷村	**下伊那西部衛生施設組合(S47)** し尿、		○	○	○			2
		根羽村	じん芥処理、火葬場(阿智村、平田村)		○	○	○			2
		下條村	**下伊那郡町村総合事務組合(S26)**							1
		売木村	公平委員会他 郡内町村+4一部事務組合		○	○	○			7
		天龍村	**下伊那南部総合事務組合(S52)**		○	○	○			8
		泰阜村	職員研修他(阿南、下条、売木、天竜、泰阜)		○	○	○			2
		喬木村	**下伊那北部総合事務組合(H21)** 火葬場等			○		堰下地区、中学校区、6,509人	阿島区、法人格のない任意団体	2
		豊丘村	(豊岡、松川、高森、喬木、大鹿)			○	一部	(南信州豊岡マルシェ:仮、その他、6,767人)	(株式会社豊かな丘:仮、株式会社)	12
		大鹿村	**下伊那郡町村公平委員会組合**(下伊那郡全町村、南信州広域連合、5一部事務組合)		○	○	○			4
		小計	6事務組合	1事務組合				1 〔1〕	1 〔1〕	**50**
	木曽地域	上松町	(木曽広域連合のみ)	松塩筑木曽老人福祉施設組合	○	○	○			5
		南木曽町		10の特別養護老人ホームと	○	○	○			6
		木曽町		7のデイサービスセンター	○	○	一部			6
		木祖村		(松本地域と木曽地域の三市三町八村)	○	○	○			3
		王滝村		安曇野市(組合の事務処理範囲は、	○	○	○			10
		大桑村		旧明科町の区域)	○	○	○	長野地区、小学校区より狭、273人		0
		小計	0	0				1		**30**
中信	松本地域	松本市	**松塩筑老人福祉施設組合(S27)** **安曇野松筑広域環境施設組合(S53)**	**中信地区町村交通災害共済事務組合** (S62)(木曽郡、東筑郡、南安曇郡全町村)	一部	一部	一部			1
		塩尻市	火葬場(安曇野、松本、朝日村を除く4村)	**松塩筑木曽老人福祉施設組合(S44)**	一部	一部	一部			4
		安曇野市	**東筑摩郡筑北保健衛生施設組合(S40)**	特別養護老人ホームなど		一部				3
		麻績村	**東筑摩郡行政事務組合** 公平委員会事務	松本・塩尻・安曇野・東筑摩郡・木曽郡	○					12

中信		生坂村	**安曇野・松本行政事務組合(S26)**	松本西部広域施設組合	○	○	一部	(上生坂、その他、313人)		6
		山形村	**安曇野市・松本市山林組合(S37)**	塩尻朝日衛生施設組合ごみ処理						1
		朝日村	**麻績村筑北村学校組合(S25)**	母子保健センター(筑北村,麻績村)		○	○			1
		筑北村	**松本市-山形村-朝日村中学校組合(S40)**	松塩地区広域施設組合(S45)	○	○	一部	(坂井地区、小学校区、1,250人)		10
		小計	8事務組合	2事務組合				〔2〕		**38**
	大北地域 (全体は北アルプス広域連合)	大町市	**池田松川施設組合(S39)**	**穂高広域施設組合(S37)**	一部	一部	一部			3
		池田町	(学校給食調理施設,火葬場)	し尿処理、じん芥処理等		一部		(まちなか、小学校区より狭、3,641人)		6
		松川村	**白馬山麓事務組合(S49)**	**(安曇野、生坂、筑北、麻績、**						7
		白馬村	ごみ・し尿処理他(白馬村、小谷村) **高瀬広域水道事業団(S49)**	池田、松川)		一部		神城、小学校区、2,717人 北城、小学校区、6,311人	飯田区、法人格のない任意団体 白馬町区、法人格のない任意団体	7
		小谷村	(大町市、池田町、松川村)		○	○	○	(未定、中学校区、2,970人)		14
		小計	3事務組合	1事務組合	37	64	48	2 (2)	2	**37**
合計	10	77	47事務組合	14事務組合	全部29 一部8	全部40 一部24	全部20 一部28	形成済25ヶ所・(形成予定8ヶ所)	形成済23ヶ所・(仮:1か所)	359
区分/平均		平均7.7	全県単位の3組合(註3参照)をいれて合計64/平均6.4					33ヶ所	24ヶ所	4.7

註1. 小さな拠点:25、設立予定8(過疎関係市町村15、H29)、地域運営組織:134(過疎関係市町村80、H28)

小さな拠点については、内閣府「平成29年度小さな拠点の形成に関する実態調査」(http://www.cao.go.jp/regional_management/about/chousa/h29/index.html)参照

註2. 地域運営組織については「小さな拠点・地域運営組織の形成状況」(www.kantei.go.jp/jp/singi/.../h29-10-20-sankou3.pdf)参照

註3. 一部事務組合については、長野県企画振興部市町村課「長野県の広域連合について」、長野県庁HP「一部事務組合決算収支状況」(https://www.pref.nagano.lg.jp/shichoson/kensei/shichoson/zaise/gaiyo/documents/03-02kessan.pdf)

長野市「長水部分林組合規約(https://www.city.nagano.nagano.jp/reikil」)、公務員試験情報(こむいん)「一部事務組合(長野県)公務員試験日程」(http://comin.tank.jp/chiho-koumuin/nagano/ichibu.html)等参照

その他の三組合は、長野県と各市町村等で創設されている:「長野県市町村自治振興組合」(H7:県内各市町村、長野県、県市長会、県町村会、研修センター、広域連合)、県内町村等で創設されている:「長野県市町村総合事務組合」(S36:組織団体・1市[安曇野市]58町村事務委託団体・62一部事務組合・広域連合)、県内15の市で創設されている:「長野県交通災害共済組合」(S43:松本市・上田市・岡谷市・飯田市・須坂市・小諸市・伊那市・駒ヶ根市・中野市・大町市・飯山市・茅野市・塩尻市・佐久市・千曲市)である。

註4. 参考資料:長野県庁HP「県政情報・資料」(https://www.pref.nagano.lg.jp/tokei/happyou/jinkou.html)の各項目参照

とはいえ長野県でも平成の大合併は実施され、それが長野県内の広域連合の管轄エリア等にある程度の影響を与えている。上田地域広域連合では東部町が佐久地域の北御牧村と合併して東御市に、長門町と和田村が合併して長和町に、上田市、丸子町、真田町、武石村が合併して（新）上田市になり二市・一町・一村の四市町村となったが、依田窪医療福祉事務組合と長野地域の坂城町も加入したことから二市・二町・一村・一組合の六市町村組合となった。しかし現在では依田窪医療福祉事務組合は構成団体とはなっておらず、二市・二町・一村の五市町村となっている。また長和町の誕生で長門町と和田村が結成していた一部事務組合は消滅した。なお上田地域広域連合の区域は上小地域時代よりも坂城町と旧北御牧村の分だけ面積が増加していることになる。なお坂城町は長野広域連合へも加盟している[24]。

松本広域連合圏域では、松本市が四賀村、奈川村、安曇村、梓川村の四村を、塩尻市が楢川村を編入した。また南安曇郡を構成していた豊科町、穂高町、三郷村、堀金村、明科町の合併で安曇野市が新設され、本城村と坂北村と坂井村の合併で筑北村が新設された。平成の大合併後に松本市が波田村を編入したことから、圏域は三市・五村の八市村となった。安曇野市の誕生によって、旧安曇郡の三町・二村で結成していた一部事務組合は消滅した。

木曽広域連合圏域では、木曽福島町、日義村、開田村、三岳村の合併で木曽町が新設され、上松町、南木曽町、木祖村、大滝村、大桑村は残存した。しかし平成の大合併の過程で楢川村は松本地域の塩尻市に編入され、山口村は岐阜県中津川市と合併して（新）中津川市を誕生させたことから、木曽広域連合は三町・三村の六町村によって運営されることとなった[25]。平成の大合併の過程で長野県は木曽地域で県の面積を減らすとともに、木曽広域連合も二村分の領域を減少させたのである。なお、木曽広域連合は長野県内一〇の広域連合のなかで唯一市が存在しない連合である。

南信州広域連合圏域では飯田市が上村と南信濃村を、阿智村が浪合村を編入した。阿智村は平成の大合併後にも清内路村を編入している。しかしその他の合併は進展せず、南信州広域連合は一市・三町・一〇村の一四市町村で構成され、長野県内で最も構成市町村の多い広域連合となっている。上伊那広域連合では、伊那市が高遠町と長谷村と合併による（新）伊那市の新設のみで、二市・三町・三四村の八市町村となった。北アルプス広域連合では大町市の八坂村と美麻村編入のみで、一市・一町・三村の五市町村となった。

長野広域連合圏域では更埴市と戸倉町と上山田町の合併で千曲市が新設され、長野市は更級郡大岡村、豊野町、戸隠村、鬼無里村を編入し市域を拡大させ、牟礼村と坂井村の合併で飯綱町が新設された。二〇一〇（平成二二）年には長野市が信州新町と中条村を編入したことから、三市・四町・二村の九市町村となった。坂城町は上田地区広域連合にも参加している。飯綱町の誕生で、牟礼村と坂井村で設置されていた一部事務組合は消滅した。

北信広域連合圏域では中野市と豊田村の合併による（新）中野市の新設で二市・一町・三村となったが、広域連合には北信保健衛生施設組合、岳北広域行政組合、岳南広域消防組合の三つの一部事務組合も加盟している。長野県では唯一、一部事務組合が構成員となっている広域連合である。

佐久広域連合圏域では佐久市、臼田町、望月町、浅科村の合併で（新）佐久市が、佐久町と八千穂町の合併で佐久穂町が新設された。ただし北御牧村は上小地域（上田地区）の東部町と合併して東御市となり圏域から抜けたことから二市・五町・四村の一一市町村となり、圏域も狭まった。諏訪広域連合圏域では合併は生じず三市・二町・一村の六市町村のままとなった。諏訪広域連合は圏域内で唯一合併が行われなかった圏域である(26)。

長野県の広域連合は大きく(1)大都市依存型、(2)都市中心型、(3)中心市依存型、(4)市町村連合型、(5)中心市連合型、(6)小規模町村連合型に大別される(27)。長野県の総人口二〇六万三八六五人の八〇％の一六五万二二二九人が市部に、二〇％の四一万一七三六人が郡部（町村）に住んでいる。最多人口の長野市には全人口の約一八％、ほぼ郡部の総人口に近い三七万二三〇四人が住んでいる。二位の松本市には一二％弱の二四万一一三二人が、三位の上田市には一五万五三二三人が住んでいる。上位三市で県内人口の三七％が住んでいるのである。人口一〇万人を超える市町村はこの三市だけである。九万人台が三市、六万人台が二市、五万人台が二市で、人口五万人以上の人口を有している市は一〇市だけである。

他方最小人口は四一五人の平谷村で、人口一〇〇〇人以下の村は全部で七村、人口二〇〇〇人を切る村も四村あり、一一村が二〇〇〇〇人弱の人口しか有していない。人口格差の激しい市町村の組み合わせが広域連合の性格を大きく変化させており、わずか一〇しか存在しない広域連合を六類型しなければならないところに、長野県の各地方の置かれたそれぞれの特殊性が見て取れる。

長野県内を四つに大別する地域で比較した場合、最大人口の北信は全人口の約三〇%の六一万八七七八人が居住しているが、面積は二〇%弱の二五六七・四五平方キロメートルで三位である。人口二位の南信は二五%強の五三万四三六一人であり、面積も三〇%弱の三九九三・〇七平方キロメートルで二位となっている。人口三位の中信は二五%弱の五〇万八四七三人で、面積は三三%強の四五二四・五五平方キロメートルで最大である。最小人口の東信は二〇%弱で四〇万一七九一人であり、面積も二〇%弱の二四七六・五四平方キロメートルで四位となっている。四地域の人口と面積には極端な相違はなく、地域間の相違は細分化された一〇の地域における市町村の組み合わせによってもたらされたものといえる。

広域連合の人口を比較すると、人口一位は県内人口の二五%強の五三万四五一〇人の長野広域連合である。県庁所在地長野市の人口三七万二三〇四人が突出しており、二位の千曲市とは六倍の違いがあることから、大都市依存型となっている。二位は二〇%強の四二万四三〇二人の松本広域連合である。この地域は三つの市と五つの村の組み合わせであり、松本市の人口二四万一一三二人は突出しているが、市と村の連携が重視される地域である。三位は一〇%強の二〇万六九〇六人の佐久広域連合である。二市・五町・四村の一一市町村による構成であり、合併がなく一部事務組合も少ない圏域であり、広域連合全体での活動が重要視されている地域といえる。四位は一〇%弱の一九万五〇三六人の諏訪広域連合である。五位は九%強の一九万四八八五人の上田地域広域連合、六位は九%弱の一八万一七一〇人の上伊那広域連合、七位は八%弱の一五万七六一五人の南信州広域連合、八位は四%台の八万四二六八人の北信広域連合、九位は三%弱の五万七五四九人の北アルプス広域連合、最下位は一%強の二万六六二二人の木曽広域連合である。長野県の広域連合は人口からみると、五〇万人台の長野広域連合、四〇万人台の松本広域連合、二〇万人前後の佐久・諏訪・上田・上伊那・南信州の五つの広域連合、五万人以上一〇万人未満の北信広域連合と北アルプス広域連合、五万人以下の木曽広域連合の五つの広域連合に大別できる。特に市の人口要件五万人を切る木曽広域連合の人口の少なさは際立っている。

広域連合の面積は、一位が人口七位の南信州広域連合で、総面積の一四％強の一九二八・九二平方キロメートルとなっている。二位は一四％弱で一八六八・七三平方キロメートルの松本広域連合で人口も二位である。三位は一二％弱で一五七一・一七平方キロメートルの人口でも三位の佐久広域連合である。四位は人口一位の長野広域連合で一二％弱の一五五八平方キロメートルとなっている。五位は人口最下位で一一％強の一五四六・一七平方キロメートルの木曽広域連合である。六位は人口も六位の上伊那広域連合で一〇％弱の一三四八・四平方キロメートルである。七位は人口九位で八％強の一一〇九・六五の北アルプス広域連合である。八位は人口も八位の北信広域連合で、七％強の一〇〇九・四五平方キロメートルとなっている。九位は七％弱の九〇五・三七五平方キロメートルで人口五位の上田地区広域連合である。最小面積の広域連合は人口四位で五％強の七一五・七五平方キロメートルの諏訪広域連合である。

人口は最多の長野広域連合と最下位の木曽広域連合では二〇倍の相違が見られ、人口比からは二〇％超の長野広域連合と松本広域連合、八％から一〇％台の佐久、諏訪、上田、上伊那、南信州の六広域連合、三％から四％台の北信広域連合と佐久広域連合、一％台の木曽広域連合の間に、行財政能力にかなり大きな相違のあることがわかる。これに対して面積は最大の南信州広域連合と最下位の諏訪広域連合の間には二・七倍程度の開きしかない。双方の順位で比較すると、佐久地域は人口も面積も三位（一〇％と一二％）、上伊那地域は双方とも六位（九％と一〇％）、北信地域は双方とも八位（四％と七％）、上田地域は人口が五位（九％）で面積が九位（七％）であり人口と面積の比率にあまり差はみられない。

それに対して松本地域は双方とも二位であるが、一四％面積に二〇％の人が暮らしているのであり若干人口密度が高い。長野地域は人口が一位（二五％）であるが面積は四位（一二％）で極端な差がある。南信州地域は人口が七位で面積は一位であるが、一四％の面積に八％の人口が、北アルプス地域には八％の面積に三％の人口が住んでいるのであり、少し過疎化が進んでいる地域ともいえる。諏訪地域は五％の面積に一〇％の人々が住んでいるので少し人口密度が高い地域といえる。木曽地域は一一％の面積に一％の人口しか住んでいないので、かなり過疎化の進んだ地域といえる。こうした地域的な特性をどのように生かして地域創生を行うかが課題である(28)。

5　長野県の広域連合の実態

長野県の広域連合における共同処理事務を見ると、「介護認定審査会」、「障害者支援区分認定審査会」、「調査研究機能」はすべての、「ごみ処理（設計と計画）」と「ふるさと市町村圏基金事業」は九の、「消防に関する事務（消防団事務等を除く）」と「知事権限移譲に関する特例事務」が八の、「職員研修・人事交流」は七の、「入所判定委員会」、「病院群輪番制病院運営費補助事業」、「特別養護老人ホーム等」は六の、「広域観光振興」は五の広域連合の処理事務に入っている。多額の経費や人員が必要である介護や医療関係や、消防やごみ処理等の業務を広域連合に移管している地域が多い。これらは合併の代替手段として広域連合が活用されていることを示しているといえる(29)。

広域観光振興を広域連合の主要事務に掲げている地域は、北アルプス広域連合、木曽広域連合、上田地区広域連合、佐久広域連合の四地区から、現在は上伊那広域連合を加えた五地区に増加している。表3からもわかるように、長野県には多くの人類の歴史が育んできた文化財や近代化産業遺産群などと、日本遺産、農業資産、国立公園、国定公園、県立自然公園、温泉と温泉資産、日本百名山、日本ジオパークをはじめとする豊かな自然が残っている。こうしたものを活かした広域的な観光振興策は、今後の長野県にとって重要な位置を占める資源のはずである。滞在型観光を通じて長野県を理解してもらうためにも、広域連合等を活用した広範な区域の様々な資源を活用していくことが必要といえる。

また近年は特定の対象に絞った観光を楽しむ人も増えている。農業資産やジオパークあるいは織物や木工製品などの作製の体験、徒歩や自転車等を利用してゆったりと地域や自然と触れ合う旅など、自分に合った旅を求める人も増えている。そうした人々に対しては、体験型の旅の提供や、長野県の特性を異なった視点から示し人々を呼び込むことも、そしてその地域へ滞在してもらうことも大切である。そのためにも個々の市町村や地域の努力も重要であるが、ある程度の範囲を対象とした魅力の発信も重要である。外からの視点を加えた地域の情報発信のためにも、地域おこし協力隊といった制度なども活用すべきものといえる。

長野県には表3にあるように、安楽寺八角三重塔（上田市）、松本城天守（松本市）、大法寺三重塔（青木村）、仁科神明宮（大町市）、善光寺本堂（長野市）、土偶（縄文のビーナス・茅野市）、楽焼白片身変茶碗（諏訪市）、土偶（仮面の女神・茅野市）、紙本墨画寒山図（諏訪市）の九の国宝がある(30)。九の国宝のうち四つが諏訪地域にあり、二体の土偶の存在と日本遺産の「縄文世界」が長野県の歴史の奥深さを伝えている。上小地域には寺に関する二つの国宝がある。その他は神社と寺院と城であり、長野県の地域的な特徴や歴史を伝えている。また、もう一つの日本遺産は木曽地域の「木曽路」である。

長野県では日本百名山に二八の山々が指定されており、にっぽんの温泉百選には五か所の温泉が選ばれている。また農業資産もバラエティに富んでいる。県内の農業資産について長野県は、「山に囲まれた信州・長野県。先人たちは、変化に富んだ気候を巧みに活かし、複雑な地形条件を克服すべく工夫を重ねながら、今日の信州農業の礎を築いてきました。近くに豊富な水源をもたない地域や降水量が少ない地域では利水のために『疏水』や『ため池』が造られ、傾斜地では『棚田』と呼ばれる階段状の水田が拓かれました。こうした先人たちの努力は、農産物の生産性の飛躍的な向上とともに、人々の生活や文化の基礎となり、信州が誇る農村景観や自然環境を豊かに育む役割も果たしてきました。」と説明している。長野県には「世界かんがい遺産」が三ヶ所、疎水百選には全国最多の五ヶ所、ため池百選には全国二位の五ヶ所、日本の棚田百選には全国最多の一六ヶ所が選ばれている。それゆえ長野県は「「信州の農業資産を巡る旅」のモデルコース（一一コース）」を設定し情報発信に努めているのである(31)。

現在日本に広域連合は一一六存在しているが、都道府県が対象となっているものは二〇一〇（平成二二）年に創設された「関西広域連合」だけであり、残りは五つが県と県内市町村で構成されているものであり、一一〇は市区町村（一部事務組合加盟のものが若干存在する）を単位として創設されたものである。都道府県別単位で広域連合を見ると、一つは二一都県で二一連合、二つは一府・一二県で二六連合、三つは一府六県で二一連合、四つは愛知県で四連合、五つは岐阜県と熊本県で一〇連合、八つが三重県で八連合、一二が長野県で一二連合、一三が北海道で一三連合となっている。一つだけの都県はほとんどが二〇〇八（平成二〇）年の後期高齢者医療制度の施行に合わせてその前年に創設された広域連合である(32)。

長野県の自然や歴史を中心とした市町村の特色　　表3

4地区	10地区	市町村	文化財・自然遺産等	日本遺産・農業資産・近代化産業遺産群・日本百名山・日本ジオパーク	国立公園 国定公園	県立自然公園	温泉・温泉資産
北信	北信地域	中野市	重要文化財：柳沢遺跡出土品 史跡：高梨氏館跡 天然記念物：十三崖のチョウゲンボウ繁殖地	八ヶ郷用水（疏水）			長嶺温泉
		飯山市	伝統文化的景観：小菅の里及び小菅山の文化的景観 伝統文化財：白山神社本殿・若宮八幡神社本殿・小菅神社奥社本殿 重要（無形）民俗文化財：小菅の柱松行事 天然記念物：黒岩山（天然保護区域）	福島新田（棚田）			湯滝温泉　戸狩温泉 瑞穂温泉
		山ノ内町	重要文化財：佐野神社本殿 史跡：佐野遺跡 天然記念物：志賀高原石の湯のゲンジボタル生息地、渋の地獄谷噴泉		◎		**湯田中渋温泉郷（10の温泉）** 地獄谷温泉：野生ニホンザル入浴風景　【自然遺産】 地獄谷温泉の天然噴水【自然遺産】 渋温泉：石畳温泉街【文化遺産】 志賀高原の温泉（6ヶ所） 北志賀高原の温泉 よませ温泉　龍王温泉　角間温泉　硯川温泉　池の平温泉
		木島平村			◎		鬼島温泉　馬曲温泉
		野沢温泉村	重要（無形）民俗文化財：野沢温泉の道祖神祭り		◎		**野沢温泉**「麻釜」泉源地【自然・文化遺産】 「大湯」（共同浴場）【自然・文化遺産】
		栄村		苗場山（日本百名山：新潟県湯沢町）	◎		中条温泉　北野温泉 上野原温泉　和山温泉 切明温泉　小赤沢温泉 屋敷温泉
	長野地域	長野市	重要伝統的建造物地域：戸隠、国宝：善光寺本堂 重要文化財：絹本著色阿弥陀如来聖衆来迎図、善光寺山門/経蔵、葛山落合神社本殿、白鬚神社本殿、真田信重霊屋、真田信之霊屋、旧横田家住宅、絹本著色阿弥陀聖衆来迎図、絹本著色両界曼荼羅図、金銅阿弥陀如来及両脇侍立像/一光三尊銅造造釈迦涅槃像、木造薬師如来坐像、木造聖観音立像前立尊、木造千手観音及脇侍地蔵菩薩像、木造阿弥陀如来立像、木造広目天立像木造多聞天立像、木造阿弥陀如来坐像、木造聖観音立像、木造伝子安荒神坐像、銅造観音菩薩立像、音立像、木造観音菩薩立像、木造千手観音立像、木造地蔵菩薩立像、木造十一面観短刀、鉄鍬形、大太刀、牙笏、紙本墨書源氏物語事書、紙本墨書法華経残闕巻第一（二巻）、第二、／第四（戸隠切）、善光寺造営図 史跡：川柳将軍塚古墳・姫塚古墳、大室古墳群、埴科古墳群（千曲市と）、松代城跡、旧文武学校、松代藩主真田家墓所 天然記念物：素桜神社の神代ザクラ 登録記念物：旧山寺常山氏庭園、大木氏庭園、象山神社園池、野中氏庭園、今井氏庭園、半田氏庭園、宮澤氏庭園	善光寺平用水（疏水） 慶師沖（棚田） 根越沖（棚田） 原田沖（棚田） 塩本（棚田） 栃倉（棚田） 大西（棚田） 田沢沖（棚田） 高妻山（日本百名山：新潟県妙高高原）	○	聖	松代温泉 山の神温泉
		須坂市		須坂市の製糸関連遺産	◎		
		千曲市	重要伝統的建造物地域：稲荷山 重要文化的景観：姨捨ての棚田 重要文化財：智識寺大御堂・水上布奈山神社本殿、木造愛染明王坐像、木造十一面観音立像鳥羽院庁下文、長野県吉田川西遺跡土壙出土品、長野県日向林Ｂ遺跡出土品 重要（無形）民俗文化財：雨宮の神事芸能 史跡：埴科古墳群（長野市と）	姨捨（棚田）		聖	戸倉上山田温泉
		坂城町					
		小布施町	重要文化財：浄光寺薬師堂 重要（有形）民俗文化財：信濃及び周辺地域の灯火用具				
		高山村			◎		山田温泉　「大湯」（共同浴場）【文化遺産】 五色温泉　奥山田温泉
		信濃町	史跡：小林一茶旧宅		○		
		飯綱町			○		
		小川村					
東信	上小地域	上田市	国宝：安楽寺八角三重塔 重要文化財：中善寺薬師堂、法住寺虚空蔵堂、国分寺三重塔、前山寺三重、旧常田館製糸場施設、常楽寺多宝塔、木造惟仙和尚坐像、木造恵仁和尚坐像、木造薬師如来坐像、銅造菩薩立像、小文地桐紋付韋胴服、生島足島神社文書、反射望遠鏡 重要（有形）民俗文化財：染谷焼コレクション 史跡：鳥羽山洞窟、信濃国分寺跡、上田城跡 天然記念物：東内のシダレエノキ、西内のシダレグリ自生地、四阿山の的岩	塩田平のため池郡（ため池） 稲倉（棚田） 上田市の製糸関連遺産 信州大学繊維学部関連遺産 四阿山（日本百名山：群馬県境）	◎▲		**別所温泉** 鹿教湯温泉 湯坂と文殊堂【文化遺産】 霊泉寺温泉　大塩温泉
		東御市	重要伝統的建造物地域：東御市海野宿、春原家住宅 史跡：戌立石器時代遺跡	姫子沢（棚田） 滝の沢（棚田）	◎		
		長和町	重要文化財：大法寺観音堂厨子及び須弥壇 史跡：星糞峠黒曜石原産地遺跡、中山道（南木曽町と）		▲		
		青木村	国宝：大宝寺三重塔 重要文化財：大法寺観音堂厨子及び須弥壇、木造十一面観音及脇侍普賢菩薩立像				田沢温泉　沓掛温泉
	佐久地域	小諸市	重要文化財：釈尊寺観音堂宮殿、小諸城、旧小諸本陣 史跡：寺の浦石器時代住居跡 天然記念物：テングノムギメシ産地	宇坪入（棚田） 浅間山（日本百名山：群馬県境）	◎		中棚温泉　高峰温泉
		佐久市	重要文化財：駒形神社本殿、新海三社神社東本社、八幡社境内神社高良社本殿、新海三社神社三重塔、旧中込学校校舎、真山家住宅、六地蔵幢、紙本著色一遍上人絵第二巻第二伝、木造阿弥陀如来坐像、鉄鐘、紙本墨書他阿上人自筆仮名消息 重要（無形）民俗文化財：跡部の踊り念仏 史跡：竜岡城跡、旧中込学校 天然記念物：岩村田ヒカリゴケ産地	**五郎兵衛用水** （ため池・疏水）	▲◆		初谷温泉　春日温泉 布施温泉　旭湯温泉 あさしな温泉温泉
		小海町	重要文化財：梵鐘		▲		松原湖温泉
		佐久穂町			▲◆		
		川上村	史跡：大深山遺跡	金峰山・甲武信岳（日本百名山）	◇		

		南牧村	史跡：矢出川遺跡 天然記念物：八ヶ岳キバナシャクナゲ自生地		▲		本沢温泉
		南相木村					
		北相木村	史跡：栃原岩陰遺跡				
		軽井沢町	重要文化財：旧三笠ホテル、鉄仏銅鉢		◎◆		星野温泉
		御代田町	重要文化財：長野県川原田遺跡出土品		◎◆		
		立科町		塩沢堰（疎水）	▲		池の平温泉　芦が沢温泉
	諏訪地域	岡谷市	重要文化財：旧林家住宅、顔面把手付深鉢形土器 史跡：梨久保遺跡		▲	塩	
	諏訪地域	諏訪市	国宝：楽焼白片身変茶碗・紙本墨画寒山図 重要文化財：諏訪大社上社、片倉館、絹本著色羅漢像、紙本著色三十六歌仙切、紙本墨画葡萄図日観筆、紙本墨画淡彩望海楼図、紙本著色弘法大師絵伝、絹本墨画山水図、絹本著色孔雀明王像、紙本著色北野天神縁起残闕（弘安本）、紙本著色桃花小禽図、紙本墨画寒山拾得図因陀羅筆、紙本著色藤原能宣像、色絵芙蓉菊文様皿、鼈甲手天目茶碗、古九谷色絵牡丹文八角大皿、古九谷色絵牡丹鳥文大皿、紙本墨書兀庵普寧墨蹟、大燈国師墨蹟、物初大観墨蹟、紺紙金字一字宝塔観普賢経 天然記念物：霧ヶ峰湿原植物群落（下諏訪町と）	**「星降る中部高地の縄文世界―数千年を遡る黒曜石鉱山と縄文人に出会う旅―」諏訪地域・名川町(上田地域)・川上村(佐久地域)・山梨県甲府市・北杜市・韮崎市・南アルプス市・笛吹市・甲府市** 諏訪地域の製糸関連遺産	▲		上諏訪温泉 「片倉館」【文化遺産】 下諏訪温泉
	諏訪地域	茅野市	史跡：上之段石器時代遺跡、駒形遺跡、高島藩主諏訪家墓所	（茅野市）　**滝之湯堰・大河原堰** 御射鹿池（ため池） 蓼科山・八ヶ岳(日本百名山:八ヶ岳山系)	▲		蓼科温泉　渋御殿湯温泉 横谷峡温泉　蓼科三室温泉
	諏訪地域	下諏訪町	重要文化財：諏訪大社下社、太刀（無名）、太刀（銘忠吉）、銅印 史跡：星ヶ塔黒曜石原産地遺跡 天然記念物：霧ヶ峰湿原植物群落（諏訪市と） 登録有形民俗文化財：諏訪湖の漁撈用具及び舟大工用具		▲		毒沢温泉
	諏訪地域	富士見町	重要文化財：諏訪社、長野県藤内遺跡出土品、土偶 史跡：井戸尻遺跡	日本ジオパーク：南アルプス	△▲		
	諏訪地域	原村	史跡：阿久遺跡		▲		
南信	上伊那地域	伊那市	重要文化財：遠照寺釈迦堂・熱田神社本殿、紙本墨画中観音左右龍虎図/狩野興以筆、長野県神子柴遺跡出土品、顔面付釣手形土器 史跡：高遠城跡	日本ジオパーク：南アルプス 甲斐駒ヶ岳・仙丈岳・塩見岳 （日本百名山:南アルプス）	△	中・三	
南信	上伊那地域	駒ヶ根市	重要文化財：光前寺弁天堂、旧竹村家住宅	木曽駒ケ岳・空木岳(日本百名山:中央ア)		中	早太郎温泉
南信	上伊那地域	辰野町	重要文化財：木造十一面観音立像 天然記念物：小野のシダレグリ自生地、横川の蛇石	荒神山ため池		塩	
南信	上伊那地域	箕輪町	重要文化財：木造阿弥陀如来坐像				
南信	上伊那地域	飯島町		仙人塚城ヶ池		中	
南信	上伊那地域	南箕輪村					
南信	上伊那地域	中川村				天	
南信	上伊那地域	宮田村				中	
南信	飯伊地域	飯田市	重要文化財：開善治山門、白山社奥社本殿、旧小笠原家書院、文永寺、絹本著色八相涅槃図、木造阿弥陀如来坐像、木造誉田別尊坐像、画文帯四仏四獣鏡 重要（有形）民俗文化財：下黒田の舞台 重要（無形）民俗文化財：遠山の霜月祭 史跡：恒川官衙遺跡、飯田古墳群	よこね田んぼ（棚田） 日本ジオパーク：南アルプス 聖岳(日本百名山:南アルプス) 光岳(日本百名山:南アルプス)	△●	中・天	天竜峡温泉
南信	飯伊地域	松川町				中・天	
南信	飯伊地域	高森町	重要文化財：竹ノ内家住宅、木造薬師如来及両脇侍像			中・天	
南信	飯伊地域	阿南町	重要文化財：八幡神社 重要（無形）民俗文化財：新野の盆踊り、雪祭、和合の念仏踊 天然記念物：新野のハナノキ自生地		●		
南信	飯伊地域	阿智村	史跡：神坂峠史跡 天然記念物：小黒川のミズナラ			中	**昼神温泉**
南信	飯伊地域	平谷村					
南信	飯伊地域	根羽村	天然記念物：月瀬の大スギ		●		
南信	飯伊地域	下條村	重要文化財：大山田神社		●		
南信	飯伊地域	売木村			●		
南信	飯伊地域	天龍村	重要（無形）民俗文化財：天龍村の霜月神楽		●		
南信	飯伊地域	泰阜村	重要文化財：諏訪社		●		
南信	飯伊地域	喬木村				天	
南信	飯伊地域	豊丘村				天	
南信	飯伊地域	大鹿村	重要文化財：福徳寺本堂、松下家住宅 重要(無形)民俗文化財：大鹿歌舞伎 天然記念物：大鹿村の中央構造線北川露頭・安康露頭	日本ジオパーク：南アルプス	△	天	鹿塩温泉　小渋温泉
	木曽地域	上松町		**「木曽路はすべて山の中～山を守り山に生きる～」塩尻市と木曽地域** 水力発電遺産(桃介橋・読書発電所) 御岳(日本百名山:北アルプス)		中	
	木曽地域	南木曽町	重要伝統的建造物保存地域・妻籠宿 重要文化財：林家住宅、読書発電所施設 史跡：中山道（長和町と）			中	
	木曽地域	木曽町	史跡：福島関跡 天然記念物：三岳のブッポウソウ繁殖地			中・御	
	木曽地域	木祖村		（木祖村）　菅大平温水ため池			
	木曽地域	王滝村				御	
	木曽地域	大桑村	重要文化財：定勝寺本堂/庫裏/山門・白山神社	水力発電遺産(大桑発電所)		中	
		松本市	国宝：松本城天守 特別名勝特別天然記念物：上高地 重要文化財：旧開智学校校舎、田村堂、筑摩神社本殿、若宮八幡神社本殿、大宮熱田神社本殿/若宮八幡宮本殿、旧松本高等学校、馬場家住宅、牛伏川本流水路、旧松本区裁判所庁舎、木造十一面観音及び両脇侍立像、木造釈迦如来及び両脇侍像、木造薬師如来坐像、木造大威徳明王像、木造阿弥陀如来坐像及び両脇侍像、孔雀文磬、宋版漢書 重要（有形）民俗文化財：七夕人形コレクション、農耕用具コレクション、民俗信仰資料コレクション 史跡：弘法山古墳、小笠原氏城跡、松本城	**拾ケ堰**（ため池・疎水：安曇野市と） 美ケ原(日本百名山:八ヶ岳山系)	×▲		**白骨温泉** 噴湯丘と球状石灰華 浅間温泉　美ケ原温泉 上高地温泉 のりくら温泉郷 崖の湯温泉　沢渡温泉 中の湯温泉　坂巻温泉 赤怒谷温泉　扉温泉

中信	松本地域	塩尻市	重要伝統的建造物保存地域：奈良井・木曽平沢 重要文化財：嶋崎家住宅、小松家住宅、堀内家住宅、小野家住宅、深沢家住宅、手塚家住宅 史跡：平出遺跡 重要（有形）民俗文化財：木曽塗の政策用具及び製品	日本遺産地域（木曽地域と）	▲	中・三	
		安曇野市	重要文化財：松尾寺本堂、曽根原家住宅、宝篋印塔、北条虎吉像 天然記念物：中房温泉の膠状珪酸および珪華	**拾ケ堰**（ため池・疎水）（松本市と） 槍ヶ岳・穂高岳・常念岳・焼岳 乗鞍岳（日本百名山：北アルプス）	×		中房温泉　膠状珪酸と珪華を産する自然湧水源泉地帯【自然遺産】 豊科温泉　穂高温泉 馬羅尾天狗岩温泉
		麻績村	重要文化財：神明社、木造薬師如来坐像、木造不動明王立像・木造毘沙門天立像			聖	
		生坂村				聖	
		山形村					
		朝日村					
		筑北村	重要文化財：木造大日如来坐像、金銅十一面観音釈迦聖観音像御正体			聖	
	大北地域	大町市	重要文化財：第一王子神社本殿、旧中村家住宅、木造千手観音立像、木造持国天立像木造多聞天立像、御正体、鉄鰐口、木造棟札 天然記念物：高瀬渓谷の噴湯丘と球状石灰石	重太郎（棚田） 鹿島槍ヶ岳（日本百名山：北アルプス） 鷲羽岳（日本百名山：北アルプス）	×		湯俣温泉 噴湯丘と球状石灰華【自然遺産】 葛温泉　大町温泉郷
		池田町	重要文化財：盛蓮寺観音堂				
		松川村	重要文化財：銅造菩薩半跏像				
		白馬村	重要伝統的建造物地域：白馬村青鬼・神明社 天然記念物：白馬連山の高山植物	青鬼（棚田） 白馬岳（日本百名山：北アルプス）） 五竜岳（日本百名山：北アルプス））	×		白馬八方温泉 白馬姫川温泉 白馬塩紙温泉 白馬檜温泉 白馬龍神温泉 白馬かたくり温泉 みずばしょう温泉
		小谷村		雨飾山（日本百名山：新潟県県境）	○×		小谷温泉 奉納温泉 島温泉
合計	**日本遺産**：縄文世界（長野県諏訪地域と山梨県甲府市・南アルプス市・峡北・東八代地域）、木曽路（木曽地域と塩尻市）			**日本遺産**2/農業資産29（世界灌漑遺産3）	延51	延25	86+α
	国指定文化財：国宝9・重要文化財180・重要有形民俗文化財7・重要無形民俗文化財10・特別史跡1・特別名勝特別天然記念物1 特別天然記念物4・史跡37・名勝5・天然記念物：24			近代化産業遺産群5/日本ジオパーク1 日本百名山28	1ヶ所33 2ヶ所9	1ヶ所19 2ヶ所	**ニッポンの温泉100選：5** 自然遺産と文化遺産：延12
	国選定文化財：重要文化的景観2・重要伝統的建造物保存地域：7・選定保存技術（屋根板製作）						
	国登録文化財：登録有形文化財530・登録有形民俗文化財1・登録記念物7						
	農業資産：世界かんがい遺産3・疏水百選5（全国最多）・ため池百選5（全国2位）・日本の棚田百選16（全国最多）						
国立公園（5）　○妙高戸隠連山国立公園　×中部山岳国立公園　◎上信越高原国立公園　◇秩父多摩甲斐国立公園　△南アルプス国立公園							
国定公園（3）　▲八ヶ岳友進高原国定公園　●天竜奥三河国定公園　◆妙義荒船佐久高原国定公園							
県立自然公園（6）　中央アルプス県立公園　御岳県立公園　三峰川県立公園　塩嶺王城県立公園　聖山高原県立公園　天竜小渋水系県立公園							
長野県の温泉：ゴシックは「第31回にっぽんの温泉100選」に選ばれた5つの温泉地。温泉地域や温泉地域資産は「日本温泉地域学会」や長野県庁の資料等より選択した。							
註：参考資料：長野県庁HP「県政情報・資料」（https://www.pref.nagano.lg.jp/tokei/happyou/jinkou.html）参照							
長野県の温泉については観光経済新聞「第31回にっぽんの温泉100選（2017年度）」（https://www.kankokeizai.com/100sen_31/）と関係市町村HP等参照							

6　長野県の定住自立圏と連携中枢都市圏の特色

広域連合については、「構成市町村全てが同意しないと何事も実行に移せない」という欠点があることが指摘されている(33)。その代替手段の一つに定住自立圏や連携中枢都市圏などがある。定住自立圏に対しては、「中心市が圏域全体の暮らしに必要な都市機能を集約的に整備するとともに、周辺市町村においては必要な生活機能を確保し、農林業の振興や豊かな自然環境の保全を図るなど、互いに連携・協力することによって、定住を促進し圏域全体の活性化を図る(34)」ものであるとする理解も見られる。こうした考え方を受けて、長野県の一〇の広域連合は、連携中心都市圏や定住自立圏の他、連携自立圏や広域自立圏への移行をはかっているという一面が見られる。

長野県の各広域連合は、広域行政圏が廃止され平成の大合併も終了した後、中枢都市もしくは中心市を中心とした新たな広域行政体制の確立に向かうこととなった。口火を切ったのは飯伊地域で、二〇〇九（平成二一）年七月一四日に、一市・三町・一〇村の一四市町村で全国初の定住自立圏形成協定を締結し「南信州定住自立圏」を創設した。定住自立圏共生ビジョンの策定も全国初であった。人口一六万二二〇〇人の圏域は、人口一〇万一五八一人の飯田市の行財政能力に他の町村が依存するタイプのものであるといえる。次に形成されたものが、二〇一一（平成二三）年七月二七日に二市・三町・二村の七市町村で形成された「上田地域定住自立圏」である。上小地域は一市・一町・一村であり、佐久圏域の蓼科町、長野圏域の坂城町、群馬県の嬬恋村が参加している。それゆえこの圏域は佐久市圏域との圏域重複型と呼ばれているが、実際には県境型で圏域重複型の定住自立圏ということになる。

二〇一二（平成二四）年一月一二日に創設されたものが「佐久地域定住自立圏」である。この圏域は三市・五町・四村の一二市町村で構成されており、上田区域の東御市も参加していることから圏域重複型（上田市圏域）とよばれている。同年一二月一三日に創設されたものが北信地域定住自立圏である。この圏域は北信地域の二市・一町・三村の六市町村で構成されているが、人口五万人を超える市が存在しなかったため、人口四万四〇〇〇人の中野市と二万一五〇〇人の飯山市の二つの市が中心市となる複眼型の定住自立圏となっている。

二〇一六（平成二八）年一月七日に誕生したのが「伊那地域定住自立圏」である。参加したのは伊那市と箕輪町と南箕輪村の一市・一町・一村の三市町村であり、二市・三町・三村の八市町村で構成されている上伊那地域の一部地域で形成された広域連合である。同年三月二九日には一九九九（平成一一）年四月一日に中核市になっていた長野市を中枢都市として、「長野地域連携中枢都市圏」が三市・四町・二村の九市町村で設定されている。圏域人口五四万三四二四人の中の三七万七五九八人（約七〇％）を長野市が占める、まさに大都市依存型の広域都市圏となっている。松本地域は松本市が中核市に移行した後で連携中枢都市圏を創設するという計画を有しており、現在は広域連合しか存在しない。諏訪地域は合併志向の強い市町村と他の市町村の意見の相違もあり、中山道と甲州街道の通る諏訪市を中心とした合併を施行する地域と、甲州街道により山梨県北杜市とのつながりの強い地域の対立もあり、富士見町と原町は北杜市と一市・一町・一村の三市町村で県境型の「八ヶ岳定住自立圏」を形成している(35)。

人口二〇万人以上の都市を中枢都市とする地域連携都市圏の条件にも、人口五万人以上の都市を中心市とする定住自立圏の条件にも該当しない大北地域と木曽地域は、県との協力関係で広域的な事務処理をする新しい体制の整備に進んだ。大北地域では平成の大合併で地域の中心的性格を強めた大町市を中心市とする一市・一町・三村の五市町村で「北アルプス連携自立圏」を創設した。総人口も五万人を超えており合併すれば市となる要件を人口では満たすことになる。強力な中心都市が存在しないことから「小規模町村連合型」広域連合とされてきた木曽地域でも、平成の大合併で木曽町が力をつけてきたとはいえ、その人口は一万一〇〇〇人ほどで大町市の半分にも満たず、圏域全体の人口も二万六六〇〇人ほどで大北地域の半分にも満たないこともあるが、三町・三村の六町村で「木曽広域自立圏」を創設して広域行政体制を整備している。この二つの地域には県の強力な支援が必要といわざるをえない(36)。

こうした長野県の、広域連合から都市を中心とした圏域の定住自立圏や連携中枢都市圏への脱皮や、少子高齢化の影響を強く受けた過疎化の進む中山間地域の新しい広域行政体制の整備は、いまだ広域連合や定住自立圏や連携中枢都市圏、あるいは連携自立圏や広域自立圏が未設定で、広域行政体制の整っていない都道府県の今後のあり方に大きな影響を与えるものと思われる。表2からもわかるように、長野県は多くのそして多様な組み合わせによる一部事務組合を設定して広域的な行政サービスに貢献してきた。そうした複雑な行政機構は平成の大合併でも、広域連合でも整理されることはなかった。定住自立圏、連携中枢都市圏、連携自立圏、広域自立圏等を利用して整理していく必要がある。

長野県の人口は今後激減すると予測されている。二〇一五（平成二七）年に二一〇万人で老年人口六三万人（三〇・一％）、生産年齢人口一二〇万人（五七・〇％）、年少人口二七万人（一二・九％）が、二〇三〇年には一九二万人で老年人口六四万人（三三・三％）、生産年齢人口一〇四万人（五四・二％）、年少人口二四万人（一二・％）となり、二〇六〇年には一六一万人で老年人口五二万人（三二・三％）生産年齢人口八四万人（五二・二％）、年少人口二五万人（一五・五％）となると予測されている。老齢人口は減少するものの、人口全体が減少することからその割合が高まっていくのである。長野県が他の都道府県に対して誇れるものの一つが、健康寿命日本一ということから、介護関係経費は若干抑えられているとはいえ、人口のバランスへの対応は必要不可欠な政策といえる(37)。

表2からもわかるように、長野県の過疎地域は全部が二七市町村、一部が八市町村の合計三七市町村である。また特定農山村は全部が四〇市町村、一部が二四市町村の合計六四市町村である。さらに振興山村は全部が二〇町村、一部が二八市町村となっている。いずれの地域でもないのは、坂城町、小布施町、飯綱町、御代田町、岡谷市、原村、飯島町、宮田村、下条村、山形村、松川村の一市・五町・五村の一一市町村である。残りの六六市町村はいずれかに該当するか、その一部の地域がそれらに該当するのである。そうした地域への対策として政府が導入をはかったものが、小さな拠点や地域運営組織そして地域おこし協力隊などである。そうしたものを組み合わせて、どのような地域おこしを実践するのかが、各市町村や広域連合その他の広域行政組織に求められているのである。

長野県には形成済二五ヶ所と形成予定八ヶ所の合計三三ヶ所の小さな拠点と、形成済二一ヶ所と仮が一ヶ所の合計二二ヶ所の地域運営組織がある。小さな拠点が置かれているのは二二の市町村で、最大数の市町村は長野市で九ヶ所、二ヶ所は一町・二村の三町村、残りの一八市町村は一ヶ所となっている。小さな拠点の形成単位は、中学校区が一四、小学校区が九、小学校区よりも狭いものが五、その他が四となっている。長野市の小さな拠点はすべて地域運営組織でもある。その他の市町村では一二の小さな拠点は地域運営組織となっているが、一一ヶ所には地域運営組織は設定されていない。このことは、長野市が平成の大合併で周辺の過疎集落あるいは過疎集落を内在する周辺町村を併合したこと意味している。

長野県の市町村のうち地域運営組織があると回答している市町村は二六（三四％）、ないと答えた市町村は五〇（三七％）となっている。地域運営組織の設置単位は、平成の大合併の前の市町村が三市町村（一四％）、昭和の大合併前の市町村が五市町村（二四％）、大字を単位としている市町村が三市町村（一四％）、集落が五市町村（二四％）、連合自治会が一市町村（五％）、単位自治会が四（一九％）となっている。また地域運営組織の活動範囲は、中学校区が二（一一％）、旧中学校区は〇、小学校区が五市町村（二八％）、旧小学校区は〇、中学校区と小学校区が三市町村（一七％）、小学校より狭いが八市町村（四四％）となっている。各地域の創意工夫の複雑さが伝わってくる(38)。

長野県には過疎地域や特定農山村あるいは振興山村が多い。行財政能力の弱いそうした地域に対しては広域的な行政の推進が必要となる。その場合、関係市町村や一部事務組合が、自己の有する行財政能力の応じて均等な形で責任を負う広域連合型のやり方もあるが、行財政能力の高い中枢都市や中心都市の強力に依存する連携中枢都市圏や定住自立圏を活用することも考えられる。こうした圏域の活用は国からの財政支援も受けられる可能性がある。しかしそうした地域以外の圏域に対しては、県と市町村の協力関係の確立も必要である。長野県の「連携自立圏」や「広域自立圏」の創設も、類似する地域を有する他県のモデルになりうる可能性が高い。またそうした地域の少子化、高齢化、限界集落化等への対応には「小さな拠点」や「地域運営組織」の整備と運用、「地域おこし協力隊」等の地域活性化策の積極的な活用なども必要といえる。表2にまとめたように長野県はそうした努力は怠ってはいない。その成果が表れるのはこれからのことといえる。そうした意味では長野県の今後の努力を見守りたい。

註

本文ならびに註の数字は縦書きのために、必要に応じて筆者が漢数字に変換した。

（１） 長野県の人口や面積は、長野県庁ＨＰ「県政情報・資料」の各項目（https://www.pref.nagano.lg.jp/tokei/happyou/ jinkou.html）を、各都道府県の人口・面積・人口密度等については、国土地理院「都道府県別面積の順位」（www.gsi.go.jp/ common/000077753.pdf）、「【都道府県】人口ランキング（推計人口と国勢調査人口）」（https://uub.jp/rnk/p_k.html）等を参照し整理した。

（２） 平成の大合併の進捗状況は総務省ＨＰ『地方行財政』「地方自治制度」のなかの「広域行政・市町村合併」を参照し整理した（http://www.soumu.go.jp/menu_seisaku/chiho/index.html）。平成の大合併の実態については拙著「市町村合併と広域行政 ―平成の大合併と定住自立圏の関係を中心として―」日本大学法学会『政経研究』第四六巻第三号（平成二一年一二月二〇日）を参照されたい。

北海道と長野県の人口動態等は北海道庁ＨＰ（http://www.pref.hokkaido.lg.jp/）と長野県庁ＨＰ（https://www.pref. nagano.lg.jp/）を参照して整理した。香川県は瀬戸大橋などで近畿圏と結びついていることから近畿圏の通勤通学圏に入っていると判断した。なお、香川県の他県への通勤・通学者数は平成二二年の七〇四三人が平成二七年には九九一五人へと〇・八％から一・一％へと増加している（香川県庁ＨＰ：http://www.pref.kagawa.lg.jp）。ただし、日本の他県への通勤通学者は五八三万人（同八・五％）となっている（総務省統計局ＨＰ https://www.stat.go.jp/data/kokusei/2005/jutsu1/00/01. html）。

（３） 長野県の人口一万人以下の町村については、長野県企画振興部市町村課「地方自治をめぐる動き ～市町村を取り巻く現状と課題～」（平成三〇年九月）（これは本年九月一〇から一三日にかけて実施した私のゼミナールのフィールドワークで訪問した長野県庁での聞き取り調査の時に拝受した資料である）。

（４） 国立研究開発法人産業技術総合研究所「日本を分断する糸魚川‐静岡構造線最北部の謎が明らかに」「関東平野地下深部に特定された中央構造線―岩槻の地下3500ｍボーリング試料の地質学的解析から―」（https://www.aist.go.jp/aist_j/ press_release/pr2018/pr20180919_2/pr20180919_2.html）と、長野県内

「日本の中心リスト」(http://variety.s602.xrea.com/ extremity/nagano.html) を参照して整理した。

（5）　長野県HP「主な山・川・湖」(https://www.pref.nagano.lg.jp/koho/kids/menu02/yamakawa.html)、国土交通省「千曲川」(http://www.mlit.go.jp/river/toukei_chousa/kasen/jiten/nihon_kawa/0406_chikuma/0406_chikuma_00.html) 国土交通省・浜松河川国道事務所「天竜川の概要」には、「天竜川は、長野県にある諏訪湖を源として、ほぼ南に流下し遠州灘に注ぐ流路延長二一三km、流域面積五〇九〇km²の大河川です。」との解説がある (http://www.cbr.mlit.go.jp/hamamatsu/river/gaiyo_tenryu/)。木曽川の説明は「デジタル大辞泉」木曽川の開設を参照し整理した (https://kotobank.jp/ word/%E6%9C%A8%E6%9B%BD% E5%B7%9D-50717)。また山口村の越県合併については、北崎浩嗣著「岐阜県中津川市と長野県山口村の46年ぶりの越県合併について」鹿児島大学『経済学論集』第六三号、二〇〇五年三月一五日 (ir.kagoshima-u.ac.jp/?action=repository...) を参照して整理した。

（6）　長野県の地方行政機構の変遷については、長野県企画振興部市町村課編「長野県市町村ハンドブック」平成三〇年版、(公財) 長野県市町村振興協会、平成三〇年六月、長野県庁HP「県政情報・資料」(https://www.pref.nagano.lg.jp/tokei/happyou/jinkou.html)、長野県企画振興部市町村課、前掲資料、国立公文書館「長野県誕生！―公文書・古文書から読みとく―」『アーカイブス第67号』(http://www.archives.go.jp/publication/archives/no67/6931) SIDA Satosi著「市町村の変遷」(http://ishato.blue.coocan.jp/tiri/sityoson/04tyubu/20_nagano.htm)、「郡の変遷」(http://www.tt.rim.or.jp/~ishato/tiri/gun/gun.htm) 等を参照して整理した。

（7）　南信地域については「日本経済新聞　地域経済（長野）」二〇一八年一〇月六日朝刊参照。

（8）　木曽地域については、長野県庁・地域振興課・木曽振興局「木曽地域の特性」(https://www.pref.nagano.lg.jp/kikaku/kensei/soshiki/shingikai/ichiran/ sogokeikaku/documents/chap5-6.pdf.) 一頁参照。

（9）　長野県の交通網については、長野県「長野県新交通ビジョン」「第一　長野県の交通の現状と将来への視点」参照。

（10）　堀内匠著「長野県における市町村広域連合のその後―『平成の合併』による変化を中心に―」公益財団法人地方自治総合研究所『自治総研』(通巻四〇〇号二〇一二年二月号) 八八-八九頁。

（11）　一部事務組合については、総務省「一部事務組合等コード表（平三〇年九月三〇日現在）」(http:// www. soumu. go. jp/ main_content/000577361. pdf)、総務省「広域連合」のなかの「広域連合の設置状況」の「広域連合一覧」(平成三〇年四月一日現在) (http://www. soumu. go. jp/kouiki/kouiki1. html) 等を参照して整理した。

（12）　長野県の一部事務組合については、長野県企画振興部市町村課「長野県の広域連合について」(H三〇・九・一〇)、長野県庁ＨＰ「一部事務組合決算収支状況」(https://www. pref. nagano. lg. jp/shichoson/kensei/shichoson/zaise/gaiyo/documents/0302kessan. pdf)、「一部事務組合（平成三〇年一〇月九日現在）法人番号」(https://www. houjin-bangou. nta. go. jp/setsumei/ images/partnership. pdf) 等を参照して整理した。

（13）　自治省行政局振興課監修『平成六年度改訂　広域行政要覧』第一法規・平成七年三月三一日一六九一―一七六頁。なお浅間テクノポリスについては、山崎匡毅「浅間テクノポリス圏域の産業構造と展望―新たなテクノポリス像を求めて―」長野大学リポジトリ『長野大学紀要』第七巻三・四号合併号、一九八六年五月 (nagano. repo. nii. ac. jp/?action=repository. . . file:///C:/Users/myamada/AppData/Local/Microsoft/Windows/INetCache/IE/H226AH2J/nagano_07-03-06. pdf)、市正曹著「浅間テクノポリスと地域経済―上田市・坂城町について―」関西大学経済・政治研究所『調査と資料』第六七号、一九八九年三月・『長野の経済と雇用失業問題』(https://kuir. jm. kansai-u. ac. jp/dspace/bitstream/　10112/7376/1/KU-0500-19890300-02. pdf)、財団法人長野県テクノ財団専務理事山岸國耿著「テクノハイランドは、産業界あげての運動だった」Sai+（サイプラス）vol. 04 (Volhttp://saiplus. jp/column/2008/08/04. php)、長野県テクノ財団

(www.　pref. nagano. lg. jp/. . . /07_techno1900511. pdf)、長野県「検証シート（PDF：393KB）」(www. pref. nagano. lg. jp/gyokaku/ gai. . . /15tecno24k. pdf) 等を参照して整理した。

（14）　自治省・前掲書ならびに拙著・前掲論文を参照して整理した。

（15）　厚生労働省ＨＰ「介護保険制度の概要」(https://www. mhlw. go. jp/stf/seisakunitsuite/bunya/hukushi_kaigo/kaigo_koureisha/ gaiyo/index. html)。なお福祉八法とは、老人福祉法、身体障害者福祉法、精神薄弱者（知的障害者）福祉法、児童福祉法、母子及び寡婦福祉法、社会福祉事業法、老人保健法、社会福祉・医療事業団法をいう。

（16）　総務省「広域行政・市町村合併」・「地方公共団体間の事務の共同処理の状況調（平成二八年七月一日現在）」の概要。なお第二九一条の四の一には「広域連合の規約には、次に掲げる事項につき規定を設けなければならない。」との規定があり、それは「一．広域連合の名称、二．広域連合を組織する地方公共団体、三．広域連合の区域、四．広域連合の処理する事務、五．広域連合の作成する広域計画の項目、六．広域連合の事務所の位置、七．広域連合の議会の組織及び議員の選挙の方法、八．広域連合の長、選挙管理委員会その他執行機関の組織及び選任の方法、九．広域連合の経費の支弁の方法」の九項目である。

（17）　長野県庁企画振興部市町村課・前掲資料・一一－一二、総務省「広域連合一覧」(http://www.soumu. go.jp/main_ content/000480944.pdf)。

（18）　総務省「広域連合一覧」。

（19）　総務省「広域行政・市町村合併」、「一部事務組合等コード表（平三〇年九月三〇日現在）」、「広域連合一覧」（平成三〇年四月一日現在、長野県庁ＨＰ「一部事務組合決算収支状況」、「一部事務組合（平成三〇年一〇月九日現在）法人番号」等を参照して整理した。なお「長野県交通災害共済組合」については同共済組合ＨＰ（http://www.cheering-nagano.jp/koutsu/）を、「長野県市町村総合事務組合」については、長野県町村会ＨＰ：「長野県市町村総合事務組合」(https://machimura-nagano.jp/sogojimu/）を、「長野県市町村自治振興組合」については同振興組合ＨＰを参照して整理した。長野県市町村自治振興組合は自らの特色を「平成七年三月に地方自治法第二八四条第一項に基づき、長野県自治会館の設置及び管理運営に関する事務を行うことを目的として設立されました。その後、平成一三年九月に行政事務の効率化・高度化を目的として、市町村・県・関係団体（県市長会・県町村会・研修センター・広域連合）を、インターネット（ＶＰＮ方式）を利用して結んだ『市町村行政情報ネットワーク』を設置し、その管理運用に関する事務を追加しました。また、平成二一年四月に県内の市町村が行う事務の電子化を推進するための事務を組合が行うこととなり、その事務を追加し、現在に至っています。」と説明している(www.union.nagano-map.lg.jp/)。

（20）　総務省「広域行政・市町村合併」、長野県庁・前掲資料参照。

（21）　堀内・前掲論文・七四頁。

（22）　総務省「広域連合」(http://www.soumu.go.jp/kouiki/kouiki1.html)。

（23）　総務省「広域行政」「広域行政圏の見直しについて」(http://www.soumu.go.jp/kouiki/kouiki.html)。

（24） 長野県庁・前掲資料。

（25） 山崎浩嗣著「岐阜県中津川市と長野県山形村の四六年ぶりの越県合併について」鹿児島大学『経済学論集』（第六三号）鹿児島大学、二〇〇五年三月、堀内・前掲論文・七八-七九頁。

（26） 長野県の広域連合については、長野県庁・前掲資料や堀内・前掲論文等を中心に整理した。

（27） 三野靖著「長野県の広域連合の類型化」・小原隆治ほか編『平成大合併と広域連合』公人社・二〇〇七年所収八六-九五頁（堀内・前掲論文参照）

（29） 長野県企画振興部市町村課編『長野県市町村ハンドブック』平成三〇年版、（公財）長野県市町村振興協会、長野県庁ＨＰ「県政情報・資料」の各項目を参照して整理した。

（30） 長野県庁ＨＰ・自治体間連携のありかた研究会・「自治体間連携のありかた研究会　とりまとめ」（www. jpubb. com/ press/1033864/）。

（31） 長野県庁ＨＰ・長野県教育委員会・「文化財情報／長野県教育委員会」

(www. pref. nagano. lg. jp/kyoiku/bunsho/. . . / bunkazai. htm)。

（32） 長野県庁ＨＰ、「信州の農業資産／長野県」(www. pref. nagano. lg. jp/nochi/nougyoushisan. html)

（33） 総務省「広域連合」、「広域連合一覧」等を参照して整理した。

（34） 信濃毎日新聞二〇一一年一月二一日（堀内・前掲論文・八一頁参照）長野県知事はこの当時公表された定住自立圏を前提に意見を表明しているが、長野市は現在長野地域連携中枢都市圏の連携中枢都市となって、より広域的な事務をリーダーシップをもって推進する体制を整えている。

（35） 長野県庁・前掲資料、「自治体間連携のありかた研究会　とりまとめ」、総務省・「広域行政・市町村合併」等を参照して整理した。

（36） 長野県庁ＨＰ「とりまとめ」、日本経済新聞「地域経済（長野）」二〇一八年一〇月六日朝刊参照。

（37） 長野県企画振興部総合政策課『しあわせ信州創造プラン2.0』長野県、二〇一八（平成三〇）年三月

（38） 小さな拠点と地域自治組織については、まち・ひと・しごと創生本部「小さな拠点の形成」(www. kantei. go. jp/jp/singi/ sousei/about/chiisanakyoten/) 等を参照して整理した。

第五章　長野県の小さな拠点や総合型地域スポーツクラブ等を通して見た地域づくりの進展と将来

現在、全国二位の一九市・二三町・三五村の合計七七市町村を有する長野県は、全国四位の一万三五六一・六一平方キロメートルの面積の中に、全国一六位の二〇六万三八六五人が住んでいる、全国三八位の一五二・一九人の人口密度を有する県である。長野県の面積は、日本の都道府県の平均面積七九三六平方キロメートルの約一・七倍であり、北海道を除いた四六都府県の平均面積六四〇三平方キロメートルのほぼ二倍となっている。また長野県の人口は、日本の都道府県の平均人口二七二万一四二七人の約七五・八％（ほぼ平均値の四分の三）が居住している県である。このとから、海のない長野県は、日本アルプスを中心とした山々に囲まれた、広範な県土にゆったりと人々が居住している県というイメージを持つ県といえる。

長野県の合計七七市町村は、都道府県平均三七市町村と対比すると二・二倍であるが、三五市・一二九町・一五村の合計一七九市町村で全国最多の北海道と比較するとその四三％に過ぎない。ただし長野県の面積は北海道の面積の六分の一程度であり、面積からみれば、長野県の市町村数は三〇市町村程度で北海道の市町村面積と釣り合うことになり、長野県は面積からは小規模市町村の多い県といえる。人口の分布をみると、長野県では県人口の半数を超える一〇六万一五〇六人の人々（五一・四％）が、県の総面積の四分の一を超える三七七八・二七平方キロメートルの面積（二七・八六％）を占める大都市部を形成する、長野市、松本市、上田市、佐久市、飯田市、安曇野市の上位六市に居住しており、その平均人口はほぼ一八万人である。残りの半分弱の人々は面積で四分の三を占める地域にある七二市町村に分散して居住しており、その平均人口はほぼ一万四〇〇〇人である。

長野県の市町村の人口は、人口三〇万人台は長野市のみ、二〇万人台は松本市のみ、人口一〇万人台は上田市のみであり、九万人台が飯田市、佐久市、安曇野市の三市である。その他は六万人台が二市、五万人台が二市、四万人台が五市、三万人台が一市、二万人台が三市・一町（蓑輪町）、一万人台が一三町・一村（南箕輪村）、九〇〇〇人台が二町・一村（松川村）、八〇〇〇人台が三村、七〇〇〇人台が一町・一村、六〇〇〇人台が一町・四村、五〇〇〇人台が一町、四〇〇〇人台が四町・七村、三〇〇〇人台が三村、二〇〇〇人台が四村、千〇〇〇人台が四村、千人未満が七村となっている。

市の要件の一つである人口五万人以上の市は一〇市だけであり、残りの九市は市となるべき要件を満たしてはいない。また、長野県の町の要件の一つが人口八〇〇〇人以上であり、この条件を満たしているのは一六町で、残りの七町はこの要件を満たしてはいない。村を見ると人口八〇〇〇人を超える村は五村であり、人口二〇〇〇人未満の村は一一村となっている。町の平均人口は一万一四六九人、村の平均人口は四二二七人である(1)。

日本の村の現状を見ると、二〇一八年一〇月一日現在一八三村（都道府県平均三・九村）で、全国最多は三五村の長野県であり、一九村の沖縄県（二位）、一五村の北海道と福島県（三位）と比較してもずば抜けて多いことがわかる(2)。平成の大合併前の村を見ると、全国五六八村（都道府県平均一二村）のうち、最多が六七村の長野県、二位が三五村の新潟県、三位が三〇村の岐阜県、四位が二八村の福島県、五位が二七村の沖縄県、六位が二六村の群馬県、七位が二五村の青森県、八位が二四村の北海道であった。このことから現在の村の多い長野県、沖縄県、福島県、北海道では平成の大合併の進捗率が低かったことがわかる。平成の大合併の進捗率が低かった結果、長野県では県内に存在していた一〇の広域市町村圏を単位として、一〇の広域連合を創設したのである(3)。

1　長野県の市町村合併と広域行政の展開

長野県の市町村構成の特質は、長野県の（市）町村合併の歴史をたどることである程度明らかにすることができる。明治の大合併以前の日本の町村は、一八七四（明治七）年末で七万八二八〇町村であった。それが一八八八（明治二一）年に七万一三一四町村となったところで明治の大合併が実践され、翌年三九市・一万五八二〇町村の合計一万五八五九市町村となり、町村数が約五分の一（二二%）になったところで明治の大合併が終了したとするのが総務省の見解である⑷。しかし明治の町村の変遷はそう単純なものではなく、一八七四年末の七万八二八〇町村は徐々に減少し、一九七九（明治一二）年に六六一六町村（約八%）減の七万一六六四町村となり、その後増加に転じ、一八八六（明治一八）年には二二四町村（約一%）増で七万一八八八町村となった後に明治の大合併を迎えたのである。

現在の長野県は、一八七六（明治九）年の旧長野県（北信）と筑摩県（南信）の合併によって誕生した県である。一八七一（明治四）年の北信は九〇六町村であったが徐々に減少し、一八七七（明治一〇）年に三七五町村（約五分の二・五九%）減の五三一町村となり、一八八〇（明治一三）年から増加に転じて一八八三（明治一六）年に五七四町村となり、一八八九年の明治の大合併で三六五町村（五分の二・六四%）減の二〇九町村となった。同様に一八七一年の南信は八六七町村であったが徐々に激減少し、一八七五（明治八）年に六九三町村（五分の四・八〇%）減の一七四町村となり、一八七九（明治一二）年から増加に転じて一八八四（明治一七）年に一四三町村（五分の九・一八〇%）増の三一七町村となり、一八八九年の明治の大合併で一三五町村（五分の二・五七%）減の一八二町村となったのである。

長野県は一八七四年～七六年に大規模な合併を行っているが、その実態は北信地方（旧長野県）と南信地方（旧筑摩県）では事情が大きく異なっていた。それは「旧長野県では、明治九年に町村合併のピークがあり、前年よりも九三カ町村の減少が認められるが、その後は目立った変化は認められない。他方、旧筑摩県では、明治七年に二四三カ町村、八年に四三八カ町村が、それぞれ町村合併の結果減少し、八年末の町村数は四年前の廃藩置県時のほぼ五分の一になった。また、旧筑摩県の明治八年の一七四ヶ所は、二二年四月町村制施行時の一八二カ町村よりも少なく、全国的にみてきわめて稀なケース（数字は筆者が漢数字に換えた）⑸」であったことから理解できる。

旧筑摩県には一八七三（明治六）年に二四大区・一八〇小区が設置され、旧筑摩県は大蔵省達一八六号にもとづき、翌年「一小区一町村」の合併を県下に指示した。旧筑摩県の当時の町村の一部は小区（大字）を超えた合併を行っていたと考えられる。それゆえ旧筑摩県の明治の大合併は、概ね大区小区制導入期の小区を対象とした町村合併に回帰したものということも可能である(6)。

長野県全体では、一八七一（明治四）年に二県に存在した町村は一七七三であったが、徐々に減少し、一八七七年に一〇六八町村減（五分の二‐四〇％）の七〇五町村となった後、一八八〇年から増加に転じ、一八八四年に一八六町村増（五分の六‐一二六％）の八九一町村となり、一八八九年の明治の大合併で五〇〇町村（五分の二‐四四％）減の三九一町村となったのである。すなわち長野県全体では、一七七三町村が合併で減少していき、一八七七年に七〇五町村となったが、分村化の進展で増加に転じ、二分の一（五〇％）の八九一町村で明治の大合併を迎え、二分の一弱（四四％）の三九一町村となったのである。一八七一年の一七七三町村が一三八二町村（五分の一‐二二％）減の三九一町村になったことは、結果的に長野県の町村減は明治の大合併の求めた結果と類似したものとなっていたことを示している(7)。

明治の大合併は一八八八年の七万一三一四町村を、一万五八五九市町村（五分の一‐二二％）に統合したものである。その流れからいえば、長野県の町村においては、明治の大合併は八九一町村が一八〇町村程度になることが目標とされた合併であったといえる。その後日本の市町村は、昭和の大合併で三分の一となり、平成の大合併でさらにその二分の一に減少していった(6)。こうした日本全体の合併の流れに合わせれば、長野県の明治の大合併において一八〇程度の町村になるとの予測を基準にすれば、昭和の大合併で六〇市町村程度に、平成の大合併で三〇市町村程度になっていたことになる。この三〇市町村という数字は、北海道と面積で比較した場合の、長野県の妥当と考えられる市町村数とほぼ同じである。

詳しく分析した場合、一八八八年の末の町村数七万一三一四町村から市制・町村制未・非施行町村数二四八二町村を引いた六万八八三二町村を一八八九年の市制・町村制施行市町村数一万三三七七市町村で割ると、五・一四となる。このことから明治の大合併後の市町村は平均五・一ヶ町村（大字）から構成されたことになる。府県別の平均構成町村数を見ると、下位四県は一・三九の山梨県、一・四四の岐阜県、一・七七の長崎県、二・二七の長野県となっている。上位四府県は二〇・四三の東京府、一一・七七の京都府、一一・

一七の福井県、一〇・〇四の富山県となっている[9]。長野県は明治の大合併が進展しなかった県の一つなのである。

昭和の大合併の結果、長野県の一九五三（昭和二八）年の六市・三四町・三三八村の三七八市町村は、一九六一（昭和三六）年に一八市・四〇町・八一村の一三九市町（五分の二 - 五九％減）となった。長野県の昭和の大合併はほぼ全国平均の三分の一に近い合併を実施したといえる。とはいえ長野県の一二〇市町村は、北海道の二一二市町村に次ぐものであり、当時の全国に存在した三二三二市町村の平均数の六九市町村からみてもかなり多い。これは、明治の大合併の進捗率の低さがもたらしたものといわざるをえない。その後長野県には、一九六九（昭和四四）年から一九七二（昭和四七）年にかけて一〇の「広域市町村圏」が創設された。それは第四章の表1からもわかるように、一九六九（昭和四四）年に佐久地域と飯伊地域に、翌年に上伊那地域と木曽地域に、一九七一（昭和四六）年に北信地域、長野地域、上小地域、松本地域、大北地域に、そして一九七二（昭和四七）年に諏訪地域の順に創設されている。このように長野県全域の一二〇市町村は、四年かけて設定された一〇の広域市町村圏のいずれかに参加することとなったのである[10]。

長野県では、平成の大合併に先立つ一九九八（平成一〇）年から、平成の大合併が開始された一九九九（平成一一）年から二〇〇〇（平成一二）年にかけて、上田地域広域連合、松本広域連合、木曽広域連合、南信州広域連合、上伊那広域連合、北アルプス広域連合、長野広域連合、北信広域連合、佐久広域連合、諏訪広域連合の順に広域連合が創設されている。広域連合が最多なのは一三の北海道、二位が一二の長野県、三位は八の三重県、四位は五の岐阜県と熊本県、六位は四の愛知県となっている。第七位は三の京都府と七県、一四位が二の大阪府と一二県、残りは後期高齢者医療広域連合だけの東京都と二一の県である。ここでも北海道と長野県の特殊性が伝わってくる。人口や面積からみた場合、長野県の特異性が際立っていることは言うまでもない[11]。

広域連合については、「構成市町村全てが同意しないと何事も実行に移せない」という欠点があることが指摘されている[12]。その代替手段として考えられるもののなかに定住自立圏や連携中枢都市圏などがある。定住自立圏に対しては、「中心市が圏域全体の暮らしに必要な都市機能を集約的に整備するとともに、周辺市町村においては必要な生活機能を確保し、農林業の振興や豊かな自然環境の保全を図るなど、互いに連携・協力することによって、定住を促進し圏域全体の活性化を図る[13]」ものであるとする理解も見られる。こうした考え方を受けて、長野県の一〇の広域連合は連携中心都市圏や定住自立圏の他、連携自立圏や広域自立圏への移行をはかっているという一面が見られる。

長野県の各広域連合は、中枢都市もしくは中心市を中心とした新たな広域行政体制の確立に向かっている。飯伊地域は二〇〇九（平成二一）年七月一四日に、一市・三町・一〇村の一四市町村で全国初の定住自立圏形成協定を締結し「南信州定住自立圏」を創設した。定住自立圏共生ビジョンの策定も全国初であった。次に形成されたものが二〇一一（平成二三）年七月二七日に形成された「上田地域定住自立圏」である。ここには佐久圏域の蓼科町、長野圏域の坂城町、群馬県の嬬恋村が参加している。また、二〇一二（平成二四）年一月一二日に創設された「佐久地域定住自立圏」である。同年一二月一三日に創設されたものが北信地域定住自立圏である。二〇一六（平成二八）年一月七日に誕生したのが「伊那地域定住自立圏」である。

二〇一六年三月二九日には、一九九九（平成一一）年四月一日に中核市になっていた長野市を中枢都市として、「長野地域連携中枢都市圏」が三市・四町・二村の九市町村で創設されている。また松本地域は松本市が中核市に移行した後で連携中枢都市圏を創設するという計画を有しており、現在は広域連合しか存在しない。諏訪地域は合併志向の強い市町村と他の市町村の意見の相違もあり、中山道と甲州街道の通る諏訪市を中心とした合併を施行する地域と、甲州街道により山梨県北杜市とのつながりの強い地域の対立もあり、富士見町と原町は北杜市と一市・一町・一村で県境型の「八ヶ岳定住自立圏」を形成しているのである(14)。

他方過疎地域である大北地域と木曽地域では、県との協力関係で広域的な事務処理をする体制の整備に進めている。大北地域では平成の大合併で地域の中心的性格を強めた大町市を中心市とする「北アルプス連携自立圏」を創設されている。強力な中心都市が存在しないことから「小規模町村連合型」広域連合とされてきた木曽地域では、三町三村で「木曽広域自立圏」を創設して広域行政体制を整備されているのである(15)。

2　長野県の身近な行政組織等の必要性

「まち・ひと・しごと創生法」制定の背景には、「我が国における急速な少子高齢化の進展に的確に対応し、人口の減少に歯止めをかけるとともに、東京圏への人口の過度の集中を是正し、それぞれの地域で住みよい環境を確保して、将来にわたって活力ある日本社会を維持していく」ことが必要となった社会情勢の存在がある。そうした社会情勢に鑑み、安倍内閣は閣議決定により、二〇一四（平成二六）年九月三日付に「まち・ひと・しごと創生本部」を設置し、地方創生に向かうこととなったのである。

政府はただちに「まち・ひと・しごと創生法」を成立させ、同法が施行された一二月二日からは「まち・ひと・しごと創生本部」を法律上の組織に移行させたのである。また同法は、将来にわたる活力ある日本社会の維持のためには、「国民一人一人が夢や希望を持ち、潤いのある豊かな生活を安心して営むことができる地域社会の形成、地域社会を担う個性豊かで多様な人材の確保及び地域における魅力ある多様な就業の機会の創出を一体的に推進すること（以下「まち・ひと・しごと創生」という。）」の重要性を強調している(16)。

安倍内閣は、二〇一四年一二月二七日に「まち・ひと・しごと創生『長期ビジョン』と『総合戦略』」を閣議決定し、地方創生版・三本の矢として示した「情報支援」、「人材支援」、「財政支援」を通して実践に向かった。その内容は二〇一八年一二月二一日に一部が改定されている。これらは二〇一五年から二〇一九年までの第一期総合戦略である。その中の長期ビジョンは、二〇六〇年を視野に入れた中長期展望として、大きく「Ⅰ人口減少問題の克服」と「Ⅱ成長力の確保」の二つの柱で示されている。Ⅰの主要な目的は「二〇六〇年に一億人程度の人口を維持」することであり、そのためには国民の希望が実現した場合の出生率（国民希望出生率）一・八の確保と「東京一極集中」の是正が必要性なことが強調されている。またⅡの主要な目的は「二〇五〇年代に実質ＧＤＰ成長率一・五％～二％程度維持」とされた。この二つの目標は、二〇二〇年の成果目標を具体的な数字で示した四つの基本目標と、ＫＰＩ（重要業績評価指標）で示した一三一の主要施策と、それらを細分化した一七の主な施策に整理されている。

総合戦略は具体的に四つに区分されている。その第一のものが「地域の中核企業、中核企業候補の支援」、「観光業を強化する地域における連携体制の構築」、「農林水産業の成長産業化」を通して「地方に仕事をつくり、安心して働けるようにする」ことである。第二が、「企業の地方拠点化」、「地方における若者の修学・就業の促進」、「子供の農山村体験の充実」、「地方移住の促進」を通じて「地方への新しいひとの流れをつくる」ことである。第三は「少子化対策における『地域アプローチ』の推進」、「若い世代の経済的安定」、「妊娠・出産・子育ての切れ目のない支援」を通じて「若い世代の結婚・出産・子育ての希望をかなえる」ことである。第四は『連携中枢都市圏』の形成」、『小さな拠点』の形成」、「大都市圏の医療・介護問題・少子化問題への対応」を通じて「時代に合った地域をつくり、安心なくらしを守るとともに、地域と地域を連携する」ことである。これらが安倍内閣の地方創生等に関する主要な政策ということになる。

特に第四の『連携中枢都市圏』の形成」を詳しく見ていくと、主な施策「①まちづくり・地域連携」には、「連携中枢都市圏の形成の促進に加えて定住自立圏の形成の促進や中枢中核都市圏の機能強化」などがあげられている。連携中枢都市圏の設立目標は三〇圏域であるが、二〇一八年一〇月には二八圏域が設定されていると記されている。また『小さな拠点』の形成」では、「小さな拠点」一〇〇〇ヶ所と、地域運営組織五〇〇〇団体の設立が目標とされていたが、小さな拠点は二〇一八年五月現在で一〇六九ヶ所設置されており目標をオーバーしている。また地域運営組織も二〇一七年一〇月には四一七七団体が創設されていると記されている。ただし、内閣府によれば、「形成済の小さな拠点は、総合戦略あり八六九箇所、総合戦略なし五〇五箇所の合計一五七四箇所であり、また今後形成が予定されている小さな拠点は、総合戦略あり一九八箇所、総合戦略なし一一箇所の合計二〇九箇所であり、合わせても一七八三箇所である。地域運営組織は六〇九市町村に三〇七一存在する」とされている(17)。

これらをイギリスのパリッシュやコミュニティと対比した場合、日本の総面積のほぼ六四%のイギリスに約一万二千のパリッシュとコミュニティが創設されていることから、日本では一万八千程度の地域行政組織があってもいいということになる。この数字は明治の大合併で誕生した市町村数よりも若干多い数であり、二〇一七（平成二九）年の日本の公立小学校数一万九七九四校より若干少ない数となっている。現在日本のコミュニティの単位を小学校とする立場と中学校とする立場が見られるが、同年の日本の公立中学校は中学校とすれば九四七九校であり、日本のコミュニティの数、概略で示せば約一万から二万の間となる可能性が高いといえる。

日本では地方創生や地方分権改革等を前提に、広域行政が推進されてきた。明治維新後の産業革命期には、明治の大合併が推進されたばかりか、さらなる広域行政推進策の一つとして地方公共団体の組合制度（特に一部事務組合制度）の導入が図られている。戦後復興期から高度経済成長期には、昭和の大合併が推進されたばかりか、広域市町村圏に代表される広域圏行政が導入されている。少子高齢社会の進展している昨今では、平成の大合併が推進されたばかりか、定住自立圏や連携中枢都市圏といった地域間連携策が導入されている。特に効率性を前提に、日本では広域行政が推進されてきているのである。

まち・ひと・しごと創生本部は、二〇一九（令和元）年六月に『まち・ひと・しごと創生』基本方針二〇一九について」を公表し、二〇二〇年から二〇二四年にわたる第二期総合戦略の基本を提示した。四つの基本目標は前期と同じであるが、二〇二〇年度の各分野の主要な取り組みは五つの分野に分けられている。その第一が「地方にしごとをつくり安心して働けるようにする、これを支える人材を育て活かす」である。そこには「新たなビジネスモデルの構築等による地域介在の発展」や『海外から稼ぐ』地方創生」等が示されている。第二が「地方への新しいひとの流れをつくる」であり、そこには「地方への企業の本社機能の移転の強化」や「政府関係機関の地方移転」等が示されている。第三が「若い世代の結婚・出産・子育ての希望をかなえる、誰もが活躍できる地域社会をつくる」等が示されている。第四が「時代に合った地域をつくり、安心なくらしを守るとともに、地域と地域を連携する」であり「Society5.0の実現に向けた技術の活用」や「スポーツ・健康まちづくりの推進」等が示されている。最後のものが「連携施策等」であり、「地方創生に向けた国家戦略特区制度等の推進」や「規制改革、地方分権改革との連携」等が示されている(18)。

第四分野の目指す「スポーツ・健康まちづくりの推進」においては、「ラグビーワールドカップ（二〇一九年）、東京オリンピック・パラリンピック（二〇二〇年）を契機として、『スポーツ・健康まちづくり』の取組を推進・発展」することと、「健康寿命の延伸が課題である中、適度な運動による健康づくりが重要」とする政策の推進が求められている(19)。特に人口が今後激減すると予測されている長野県では、二〇一五（平成二七）年に総人口二一〇万人が、老年人口六三万人（三〇・一％）、生産年齢人口一二〇万人（五七・〇％）、年少人口二七万人（一二・九％）という年代別人口構成を形成していた。それが二〇三〇年には総人口一九二万人が、老年人口六四万人（三三・三％）、生産年齢人口一〇四万人（五四・二）、年少人口二四万人（一二・〇％）となり、二〇六〇年には総人口一六一万人が、老年人口五二万人（三二・三％）、生産年齢人口八四万人（五二・二％）、年少人口二五万人（一五・五％）となると予測されており、健康寿命延伸を目指す健康づくりが重要となっていることがわかる。

確かに長野県の老齢人口は今後減少していくことは確実である。しかし総人口が徐々に減少していくことから、長野県の人口の高齢化率（少子高齢化）は高まってきており、この傾向はしばらくは続くものと考えられる。こうした高齢者の多くは集落を単位とした各地域に拡散して居住している。それゆえ高齢者の生活環境は、イギリスのパリッシュやコミュニティに相当する集落単位で確保していく必要がある。この集落等を単位とした自治組織が、町内会、自治会、地区会、区会、区、区域といった単位である。そこに協議会や委員会を設置して、身近な住民自治の推進に着手している地域もある。そうした自治組織の単位は、明治以来の長野県の複雑な市町村合併の足跡を示している場合も多い。まさに集落等を中心としたいわゆるコミュニティが、明治初期の町村であることも多く、その一部が現在では小さな拠点や地域運営組織あるいは総合型地域スポーツクラブの設置単位ともなっているのである。旧来の町村が単位になっていることから、活動の範囲は小学校区（旧小学校区を含む）や中学校区（旧中学校区を含む）となっていることも多いのである。

特に過疎地域や特定農山村あるいは振興山村の多い長野県では、小さな拠点や地域運営組織や総合型地域スポーツクラブ等を活用することによって、住民の健康管理や地方創生あるいは地域創生を行っていく必要がある。身近な行政や共助による助け合いなど、新しい形での助け合いも必要になってくるはずである。そうした場合には各種法人等を活用した活動も考慮する必要がある。公益法人としては地方公共団体（特に特別地方公共団体）や土地改良区等に代表される公共組合、公益法人等に分類される非営利型の一般財団法人や一般社団法人、認定非営利特定活動法人、非営利特定活動法人、認可地縁団体など、農業協同組合や商店街振興組合等に代表される協同組合など、あるいは法人格を有していない地縁による団体に代表される人格のない社団など、あるいは株式会社や非営利型以外の一般社団法人や財団法人など、多様な性格を有する法人などを必要に応じて使い分けていくことも必要といえる(20)。

3　長野県の小さな拠点（地域自治組織）の実態

長野県の（市）町村合併の軌跡を、長野市を通して観察すると表1のようになる。長野市には現在三二の住民自治協議会が設置されている。その中で明治の大合併までに旧長野町と合併した第一地区から第五地区を形成している五六の区域である。各区域は明治の大合併以前に合併を繰り返しており、明治の大合併の直前には長野町、南長野町、西長野町、茂菅村、鶴賀町の、四町・一村となっていた。それが明治の大合併で新たに長野町となり、明治三〇年四月一日の市制施行により長野市となったのである。この五六の区域は現在では町内会や自治会や地区会等となっている。このように、複数の町内会や自治会等で住民自治協議会が設定されているのである。

その後長野市は、大正一二年に吉田町、芦田村、古牧村、三輪村と、昭和の大合併で古里村、柳原村、浅川村、大豆島村、朝陽村、若槻村、長沼村、安茂里村、小田切村、芋井村と、昭和四一年に篠ノ井市、松代町、若穂町、川中島村、更北村、七二会村、信更村と、平成の大合併で豊野町、戸隠村、鬼無理村、大岡村と、平成二二年に信州新町、中条村と合併し、市の区域を拡張し続けてきているのである。明治の大合併以降の長野市（長野町）が併合したのは、長野町を含んで一市・九町・二二村の合計三二市町村である。明治の大合併の四町・一村はその九町村を単位とした区域になってはいないが、その後合併した二八市町村は合併した市町がそのまま区域となっており、住民自治協議会の単位となっている。各住民自治協議会の中には複数の町内会、自治会、地区会等が配置されているのである[21]。

長野市では、表2の通り現在九の小さな拠点がおかれ、その運営主体として九の住民自治協議会が設置されている。それらの地区の住民自治協議会は、小田切住民自治協議会、芋井住民自治協議会、七二会住民自治協議会、信更住民自治協議会、戸隠住民自治協議会、鬼無里住民自治協議会、大岡住民自治協議会、信州新町住民自治協議会、中条住民自治協議会であり、それらは全て「市町村まち・ひと・しごと創生総合戦略」に合わせて設置された組織と位置づけられている。また、その範囲は小田切を除きすべて中学校区となっており、法人格でみると、NPO法人（認定NPO法人を除く）である中条住民自治協議会を除くと、すべて法人格のない任意団体とな

長野市の住民自治協議会と小中学校区　表1

地区名	合併の経緯	設立日	小学校	中学校	区域　(町内会・自治会・地区会等)
第一	長野町(明治の大合併：M22年4月1日：長野町[箱清水村と合併]・南長野町[妻科村と合併]・西長野町[越村と合併]・茂菅村・鶴賀町の4町1村合併で誕生)[M30.4.1に長野市に移行]	平成21年3月22日	加茂 城山 鍋屋田 南部 山王 袖花 緑ヶ丘 湯谷	西部 柳町 犀陵 櫻ヶ岡 三陽 裾花	**茂菅**・新諏訪町・**西長野**・桜枝町・狐池・花咲町・往生池・横沢町・西町上・西町南・上西之門町・栄町・立町・若松町・朝日町・長門町(17区)
第二		平成21年2月28日			上松・湯谷・滝・城山団地・湯谷団地・**箱清水**・元喜町・東之門町・伊勢町・新町・岩石町・横町・東町・大門町・三輪田町・淀ヶ橋(16区)
第三		平成21年3月7日			東後町・問御所町・権藤町・田町・南千歳町・上千歳町・**東鶴賀町**・**西鶴賀町**・緑町・居町・柳町・早苗町(12区)
第四		平成21年3月14日			諏訪町区・西後町区・県町区・南県町区・**妻科町**区・新田町区(6区)
第五		平成21年2月22日			南石堂町・北石堂町・岡田町・中御所・末広町(5区)
芹田	明治の大合併後(T12年7月1日)	平成20年5月31日	○	犀陵 櫻ヶ岡	
古牧		平成19年3月18日	○	櫻ヶ岡	
三輪		平成20年12月6日	○ 城東	柳町 櫻ヶ岡	
吉田		平成20年2月23日	○	東部 三陽	
古里	昭和の大合併(S29年4月1日)	平成19年7月3日	○	東北	
柳原		平成20年5月24日	○	東北	
浅川		平成19年4月21日	○	北部	
大豆島		平成21年3月22日	○	犀陵	
朝陽		平成19年6月17日	○	東部 三陽	
若槻		平成18年4月28日	○ 徳間	北部 東北	
長沼		平成21年3月21日	○	東北	
安茂里		平成19年3月3日	裾花 安茂里 松ヶ丘	裾花	
小田切		平成21年3月7日			
芋井		平成20年3月15日	○	西部	
篠ノ井	昭和の大合併後(S41年10月16日)	平成20年3月1日	通明 篠ノ井東 篠ノ井西 共和 信里 塩崎	篠ノ井東 篠ノ井西 松代 広徳 裾花	
松代		平成18年11月1日	松代 清野 西条 豊栄 東条 寺尾	○ 広徳	
若穂		平成20年2月23日	綿内 川田 保科	○	
川中島		平成19年12月15日	昭和 川中島	○ 篠ノ井西 広徳	
更北		平成20年2月9日	青木島 下氷鉋 三本柳 真島	○ 広徳 川中島	
七二会		平成20年2月23日	○	○	
信更		平成20年7月12日	○	○	
豊野	平成の大合併(H17年1月1日)	平成19年9月9日	豊野西 豊野東	○	
戸隠		平成20年1月30日	○	○	
鬼無里		平成19年7月16日	○	○	
大岡		平成19年7月14日	○	○	
信州新町	平成の大合併後(H22年1月1日)	平成22年2月27日	○	○	
中条		平成22年2月27日	○	○	
32地区			54校	25校	

註：表は長野市のHPの「長野市の住民自治協議会」「長野市の小中学校一覧」等を参照して作成した。(www.city.nagano.nagano.jp/)
○は地域名と同じ小学校と中学校のことである。

っている。このように長野市のコミュニティの核は中学校となっているのである。

長野県の小さな拠点は、形成済みの市町村が長野市と伊那市の二市、飯綱町、小海町、立科町、富士見町の四町、高山村、青木村、南相木村、原村、中川村、喬木村、大桑村、白馬村の八村の一四市町村であり、そこに二五ヶ所の小さな拠点が設置されている。また設置予定の市町村は中野市、上田市の二市、池田町の一町、大鹿村、生坂村、小谷村の三村の六市町村であり、そこには一〇ヶ所の小さな拠点が設置される予定となっている。この形成済の小さな拠点の中に二一ヶ所の地域運営組織が設置され、形成予定の小さな拠点には一ヶ所の地域運営組織の設置が予定されている。

小さな拠点が置かれている一四市町村の中で、最多は九ヶ所の長野市、二ヶ所は飯綱町と中川村と白馬村の三町村、残りの一〇市町村は一ヶ所となっている。一部地域にのみ小さな拠点が設置されているのは長野市、伊那市の二市、飯綱町、立科町の二町、高山村、青木村、南相木村、大桑村の四村の計八市町村、全域に設置されているのは小海町、富士見町の二町、原村、中川村、喬木村、白馬村の四村の六町村である。既述の長野市を除くと、伊那市、高遠町、長谷村による平成の大合併で誕生した伊那市では、旧長谷村であった長谷地区の中学校区に小さな拠点を置き、法人格のない任意団体である「長谷地区小さな拠点づくり協議会」を地域運営組織として設置している。

四つの小学校を二つに統合した飯綱町では、旧来の二つの小学校区に小さな拠点を設置している。大きく里山エリアと高原エリアに分かれる立科町は、高原エリア（南部地区）を対象に小さな拠点を置き、小学校区（又は旧小学校区）より狭い区域に、法人格のない任意団体である区の自治会を対象に地域運営組織を配置している。高山村、青木村、南相木村、大桑村の四村も合併や地域の地理的条件を前提に村の一部地域を対象に小さな拠点を設置し、その一部には地域運営組織を設置している。

大草村と南向村と片桐村の平成の大合併で誕生した中川村は、村内の中川東小学校を単位とする地区に小さな拠点を置き、地域運営組織として法人格のない任意団体である大草地区活性化委員会を設置するとともに、中川西小学校区のある片桐地域に小さな拠点を置き、地方自治法上の認可地縁団体である片桐地区を地域運営組織としている。神城村と北城村の昭和の大合併で誕生した白馬村では二一

長野県の市町村合併の歴史と小さな拠点及び総合型地域スポーツクラブの関係　表2

市町村(合併時期)	人口	平成の大合併とその後の合併前の市町村	小さな拠点（地域運営組織等）・地域審議会・地域自治区等 地域名	範囲	人口	名称	法人格の有無	主な地域運営組織の活動内容	備考	総合型地域スポーツクラブ 名称	創設年月	特徴
中野市 (H17.4.1.)	42,797(14位)	中野市	(他の中野市域)							中野スマイルスポーツクラブ	2012.2.4.	体育指導員4名が呼び掛けて人を集めて発足した幅広い層から多くの参加者を集めている
		豊田村	豊田地区	中学校区	3,928					一般社団法人中野エスペランサスポーツクラブ	2012.2.4.	「スポーツでもっと幸せな信州中野へ」サッカーを軸に事業を行い地域住民と地域社会へ寄与する
飯山市	20,201(20位)									菜の花SUNくらぶ（いいやまNPOセンターの会員）	2003.11.22.	地域におけるスポーツ活動の振興を図る等で明るい住みよい地域づくりを目的としています。
山ノ内町	11,679(30位)											
木島平村	4,468(53位)									enjoyふう太クラブ	2008.4.22.	キッズ基礎体力運動教室、ノルディックウォーキング教室を通じて健康で長生きのできる村を目指す
野沢温泉村	3,365(61位)									野沢温泉スキークラブ	2000.12.8.	スキー場経営は村が、選手育成などはスキー倶楽部が行うという「車の両輪」の関係が成立
栄村	1,758(67位)									さかえスポーツクラブ	2008.5.30.	栄村を対象としたものと考えられる
長野市 (H17.1.1.)	372,204(1位)	長野市	(他の長野市域)							NPO法人長野スポーツコミュニティクラブ東北	2000.8.30.	東北中学校区の住民やその周辺のスポーツを愛好する人達が対象(長野市大字大町945)
			小田切	その他	938	小田切地区住民自治協議会	法人格のない任意団体	地域課題への対応	第一次昭和の大合併(編入)の10村の二つ	一般社団法人長野北部スポーツクラブ	2011.3.19.	浅川・檀田地区にある緑が丘公園・緑が丘テニスコートが拠点、地域住民が主体的に自主的に運営
			芋井	中学校区	2,231	芋井地区住民自治協議会	法人格のない任意団体	地域のまちづくり		塩崎スポーツクラブ（しおスポ12）	2013.2.11.	三千石の地塩崎の総合型地域スポーツクラブ「しおスポ12」：塩崎地区12区の融和の礎の愛称
			七二会	中学校区	1,588	七二会地区住民自治協議会	法人格のない任意団体	地域の人々が安心安全に暮らせる住みやすい・より良い七二会づくり	第二次昭和の大合併(新設)の2市3町3村の二つ	東和田総合型SC		詳細不詳
			信更	中学校区	2,068	信更地区住民自治協議会	法人格のない任意団体	公民館の指定管理、高齢者交流サービス、体験交流事業		E-NAGANOスポーツクラブ		生涯を通してスポーツに親しむことができる笑顔で運動を楽しむスポーツクラブ
		大岡村	大岡	中学校区	984	大岡地区住民自治協議会	法人格のない任意団体	地域の特性を生かした活動を総合的に実施		ながの国際交流スポーツクラブ		詳細不詳
		豊野町								ゆたかのスポーツクラブ	2008.2.17.	母体：【豊野スポーツ協会：】豊野町の長野市合併の翌日（2005年1月2日）設立
		戸隠村	戸隠	中学校区	3,611	戸隠地区住民自治協議会	法人格のない任意団体	自治会組織の運営				
		鬼無里村	鬼無里	中学校区	1,406	無切地区住民自治協議会	法人格のない任意団体	地域課題解決に向けた積極的な取り組み				
(H22.1.1.)		信州新町	信州新町	中学校区	4,240	信州新町住民自治協議会	法人格のない任意団体	住民相互の交流と親睦、共通の利益の増進、生活環境の保持・改善に努め豊かで住み良い地域づくりへの寄与を目的		信州新町スポーツクラブ		信州新町中学校区域を対象としたものと考えられる
		中条村	中条	中学校区	1,875	中条地区住民自治協議会	NPO法人"(認定NPOを除く)	地域課題解決、移住促進、地域イベント開催ほか		中条町総合型地域スポーツクラブ		中条中学校区域を対象としたものと考えられる
須坂市	49,991(11位)									いきいきスポーツプラザすざか	2012.2.12.	・大人も子どもも、みんな元気。・広がるコミュニケーション。・活動の拠点は、私たちのまち。
千曲市 (H15.9.1.)	59,509 (9位)	更埴市								千曲アプリコットスポーツクラブ	2010.2.27.	サッカーを主に活動：スポーツ吹矢、スポレック等々のNEWスポーツも展開
		戸倉町								はつらつ千曲クラブ	2010.9.25.	活動種目：社交ダンス、卓球、バドミントン、ソフトバレーボール、レクリエーションダンス他
		上山田町								NPO法人グリーンプレイスプロジェクト	2011.4.17.	サッカー中心に青少年の健全な心身発達等の事業地域スポーツ文化振興等やコミュニティ活性化
坂城町	14,470(26位)									さかきスポーツクラブ	2010.3.13.	坂城町を対象としたものと考えられる
小布施町	10,500(34位)									スポーツクラブおぶせ	2013.11.17.	小布施町を対象としたものと考えられる
高山村	6,808(44位)							明治の大合併：高井村と牧村の合併で高井村誕生 中山村と奥山田村の合併で山田村誕生		高山村総合型地域スポーツクラブ	2011.2.20.	高山村体育協会が主体 夢を語ろう　夢を創ろう　夢を実現しよう スポーツをとおして、7,700人の深い絆を結おう 今、我々は思い出の真ったた中
			中山地区	その他	1,345			昭和の大合併：高井村と山田村の合併で高山村誕生				
信濃町	7,967(41位)									この指とまれ☆しなの	2012.2.5.	子どもからお年寄りまで、日頃の暮らしの中にスポーツと文化を取り入れ「夢&健康&仲間をつくる場所」を提供し、明るく健康な地域づくりを目的
飯綱町 (H17.10.1.)	10,500(33位)	牟礼村 山水村	(他の飯綱町区域)									
			赤東区毛野集落	小学校区	1,125					いいづなスポーツクラブ	1006.8.24.	飯綱町三水B&G海洋センターを中心に活動
			野村上区	小学校区	1,701							
小川村	2,461(66位)									小川スポーツふれあいクラブ	2009.7.11.	おがわ村民ピック等を開催
上田市 (H18.3.6.)	155,323(3位)	上田市										
			豊殿地区	小学校区	5,175	豊殿まちづくり協議会	法人格のない任意団体	祭・運動会・音楽会などの運営、殿城山登山道整備、広報紙作成等	昭和の大合併：豊殿村が上田市と合併	NPO法人うえだ総合型地域スポーツクラブUSC	2008.5.25.	地域住民への運動・スポーツ活動・文化活動の振興事業実施、地域住民の健全な心身の育成等の高揚
			塩田地区	小学校区	10,754	塩田まちづくり協議会	法人格のない任意団体	まちづくり計画、住民アンケート、まちづくりシンポジウム開催	昭和45年：塩田町が上田市と合併	オヤジ改造倶楽部	2010.2.20.	肉体改造計画：ノルディック・ウォーキング、他 おつむ(頭)改造計画：料理教室、健康相談他
			川西地区	小学校区	6,858	川西まちづくり委員会	法人格のない任意団体	まちづくり計画、ホームページ開設、広報紙の作成・発行	昭和48年：川西村が上田市と合併	NPO法人うえだミックススポーツクラブ	2011.3.20.	目的：スポーツと人で地域社会がしあわせになること
		丸子町										
		真田町	真田地区	その他	10,340	真田の郷まちづくり推進会議	法人格のない任意団体	地域イベント協力、各部会活動、広報紙の作成・発行		NPO法人さなだスポーツクラブ	2005.12.10.	31種類のスポーツ・健康増進教室、5種類のカルチャー教室、10種類のスポーツサークル
		武石村	武石地区	その他	3,481	住み良い武石をつくる会	法人格のない任意団体	情報伝達(エリアトーク)の運営、地域の調査・研究・学習その他				

東御市 (H16.4.1.)	29,561(17位)	東部町 北御牧村										
長和町 (H17.10.1.)	5,847(48位)	長門町 和田村								ながわスポーツクラブ	2007.3.25.	教育課社会教育係の支援
青木村	4,154(57位)		(他の青木村区域)						明治22年の町村制：5つの村と村松郷の合併で青木村が誕生			
			村松地区	小学校区(又は旧小学校区)より狭い	825	村松区	法人格のない任意団体	福祉支えあい活動				
小諸市	41,755(15位)									一般社団法人浅間嶺スポーツクラブ	2012.2.18.	小諸ジュニア駅伝クラブが母体
佐久市 (H17.4.1.)	98,887(5位)	佐久市 臼田町 浅科村 望月町								岸野スポーツクラブ	2009.3.16.	岸野スポーツクラブの目指すもの 1. 一生涯スポーツを続けられる環境つくり 2. 子供が安心して育つ環境つくり 3. 健康とやすらぎのあふれる地域つくり
										NPO法人もちづき総合型クラブ	2007.2.18.	望月中学校にクラブがなかったスポーツの支援を目的に誕生し地域してきたもの
小海町	4,499(52位)		土村・馬流地区	小学校区	4,825				小学校は１校なので町全域と判断できる	スポーツジュレ（シューレ）小海AGGREGATO （小海町・南相木村・北相木村で創設）	2012.2.26.	小海中学校 → 小海町北相木村南相木村中学校組合立 中学校区が前提：1町2村によるスポーツ支援等 小海FC AGGREGATO U18・12・11・10・8等が存在
南相木村	953(72位)		(他の南相木村区域)						明治４年以降合併分離等はない			
			中島地区	小学校区(又は旧小学校区)より狭い	468	地区自治会 (3地区)	法人格のない任意団体	自治会活動、地区の管理				
北相木村	761(75位)											
佐久穂町 (H17.3.20.)	10,536(32位)	佐久町 八千穂村										
川上村	4,727(49位)											
南牧村	3,388(62位)											
軽井沢町	19,193(22位)									NPOスポーツコミュニティ軽井沢クラブ	2004.3.31.	スポーツの輪、笑顔の輪　～活き活きとした、人にやさしいまち・軽井沢へ～
御代田町	15,246(25位)									認定NPO法人あさまハイランドスポーツクラブ	2007.4.14.	カーリングを通じて地域のスポーツ活動に貢献する子どもから大人まで生涯スポーツの場を提供する
										総合型地域スポーツクラブ身体能力活性化応援倶楽部Fun(楽)	2015.4.1.	SAQトレーニングベースのイベントや教室を実施 Speed、Agility(身のこなし)、Quikness
立科町	6,961(43位)		(他の立科町区域)						昭和30年芦田村・横鳥村・三都和村で誕生	蓼科町総合型スポーツクラブ	2009.11.1.	立科町を対象としたものと考えられる
			町区・古町区	小学校区(又は旧小学校区)より狭い	1,155	区の自治会	法人格のない任意団体	地域振興、地区管理	南部地域			
岡谷市	48,748(13位)									やまびこクラブ	2012.2.25.	岡谷市民の子どもから大人まで、誰もが参加できる地域住民のためのスポーツクラブ
諏訪市	49,112(12位)									諏訪市ペタンククラブ	1999.6.30.	諏訪市地区公民館対抗ペタンク大会等を実施
茅野市	55,804(10位)									茅野市蓼科高原スポーツクラブ	2011.2.27.	地域の誰もが参加できるスポーツ活動を通じて活気あるコミュニティづくりに寄与する
下諏訪町	19,626(21位)											
富士見町	14,091(27位)		富士見町全域	中学校区	14,700	区会	法人格のない任意団体	地域活性化、祭りの開催、区有林の管理		富士見町地域スポーツクラブ	2008.3.29.	事務局：富士見町B&G海洋センター内
原村	7,655(42位)		役場周辺	小学校区	7,963	区会	法人格のない任意団体	自治会活動	小学校は１校なので町全域と判断できる			
伊那市 (H18.3.31.)	67,120(7位)	伊那市 高遠町	(他の伊那市区域)							伊那市総合型地域スポーツクラブ	2008.6.1.	スローガン； 日本の元気は地方から！地方の元気はあなたから！ 理念；いつでも　どこでも　だれでも　いつまでも　あなたもOK!私もOK!の関係　人と人とをひとつなぎ 目的；スポーツ文化を通じた社会教育の「場」と「機会」の提供、地域コミュニティの形成等
		長谷村	長谷地区	中学校区	1,782	長谷地区小さな拠点づくり協議会	法人格のない任意団体	集落住民の交流、都市農村交流、拠点提供				
駒ヶ根市	32,276(16位)											
箕輪町	25,118(19位)											
飯島町	9,206(37位)									飯島町総合型スポーツクラブ	2013.1.27.	飯島町スポーツ振興計画（H25）で拡充を表明
南箕輪村	15,443(24位)									NPO法人南箕輪わくわくクラブ	2002.3.21.	いつでも！どこでも！だれでも！いつまでも！スポーツ、カルチャーを通じて笑顔と健康を

中川村	4,691(59位)		役場周辺	小学校区	2,297	大草地区活性化委員会	法人格のない任意団体	地域活性化、祭り、イベントの開催	昭和の大合併で旧大草村を含む南向村と片桐村が合併して中川村が誕生			
			チャオ周辺	中学校区	2,688	片桐地区	認可地縁団体(地自法)	地域活性化、祭りの開催、区有林の管理				
宮田村	8,732(38位)											
飯田市 (H17.10.1.)	99,157(4位)	飯田市								高陵わくわくクラブ	2002.10.14.	高陵中学校区 小中連携・一貫教育への対応 他に座光寺小クラブ・上郷チャレンジがある
		上村								羽場文化・スポーツクラブ	2010.5.9.	羽場地域を対象に、剣道、空手、少年野球で誕生し、茶道教室、羽場ペタンククラブ等7団体加盟
		南信濃村								NPO法人南信州クラブ	2014.6.26.	南信州スポーツバレー構想 南信州をラグビーのメッカにする事業推進
松川町	12,769(29位)											
高森町	12,832(28位)									紳の里S.Cクラブ	2006.5.21.	毎週月曜日にスポーツ小教室を実施 いろいろなスポーツを楽しもう
阿南町	4,605(51位)											
売木村	528(76位)											
阿智村 (H18.1.1.) (H21.3.31.)	6,317(46位)	阿智村 浪合村 清内路村								チャレンジゆうAchi	2004.4.3.	合言葉「いつでも」「だれでも」「いつまでも」「行政主導」のクラブから「住民主導」へ ▽スポーツ経営体▽ボランタリー組織▽スポーツ振興システム▽コミュニティークラブ イベント4、スポーツ教室12、文化教室7、スポーツ講座5、文化講座1、講座支援：阿智中クラブ
平谷村	415(77位)											
根羽村	890(73位)											
下條村	3,666(59位)									下條文化スポーツ総合クラブ	2010.5.21.	下條村全域を対象としたものと考えられる
天龍村	1,221(70位)											
泰阜村	1,600(69位)											
喬木村	6,153(47位)		堰下地域	中学校区	6,509	阿島区	法人格のない任意団体	地域振興・活性化	中学校は1校なので町全域と判断できる	一般社団法人たかぎスポーツクラブ	2013.2.28.	「健康」「生きがい」「仲間」のある楽しいクラブライフをいつまでも
豊丘村	6,485(45位)									NPO法人とよおか総合型地域スポーツクラブ	2008.3.23.	住民の健康保持・増進・疾病の予防・子どもの健全育成、並びにスポーツの振興と地域の活性化に寄与
大鹿村	977(71位)		大河原	中学校区 (中学校は1校)	1,038				明治の大合併：鹿塩村と大河原村で大鹿村誕生	大鹿村総合型地域スポーツクラブ	2014.2.23.	
上松町	4,375(55位)									一般社団法人木曽ひのきっこゆうゆうクラブ	2001.11.9.	「スポーツ文化を広げよう！ みんなの笑顔のために」がミッション
南木曽町	4,039(58位)									NPO法人なぎそチャレンジクラブ	2013.2.23.	地域住民を対象に心身の健康づくりと子どもたちの健全育成に努め、元気な町づくりを行う
木曽町 (H17.11.1.)	11,676(31位)	木曽福島町 日義村 開田村 三岳村										
木祖村	2,775(64位)											
王滝村	762(74位)									おおたき総合型地域スポーツクラブ	2011.2.15.	大滝村全域を対象としたものと考えられる
大桑村	3,595(60位)		(旧の大桑村区域)						明治の大合併：殿村、長野村、須原村野尻村で大桑村誕生			
			長野地区	小学校区(又は旧小学校区)より狭い	273							
松本市 (H17.4.1.)	241,132(2位)	松本市								NPO法人松本山雅スポーツクラブ	2004.7.26.	地域におけるスポーツ文化の発展 豊かな地域社会づくりとプロスポーツチームの支援等
		四賀村								丸の内スポーツクラブ	2008.5.11.	丸の内中学校区を中心にした地域住民を対象に世代間交流とスポーツ交流を目指すクラブ
		奈川村								sklpまつもと	2012.2.19.	s:[skypark, sport] k:[kicky, kindness] I[impression, impassion] p:[partner, passion]
		安曇村								NPO総合体操クラブWing	2015.5.17.	競技スポーツ選手の育成及び生涯スポーツの振興 すべての人が健やかに暮らせる地域社会づくり他
		梓川村								MAP-Jスポーツクラブ	20016.9.3.	MAP-Jファインビルディング協会が母体？
(H22.3.31.)		波田町								クラブ「はたっこ」	2014.2.7.	フットサル・バドミントン・健康吹き矢を軸に誰でも気軽に参加できる地域住民のためのクラブ
		(今井地区 旧今井村)							今井村：昭和の大合併で松本市となる			鉢盛の名称から鉢盛中学校区が対象と考えられる

山　形　村	8,383(40位)									総合型クラブ　きらり鉢盛	2016.12.5.	鉢盛中学校：松本市山形村朝日村中学校組合立 松本市今井地区・山形村・朝日村が学区 フットサル・バドミントン・健康吹き矢を軸に誰でも気軽に参加できる地域住民のクラブ
朝　日　村	4,386(56位)											
塩　尻　市 (H17.4.1.)	66,929(8位)	塩尻市 楢川村								NPO法人アンテロープアスレティッククラブ	2013.12.9.	健康で明るく、夢を抱き続けられ、かつ、心が豊かであり続けられる、そのような社会作りに貢献
									高出村：Mで広丘村とSで塩尻市と合併	たかいで総合型地域スポーツクラブ～ふらっと～	2015.11.29.	塩尻市高出地域を主体に活動している地域スポーツクラブ・桔梗小学校が中心と考えられる
									北小野村：Mで筑摩地村とSで塩尻市に	北小野総合型スポーツクラブ	2009.2.22.	両小野中学校：塩尻市辰野町中学校組合立の区域が対象と考えられる
辰　野　町	19,124(23位)											
安曇野市 (H17.10.1.)	94,703(6位)	豊科町 穂高町 三郷村 堀金村 明科町								安曇野総合型地域スポーツクラブ　スポネット常念	2008.3.24.	(目的) クラブは、日常生活の中で地域にある施設を利用しながら、スポーツ、文化活動を通して、健全な心身の育成をもって地域の活性化に寄与する。また、北アルプス常念岳のふもとに広がる安曇野で、多世代の人たちによるコミュニケーションの機会を設け、つながりによる豊かな地域生活を構築する。
麻　績　村	2,654(85位)											
生　坂　村	1,696(68位)		上生坂	中学校区及び小学校区と概ね一致	1,782							
筑　北　村 (H17.10.11.)	4,420(54位)	本城村 坂北村 坂井村								筑北スポーツクラブ（一般社団法人筑北スポーツ振興協会）	2016.3.24.	NPO法人グリーンプレイスプロジェクト(サッカー)と一般社団法人ニマンガッツスポーツクラブ（フットサル）が、筑北村の地域活性化と生涯スポーツ、健康増進を考えていくために設立した社団 長野県初の総合型地域スポーツクラブ設立するために設立された社団
大　町　市 (H18.1.1.)	26,820(18位)	大町市 八坂村 美麻村								NPO法人ジムナスティック・ネットワーク	2006.6.23.	体操を中心とするさまざまな地域生涯スポーツに関する事業を行う 青少年の健全育成、豊かな地域コミュニティの実現、広く福祉の増進活動と社会の公益に寄与
										大町スポーツクラブ	2006.9.2.	2018年第21回全国ヤングバレーボールクラブ男女優勝大会で優勝の戦示有
池　田　町	9,527(36位)		まちなか	小学校区(又は旧小学校区)より狭い	3,560				昭和の大合併：池田町と会染村が合併後に明科町・陸郷村・広津村の一部が合併	大かえで倶楽部	2014.3.2.	健康づくりや仲間づくり及びコミュニケーションの場づくり等地域活性化につながる取組
				(他に会染小学校が存在)								
松　川　村	9,700(35位)											
白　馬　村	8,724(39位)		神城	小学校区	2,717	飯田区	法人格のない任意団体	地域振興・活性化	昭和の大合併：神城村と北城村の合併で白馬村が誕生	(NPO法人）白馬総合型地域スポーツクラブ	2019.3.30.	「白馬村及び近隣地区の住民や白馬村に来られた観光客」に対し「子どもの健全育成を図ること及び学術、文化、芸術又はスポーツの振興を図ること及び保健、医療又は福祉の増進を図る」事業
			北城	小学校区	6,311	白馬町区	法人格のない任意団体	地域振興・活性化				
小　谷　村	2,778(63位)		未定	中学校区	2,970					小谷村総合型地域スポーツクラブ	2010.3.27.	公民館講座として季節ごとのスポーツ教室等を実施している
19市23町35村 (77市町村)		2市4町6村25地区 予定は2市1町3村10地区		小学校区11・中学校区12・その他2　小学校区4・中学校区4・その他2(生坂村は中学校区とした)			NPO法人(認定NPOを除く)1・認可地縁団体(地自法)1・残りは全て法人格のない任意団体			61市町村：74クラブ（36、38）（1市1町で1クラブ、1町2村で1クラブ、1市2村で1クラブが存在：組合立中学校区）		

註1. 合併については長野県庁HP「明治以降の市町村合併について／長野県」（www.pref.nagano.lg.jp/shichoson/kensei/.../index.html）の「長野県内市町村合併図」を参照して作成した。

註2. 小さな拠点については、内閣府「平成30年度小さな拠点の形成に関する実態調査」「小さな拠点情報サイト － 内閣府」（www.cao.go.jp/regional_management）の各項目の資料を参照して作成した。（斜体は設置予定地区）

註3. 総合型地域スポーツクラブに関しては長野県「- 全国総合型地域スポーツクラブのポータルサイト「SCナビ」」（scnavi.com/prefs/9）、公益財団法人 長野県スポーツ協会 - 長野県体育協会『総合型地域SC』（www.nagano-jp/lsc/index.html）、長野県 - 公益財団法人 日本スポーツ協会（Adobe PDF）（www.japan-sports.or.jp/Portals/0/data/.../16nagano.pdf）、- 長野市ホームページ「総合型地域スポーツクラブについて」「長野市内の総合型地域スポーツクラブのご紹介」（www.city.nagano.nagano.jp/soshiki/sports/132661.html・132647.html）等を参照して整理した。

（斜体は一つの町村あるいは市町村内の一部地域を対象にしていると考えられるもの）

つの小学校区を対象に小さな拠点を置き、法人格のない任意団体である飯田区と白馬区を地域運営組織として配置している。

小さな拠点の設置を予定している上田市は、昭和の大合併で豊殿村と、その後合併した塩田町と川西村と、平成の大合併で真田町と武石町と丸子町と合併して地域を拡大したことから、豊殿地区と塩田地区と川西地区は小学校区を対象に、真田地区と武石地区はその他を対象に小さな拠点を置き、それぞれに法人格のない任意団体である「豊殿まちづくり協議会」、「塩田まちづくり協議会」、「川西まちづくり委員会」、「真田の郷まちづくり推進会議」、「住み良い武石をつくる会」を地域運営組織として設置する予定である。平成の大合併で豊田村と合併した中野市は、中学校区を対象にした豊田地区に小さな拠点を設置する予定である。昭和の大合併で会染村、明科町、陸郷村、広津村の一部と合併した池田町は、池田小学校区を対象に「まちなか」という小さな拠点を置いたが、会染小学校区には置かれていない。大鹿村、原村、生坂村の残りの三村は村を単位に小さな拠点がおかれている(22)。

小さな拠点の形成単位は、中学校区が一四、小学校区が九、小学校区よりも狭いものが五、その他が四となっている。長野市の小さな拠点はすべて地域運営組織でもある。その他の市町村では一二の小さな拠点は地域運営組織となっているが一一ヶ所には地域運営組織は設定されていない。このことは、長野市が平成の大合併で周辺の過疎集落あるいは過疎集落を内在する周辺町村を併合したこと意味している。また、長野県の市町村のうち地域運営組織があると回答している市町村は二六（三四％）、ないと答えた市町村は五〇（三七％）となっている。地域運営組織の設置単位は、平成の大合併の前の市町村と答えたところが三市町村（一四％）、昭和の大合併前の市町村と答えたところが五市町村（二四％）、大字を単位としている市町村が三市町村（一四％）、集落と答えたところが五市町村（二四％）、連合自治会が一市町村（五％）、単位自治会が四（一九％）となっている。また地域運営組織の活動範囲は、中学校と答えたところが二（一一％）、旧中学校区は〇、小学校区が五市町村（二八％）、旧小学校区は〇、中学校・小学校区が三市町村（一七％）、小学校より狭いが八市町村（四四％）となっている。各地域の創意工夫が伝わってくる(23)。

4　長野県の総合型地域スポーツクラブ等の実態

長野県が他の都道府県に対して誇れるものの一つが、健康寿命日本一という現実であり、それが介護関係経費を若干抑えているといえるが、今後の少子高齢社会の進展に合わせて人口のバランスへの対応は必要不可欠な政策となるはずである[24]。それゆえ長野県では表2からもわかるように、五一市町村に七四の総合型地域スポーツクラブが置かれている。この総合型地域スポーツクラブは、『支え合いと活気のある社会』を作るための当事者たちの『協働の場』であり、『国民、市民団体や地域組織』、『企業やその他の事業体』、『政府』等が、一定のルールとそれぞれの役割をもって当事者として参加し、協働する」、いわゆる「新しい公共」を前提として組織されるものである[25]。

それゆえ総合型地域スポーツクラブは、「行政による無償の公共サービスから脱却し、地域住民が出し合う会費や寄附により自主的に運営するNPO型のコミュニティスポーツクラブが主体となって地域のスポーツ環境を形成する。学校・廃校施設の活用や学校へのクラブ指導者の派遣など、クラブと学校教育が融合したスポーツ・健康・文化にわたる多様な活動を通じて、世代間交流やコミュニティ・スクールへの発展につなげていく[26]」ものとされているのである。

この様に、総合型地域スポーツクラブは、「受益者負担の原則に合わせて会員が支払う会費で事業経費の一部を賄うとともに、運営主体をNPO法人等がつとめることで、補助金や寄付等の受け皿となるとともに、資産の保有等に基づく運営の安定化等の確保も容認されている組織」でもある。それゆえ「そこではクラブマネージャーとクラブハウスを核に、学校施設・廃坑施設等を定期的・継続的な拠点として利用し、定期活動（・スポーツ教室、スクール、・サークル活動（文化的活動を含む）等）、不定期活動・医師による健康相談、・指導者講習会、・スタッフ研修会）、連携・交流事業・会員の世代間の交流を図る行事やイベント、・クラブ指導者の派遣による学校授業・部活動への支援、・地域住民全体を対象としたイベント等）行うこと」が予定されているものである[27]。

こうした総合型地域スポーツクラブの活動が実践されていくことにより、元気な高齢者が増え、地域住民のスポーツ参加機会が増え、地域住民間の交流が活性化し、世代を超えた交流が生まれていくことになるのである。そうした活動の推進によって、「地域住民が主体的に地域のスポーツ環境を形成する『新しい公共』が実現するのであり、「運動不足の解消による過剰医療費の抑制」に寄与するとともに、「学校授業・部活動への支援を通じて、コミュニティ・スクールへの発展」にも寄与することになるのである[28]。すなわちコミュニティ活動を通じて、地域づくりや地域おこしを実践していくことが目的の一つとなっているのである。

長野県の五一市町村に存在する七四の地域型スポーツクラブをタイプに分析すると、表2からもわかるように、市町村の領域とは無関係に設置されていると思われるものが三六のクラブ（以下「三六クラブ」という）、市の区域や町村を単位として設置されているものが三八のクラブ（以下「三八クラブ」という）となっている。三六クラブは個性的なものも多く類型化することは困難である。それに対して三八クラブは地域密着型の総合型地域スポーツクラブであり、目的や設置理由などから一定の類型化が可能となっている。この三八クラブのうち、市の区域を単位とするものが一〇クラブ、町村を単位とするものが二五クラブ、複数の市町村で設置されているものが三（一市一町が一、一町二村が一、一市二村が一）クラブとなっている。その中で、市の区域を単位として設置されている一〇の総合型地域スポーツクラブのうち七つのクラブは、平成の大合併かその後の合併で市の一部となった区域を単位として設置されている。残りのものは明治維新後から平成の大合併以前に合併した地区に設置されているものである。

長野市の三つの地域密着型の総合型地域スポーツクラブのうち、平成の大合併で長野市となった旧豊野町に設置されたゆたかのスポーツクラブの区域には小さな拠点は設置されてはいないが、信州新町スポーツクラブと中条町総合型地域スポーツクラブの区域には、それぞれ信州新町住民自治協議会と中条地区住民自治協議会が設置されている。ただし、ゆたかのスポーツクラブは、豊野町が長野市と合併した翌日の二〇〇五年一月二日に創設されたものであり、旧豊野町の豊野スポーツクラブが母体となって創設されたものである。上田市のＮＰＯ法人さなだスポーツクラブの区域には、真田の郷まちづくり推進会議が小さな拠点として設置される予定となっている。

町村の総合型地域スポーツクラブを見ると、喬木村に設置されている一般社団法人たかぎスポーツクラブは、中学校区を対象とする小さな拠点である阿島区と、大鹿村に設置されている大鹿村総合型地域スポーツクラブと小谷村に設置されている小谷村総合型地域スポーツクラブは、中学校区を範囲として設置が予定されている小さな拠点と重複している。なお、町村を単位に一つしか総合型地域スポーツクラブが設置されていない一九のクラブは、小さな拠点と町村とほぼ類似した性格を持って設置されたものといえる(29)。

小海町と南相木村と北相木村で設置しているスポーツジュレ（シューレ）小海ＡＧＧＲＥＧＡＴＥは、小海町南相木村北相木村中学校組合立小海中学校区を、松本市の今井地区と山形村と朝日村で設置している総合型クラブきらり鉢盛は、松本市山形村朝日村中学校組合立鉢盛中学校区を、塩尻市と辰野町で設置している北小野総合型スポーツクラブは、塩尻市辰野町中学校組合立両小野中学校区を範囲として設置されている。これら三つの総合型地域スポーツクラブは、学校の授業・部活動への支援を通じて、コミュニティスクールへの発展に寄与することを目的として設置されたものである(30)。

このように総合型地域スポーツクラブの多くは、小学校区あるいは中学校区を対象に設置されているものであり、もし長野県で他の都道府県と同様の規模で平成の大合併が行われていれば、それらの多くは小さな拠点と総合型地域スポーツクラブの区域が一致したものになったものと思われる。それゆえ長野県では、イギリスのパリッシュやコミュニティに相当すると思われる区域を対象に、小さな拠点や地域型総合スポーツクラブが設置されていることがわかる。

小さな拠点づくりは、「中山間地等の集落生活圏（複数の集落を含む生活圏）において、安心して暮らしていく上で必要な生活サービスを受け続けられる環境を維持していくために、地域住民が、自治体や事業者、各種団体と協力・役割分担しながら、各種生活支援機能を集約・確保したり、地域の資源を活用し、仕事・収入を確保する取組(31)」である。そこでは「旧役場庁舎を公民館等に活用」、「小学校の空きスペースや廃校舎を福祉施設等に活用」、「撤退後のスーパーを集落コンビニ等に活用」、「道の駅に直売所等を併設」、「付加価値の高い農林水産物加工工場」、「集落の女性組織による６次産業化商品の開発」、「地域資源を活かした作物を栽培、道の駅で販売」、「コミュニティバス等により交通手段を確保」といったものが例示されている(32)。

平成の大合併の進捗率の低かった長野県では、残された小規模市町村は実質的な小さな拠点（地域運営組織）となりうるはずであり、合併が進展した大規模市では市域を細分化して小さな拠点を設置することで、総合型地域スポーツクラブや町内会・自治会・区会・Ｎ

ＰＯ法人などを活用した地方創生・地域創生が行える可能性が高いといえる。その主体となるものが公益法人や特定非営利活動法人などということになる。コミュニティの復権や充実した地域生活を拡充していくためには、身近な行政の推進単位である地域自治組織を、イギリスのパリッシュやコミュニティに類似した、民主的な地域団体として整備し、住民の主体性を活かした地域を確立していくことが望まれているといわざるを得ない。

註

本文ならびに註の数字は縦書きのために、必要に応じて筆者が漢数字に変換した。

（1） 長野県の人口や面積は、長野県庁ＨＰ「県政情報・資料」の各項目（https://www.pref.nagano.lg.jp/tokei/happyou/jinkou.html）を参照し整理した。詳細は本書第三部第五章の表1を参照されたい。

（2） 平成の大合併の進捗状況は総務省ＨＰ『地方行財政』「地方自治制度」のなかの「広域行政・市町村合併」を参照し整理した（http://www.soumu.go.jp/menu_seisaku/chiho/index.html）。平成の大合併の実態については本書第三部第一章を参照されたい。

（3） 平成の大合併の長野県の進捗率は、四二市町村減（三五・〇％）で全国三六位となっている。詳細は本書第三部第四章を参照されたい。

（4） 総務省は明治の大合併の結果を「町村数は約五分の一に」なった、昭和の大合併の結果を「市町村数はほぼ三分の一に」なったとしている。総務省ＨＰ「市町村数の変遷と明治・昭和の大合併の特徴」『地方行財政』（http://www.soumu.go.jp/kouiki/kouiki.html）。

（5） 井戸昭三著「明治初期の町村分合に関する二、三の問題　―長野・山梨両県を中心として―」『人文地理』一般社団法人 人文地理学会、第一八巻第四号、一九六六年、三六四―三八四頁（www.jstage.jst.go.jp/article/jjhg1948/18/4/18_4.../_pdf）。ここで用いたものは三六九頁の「第4表　長野県における明治四～二二年の町村数の変遷」である。

（6） 井戸・前掲論文・三七〇―三七一頁、三八二―三八三【注一三】。

（7）井戸・前掲論文・三六四–三八四頁。ここで用いたものは三六九頁の「第４表　長野県における明治四～二二年の町村数の変遷」である。

（8）総務省前資料。総務省は昭和の大合併の結果を「市町村数はほぼ三分の一に」なったとしている。

（9）井戸・前掲論文・三六四頁。

（10）自治省行政局振興課監修『平成六年度改訂　広域行政要覧』第一法規・平成七年三月三一日、一六九–一七六頁。

（11）総務省「広域連合一覧」(http://www.soumu.go.jp/main_content/000480944.pdf)。

（12）長野県知事の言葉〔長野市メールマガジン「＊＊ふれ愛ながの＊＊」第四四五号（二〇一一年一月二〇日配信）〕（堀内・前掲論文・八一頁参照）。

（13）信濃毎日新聞二〇一一年一月二一日（堀内・前掲論文・八一頁参照）長野県知事はこの当時公表された定住自立圏を前提に意見を表明しているが、長野市は現在長野地域連携中枢都市圏の連携中枢都市となって、より広域的な事務をリーダーシップをもって推進する体制を整えている。

（14）長野県庁・前掲資料、「自治体間連携のありかた研究会　とりまとめ」、総務省・「広域行政・市町村合併」等を参照して整理した。

（15）長野県庁HP「とりまとめ」、日本経済新聞「地域経済（長野）」二〇一八年一〇月六日朝刊参照。

（16）「まち・ひと・しごと創生法」第一条（目的）参照。

（17）官邸「まち・ひと・しごと創生総合戦略（二〇一八改訂版）全体像」(www.kantei.go.jp/.../h30-12-21-sougousenryaku2018z) を参照して整理した。なお、小さな拠点の実際の数について、内閣府の「既に形成されている小さな拠点一覧」では、「市町村版総合戦略に位置付けのある小さな拠点の形成数は、全国で一〇六九箇所」と断ったうえで、「本調査において市町村より『公表可』と回答があった箇所を掲載したとする数字は、総合戦略あり八六九箇所、総合戦略なし五〇五箇所の合計一五七四箇所であり、また今後形成が予定されている小さな拠点は、総合戦略あり一九八箇所、総合戦略なし一一箇所の合計二〇九箇所となっている」（内閣府「小さな拠点情報サイト」：www.cao.go.jp/regional_management)。また地域運営組織は六〇九市町村に三〇七一存在するとされている（総務省「地域運営組織の実態」www.soumu.go.jp/main_content/000475608.pdf)。公立の小中学校の数は文部科学省「文部科学統計要覧（平成三〇年版）」：文部科学省（www.mext.go.jp）参照。

（18） 官邸「まち・ひと・しごと創生基本方針二〇一九について」(www.kantei.go.jp/.../r01-06-21-kihonhousin2019gaiyo) を参照して整理した。なお、第二期総合戦略の第四分野におけるSociety5.0は、狩猟社会(Society1.0)、農耕社会(Society2.0)、工業社会(Society3.0)、情報社会(Society4.0)に続く新たな社会を指すもので、サイバー空間（仮想空間）とフィジカル空間（現実空間）を高度に融合させたシステムにより、経済発展と社会的課題の解決を両立する、人間中心の社会(Society)であり、日本が目指すべき未来社会の姿を示す新しい概念である。

（19） 官邸・「まち・ひと・しごと創生基本方針二〇一九について」四頁。

（20） 総務省「資料3参考資料（第4回提出資料に一部追加）」(www.soumu.go.jp/main_content/000472604.pdf) 参照。

（21） 長野市HP「長野市の住民協議会」「長野市の小中学校一覧」(https://www.city.nagano.nagano.jp/)、長野県HP「明治以降の長野県の市町村合併について」等を参照して整理した。

（22） 長野県内の小さな拠点と地域運営組織に関しては、内閣府「小さな拠点情報サイト」の各資料を参照して整理した。その他は表2を参照されたい。

（23） 小さな拠点と地域自治組織については、まち・ひと・しごと創生本部「小さな拠点の形成」(www.kantei. go.jp/jp/singi/sousei/about/chiisanakyoten/) 等を参照して整理した。

（24） 長野県企画振興部総合政策課『しあわせ信州創造プラン2・0』長野県、二〇一八（平成三〇）年三月。

（25） 文部科学省『新しい公共』宣言（平成二二年六月四日新しい公共円卓会議決定、www.mext.go.jp/b_menu/shingi/chukyo/.../1296876.htm）。

（26） 文部科学省・前掲「宣言」。

（27） 文部科学省「総合型地域スポーツクラブについて」『総合型地域スポーツクラブ』(www.mext.go.jp)。

（28） 文部科学省・「総合型地域スポーツクラブについて」。

（29） 総合型地域スポーツクラブに関しては長野県『全国総合型地域スポーツクラブのポータルサイト「SCナビ」』(scnavi.com/prefs/9)、公益財団法人 長野県スポーツ協会 – 長野県体育協会『総合型地域SC』 (www. nagano-jp/1sc/index. html)、長野県 – 公益財団法人 日本スポーツ協会 Adobe PDF) (www. japan-sports. or. jp/Portals/0/data/. . . /16nagano. pdf)、長野市ホームページ「総合型地域スポーツクラブについて」「長野市内の総合型地域スポーツクラブのご紹介」(www. city. nagano. nagano. jp/ soshiki/sports/132661. html・132647. html) 等を参照して整理した。

(30) 文部科学省「総合型地域スポーツクラブについて」。

(31) 内閣官房まち・ひと・しごと創生本部事務局『住み慣れた地域で暮らし続けるために』(www. kantei. go. jp/jp/singi/. . . /h28-01-20-sankou. pdf) 四頁。

(32) 内閣官房・前掲書・四頁。

第六章　日本の地域自治組織の民主的運営と選挙
—日本、イギリス、ドイツ、アメリカの地域自治組織と選挙制度の対比を中心として—

1　日本、イギリス、ドイツ、アメリカの国家形態とドイツの地方自治制度

国家は単一国家と連邦国家に分類される。日本とイギリスは単一国家とされ、ドイツとアメリカは連邦国家とされる。国名を英語表記で見た場合、日本はJapanであり単一国家であるか連邦国家であるのか、そして王国であるのか共和国であるのかも明示していない。イギリスはUnited Kingdom of Great Britain and Northern Ireland（グレートブリテン及び北アイルランド連合王国：日本の外務省の表記）であり、ブリテン島と北アイルランドを領域とした、イングランド王国とスコットランド王国とウェールズ王国と北アイルランド王国の連合によって誕生した王国である。ドイツはFederal Republic of Germany（ドイツ連邦共和国：ドイツ語表記はDie Bundesrepublik Deutschland）であり、一六の州（邦）から構成される連邦共和国であり、アメリカはUnited States of America（アメリカ合衆国）であり、五〇の州（邦）から構成される連邦国家（共和国）であることを明示している(1)。

日本は、一つの憲法のもとで、一つの地方自治法を中心に地方自治制度が整備されていることから単一国家であること判断でき、イギリスは、一つの不文憲法のもとで、イングランド地方自治法、ウェールズ地方自治法、スコットランド地方自治法、北アイルランド地方自治法の四つの地方自治法によって地方自治が実施されていることから、単純な単一国家とはいえないような特徴がある。ドイツとアメリカは明確な連邦国家であることから、地方自治に関しては州の地方自治法（地方自治条例）によって規定されており、各州で異なった多様な地方自治制度を有する国家となっている。

一九九〇年一〇月三日の東西ドイツの統一により一つの国家となったドイツ連邦共和国（以下ドイツと表記する）は、九六二年から一八〇六年に存在した、約三〇〇の領邦からなる封建国家であった神聖ローマ帝国を起源に持ち、ドイツの連邦制は神聖ローマ帝国の領邦が原形となり、修正されながらも現在まで維持されてきたのである。戦後のドイツは英米仏ソの連合国四カ国の統治を受けて東西ドイツに分断された。それゆえ西ドイツでは、「国家構造をどのようにするか、ドイツ人をどのように政府組織に参加させていくかについては考え方が異なっていたが、英米仏、いずれの軍政府も、新しく州を設立させていくという点では一致していた」ことから、それぞれの軍占領地域では州が成立し、再編と編入により現行の一〇の州の連邦制国家となった。またベルリンは英米仏が統治する西ベルリンのみをテリトリーとする不完全な州が成立した。東ドイツには当初ブランデンブルク、メクレンブルク・フォアポンメルン、アンハルト、ザクセン、チューリンゲンの五州が創設されたが、一九五二年に州は廃止され、一九六八年の憲法制定以降は全体主義的な単一国家となった。その後の統一ドイツの誕生によって、旧東ドイツでは五州が復活し、現行のドイツの地方自治制度は、連邦制の特徴を生かして各州の憲法と地方自治法によって創設され運用されている(2)。

ドイツの基礎自治体は市町村（ゲマインデ）である。再統一後のドイツでは一万二六二九のゲマインデがあり、平均面積は二八平方キロメートルで平均人口は六五一七人である。ゲマインデの上位自治体は三二三の郡（ラントクライス）である。郡は郡所属市町村の行政を監督する立場にあるので、市町村が行政能力を高めた今日でも、郡は他に規定がない限り郡所属市町村の行政力・財政力を超えた広域的意義を持つ公的任務を担当している。ただし特別市（ラントフライシュタット）は市町村の事務とともに郡の事務を実施する郡の機能を持つ市である。郡所属市町村には三〇五二の単一自治体と一六〇四の市町村連合がある。市町村連合の構成市町村は九四六一で平均市町村数は五・九である。全市町村の平均面積は二八・三平方キロメートルであるが、単一市町村と市町村連合の平均面積は七四・八平方キロメートルである。特別市の平均面積は一三六・五平方キロメートルとなっている(3)。

ドイツの市町村の規模は比較的小規模である。二〇〇一年末の数字であるが、住民総数が五〇〇人未満の市町村は三三二二で、全市町村の二四・八%、五〇〇人以上一〇〇〇人未満が二四五五で一八・三%、一〇〇〇人以上三〇〇〇人未満が三四八三で二六・〇%、三〇〇〇人以上五〇〇〇人未満が一三一四で九・八％、五〇〇〇人以上一万人未満が一二九三で九・六％、一万人以上五万人未満が一三六〇で一〇・一％、五万人以上が一八九で一・四％となっている(4)。その結果、小規模市町村では市町村連合を形成し、事務を共同で処理している地域も多い反面、単一自治体では合併前の構成市町村に居住区（区）を設定し、区長と区評議会（議会）をおき、住民の選挙を実施しているところもみられる。

ドイツの国政選挙と一部の州議会議員選挙は、「小選挙区比例代表併用制」を採用している。残りの州は「比例代表制」である。ただし、小党分立を避けるために「いわゆる五パーセント阻止条項」が原則として適用されている。これは「小党乱立がヒトラーの出現を招いたという苦い経験に」も基づいたものといわれている。世論政治と人の選挙の長所を加味しつつ、小選挙区制に内在する小党分立が生み出す可能性が高い政治的混乱（政権の不安定等）の回避を考慮に入れたドイツ人の知恵といえよう(5)。またボン基本法第二一条第二項には「政党で、その目的または党員の行動が自由で民主的な基本秩序を侵害もしくは除去し、または、ドイツ連邦共和国の存立を危うくすることを目指すものは、違憲である。違憲の問題については、連邦憲法裁判所が決定する」との規定を置き、政党の存在に制限を加え、小党分立と政治的混乱の歯止めとしている。

またアメリカには、イギリスのパリッシュやコミュニティ、ドイツの小規模市町村や居住区に類似した組織として、ネイバーフッドやネイバーフッド・カウンシル（原文には「・」はないが、イギリスのカウンティ・カウンシルの表示にあわせた）などがある。ネイバーフッドは、「地区、特に、タウンや市の区域内でコミュニティを形成している地区あるいは、「小中学校などを核とする人口四〇〇〇ないし五〇〇〇人から二万人程度のまとまりで、だいたい商店街をかかえている地区とそこに住む人々の有機的まとまり」であり、「日本でいえば、中学校区に相当する程度」と定義されているものである(6)。ネイバーフッドが整備され、「全米主要都市（デイトン市、ピッツバーグ市、タコマ市等）で、市により条例等で公式認知されたコミュニティ自治組織「ネイバーフッド・カウンシル」が、一九八〇年代より①目的、②組織化（構造）、③市からのサポート、④意思決定プロセスの四つの点で、ローカルガバナンスを担う有力な仕組みとして官民協業で構築」されてきた。

具体的には、シアトル市では、条例によるオーソライズ・市民選挙による代表選出を核的特質とする「ネイバーフッド・カウンシル」（地区レベル・全市レベルの二層）が形成されたのである。シアトル市のネイバーフッド・カウンシルは四二地区であり、その平均人口は一万三五九五人となっている。その他の都市の代表的なネイバーフッド・カウンシルを見ると、ミネソタ州セントポール市は一七地域で平均人口は一万六二九四人、オレゴン州セイラム市では一八地域で平均人口は八一一一人、アリゾナ州テンペ市は二七地区で平均人口は五八五二人であり、イギリスやドイツの地域自治組織の規模に類似している。さらにセイラム市では八八の下部組織が置かれ、その平均人口は一六五九人、シアトル市では下部組織として八八のネイバーフッド・アソシエーションが置かれており、その平均人口は六四八九人となっている(7)。アメリカにおいても、イギリスやドイツと同様に地域自治組織を重視する傾向が強まり、その活動を権威づけるために、ネイバーフッド・カウンシルやそれに類似したものの多くは、法例において公的な存在とされ、その地域統治機構の役員を公選において選出することにしているのである。

2　日本、イギリス、ドイツ、アメリカの選挙制度の相違

日本の選挙制度をみると、国政選挙においては、衆議院議員選挙が小選挙区比例代表並立制で行われ、小選挙区は単純多数代表制、比例代表制は拘束名簿式となっている。参議院議員選挙は選挙区選挙と比例代表制で行われている。参議院の選挙区選挙は一部が小選挙区単純多数代表制で、一部が大選挙区単記制で行われており、比例代表制は非拘束名簿式で行われている。他方、地方議会の議員選挙は原則として大選挙区単記制で行われている。ただし都道府県と政令指定都市は選挙区を設定して選挙を行っていることから、一部の選挙区は小選挙区制となっている。これらの選挙において当選者となるためには、衆議院の小選挙区においては有効投票の総数の六分の一以上の得票が、参議院の選挙区選挙においては、原則では、通常選挙における当該選挙区の議員の定数をもって有効投票の総数

を除して得た数の六分の一以上の得票が、地方公共団体の議会の議員の選挙においては、当該選挙区内の議員の定数をもって有効投票の総数を除して得た数の四分の一以上の得票を、地方公共団体の長においては有効投票の総数の四分の一以上の得票を得ることが条件とされている。

戦後日本の選挙制度は、一九五〇（昭和二五）年に各選挙法をまとめた公職選挙法が交付されたことに始まる。その時の衆議院議員選挙は原則一選挙区四人当選の大選挙区制限連記制（のちに単記制となった・中選挙区制ともいわれた）で行われ、参議院選挙は各都道府県単位の地方区選挙（定数により一部は小選挙区制、一部は大選挙区制）と全国区（定員一〇〇名半数改選）の大選挙区単記制で行われた。その後参議院の全国区選挙は、一九八三（昭和五八）年に大選挙区単記制から比例代表制（拘束名簿式）となり、二〇〇一（平成一三）年には非拘束名簿式となった。また衆議院議員選挙は一九九四（平成六）年に小選挙区比例代表並立制に七〇年ぶりに大改正された。しかし地方公共団体の議会議員の選挙は原則大選挙区単記制のまま現在に至っている。また地域自治組織においては、首長や議会あるいは住民総会等を置くものは存在せず、そのための選挙制度も確立されてはいない。

イギリスの統治機構は、国が議院内閣制で地方公共団体や準地方公共団体が委員会制であったことから、国、地方公共団体、準地方公共団体の有権者が選挙するのは、それぞれの議会の議員だけであり、原則小選挙区単純多数代表制で実施されてきた。しかしブレア労働党政権によってスコットランド議会、ウェールズ議会、北アイルランド議会とGLAが設置され、地方公共団体には委員会制から首長制や議院内閣制に類似した制度への移行を要請したことから、イギリスの選挙制度や種類は多様なものとなってきている。イギリスの選挙の対象は、イギリス下院議員選挙、スコットランド議会、ウェールズ議会、北アイルランド議会議員選挙、GLA公選首長及び議会議員選挙、地方公共団体の公選首長及び議会議員選挙に大別される、それらに対しては複数の選挙制度が採用されている。

イギリスの選挙制度の代表的なものは小選挙区単純多数代表制で、イギリス下院議員選挙と北アイルランド及びスコットランド以外の地方議会議員選挙で採用されている。小規模なパリッシュやコミュニティで採用されている大選挙区完全連記非累積投票制は、小選挙区単純多数代表制の変形であり、各政党が当選者と同じ数の候補者を立てることからほぼ小選挙区単純多数代表制と同じ結果になる。

第二のものが小選挙区比例代表併用制である。これは一九九九年以降、ブレア労働党政権の地方分権政策によって生まれたスコットランド議会、ウェールズ議会、ＧＬＡ議会議員選挙において採用されているものであり、ドイツの国政選挙と類似した制度である。

第三のものが補足投票制である。これはイギリス初の公選首長選挙であり、二〇〇〇年のＧＬＡ市長選挙で最初に採用されたものであって、二〇〇二年五月以降のイングランドの地方自治体の直接公選首長制においても採用されている制度である。この選挙で有権者は第一候補者と第二候補者に投票する。その結果ある候補者が第一候補得票数において過半数の票を獲得すれば当選者となるが、そうでない場合は上位二者に対してそれ以外の候補者への第二候補として投じられた票を加算することで過半数の票を獲得したものを当選者とするものである。これは小選挙区完全多数代表制が、過半数の票を獲得した候補者がいない場合に上位数名での再選挙を前提としているが、この選挙では第二候補者への投票権を認めることで、再選挙の回避を目的としている選挙制度ともいえる。

第四のものが単記移譲式投票制度であり、北アイルランド及びスコットランドの地方選挙で採用されているものである。有権者は全候補者の名前が書かれた投票用紙に優先順位を付けて投票し、あらかじめ決められた当選基数（当選に最低限必要な票）を上回る第一順位の得票数を得た候補者を当選とし、当選者数が議席数に満たない場合は、当選済みの候補者の余剰票（得票数−当選基数）や低得票候補者の票を優先順位に従って他の候補者に移すことで議席数が埋まるまで作業を続けるものである。このようにイギリスでは、各地方公共団体がより民主的な判断基準で当選者を確定できる複数の選挙制度を採用しているのであり、準地方公共団体である地域自治組織にも独自の選挙制度を確立して採用する可能性を秘めている[8]。

ドイツの統治機構は議院内閣制であることから、連邦議会議員選挙は小選挙区比例代表併用制で行われている。他方州議会や市町村議会の議員選挙は各州の選挙法で規定されていることから、州ごとに異なった制度が採用されている。ただしドイツのすべての州も議院内閣制を採用していることから、ザールラント州以外は連邦議会議員選挙と同じ小選挙区比例代表併用制が採用されている。ザールラント州は単純な比例代表制を採用している。他方、ドイツの郡、市町村、市町村小連合、居住区は、多くのところで首長制が採用されていることから、多くの州で同様の統治機構と選挙制度を採用している。例えば郡を見た場合、郡長を間接選挙で選出しているのは、バーデン・ヴュルテンベルク州とシュレスヴィヒ・ホルシュタイン州の二州のみである。また、都市州を除く全ての州の市町村においては直接公選首長制が採られており、郡、市町村、市町村小連合、居住区では首長選挙と議会議員選挙が行われている。ただし、一部の州の小規模な市町村では間接選挙による首長の選出制度が残存している。

ドイツの郡、市町村、市町村小連合などの首長の選挙は多くの州で二回投票制が採用されている。それゆえ一回目の選挙で有効投票の過半数を獲得した者がいない場合、二週間後に上位二名による決選投票が行われる。なお、ラインラント・プファルツ州では一名しか候補者がいない場合であっても信任選挙を実施しており、過半数を超える信任票を獲得した場合には当選となるが、信任票が過半数を超えなかった場合には再選挙となる。この再選挙には一回目で不信任となった候補者も立候補することができ、この選挙でも当選者が確定できない場合には、議長が当該自治体の首長を間接的に選出することができる。

多くの州の郡、市町村、市町村小連合、地域区の議会議員選挙は大選挙区完全連記制・制限累積投票制・非拘束名簿式が採用されている。投票は表1のボッパルド市の投票用紙のように、有権者は各政党の候補者名簿が列記された投票用紙に記号で投票するオーストラリア式で行われることから、政党に投票することも、政党を横断した形で支持する各政党の候補者に票を分散させることも、そして認められた範囲内で一定の候補者に累積投票することも可能なのである。その結果、当選者は最初に投じられた票をいったん名簿毎に合算し、その総数に応じて各党に議席を比例配分し、各政党の個人としての得票数の多い候補者から順に当選人が確定するのである。ただし、ノルトライン・ヴェストファーレン州とシュレスヴィヒ・ホルシュタイン州は小選挙区比例代表併用制を、ザールラント州は政党に投票する名簿式比例代表制を採用している(9)。

ラインラント・プファルツ州の単一自治体であるボッパルド市では、合併前の一〇の町村を居住区（地域自治組織）とし、市議会議員の選挙と同じ大選挙区（単一選挙区）・完全連記制限累積投票制で居住区の議員の選挙を実施している。表1のようにボッパルド市議会議員は三二名であり、住民には三二票の選挙権が付与され、各政党の候補者の数に応じて、三票から九票の累積投票が認められている。政党と人を同時に、しかもかなり自由に、自分の判断で一部の候補者に票を集積させ投票できる制度が導入されているのである。

その結果、少ない支持しか得られていない政党でも一部の候補者に票を集積させることで代表を送ることができる。少数派の代表も議員になれる可能性を確保することで、地域の政治に多方面の意見を反映させているのである。表2からわかるように、ボッパルド居住区の議員選挙も同様の方法で実施されている。市でも居住区でも、少数派にも代表を議会に送ることを可能にし、かつ極端な一党支配の回避を考慮しているのである。また議員への立候補の権利は市長にも認められている。表3にあるようにベアシュ市長もSPDの候補者に名を連ね、高い支持を得ている。ベアシュ市長は、「私は住民に人気があるから立候補しているのであり、これだけの票を獲得した。」、その結果、「ボッパルドの選挙管理委員会から当選の通知と議員就任の意思確認の連絡があり、私はそれを断った。その結果、私の当選は無効となり、私が獲得した票は同じSPDの他の候補者に移譲された。私は五つほどの議席獲得に貢献した。」と話してくれた。表3からもわかるように、個人の人気で政党や政策などが判断され、獲得議席の数にも反映させることができる可能性を含んだ、ドイツの選挙制度の他の一面が理解できる。

なお、居住区の住民の意思を重視した市行政を行うために、区長が市議会に議席を持たない場合には、彼はオブザーバーとして市議会に議席が補償されている。そのため、議員数より多い議会の議席が用意されており、実際に活用されていることの説明を受けた。ボッパルド市の人口は約一万五千人であり、一〇の居住区の平均人口は一五〇〇人である。この居住区にも地域の統治機構（自治政府）が置かれ、それは住民の直接選挙を通じて確立され運用されている。このように小規模自治体を理想とするドイツでは、市の規模が日本よりもかなり小さなものになっているにもかかわらず、居住区（コミュニティ）を重視した地域自治を重視していることがわかる(10)。

一七七五年から八三年の独立戦争でイギリスに勝利し、一三の州から構成される緩やかな連合体として独立したアメリカ合衆国は、一七八八年正式発効したアメリカ合衆国憲法において、大統領制と上院と下院の二院制による統治機構を確立した。大統領の任期は四年とされ、各州の州議会が選出する大統領選挙人の投票による間接選挙制で選出されるものとされた。また下院議員は人口に応じて各州に議席が配分され、任期二年であり各州の住民による直接選挙で選出されるものとされた。また上院議員は各州に二議席配分され、任期六年で三分の一ずつ二年ごとに州議会が選出することとされた。なお、上院議員の選挙は一九一三年から住民の直接選挙制度に改

表1

Stimmzettel

für die Wahl zum Stadtrat der Stadt Boppard am 13.06.2004

Sie haben 32 Stimmen!

Sie können die Stimmen wie folgt abgeben:

- Sie können alle 32 Stimmen an Bewerberinnen und Bewerber eines oder mehrerer Wahlvorschläge vergeben, dabei können Sie einer Bewerberin oder einem Bewerber - auch im Falle der Mehrfachbenennung - höchstens 3 Stimmen geben (kumulieren), [x][ ][ ] oder [x][x][ ] oder [x][x][x]

oder

- Sie können, wenn Sie nicht alle Stimmen einzeln vergeben wollen in der Kopfleiste einen Wahlvorschlag ankreuzen ⓧ mit der Folge, dass die restlichen Stimmen den Bewerberinnen und Bewerbern des angekreuzten Wahlvorschlages zugute kommen.

oder

- Sie können auch nur den Wahlvorschlag, den Sie wählen wollen, in der Kopfleiste ankreuzen ⓧ mit der Folge, dass jeder aufgeführten Bewerberin und jedem aufgeführten Bewerber eine Stimme zugeteilt wird; bei Mehrfachbenennungen erhalten dreifach aufgeführte Bewerberinnen oder Bewerber drei Stimmen, doppelt aufgeführte Bewerberinnen oder Bewerber zwei Stimmen.

Wahlvorschlag 1
Sozialdemokratische Partei Deutschlands **SPD** ◯

1	Dr. Bersch, Walter
2	Müller, Willi
3	Minning, Heike
4	Noe, Hermann
5	Strömann, Gisela
6	Laa, Franz
7	Dr. Hermann, Helmut
8	Schüle-von Loringhoven, Ebba
9	Neuser, Niko
10	Sound, Peter
11	Hohenbild, Oswin
12	Kessler, Ernst
13	Seifert, Hildegard
14	Müller, Horst
15	Gipp, Peter
16	Petereit, Reinhold
17	Mohr, Ursula
18	Treichel, Werner
19	Lubischer, Klaus
20	Schmoll, Gisela
21	Karbach, Werner
22	Porz, Gerhard
23	Sauerborn, Klaus
24	Kaster-Schubert, Beate
25	Strömann, Martin
26	Reichow, Edith
27	Minning, Horst
28	Reuter, Hildegard
29	Gilsbach, Kurt
30	Poersch, Jürgen
31	Munro, Christiane
32	Scherer, Karlheinz

Wahlvorschlag 2
Christlich Demokratische Union Deutschlands **CDU** ◯

1	Spitz, Wolfgang
2	Höffling, Ludwig
3	Möcklinghoff, Reimund
4	Schneider, Ruth
5	Karbach, Hans-Josef
6	Nick, Werner
7	Staaden-Weber, Edith
8	Uhrmacher, Manfred
9	Decker, Silke
10	Roos, Heinz
11	Frauenberger, Bernhard
12	Funk, Joachim
13	Perll, August
14	Vogl, Herbert
15	Querbach, Franz-Rudolf
16	Brockamp, Wolfgang
17	Meinung, Adolf
18	Vogel, Hans-Friedrich
19	Herrmann, Klaus
20	Retzmann, Günter
21	Butsch, Rupert
22	Killing, Karin
23	Weinand, Joachim
24	Geis, Daniel-Thomas
25	Zindorf, Helmut
26	Minning, Ferdinand
27	Dr. Gawel, Jan
28	Bach, Hans-Peter
29	Wolf, Christof
30	Galeazzi, Wolfgang
31	Höhlein, Heinrich
32	Hornberger, Volker

Wahlvorschlag 3
Freie Demokratische Partei **FDP** ◯

1.	Kahl, Volker
	Kahl, Volker
2.	Karbach, Winfried
	Karbach, Winfried
3.	Ringelstein, Ursula
	Ringelstein, Ursula
4.	Krautkrämer, Heinz
	Krautkrämer, Heinz
5.	Maifarth, Walter
	Maifarth, Walter
6.	Kunz, Klaus-Peter
	Kunz, Klaus-Peter
7.	Wölwer, Norbert
	Wölwer, Norbert
8.	Bender, Moritz
	Bender, Moritz
9.	Hermanspahn, Walter
	Hermanspahn, Walter
10.	Schneider, Peter
	Schneider, Peter
11.	Rheinbay, Mike
	Rheinbay, Mike
12.	Balzer, Udo
	Balzer, Udo
13.	Kahl, Rosemarie
	Kahl, Rosemarie
14.	Schmidhuber, Rolf
	Schmidhuber, Rolf
15.	Hermanspahn, Wolfgang
	Hermanspahn, Wolfgang
16.	Kahl, Anton
	Kahl, Anton

Wahlvorschlag 4
Bündnis 90 / DIE GRÜNEN **GRÜNE** ◯

1	Dr. Bengart, Heinz
	Dr. Bengart, Heinz
	Dr. Bengart, Heinz
2	Brager, Klaus-Georg
	Brager, Klaus-Georg
	Brager, Klaus-Georg
3	Roll, Andreas
	Roll, Andreas
	Roll, Andreas
4	Dr. Lelle-Roll, Diana
	Dr. Lelle-Roll, Diana
5	Hellmann, Ilona
	Hellmann, Ilona
6	Michaelis, Gerd
7	Dr. Schoeneberger, Hans
8	Busch, Herbert
9	Materna, Anke
10	Redmann, Martin
11	Klumpp-Loskant, Beate
12	Horalek, Ulrich
13	Stumm, Rudolf
14	Busch, Rudolf
15	Brager, Nicole
16	Bernardy, Peter
17	Stübe, Susanne
18	Braun, Werner
19	Busch, Rosmarie
20	Materna, Christoph
21	Schütz, Uwe
22	Kreiser, Peter
23	Hellwig, Benno
24	Redmann, Anke

Wahlvorschlag 5
Bürgergruppe Boppard e. V. **BG** ◯

1	Müller, Günter
	Müller, Günter
2	Schneider, Jürgen
	Schneider, Jürgen
3.	Klinkhammer, Heinz
	Klinkhammer, Heinz
4.	Behrendt, Klaus
5.	Pfeifer, Jürgen
6.	Trebus, Georg
7.	Hassbach, Horst-Peter
8.	Waldforst, Horst
9.	Rätz, Albert
10.	Liesenfeld, Joachim
11.	Lipkowski, Peter
12.	Ternes, Peter
13	Grahs, Willibald
14	Krautkrämer, Petra
15	Mallmann, Frank
16.	Tatsch, Karin
17	Vogel, Helmut
18	Kahl, Viktor
19	Bach, Roswitha
20	Wittig, Jürgen
21	Gröning, Bernhard
22	Gros, Sascha
23.	Lipkowski, Ulrike
24	Friedhofen, Theodor
25	Klinkhammer, Julia
26	Krautkrämer, Wolfgang
27	Ulukan, Deniz
28	von Ameln, Hartmut
29	Stanik, Anja

Wahlvorschlag 6
Bürger für Boppard e.V. **BfB** ◯

1	Dr. Mohr, Jürgen
2	Vetter, Georg
3	Nickenig, Andreas
4	Bach, Reinhold
5	Best, Alexandra
6	Feldmann, Claudia
7	Spitzley, Joachim
8	Mohr, Petra
9	Stahl, Bernd
10	Görig, Katharina
11	Biller, Paul
12	Zimmer, Dirk
13	Grajewski, Simone
14	Breitbach, Alfons
15	Link, Inge
16	Rother-Bach, Cristina
17	Reitz, Michael
18	Jablonski, Klaus
19	Boesand, Gabriele
20	Grajewski, Oliver
21	Kemp, Benjamin
22	Zilles, Axel
23	Hoffmann, Alexander
24	Brockamp, Joachim
25	König, Wolfgang
26	Fries, Werner
27	Vogel, Martina
28	Goedert, Ute
29	Mohr, Dieter
30	Gleich, Petra
31	Mohr, Elke
32	Kasper, Joachim

Stimmzettel nach innen falten!

表2

Stimmzettel

für die Wahl zum Ortsbeirat des Ortsbezirkes Boppard am 13.06.2004

Sie haben 15 Stimmen!

Sie können die Stimmen wie folgt abgeben:

- Sie können alle 15 Stimmen an Bewerberinnen und Bewerber eines oder mehrerer Wahlvorschläge vergeben, dabei können Sie einer Bewerberin oder einem Bewerber - auch im Falle der Mehrfachbenennung - höchstens 3 Stimmen geben (kumulieren), [x| |] oder [x|x|] oder [x|x|x]

oder

- Sie können, wenn Sie nicht alle Stimmen einzeln vergeben wollen in der Kopfleiste einen Wahlvorschlag ankreuzen (x) mit der Folge, dass die restlichen Stimmen den Bewerberinnen und Bewerbern des angekreuzten Wahlvorschlages zugute kommen,

oder

- Sie können auch nur den Wahlvorschlag, den Sie wählen wollen, in der Kopfleiste ankreuzen (x) mit der Folge, dass jeder aufgeführten Bewerberin und jedem aufgeführten Bewerber eine Stimme zugeteilt wird; bei Mehrfachbenennungen erhalten dreifach aufgeführte Bewerberinnen oder Bewerber drei Stimmen, doppelt aufgeführte Bewerberinnen oder Bewerber zwei Stimmen.

Wahlvorschlag 1
Sozialdemokratische Partei Deutschlands **SPD**

1. Strömann, Martin
2. Müller-Siffrin, Monika
3. Gilsbach, Kurt
4. Kolz, Stephanie
5. Müller, Horst
6. Kneib, Erika
7. Sound, Peter
8. Stahl, Marion
9. Sauerborn, Klaus
10. Seifert, Hildegard
11. Hebel, Herbert
12. Kanisch, Fritz
13. Treichel, Werner
14. Neuser, Niko

Wahlvorschlag 2
Christlich Demokratische Union Deutschlands **CDU**

1. Bayer, Gunter
2. Ehses, Jürgen
3. Herrmann, Klaus
4. Beume, Michael
5. Vogel, Hans
6. Butsch, Rupert
7. Bach, Hans-Peter
8. Junker, Franzwerner
9. Conrad, Ludger
10. Schimmelpfennig, Horst
11. Geis, Daniel-Thomas
12. Breising, Walter
13. Brockamp, Wolfgang
14. Schneider, Ruth
15. Frauenberger, Bernhard

Wahlvorschlag 4
Bündnis 90 / DIE GRÜNEN **GRÜNE**

1 Brager, Klaus-Georg
Brager, Klaus-Georg
2 Dr. Schoeneberger, Hans
Dr. Schoeneberger, Hans
3 Busch, Herbert
Busch, Herbert
4 Roll, Andreas
5 Brager, Nicole
6 Stumm, Rudolf
7 Dr. Lelle-Roll, Diana
8 Horalek, Ulrich
9 Michaelis, Gerd
10 Deleu, Tony
11 Hellwig, Benno
12 Hellmann, Ilona

Wahlvorschlag 5
Bürgergruppe Boppard e. V. **BG**

1 Pfeifer, Jürgen
Pfeifer, Jürgen
Pfeifer, Jürgen
2 Bussart, Beatrix
Bussart, Beatrix
Bussart, Beatrix
3 Krautkrämer, Petra
Krautkrämer, Petra
Krautkrämer, Petra
4 Bendzko, Ursula
Bendzko, Ursula
Bendzko, Ursula

Wahlvorschlag 6
Bürger für Boppard e.V. **BfB**

1. Dr. Mohr, Jürgen
2. Spitzley, Joachim
3. Mohr, Petra
4. Vetter, Georg
5. Feldmann, Claudia
6. Stahl, Bernd
7. Biller, Paul
8. Görig, Katharina
9. Grajewski, Simone
10. Kemp, Benjamin
11. Reitz, Michael
12. Zilles, Axel
13. Nickenig, Andreas
14. Jablonski, Klaus
15. Brockamp, Joachim

Stimmzettel nach innen falten!

表3

Stadtratswahl Boppard am 13.06.2004

Auf die Bewerber entfallene Stimmen und Sitze:

		Stimmen	Sitze
Nr. 1: Sozialdemokratische Partei Deutschlands (SPD)		71490	10
1.	Dr. Bersch, Walter	5255	*
15.	Gipp, Peter	3362	*
18.	Treichel, Werner	3165	*
25.	Strömann, Martin	3073	*
4.	Noe, Hermann	2692	*
9.	Neuser, Niko	2675	*
7.	Dr. Hermann, Helmut	2483	*
2.	Müller, Willi	2414	*
12.	Kessler, Ernst	2414	*
6.	Laa, Franz	2404	*
5.	Strömann, Gisela	2397	
11.	Hohenbild, Oswin	2353	
3.	Minning, Heike	2350	
8.	Schüle- von Loringhoven, Ebba	2333	
30.	Poersch, Jürgen	2244	
19.	Lubischer, Klaus	2211	
10.	Sound, Peter	2207	
17.	Mohr, Ursula	1889	
14.	Müller, Horst	1839	
16.	Petereit, Reinhold	1809	
31.	Munro, Christiane	1806	
22.	Porz, Gerd	1802	
24.	Kaster-Schubert, Beate	1800	
13.	Seifert, Hildegard	1674	
28.	Reuter, Hildegard	1652	
32.	Scherer, Karlheinz	1646	
26.	Reichow, Edith	1634	
21.	Karbach, Werner	1629	
20.	Schmoll, Gisela	1609	
23.	Sauerborn, Klaus	1582	
27.	Minning, Horst	1574	
29.	Gilsbach, Kurt	1513	

められた。アメリカにおける選挙は、議会の解散がないことから、偶数年の一一月の第一月曜日の翌日の火曜日と定められている。

当初の大統領選挙においては、各州の選挙人が正・副大統領の候補の区別なく一人二票を投じ、上位二名が得票順に正・副大統領に就任した。この結果、一八〇〇年の大統領選挙において二名が同数を獲得し、決着まで三六回もの決選投票が繰り返されたことから、一八〇四年の大統領選挙からは、選挙人が正・副大統領候補のペアに投票するという現在の制度となった。また大統領選挙人の選出は、州議会選出の州と住民の直接選挙による州が存在していたが、二〇世紀に入るとすべての州で住民による直接選挙制に改革された。各州に配分される大統領選挙人は各州の上下両院議員数であり、上下両院議員の選出権がない首都ワシントンDCでも3名の選挙人を選出する。州主権を重視しながら、大統領をアメリカ全土で住民の意思に従い選出する体制が整備されているのである。

アメリカ国民が選出する公職者は、大統領、副大統領、連邦上院議員、連邦下院議員だけであり、そうした公職者の選挙は、多くの州で小選挙区多数代表制が採用されている。なお、その候補者の選出については一九六〇-七〇年代から予備選挙が主流となった。なお大統領が職務遂行不可能となった場合には、連邦憲法に規定された継承順位に従ってその地位にあるものが大統領に就任する。また連邦の上院議員や下院議員が死亡その他の理由で職務不可能になった場合には、特別の選挙（補充選挙）が実施され、選出された議員は職務不能となった議員の残りの任期を担当する（11）。

アメリカの政府は、連邦政府（Federal Government）、州政府（State Government）、地方政府（Local Government：地方団体）の三つの階層から構成されている。連邦商務省国勢調査局（U.S. Census Bureau）によれば、アメリカの地方政府は「カウンティ（County）」、「地方自治体（Municipality・市町村）」、「タウンシップ（Township）」、「学校区（School District）」及び「特別区（Special District）」の5つに分類される。さらに、「地方自治体」は、市（City）や村（Village）、バラ（Borough：アラスカ州ではカウンティに分類される。原文ではバラーとなっているが、イギリスとの整合性を取るためにここではバラと表記した）から構成されており、いわゆる町（Town）は、一般的に住民の意思とは関係なく州により創設されることから、「タウンシップ」に分類される。こうしたアメリカの地方政府は一般目的の地方政府と特別目的の地方政府で構成されている。これは日本の普通地方公共団体と特別地方公共団体に類似した区分といえる。アメリカの地方政府は合計九万〇〇五六団体存在し、一般目的の地方政府は三万八九一〇団体、特別目的の地方政府は五万一一四六団体となっている。一般目的の地方政府は、広域自治体であるカウンティ（郡）が三〇三一団体、タウンシップが一万六三六〇団体、シティやビレッジなどの地方自治体が一万九五一九団体となっている。また特別目的の地方政府は、学校区が一万二八八〇団体、特別区が三万八二六六団体となっている。またアメリカの地方自治体の職員は、「非分類職」(Unclassified Class) と「分類職」(Classified Class) に区分される。非分類職は公選職 (Elected Officials) と任命職 (Appointed Officials) から構成される。分類職はそれぞれの職位に対する義務や責任等に応じて、①除外職 (Exempt Class) ②非競争職 (Non-Competitive Class) ③競争職 (Competitive Class) ④労働職 (Labor Class) の四つに分類される(12)。

カウンティ（郡）は州内の基本的な区画であり、カウンティ（郡）が行政機能を持っていないコネティカット州とロードアイランド州を除いた四八の州では、州政府の下の第一の行政組織でもある。カウンティ（郡）は公選職員によって運営されており、通常は、管理委員会 (board of supervisors) やカウンティ（郡）委員会 (county commission) が政策を定め、多くの場合行政機能も果たしている。なおカウンティ（郡）のその他の公選職には、保安官、裁判官、治安判事、検視官、会計検査官、査定官 (assessor)、検察官などがある。これらの公選職員のほかに、多くの郡が、郡政府の業務全体を管理するために雇用された専門の行政官を置いている。

カウンティ（郡）内にあるか、あるいはカウンティ（郡）から独立した自治体法人である市町村は、独自の統治権限や課税権限を有している。市町村政府は、治安維持、市街道路の整備、公園・レクリエーション、廃水処理、ごみ処理、ゾーニングと建築規制の執行、消防・救助活動、動物管理、公共交通機関などの基本的サービスを担っている。また市と町は公選職員によって運営される。公選職員は通常、市町村長と、意思決定を行い政策を定める市町村議会の議員などである。町村長は、議員の場合もあればそうでない場合もあり、その市町村政府の長として日々の行政業務を監督する。市によっては、市政担当官を置く政府形態を採用しているところもあり、この場合、市の行政を司る専門の管理者を市議会が雇用する。市政担当官は市の最高行政責任者であり、公選ではないが、選挙で選ばれた市議会または市長に直属する。また米国の政府組織全体の三分の一がいわゆる特別区政府である。特別区政府は他の地方政府から独立して運営されており、通常は、水資源と天然資源の保全、防火、水道、緊急サービス、交通運輸などを目的として特定の地域に設置される。特別区政府の長は公選か任命で就任する。また公教育は、ほとんどの場合、公選の教育委員会または評議員会（board of trustees）が置かれる学校区を単位に、予算作成や政策決定や学校運営などを行っている(13)。

アメリカには五〇万人を超す公選職員がいる。その中で国レベルと州レベルの職員は八五〇〇人未満であり、残りは地方政府の職員、すなわち市議会議員、教育委員会の委員、市長、郡保安官、その他さまざまな職務を務める多数の職員である。連邦政府では正副大統領と上下両院議員で合計五三七人、各州では少なくとも州知事と一院制のコネティカット州を除く四九の州の上下両院議員、その他各州憲法が規定する一定数の職員が公選となっており、約八〇〇〇人が各州における公選職員数ということになる。それゆえ各州の公選職公務員数の平均は平均一六〇人であり、ほぼ州知事とその補佐役の数名と両院議員が中心となっていると判断できる。他方、地方政府の公選職員総数は各州平均で一万人弱ということになり、一回の選挙で数千人が選出されているのである。ただしすべての地方政府が公選職員を配置しているとみなした場合、地方政府が約九〇〇〇存在することから、地方政府には平均ではあるが五・五人程度しか存在していないことになる。複雑な任期制度と選挙制度の関係を勘案して、その半数が一回の選挙で改選されると考えた場合でも、各地方政府では一回の選挙で一〇人程度しか選出していないことになる。

アメリカでは、英米法における地方制度の中心的な制度ともいえる住民自治を重視していることから、住民の直接選挙を中心に置いた統治制度となっていることがわかる。それゆえ国全体では五〇万人ほどの公選職員が配置されているのであり、地方政府の中心的な機能を果たす非分類職の中の役職者は、住民の直接選挙で選出されることで権威付けがなされているのであり、その他の職員は公選職によって任命される任命職となっている。分類職の公務員は、各部局の秘書などに相当する除外職、専門技術職に相当する非競争職、清掃作業員やごみ収集作業員やフードサービスヘルパーなどの職務を担当する労働職、除外職や非競争職や労働職以外のすべての公務員を指す労働職に区分される。労働職は、公選職中心の人事委員会が、メリットシステムに基づく採用試験を通じて採用されるものである。ニューヨーク市の非分類職の分布をみると、競争職が四九％、非競争職が三六％、労働職が一三％、除外職が二％となっている。

競争職には昇任の可能性があることから、その職位に必要な知識や専門性が必要とされることから、メリットシステムによる採用試験が課されているのである(14)。アメリカの地方政府の種類と数の多さが多数の公選職を抱えているという印象を持たせるが、各地方政府単位で考えた場合には必ずしも多いとはいえないことになる。

3　日本の地域自治組織の民主化のあるべき方向性

イギリスの地方行政は、地域社会を福祉国家における行政サービスを展開する、合併などを通じて確立されてきた大規模自治体（市）と、住民の地域行政を担当するパリッシュやコミュニティという地域自治組織に区分して実践されている。前者には公選の議院内閣制、首長制、委員会制などの統治機構が配置され、統治機構ごとに考え出されてきた数種類の選挙制度を通じて、民主的にして効率的な広域行政が展開されている。他方、地域自治組織であるパリッシュやコミュニティは、直接民主制を重視した住民総会が置かれ、小規模団体は直接民主政治を通じて地域自治を実践しており、一定規模以上の地域自治組織では間接民主制の実践のための公選の議会を置き、直接民主政治の機構である住民集会と、間接民主政治の機構である議会を通じて、域密着型の住民自治を実践している。ドイツの単一自治体では、多くの自治体は首長制を前提にした大選挙区完全連記・制限累積投票制で地域の民主政治を実践しているだけでなく、自治体の内部にコミュニティを単位とした居住区を設置し、単一自治体と同様に、公選の長と議会を置き、類似した選挙制度で住民自治を実践している。単一自治体の議員に居住区の区長が選出されていない場合には、区長はオブザーバーとして議会に出席する権限が与えられている(11)。このようにイギリスもドイツも、地域自治組織は法令に基づいて創設され、その執行機関は選挙によって選出され、公的な組織を選挙という民主政治の手段を用いて運営することを地方自治制度の根幹にして、地方行政が実践されているのである。

これに対して日本では、平成の大合併に合わせる形で、地方自治法二〇二条の四と地方公共団体の合併に関する特例法第五条五と六において、地域自治区の設置が法令で認められた。その結果を受けた現行の日本の地方自治に関連する組織や規模などは表4のとおりである。二〇〇九（平成二一）年に地方自治法に基づく一般制度としての地域自治区は一五団体に九一自治区が、合併特例法に基づく地域自治区は三八団体に一〇一自治区が、合併特例区は六団体に一四特別区が設定されていたが、二〇一七（平成二九）年には、一般制度としての地域自治区は一五団体に一四八自治区設置され微増となっているが、合併特例に基づく地域自治区は一二団体に二六自治区が設置されているだけで激減している。また合併特例区は現存していない。改めて設置が認められた地域審議会は四〇団体に一一〇審議会が設置されている。それゆえ今後は地域審議会が増加していくものと思われるが、こうした地域自治組織は法令によって権威づけられてはいるが、合併特例区以外には法人格は付与されていなかったことから、現存する地域審議会や地域自治区には法人格は付与されてはいない。

こうした地域自治組織の対象となっている区域は、明治の大合併で誕生した町村や昭和の大合併で誕生した市町村で、平成の大合併によって消滅した（旧）町村が多い。それゆえ第三部・第五章でみた長野県の小さな拠点などが、（旧）小学校区、現在の小学校区、（旧）中学校区、現在の中学校区が多いのも、明治の大合併が小学校の義務教育化に合わせて小学校教育の遂行可能なエリアで町村を確立したものであり、昭和の大合併が中学校の義務教育化に合わせて中学校教育の遂行可能なエリアで市町村を確立したものであることに由来する。ただしこうした地域自治組は多くの市町村には設置されておらず、設置されている公選の長や議会も設置されていない。

その他として、日本には、イギリスの小規模パリッシュやコミュニティ、ドイツの居住区に対応する地域組織として地縁団体が存在する。その総数は二九万八七〇〇団体であり、これを人口で割ると一団体の約四〇〇人となり、まさにイギリスとドイツの最小単位の地域組織に類似した規模のものといえる。二九八万七八〇〇団体のうち認可団体は四万四〇〇八団体で全体の一・五%にすぎない。内訳をみると二〇一三（平成二五）年現在で、自治会が一三万〇九二一で全体の四三・八%を占め、次いで町内会が六万六三六七で全体の二二・三%、町会が一万八五五七で六・二%、部落会が五七四六で一・九%、区会が四一六六で一・四%、区が三万七七七八で一二・六%、その他が四万三八九五で一一・七%となっている(12)。地縁団体は明治の大合併で消滅した伝統的な小規模な町村が単位となった

日本の地方公共団体などの種類(2017年1月現在：一部は異なっている)　　表4

国　家　ボーダレス社会・グローバリゼーション

ブロック　道州制案（都道府県の合併/統合：7-13＋α）・連邦制案

都道府県　1都1道2府43県(47)

広域行政圏　一部事務組合(1,493)・広域連合（116）

市 町 村

市(791)：地方自治法は人口5万人以上を予定
　　最大人口の市：横浜市（3,729,357人）
　　最少人口の市：歌志内市（3,664人）
　政令指定都市(20)：地方自治法は人口50万人以上…実際は70万人以上（程度）
　　→ 都道府県の権限の80%－90%
　中核市(48)：人口20万人以上 → 政令指定都市の権限の70%
　施行時特例市(36)：人口20万人以上 → 中核市の権限の20%
　（平成27年4月1日までは特例市として存在…法改正で廃止）
　一般の市(686)：人口5万人以上を予定
　　人口5万人以下の市：261存在

町(744)：都道府県の条例で決定…人口8,000人以上が標準
　　最大人口の町：府中町(広島県)（52,093人）
　　最少人口の町：早川町(山梨県)（1,124人）
　　人口8,000人未満の町：251存在

村(183)：人口8,000人未満が標準
　　最大人口の村：読谷村（沖縄県）（41,214人）
　　最少人口の村：青ヶ島村（東京都）（166人）
　　人口8,000人以上の村：21
　　人口1,000人未満の村：28

特 別 区　東京23区　人口9,385,465人：1区平均408,064人

小学校区　モデル・コミュニティ、地域センター

地域自治区（一般制度）：15団体・148自治区
地域自治区（合併特例）：12団体・ 26自治区
地域審議会　　　　　　：40団体・110審議会
合併特例区　　　　　　： 0団体・　0特例区（平成の大合併：649件）

町内会・自治会　地縁団体：298,700(認可団体：44,008・2013年現在)

自治会：130,921（構成比43.8％）
町内会： 66,367（ 同　22.3%）
町　会： 18,557（ 同　6.2%）
部落会：　5,746（ 同　1.9%）
区　会：　4,166（ 同　1.4%）
　区　： 37,778（ 同　12.6%）
その他： 43,895（ 同　11.7%）

ものが多いといえる。こうした明治の大合併で消滅した伝統的な町村を、内務省は一九四〇（昭和一五）年に町内会・部落会等整備要領（内務省訓令第一七号）を発し、都市部には町内会を、農村部には部落会を設置し、従来の隣組及などを整備し市町村行政の補助組織に組み込んだのである。部落会・町内会等整備要領を見ると、

第一条　目的

一　隣保団結ノ精神ニ基キ市町村内住民ヲ組織結合シ万民翼賛ノ本旨ニ則リ地方共同ノ任務ヲ遂行セシムルコト

二　国民ノ道徳的錬成ト精神的団結ヲ図ルノ基礎組織タラシムルコト

三　国策ヲ汎ク国民ニ透徹セシメ国政万般ノ円滑ナル運用ニ資セシムルコト

四　国民経済生活ノ地域的統制単位トシテ統制経済ノ運用ト国民生活ノ安定上必要ナル機能ヲ発揮セシムルコト

と規定されていた。国家が戦時協力体制整備を急いだことがわかる。その後一九四三（昭和一八）年の市制・町村制の改正により町内会・部落会は法制度化され、人口、世帯数、住居移動、選挙人名簿作成準備など六〇項目の行政事務と、転入・転出、罹災者、引揚者など二五項目の証明事務の権限が付与されたのである(13)。

こうした町内会や部落会は、一九四七（昭和二二）年の内務省訓令第一七号の廃棄によって、法令上の組織としては四月一日に廃止された。しかし戦後の混乱期においては、戦争中の経験もあり、行政支援型のこうした組織を慣習的な地縁組織として黙認したことや、阪神淡路大震災や東日本大震災等においてその必要性が再認識されたことから、現在でもコミュニティ行政を担当する基礎自治体の行政を補完する組織として存在している。ただし現在では、単なる地縁団体になった町内会や自治会や地区会などに対しては、加入している住民とそうではない住民の間に対立が生じているケースもみられ、その存在と性格が裁判でも争われている。二〇〇五（平成一七）年四月二六日に最高裁判所は、「県営住宅の入居者によって構成され，権利能力のない社団である自治会の会員は，当該自治会が，会員相互の親ぼくを図ること，快適な環境の維持管理及び共同の利害に対処すること，会員相互の福祉・助け合いを行うことを目的として設立されたものであり，いわゆる強制加入団体でもなく，その規約において会員の退会を制限する規定を設けていないという事情の下

においては，いつでも当該自治会に対する一方的意思表示により退会することができる」と判断している[14]。

地縁団体は任意の組織とされたことから、地域自治組織や地縁組織を今後どのような組織機構に再編していくのかが日本の地方自治の大きな課題になってきている。イギリス、ドイツ、アメリカの例からもわかるように、民主的な地方自治の遂行のためには、規模の相違に関わらず、当該機構の存立を法令で保証し、統治機構の信頼性の確保のために、住民総会制か議会制度を通じて、住民の信頼を得たうえで活動を行う必要がある。法令で設立が保証された機構を議会を通じて運用していく場合、どのような選挙制度を採用するかが重要となる。それゆえイギリスやドイツでは、地域自治組織の選挙制度にも工夫を凝らし、地域住民の声が行政に反映できるような制度にしているのであり、アメリカでは多くの役職者を国民あるいは住民が選挙を通じて選出しているのである。選挙制度が統治に与える影響は大きいことから、それを地域の実情に合わせて、地域自治組織を含む地方公共団体が自由に選択できるようにすべきである。そうした工夫が地方分権を保証するはずであり、日本の地域の民主的な運営をより可能なものにするはずである。

各国はそれぞれの政治文化や歴史的経験などをふまえ、民主的で地域の事情が反映されるような、独自の地方自治制度や地方議会等の選挙制度を確立し実践している。日本では明治維新、戦後復興、バブル崩壊からの回復といった、大きな社会的な変換が求められた状況において、地域の主体的な活動を保証するような制度はきちんと整備されてはおらず、国家への依存を払拭することができなかった。そこには「地方自治基本法」といった地方自治を保障するための「基本法」が存在せず、日本がどのような地方自治制度の確立を目指しているのかは不明なままである。戦後のシャウプ勧告や神戸勧告、そしてその後現在にも継続されている地方制度調査会の答申などが求めた、国と地方の事務再配分、国と地方の税制改革が十分に行われず、いわゆる地方自治基本法が制定されなかったことが主たる理由といえる。国家の指示と国からの財政支援に依拠してきた付けが回ってきたともいえるのである。平成の大合併も、背景に合併特例債の存在が透けて見える。

地方分権の拡充のためには、それぞれの地域が独自の自治制度の確立に進む以外には解決方法はないといわざるを得ない。そのモデルとして、イギリスやドイツのパリッシュやコミュニティ、ドイツの小規模な市町村や居住区、アメリカのネイバーフッドやネイバーフッド・カウンシルの実態を学び、日本に適した制度を構築することが重要なのである。日本国憲法第九三条第二項には、「地方公共団体の長、その議会の議員及び法律の定めるその他の吏員は、その地方公共団体の住民が直接選挙する」との規定が置かれているが、現在、地方公共団体の住民が直接選挙する吏員はいない。この吏員の代表的なものとしては、選挙管理委員、教育委員、人事または公平委員会委員、監査委員、公安委員など行政（独立規制）委員会の委員であったが、実際に選挙が行われたのは教育委員会だけであり、それも二回の投票の後は任命制になった。より広範な民主的な地方自治制度を実践していくためには、普通地方公共団体の長や議員だけではなく、普通地方公共団体の地域自治組織や地縁団体等の統治機構を法令で定め、認められた権限を住民の信任のもとに遂行するためにも、そのあるべき選挙制度を当該団体の構成員の合意で確立し、民主的な選挙制度を通じて選出する必要がある。憲法第九三条の規定を可能な限り拡大して、重層的に設置される各種の地域団体の民主的運営を保証する必要があることは、イギリス、ドイツ、アメリカの地方自治制度も示しているとおりである。必要に応じて住民の直接選挙を保証し、多くの異なった小規模な地域でも民主的な地域行政を確保できる制度の確立が必要なのである。

註

この章は、説論文「地方自治と選挙—日本とイギリスとドイツの対比を中心として」日本大学法学部『日本大学法学部創設一二〇周年記念論文集（第二巻）平成二一年一〇月四日を修正加筆したものである。

（1）　国名は外務省ＨＰ（http://www.mofa.go.jp/mofaj/area/）を参照した。

（2）　片木　淳著『地方主権の国ドイツ』ぎょうせい、平成一五年、三七–四三頁参照

（3）　森川洋著『ドイツ市町村の地域改革と現状』古今書院、二〇〇五年、「Ⅰ市町村の歴史と現状」「Ⅺドイツ・日本の市町村の相違点と『平成の大合併』に関する批判的考察」および片木・前掲書・「第一〇章　物申すドイツの地方自治」を参照して整理した。

（4） 森川・前掲書・第九表・二五頁と第五八表・二四五頁を参照し整理した。

（5） 片木・前掲書・四八頁参照

（6） （財）自治体国際化協会ニューヨーク事務所著『アメリカの住民自治～地域住民による組織を中心に～』Clair Report No.353、二〇一一年二月一七日（https://www.clair.or.jp/j/forum/pub/docs/353.pdf）参照。その中に前者においては、The Concise Oxford Dictionary, Ninth Edition に a district, esp. one forming a community within a town or city. と、後者においては前山総一郎著『アメリカのコミュニティ自治』、南窓社、二〇〇四年に説明されていることが書かれている。

（7） 前山総一郎著「アメリカにおける「ネイバーフッドカウンシル」の構築 ―市民の公共参加をめざす新しいコミュニティ自治組織―」コミュニティ政策学会編『コミュニティ政策〈4〉――深化するコミュニティ政策――』、二〇〇六年（https://www.jstage.jst.go.jp>article>jacp>_pdf）。

（8） イギリスの選挙制度は、一般財団法人自治体国際化協会（CLAIR）『英国の地方自治（概要版）―二〇一九年改訂版―LOCAL GOVERNMENT IN THE UNITED KINGDOM』（https://www.clair.or.jp/j/forum/pub/docs/2019_london.pdf）を参照し整理した。

（9） ドイツの選挙制度は、一般財団法人自治体国際化協会（CLAIR）『ドイツの地方自治（概要版）―二〇一一年改訂版―LOCAL GOVERNMENT IN GERMANY DIE KOMMUNALE SELBSTVERWALTUNG IN DEUTSCHLAND』（https://www.clair.or.jp/j/forum/pub/docs/2019_london.pdf）を参照し整理した。

（10） ドイツの統一自治体の実体は、ラインラント・プファルツ州のボッパルド市における市長へのインタビューの内容を整理したものである。聞き取り調査の内容は私がボッパルド市でインタビューしたベアシュ市長とビラ課長の説明を中心に整理した。

（11） アメリカの連邦政府の制度に関しては、国立国会図書館「第一章大統領はいかにして選ばれたか」『本の万華鏡 第1回 アメリカ大統領の歴史―あらためて知る220年―』（ndl.go.jp）、浅川公紀著「米大統領選挙の仕組みと実際」『武蔵野大学政治経済研究所年報（一九）』武蔵野大学政治経済研究所。二〇二〇年、廣瀬淳子著「アメリカ連邦議会選挙制度―中間選挙をめぐる課題」『国立国会図書館レファレンス』、国立国会図書館、平成二七年五月号などを参照し整理した。

（12） （財）自治体国際化協会『米国の地方自治体における組織体制と人事制度』CLAIR REPORT No.293 CLAIR REPORT NUMBER 293（Sep 15, 2006） (https://www.clair.or.jp/j/forum/c_report/pdf/293.pdf）を参照し整理した。

（13）American Center Japan「米国の統治の仕組み-地方政府」、About THE USA（https://americancenterjapan.com/aboutusa/translations/3180/）を参照し整理した。

（14）（財）自治体国際化協会・前掲書を参照し整理した。なお、地方公共団体の政府構造については（一財）自治体国際化協会ニューヨーク事務所「アメリカの州・地方政府の概要」２０１６年5月、(https://www.jlgc.org/cms/wp-content/uploads/Summary_of_US_government.pdf）を、アメリカの公務員数については、内閣官房行政改革推進本部事務局「諸外国の地方公務員制度の概要」（資料１）平成一八年一二月一八日-政府の行政改革(https://www.jinji.go.jp/syogaikoku/syogaikoku.pdf）を参照した。

（15）地域自治区に関しては、総務省資料等（http://www.soumu.go.jp/gapei/sechi　yokyo　01.html）を参照して整理した。

（16）平川毅彦「部落会町内会等整備要領」（一九四〇年九月一一日、内務省訓令一七号）を読む—地域社会の「負の遺産」を理解するために—『新潟青陵学会誌』第三巻第二号、二〇一一年。

（17）最高裁判決「自治会費等請求事件」（平成一七年四月二六日）。

参考文献等

第一部

阿利莫二著『現代行政の展開と行政国家の形成』、東京大学出版会『行政学講座2行政の歴史』、一九七六年四月

井戸庄三著「明治初期の大区小区制の地域性について」、『歴史地理学会』第一二三号、一九八三年

井戸庄三著「明治前期の市町村制度にみられる「統治」の論理、「行政」の論理、「自治」の論理」歴史地理学会編『歴史地理学紀要』第三〇巻、一九八八年

猪木武徳著『戦後世界経済史』中央公論新社、中公新書二〇〇〇、二〇〇九年五月

今井良幸「イギリスにおける自治体の広域化と広域連携―イングランドを中心として―」中京大学総合政策学部『総合政策論叢』第七巻・二〇一六年

今井良幸著「広域自治体における『住民自治』を考える ―都道府県の現状と道州制の議論から―」中京大学総合政策学部『総合政策論叢』第一一号二〇二〇年三月

石見豊著「イングランドの分権改革」『國士舘大學政經論叢』第二八巻第二号

内貴滋著『英国地方自治の素顔と日本』、ぎょうせい、平成二八年

一般財団法人自治体国際化協会（CLAIR）『英国の地方自治（概要版）』―二〇一七年改訂版―（各国の地方自治シリーズ第五七号）・二〇一七年五月

岡崎浩巳著「梶山静六自治大臣と『ふるさと創生一億円事業』」総務省『地方自治法施行70周年記念自治論文集』平成三〇年三月

金井利之著「憲法・地方自治法の在り方」『ガバナンス』一〇六号、ぎょうせい、二〇一〇年

神奈川県自治総合研究センター編『自治制度に関する研究―府県制度―』昭和六二年三月

亀卦川浩著『明治地方自治制度の形成過程』東京市政調査会、一九五五年
亀卦川浩著『明治地方制度成立史』柏書房、一九六七年
現代地方自治全集編集委員会編『地方自治総合年表』ぎょうせい、現代地方自治全集第二五巻、一九七九年
坂田期雄著『地方自治制度の沿革』現代地方自治全集〈第一巻〉、一九九七年
自治体国際化協会ロンドン事務所編 「イギリス地方自治制度に関する総合講義と実態調査」議事録、一九九〇年一〇月
品田充儀著「イギリスとカナダの王立委員会制度」『神戸外大論叢』神戸市外国語大学研究会第四九巻第三号、一九九八年
渋谷秀樹著「憲法上の『地方公共団体』とは何か」、『自治総研』四三二号、地方自治総合研究所、二〇一四年
衆議院憲法審査会事務局編『「日本国憲法の制定過程」に関する資料』衆憲資第九〇号、平成二八年一一月
衆議院憲法審査会事務局編「『立憲主義、憲法改正の限界、違憲立法審査の在り方』に関する資料」衆憲資第九一号、平成二八年一一月、衆議院憲法審査会事務局
衆議院憲法調査会事務局編「国と地方のありかた（地方自治等）」に関する資料」衆憲資第九三号、平成二九年九月
新藤宗幸・安倍斉著『概説日本の地方自治　第二巻』東京大学出版会、二〇〇六年
妹尾克敏著『最新解説　地方自治法』二〇一九年版、ぎょうせい、二〇一九年
第27次地方制度調査会専門小委員会資料2「日本国憲法第8章制定過程」、平成一五年八月
竹下譲著「英国の地方税制改革と地方自治1」『都市問題』第八二巻三号、東京市政調査会、一九九一年三月
高橋和之著『立憲主義と日本国憲法（第三版）』、有斐閣、二〇一三年
田中二郎著『地方制度改革の諸問題』有信堂、昭和三〇年
成田頼明「地方自治の保障」田中二郎ほか編『宮沢俊義先生還暦記念　日本国憲法体系第五巻』、有斐閣、一九六四年
中西典子「英国のローカリズム政策をめぐる地方分権化の諸相（一）（三）」『立命館産業社会論集』第五二巻第一号・第三号

二宮元著『福祉国家と新自由主義　イギリス現代国家の構造とその再編』旬報社、二〇一四年
野中俊彦他著『憲法 II〔第五 版〕』、有斐閣、二〇一二年
長谷川淳一著「戦後再建期のイギリスにおける社会政策の意義―福祉国家の成立・定着とコンセンサス論をめぐって」『三田学会雑誌』九九巻第一号、二〇〇六年
樋口陽一著『比較憲法（第三版）』、青林書院、一九九二年
松藤保孝著『第5期　戦後地方自治制度の創設期（一九四六～一九五一年）』（我が国の地方自治の成立・発展　第5期）自治体国際化協会、平成二二年二月
水木惣太郎著『憲法講義（改訂版）』有信堂、一九七二年
渡辺中、小山廣和、浜田豊共訳、カール・レーヴェンシュタイン箸「第一次選挙法改革以降のイギリスにおける議会代表の社会学的研究―議会主権の時代(1832年～1867年)―』『同(2)』国士舘大学比較法制研究所『比較法研究』第一二号、一九八九年、第一三号、一九九〇年

Bruce Wood, 〝The Process of local Government Reform 1966-74〞, Allen & Unwin. 1976.
Bryan Keith-Lucas & Peter G. Richars, 〝A History of Local Government in the Twenty Century〞, George Allen & Unw in Ltd., 1978.
Coin Mellows and Nigel Copperthwaite, 〝Local Government in the Community〞 ICSA Publishing Limited Cambridge, 1987.
David M. Walker, 〝The Oxford Companion to Law〞, Clarendon Press, 1980.
Department of the Environment, 〝Parish and Town Councils in England: A Survey〞, HMSO, 1992.
H. W. Wade, 〝Administrative Law〞 (6th ed.), Oxford University Press, 1989.
K. B. Smellie, 〝A History of Local Government〞, Allen & Unwin . 1968.
National Association of Local Councils, 〝Powers and Constitution of Local Councils〞, 1987.

Peter J. Richards, 〝The Local Government System〟, The Local Government Series 5. George Allen & Unwin, 1983.
Peter G. Richards, 〝The Local Government Act 1972. Problems of Implementation〟, 1975.
Ronald C. Johnson, C. Hood and M. Wright, 〝Big Government in Hard Times〟, Oxford u. a. Robertson, 1981.
R. Walker and R. Darke, 〝Local Government and the Public〟, London. Leonard Hill. 1977.
W. B. Stephens, 〝Source for English Local History〟, Cambridge University Press, 1980.

拙著・拙論文

『パリッシュ』北樹出版、二〇〇四年
『地方自治論』北樹出版、平成二四年
「日本の地方分権の推進と首都機能移転論」日本大学法学会『政経研究』第三九巻第四号、二〇〇三年三月
「市町村合併と広域行政―平成の大合併と定住自立圏の関係を中心として」『政経研究』第四六巻第三号、二〇〇九年十二月
「長野県の地方制度の特質―広域連合を通した広域行政の特殊性と他の都道府県への影響―」『政経研究』第五十五巻第四号・二〇一九年三月
「群馬県の地方創生」『櫻文論叢』第九十六巻、二〇一八年二月
「四国四県の地方創生」『法学紀要』第五十九巻、二〇一八年三月
「長崎県島嶼部の平成の大合併と地域おこし」『政経研究』第五十三巻第二号、二〇一六年一〇月

第二部

アイバー・ジェニングス著、柳沢義男・柳沢弘毅共訳『イギリス地方行政法原理』（日本比較法研究叢書9）、日本比較法研究所、一九七一年
安東伸介他編『イギリスの生活と文化事典』研究社、一九八二年
飯塚一郎著「重商主義」多田顕・久保田和編著『経済学史』（図説　経済学体系6）学文社、一九七九年
今井宏著「ピューリタン革命前の社会と文化」今井宏編『世界歴史体系　イギリス史2　近世』山川出版社、一九九〇年
ウォーラステイン著、北川稔訳『近代世界システム　1600〜1750　重商主義と「ヨーロッパ世界経済」の凝集』名古屋大学出版会、一九四九年
内貴滋著『イギリス地方行政事情』財団法人自治総合センター、平成二（一九九〇）年
大和田健太郎著「変革期を迎えた英国の地方自治」分権・自治ジャーナリストの会編『英国の地方分権改革』日本評論社、二〇〇〇年九月
木寺久、内貴滋著『サッチャー首相の英国地方制度革命』ぎょうせい、平成元（一九八九）年
クリストファー・ヒル著、浜林正夫訳『宗教改革から産業革命へ』未來社、一九七〇年
倉沢進著「コミュニティづくり二〇年の軌跡と課題」『都市問題』東京市制調査会、第八一巻二号、一九九〇年二月号
国立社会保険・人口問題研究所編『人口の動向　日本と世界』（人口統計資料集一九九七）一九九七年
財団法人自治体国際化協会編『地方自治：国際的視点から』自治体国際化協会、一九九一年
財団法人自治体国際化協会ロンドン事務所編『英国の地方自治入門』自治体国際化協会ロンドン事務所、一九九三年
斉藤勤造著『比較経済発展論—歴史的動学理論の形成—』東洋経済、昭和五八（一九八三）年
市町村合併研究会編『市町村合併特例法』ぎょうせい、一九九七年
妹尾克敏著『地方自治法の解説』（新訂版）　一橋出版、一九九二年
竹下譲著『パリッシュに見る自治の機能』イマジン出版、二〇〇〇年
竹下譲著「イギリスにおけるコミュニティの機能」『都市問題』第八九巻第六号、一九九八年六月号

竹下譲著「英国地方税制の改革と地方自治（1）」『都市問題』第八二巻三号、一九九一年三月号

中島文雄編『ディスターブエーク　英米制度・慣習辞典』（第二版　日本語版）秀文インターナショナル、一九八八年二月

藤岡順一・自治体問題研究所編『特集　海外の地方分権事情』（地域と自治体二三）自治体研究社、一九九五年

武藤博己著『イギリス道路行政史』東京大学出版会、一九九五年

横田光雄著「イギリス労働党政権の新地方自治政策」『機関委任事務と地方自治』日本地方自治学会、一九九七年。

A.L. Thorold, 〝*Life of Henry Labouchere*〟, 1913.

B. Guy Peters, 〝*The Politics of Bureaucracy*〟, Routledge, 2000.

Bryan Keith-Lucas & Peter G. Richards, 〝*A History of Local Government in the Twentieth Century*〟, George Allen & Unwin Ltd, 1978.

Coin Mellors and Nigel Copperthwaite, 〝*Local Government in the Community*〟, ICSA Publishing Limited Cambridge.

David M. Walker, 〝*The Oxford Companion to Law*〟, Clarendon Press. 1981.

Department of the Environment, 〝Parish and Town Councils in England: A Survey〟, HMSO.

East Grinstead Town Council, 〝*Civic News, summer*〟, EAST, 1990.

East Grinstead Town Council, 〝*Draft Revenue Estimates*〟, 1990/91.

East Grinstead Town Council, 〝*Official Guide*〟, 1990.

Gerry Stoker, 〝*The Politics of Local Government*〟, Macmilan, 1990.

Keith Davies, 〝*Local Government Law*〟, Butterworths, 1983.

Howard Elcock, 〝*Local Government -- Politicians, professionals and the public in local authorities* -- 2nd. 〟, ed, Methuen, 1986.

J. Collings and J.L. Green, 〝*Life of Jesse Collings*〟, 1920.

Jonathan Barry, 〝*The Tudor and Stuart Town, A reader in English urban history, 1530-1688*〟, Longman, 1990.

L. Golding, 〝*A Dictionary of Local Government in England and Wales*〞, The English Universities Press Ltd., 1962.

M. Cross & D. Mallen, 〝*Local Government and Politics*〞, 2nd ed., Longman, 1987.

National Association of Local Councils (NALC), 〝Powers and Constitution of Local Councils NALC〞, 1987.

Peter G. Richards, 〝*The Local Government System*〞 (The New Local Government Series 5), George Allen & Unwin Ltd., 1983.

Ringmer Parish Council, 〝*Income and Expenditure Account for The Year Ended*〞, 31th March, 1990.

Ringmer Parish Council, 〝*Ringmer Community Swimming Pool*〞.

Rovert Leach and Janie Percy-Smith, 〝*LOCAL GOVERNANCE IN BRITAIN*〞, Palgrave, 2001.

Sir Harry Page,MA (Admin.) IPFA, 〝*Local Authority Borrowing -- Past, Present and Future --*〞, George Allen & Unwin.

Sussex Association of Local Councils (SALC), 〝*Annual Report and Accounts 1989-90*〞, SALC, 1990.

Tony Byrne, 〝*Local Government in Britain*〞, new ed., Penguin Books.

V.D. Lipman, 〝*Local Government Areas 1834-1945*〞, Basil Blackwell, 1949.

William Hampton, 〝*Local Government and Urban Politics*〞, Longman, 1987.

W.B. Stephens, 〝*Sources for English Local History*〞, Cambridge University Press, 1981.

第三部

浅川公紀著「米大統領選挙の仕組みと実際」『武蔵野大学政治経済研究所年報（一九）』武蔵野大学政治経済研究所、二〇二〇年。
一般財団法人自治体国際化協会『英国の地方自治（概要版）』二〇一九年
一般財団法人自治体国際化協会『ドイツの地方自治（概要版）』二〇一一年
一般財団法人自治体国際化協会『アメリカの住民自治～地域住民による組織を中心に～』二〇一一年
市正曹著「浅間テクノポリスと地域経済―上田市・坂城町について―」関西大学経済・政治研究所『調査と資料』第六七号、一九八九年三月
井戸昭三著「明治初期の町村分合に関する二、三の問題　―長野・山梨両県を中心として―」『人文地理』一般社団法人　人文地理学会、第一八巻第四号、一九六六年、
生沼裕著「合併特例区の現状と課題（二）―主として岡山市・宮崎市の事例を参考に―」高崎経済大学地域政策学会編『地域政策研究』高崎経済大学第一〇巻第三号、二〇〇八年二月
小原隆治ほか編『平成大合併と広域連合』公人社、二〇〇七年
片木淳著『地方主権の国ドイツ』ぎょうせい、平成一五年
北崎浩嗣著「岐阜県中津川市と長野県山口村の46年ぶりの越県合併について」鹿児島大学『経済学論集』第63号、二〇〇五年三月
国立国会図書館「第一章大統領はいかにして選ばれたか」『本の万華鏡　第1回　アメリカ大統領の歴史―あらためて知る２２０年―』
自治省行政局振興課監修『平成六年改訂　広域行政圏要覧』第一法規、平成七年三月
自治体国際化協会ニューヨーク事務所『米国の地方自治体における組織体制と人事制度』CLAIR REPORT No. 293
自治体国際化協会ニューヨーク事務所「アメリカの州・地方政府の概要」２０１６年５月（一財）

地域づくり推進課編『長崎県離島振興計画』長崎県企画振興部、平成二五年五月
長崎県県民生活部統計課『二〇一四年改訂版掲載データ（都道府県編）』、「一・総面積、三・可住地面積、九・総人口」、二〇一四年
長崎県合併効果等研究会編「長崎県の市町村合併の状況（平成の大合併）」『「長崎県合併効果研究会」報告書』、長崎県、平成二二年二月
長野県企画振興部市町村課編「長野県市町村ハンドブック」平成30年版、（公財）長野県市町村振興協会、平成三〇年六月
平川毅彦著「部落会町内会整備要領（一九四〇年九月一一日、内務省訓令一七号）を読む―地域社会の「負の遺産」を理解するために―」『新潟青陵学会誌』第三巻第二号、二〇一一年
廣瀬淳子著「アメリカ連邦議会選挙制度―中間選挙をめぐる課題」『国立国会図書館レファレンス』、国立国会図書館、平成二七年
堀内匠著「長野県における市町村広域連合のその後―『平成の合併』による変化を中心に―」公益財団法人地方自治総合研究所『自治総研』通巻四〇〇号、二〇一二年二月号
前山総一郎著『アメリカのコミュニティ自治』南窓社、二〇〇四年
前山総一郎著「アメリカにおける「ネイバーフッドカウンシル」の構築―市民の公共参加をめざす新しいコミュニティ自治組織」コミュニティ政策学会編『コミュニティ政策〈4〉』二〇〇六年
松本英明著『新版　逐条地方自治法』（第七次改訂版）学陽書房、平成二五年、
森川洋著「九州における『平成の大合併』の比較考察（中）」地方自治総合研究所『自治総研』（通巻四〇四号）二〇一五年六月
森川洋著『ドイツ市町村の地域改革と現状』古今書院、二〇〇五年
山崎浩嗣著「岐阜県中津川市と長野県山形村の四六年ぶりの越県合併について」鹿児島大学『経済学論集』第六三号、二〇〇五年三月
山崎匡毅著「浅間テクノポリス圏域の産業構造と展望―新たなテクノポリス像を求めて―」『長野大学紀要』、第7巻第3・4号合併号、一九八六年五月

American Center Japan「米国の統治の仕組み-地方政府」、About THE USA

拙論文

「群馬県の地方創生」『櫻文論叢』第九十六巻、二〇一八年二月
「四国四県の地方創生」『法学紀要』第五十九巻、二〇一八年三月
「市町村合併と広域行政　―平成の大合併と定住自立圏の関係を中心として―」日本大学法学会『政経研究』第四六巻第三号、二〇〇九年一二月

おわりに

日本大学大学院生時代に青森県弘前市を中心にした「広域市町村圏」の実態調査を実施した。これが私の本格的な地方自治研究のはじまりであった。この広域市町村圏は、新全国総合開発計画（新全総）の閣議決定直前に自治省が都道府県に振興整備要綱を通達することで設置されることになった。また新全総閣議決定直後に通産省は「地方生活圏」の設定を都道府県に通達した。地方生活圏は単数か複数の広域市町村圏を単位に設定された。第三次全国総合開発計画は「定住圏」を、第四次全国総合開発計画は「地方拠点都市地域」を設定したが、これらも原則として単数か複数の広域市町村圏を単位としている。広域市町村圏は日本の地方行政の一単位となっているのである。

広域市町村圏は大正一五年に廃止された地方行政の単位の一つであった「郡」を、ある程度標準的な単位として設定されている。広域市町村圏の単位はいわゆる通勤通学圏、学区でいえば高等学校区である。明治の大合併が小学校区を、昭和の大合併が中学校区を単位として実施されたことから、これから日本で市町村合併がおこなわれるとした場合にはこの広域市町村圏（高等学校区）が単位になる可能性が高いと考えた。広域市町村圏の平均人口は約二〇万人であり、設定されていない圏域も含めて考えれば六〇〇余の市に基礎的自治体が統合されることになる。また広域市町村圏の人口を単位とした設定基準は一〇万人であり、この数字を標準として基礎自治体の数を考えれば一二〇〇余となる。一〇〇〇程度の基礎自治体への市町村合併を考えた場合には人口一〇万人が標準となる。

大都市圏ではこの程度の人口を抱える基礎自治体の面積はあまり問題とはならないが、地方ではかなり広い面積の中に人口あるいは集落が点在することになり、地方政府と住民の関係が希薄になる可能性が高い。効率的行政が市町村合併の推進を要求するとすれば、身近な行政サービスの提供を要求する立場からはあまり広くない地方自治体の存在が求められる。この対立する二つの要求を充足させるためには、どのような制度や機構を考えるかが問題となる。私の研究の基本的な問題もそこにあった。そうしたときにであったものがイギリスのパリッシュとコミュニティであった。それゆえイギリス留学が認められたときにパリッシュの実態調査をおこなってみたのである。

現在日本では平成の大合併に関する議論が活発におこなわれている。中央集権色の強かった時代の明治の大合併は一年で終了したが、地方分権が重視されるようになった時代の昭和の大合併は八年かかっている。地方分権一括法による自治権の拡大がはじまり、三位一体の改革による地方財政改革が実践されようとしているこの時期の、いわゆる平成の大合併は一〇年かかっている。合併の推進だけが強調され、財源を中心にした飴だけが強調されすぎてきた現在の合併議論は少し冷却期間が必要であった。その結果、平成の大合併は前半の五年間でほぼ終了しているのである。

合併議論の途中で合併後の旧来の（市）町村を単位として、準自治体と考えられる「地域自治組織」（仮称）の設置案がでてきたことは喜ばしいことである。ヨーロッパの国々では町並みや景観の保護に力を入れている。調査や旅行で地方都市を訪問すると、古い町並みや歴史ある建造物などが公園や緑を背景に迎えてくれる。ここがパリッシュの単位なのだという実感が伝わってくる。こうした「まち」全体を単位とした共同社会の建設あるいは共同社会の復権が今後の日本では重要になってくると思われる。

日本の地方自治制度の変遷を一九九〇（平成二）年以降でみていくと、同年の「コミュニティ活動の活性化について」との自治省通知にはじまり、翌年の地方自治法の改正によって「認可地縁団体制度」が導入され、町内会や自治会や地区会といった地縁団体に法人格が付与され、資産を有することが認められた。その後、一九九五（平成七）年一月一七日の阪神・淡路大震災でのボランティア活動の必要性が認識され、一九九八（平成一〇）年に「特定非営利活動促進法」の制定を受けて、地域を中心とした非営利活動を支える体制が生み出されている。

そうした中で、一九九九（平成一一）年から二〇一〇（平成二二）年にかけて平成の大合併が行われた。合併は二〇〇五（平成一七）年三月末の「市町村の合併の特例に関する法律の一部を改正する法律」の失効と四月一日の「市町村の合併の特例等に関する法律」の施行で大きくその姿を変え、三位一体の改革とともに「道州制」の導入が議論された。合併終了直前の二〇〇九（平成二一）年に「定住自立圏」が、終了後の二〇一四（平成二六）年に「連携中枢都市圏」が導入されたことからも、日本では広域行政の拡充が重視されていることがわかる。

ただし、二〇〇五年には地方自治法が改正され、地域審議会、地域自治区（一般制度）、地域自治区（特例制度）、合併特例区の四種の地域自治組織が創設され、同時に地域再生法が制定され、地方公共団体が作成する地域再生計画の認定及び認定された計画に基づく支援措置を通じて、地方公共団体が行う自主的・自立的な地域の活力の再生に関する取組を支援体制が整備さている。また二〇〇八（平成二〇）年には地方自治法が改正されて、ふるさと納税制度も導入されたのである。

その後の日本は二〇一一（平成二三）年三月一一日の東日本大震災、二〇一六（平成二八）年の熊本地震などでの多数の特定非営利活動法人の活躍もあり、二〇一一年と二〇一六年に「特定非営利活動促進法の一部を改正する法律」が成立している。さらに二〇二〇（令和二）年にも法改正があり、特定非営利活動法人の活動支援が整備されている。また二〇二一（令和三）年の地方自治法の改正によって、認可地縁団体の地域的な共同活動を円滑に行うための体制が整備されているのである。

こうした制度改革を受け、各地方公共団体がどのような対応をしているのかを、東京都と長崎県と長野県の実例から分析してみた。明治の大合併、昭和の大合併、平成の大合併で、自治体としてはその名が消えた地域が、これからは身近な行政のための地域自治組織としてどのように変質していくのかを見守っていきたい。

最後に、こうした地域での聞き取り調査に対して、快く協力していただいた、各地方公共団体をはじめとする地域の関係者や、指導をいただいた研究者の方々に、心より御礼を申し上げて、まとめの挨拶とさせていただきます。

著者略歴

山田　光矢（やまだ・みつや）

１９４９年　山形県山形市に誕生
１９７２年　日本大学法学部政治経済学科卒業
１９７９年　日本大学大学院法学研究科政治学専攻博士課程後期満期退学
１９８４年　国士舘大学政治経済学部専任講師（行政学、自治制度論等担当）
１９９３年　国士舘大学政経学部教授（行政学、自治制度論等担当）
１９９９年　日本大学法学部教授（行政学、地方自治論、政治学等担当）
２０２０年　日本大学大学院法学研究科政治学専攻非常勤講師（現職）

主要著書

単著

『パリッシュ』北樹出版、二〇〇四年

共著

『地方自治論』弘文堂、二〇一二年
『行政管理の指数』（財）行政管理研究センター、一九九九年
『アジアにおける工業化の諸問題』国士舘大学政経学部創設三五周年記念双書第二巻一九九七年一一月
『現代政治の解明』北樹出版、一九九六年五月

『行政と管理』（財）行政管理研究センター、一九九三年
『行政管理のシステム』勁草書房一九九三年

主要論文
「小さな拠点や総合型地域スポーツクラブ等を通して見た長野県の地域づくりの進展とその将来」『法学紀要』第六一巻、二〇二〇年
「平成の大合併後の身近な行政の展開―コミュニティ行政の実態を中心として―」『政経研究』第五六巻第四号、二〇二〇年
「日本とイギリスの冷戦終焉期以降の地方自治制度改革の歴史と日本の今後」『政経研究第五六巻第三号、二〇一九年
「東京における町村の現状と選挙および自治制度変革の必要性」政経研究第五六巻第二号、二〇一九年
「長野県の地方制度の特質―広域連合を通した広域行政の特殊性と他の都道府県への影響―」『政経研究』第五五巻第四号、二〇一九年
三月
「群馬県の地方創生」『櫻文論叢』第九十六巻、二〇一八年
「四国四県の地方創生―広域連携、地方（地域）創生とブランド戦略等を中心として―」『法学紀要』第五九巻、二〇一八年
「長崎県島嶼部の平成の大合併と地域おこし」『政経研究』第五三巻第二号、二〇一六年
「秋田県の地方創生―藤里町、にかほ市を中心として―」『政経研究』第五三巻第一号、二〇一六年
「沖縄県における国境離島の地域おこし―八重山地域（石垣市と与那国町）を中心として―」『法学紀要』第五七巻、二〇一六年
「沖縄県の義務教育教科書採択地区を通してみた平成の大合併と広域行政―八重山地域の教科書問題を中心にして―」『政経研究』第五
二巻第二号、二〇一五年
「日本と韓国（韓国と日本）の地方分権改革と地方活性化の現状―釜山広域市と対馬市の交流を中心として―」『法学紀要』第五六巻、
二〇一五年

「滋賀県の平成の大合併とその後―滋賀県における広域行政の特徴と問題点―」『政経研究第五〇巻第三号、二〇一四年

「地域主権改革と地方行財政」『政経研究』第四九巻第四号、二〇一三年

「北海道における平成の大合併と地方分権改革」『政経研究』第四八巻第三号、二〇一一年

「鳥取県の平成の大合併の経過とその後」『政経研究』第四八巻第二号、二〇一一年

「市町村合併と広域行政」『政経研究』第四六巻第三号、二〇〇九年

「地方自治と選挙制度―日本とイギリスとドイツの対比を中心として―」『日本大学法学部創立一二〇周年記念論文集』第二巻、二〇〇九年

「行政改革の理論と実践」『政経研究』第四一巻第四号、二〇〇五年

「イングランドのパリッシュに学ぶ日本の市町村合併のあり方」『生活経済政策』第九五号、二〇〇四年

「日本の地方分権の推進と首都機能移転論」『政経研究』第三九巻第四号、二〇〇三年

「イギリスの地方自治制度改革の方向性と日本」『政経研究』第三九巻第三号、二〇〇二年

「イギリスの大規模自治体とパリッシュ、コミュニティ、タウン」『月刊　自治研』第四四号、二〇〇二年

「地方分権と地方公共団体の公的法人」『桜文論叢』第五五巻、二〇〇二年

「過疎地域における広域行政と公共事業の問題点」『政経研究』第三〇巻第二号、一九九九年

「パリッシュに学ぶ日本の地方自治制度改革の一つのあり方」『季刊行政管理研究』第八三号、一九九八年

「環日本海経済圏と酒田市の地域経営」『経済研紀要』第一〇巻第一号、一九九八年

「危機の十七世紀とイングランドの政治・行政機構の改革（二）」『政経論叢』第一〇三号、一九九八年

「危機の十七世紀とイングランドの政治・行政機構の改革（一）」『政経論叢』第一〇二号、一九九八年

「苫小牧と環日本海経済圏」『政経論叢』、第一〇〇号、一九九七年

「環日本海経済圏と秋田」『紀要』第一三巻、秋田経法大学一九九七年
「離島行政の実状」『政経論叢』第九八号、一九九六年
「市町村合併の特例に関する法律と合併の実態」『政経論叢』第九七号、一九九六年
「分権と自治体の再編」『地方自治研究』第一一巻第二号、一九九六年
「地方分権の推進と区域の適正化」『政経研究』第三三巻第一号、一九九六年
「分権と合併のジレンマ」『経済研究所紀要』第八巻第一号、一九九六年
「日本型広域的地方自治制度の方向性」『政経論叢』第九二号、一九九五年
「庄内地方拠点都市地域と環日本海経済圏政策」『地方自治研究』第一〇巻第一号、一九九五年
「東方水上シルクロードと庄内地方拠点都市地域の経済発展」『経済研紀要』第七巻第一号、一九九五年
「広域行政の必要性・可能性およびその限界」『政経論叢』第九〇号、一九九四年
「自治体としての市町村の再編」『政経論叢』第八九号、一九九四年
「自治体経営の実態」『経営経理』第一四巻、一九九四年
「地方行政の組織と問題　3都市間競争と地方行政の課題」『地域経営と地方行財政』日本地方自治研究学会、一九九三年
「憲法と地方自治制度」『憲法研究』第二五巻、一九九三年
「日本とイングランドにおける自治体経営の比較」『経営経理』第一二号、一九九二年
「ローカル・カウンシルの実態」『政経論叢』第八二号、一九九二年
「ローカル・カウンシル連合協議会とパリッシュ・カウンシル」『政経論叢』第八一号、一九九二年
「日常生活圏と自治権…パリッシュ・カウンシルをモデルとして…」『政経研究』第二九巻第一号、一九九二年
「パリッシュとコミュニティの権限と機能」『政経論叢』第八〇号、一九九二年

「パリッシュとコミュニティの沿革」『政経論叢』第七九号、一九九二年
「イギリス地方自治制度の概略」『政経論叢』第七八号、一九九一年
「パリッシュとコミュニティ」『政経学会報』二五号、一九九一年
「地域議会の権限と構成（二）」『政経論叢』通号第七七号、一九九一年
「パリッシュとコミュニティの地位と機能」『政経論叢』通号第七五・七六合併号、一九九一年
「地域議会の権限と構成（一）」『政経論叢』通号第七四号、一九九〇年
「ヨーロッパ、その周辺と中心の対立」『紛争と平和の世界的文脈1』国際書院、一九八九年
「遷都論に関する一断面」『政経論叢』通号第七一号、一九八九年
「民主政治の理論と地方自治（二）」『政経論叢』第六五号、一九八八年
「民主政治理論と地方自治（一）」『政経論叢』第六三号、一九八八年
「合衆国における大都市管理の混乱」『政経学会報』一四号、一九八七年
「アメリカにおける新行政学の展開」『政経学会報』一四号、一九八七年
「合衆国における大都市管理の混乱（二）」『政経論叢』第五八号、一九八六年
「合衆国における大都市管理の混乱（一）」『政経論叢』第五七号、一九八六年
「第二次臨時行政調査会と地方行政の立場」「杉山逸男教授追悼論文集」、一九八六年
「広域市町村圏の現状と課題」…行政区域の適正化…」『研究論集』一九八〇年
「行政の形態」『法学紀要』第二〇巻、一九七九年
「広域市町村圏の諸問題」『法学紀要』第一九巻、一九七八年

地域自治組織は住民自治を実現するか

イギリスのパリッシュとコミュニティとの比較から
日本の地域自治組織の民主化の可能性を探る

2025年2月28日発行　　著　者　山田光矢
発行者　向田翔一

発行所　株式会社22世紀アート
〒103-0007
東京都中央区日本橋浜町3-23-1-5F
電話　03-5941-9774
Email: info@22art.net　ホームページ：www.22art.net

発売元　株式会社日興企画
〒104-0032
東京都中央区八丁堀4-11-10 第2SSビル 6F
電話　03-6262-8127
Email: support@nikko-kikaku.com
ホームページ：https://nikko-kikaku.com/

印刷
製本　株式会社PUBFUN

ISBN : 978-4-88877-323-2